사회복지 프로그램 개발과 프로포절 작성의 실제

- 다양한 재정지원처별 우수 프로포절 사례를 중심으로 -

다양한 재정지원처별
우수 프로포절 사례를 중심으로

사회복지 프로그램 개발과 프로포절 작성의 실제

신덕상 · 서문진희 · 권정언 · 이수천 공저

SOCIAL WELFARE PROGRAM DEVELOPMENT AND PROPOSAL WRITING PRACTICE

dm 동문사

사회복지 프로그램이란 사회문제를 해결하고자 하는 노력을 통해 사회구성원들의 욕구를 충족시켜 주고 권리를 보장하려는 정책목표를 가지고 수행되는 의도적이고 조직적인 활동이라고 할 수 있다. 복잡하고 다양한 문제가 지속적으로 양산되는 현대사회에서 사회복지 프로그램의 개발이 중요하게 여겨지는 이유가 바로 여기에 있다. 실제로 사회복지기관 운영의 상당부분이 프로그램에 기초한 예산편성 및 인원배치 등 프로그램 단위로 진행되고 있으며, 평판이 좋은 프로그램은 해당 사회복지기관을 대표하는 상징성을 갖게 되어 마치 브랜드와 같은 역할을 하고 있기도 하다. 따라서 사회복지사는 효과적이고 전문적인 사회복지실천을 위해 창의적인 프로그램을 개발하고 수행할 수 있는 역량을 갖추는 것이 필수적인 요건이 되었다고 할 수 있다.

하나의 예로, 사회복지를 전공하는 학생들의 경우 이수해야 하는 현장실습을 살펴보자. 학생이 실습기관에 신청서를 제출하면 기관에서 서류전형과 면접을 통해 실습생을 확정하게 된다. 이때 '프로그램 개발과 평가'와 관련된 과목을 이수하지 않았을 경우 서류전형심사에서 대부분 탈락시키는 경향이 있다. 그 이유는 사회복지기관에서 수행해야 하는 사회복지사의 역할 중 상당부분이 프로그램을 개발하고 그 프로그램을 진행하는 것이기 때문이다. 학생들은 '실습기간 동안에 배워서 하면 되지'라고 생각할 수도 있다. 그러나 기관은 프로그램의 개발을 교육하는 곳이 아니라 그동안 학교에서 배운 프로그램 개발과 관련된 학생의 역량이 사회복지 현장에서 얼마나 효과적이고 효율적으로 활용가능한지를 시험하고 실행하는 장이기 때문이다.

프로그램 개발과 밀접한 관련을 가지고 있는 역량이 프로포절 작성 기술이다. 질 높은 사회복지 프로그램을 개발하여 실천하기 위해서는 재정지원이 뒷받침되어야 하는데, 정부에서 지원되는 재정만으로는 턱없이 부족한 한계를 가지고 있기 때문에 오늘날 대부분의 사회복지기관들은 외부로부터의 기금을 확보해야만 프로그램 개발이 가능하기 때문이다. 따라서 예비 사회복지사들은 사회복지기관에서 수행하고자 하는 사회복지 프로그램의 내용을 설명하는 사업제안서, 즉 프로포절을 설득력 있게 작성할 수 있는 역량을 갖추고 있어야 졸업 후 현장에서 사회복지사로서의 역할을 제대로 수행할 수 있게 된다.

하지만 현장경험이 없는 상태에서 프로그램 개발을 위한 프로포절을 작성한다는 것은 쉽지가 않은 일이다. 설령 현재 사회복지기관에서 사회복지사로 활동하고 있는 경우에도 외부 재정지원처에서 요구하는 양식에 맞게 프로포절을 작성하는 전문적인 기술을 체득하고 있는 사람들은 그리 많지가 않다. 그렇기 때문에 프로그램 개발과 프로포절 작성에 관한 훈련은 사회복지전공자들이 졸업하기 이전에 학교에서 충분하게 이루어져야 한다. 그러나 이러한 필요성에도 불구하고 현재 이루어지고 있는 사회복지 프로그램 개발과 관련된 학교교육은 이론적 지식과 기술을 습득하는 데 많은 시간을 할애하고 있으며, 학생들이 직접 프로그램을 개발하는 연습을 하고 이것을 외부의 재정지원처 서식에 맞게 실제로 프로포절을 작성하게 하는 훈련은 부족한 현실이다. 이로 인해 사회복지전공자들이 졸업필수요건으로 수행해야 하는 사회복지실습현장에 나갔을 때 그리고 졸업 후 사회복지기관에 취업했을 때 사회복지사 본인들은 당황스럽고 기관에게는 답답함을 초래하는 일들이 발생하고 있는 상황이다. 따라서 사회복지 전공자들은 프로그램 개발과 프로포절 작성방법을 실제적이고 구체적으로 훈련하는 일이 매우 중요하고 필수불가결한 일임은 아무리 강조해도 지나침이 없다.

이러한 필요성에 부응하기 위해서는 먼저 사회복지전공자들과 실천가들이 사회복지 프로그램 개발의 중요성을 이해하도록 돕고, 실천 현장에서 참고할 수 있는 프로그램 개발을 위한 매뉴얼로 활용될 수 있으며, 실제 프로포절 작성법 훈련의 안내자 역할을 할 수 있는 교재가 있어야 한다고 저자들은 판단하였고, 『사회복지 프로그램 개발과 프로포절 작성의 실제』라는 이름으로 이 책을 저술하게 되었다.

일반적으로 프로그램 개발은 새로운 프로그램을 만들거나 기존 프로그램을 수정 또는 보완하기 위한 프로그램의 기본 방향 설정, 목적을 달성할 수 있는 프로그램 내용의 기획, 프로그램 실행, 실행한 프로그램이 얼마나 목적을 달성했는가를 측정하는 평가 그리고 그 결과를 다시 기획과 설계에 투입하는 환류

과정까지를 포함하는 광의의 개념으로 이해할 수 있다. 그러나 실제 사회복지 전공자들이 학습하는 교과목으로서의 프로그램 개발은 주로 새로운 프로그램을 기획하고 설계하는 협의의 의미로 사용된다. 왜냐하면 실제 프로그램의 실행과 목표달성에 대한 평가 그리고 환류과정은 재정확보가 이루어진 후 일어나는 과정이며, 재정확보를 위한 제안서로서의 프로포절 작성 시 이루어지는 프로그램 개발은 기획과 설계의 단계에 머무를 수밖에 없기 때문이다.

그렇다고 해서 프로그램의 실행과 평가 및 환류과정에 대한 지식과 이해가 없어도 된다는 의미는 아니다. 새로운 프로그램이 의도하는 목적을 달성하기 위해서는 구체적인 실행계획과 타당한 평가측정방법 및 환류계획이 프로그램 기획 단계에서 이루어져야만 하기 때문이다. 따라서 이 책은 사회복지 프로그램을 기획하고 설계하는 방법을 프로포절 작성 단계에 맞춰 구체적으로 다룸으로써 예비사회복지사의 프로포절 작성 역량을 강화하는 데 초점을 두었다. 뿐만 아니라 외부 재정지원처에 공모하여 당선된 다양한 프로포절 사례들을 제시함으로써 프로포절 작성 시 실제적인 매뉴얼 역할을 할 수 있도록 도움을 주고자 하였다. 이 책의 이름이 그동안 출판된 『프로그램 개발과 평가』라는 다른 책들과 차별화되게 『사회복지 프로그램 개발과 프로포절 작성의 실제』로 명명된 이유이다.

이 책은 Part I 「사회복지 프로그램과 프로포절」, Part II 「사회복지 프로포절의 작성방법」, Part III 「사회복지 프로포절의 실제」의 총 Part III로 구성되었다. Part I 「사회복지 프로그램과 프로포절」의 Chapter 1은 사회복지 프로그램 개발의 이해를 돕기 위한 장으로서, 사회복지 프로그램의 의미와 유형 및 프로그램 개발에 관한 전반적인 이론을 다루었다. Chapter 2에서는 사회복지 프로포절 작성을 위한 준비로서 프로포절의 의미, 성공적인 프로포절의 조건 그리고 재정지원처에 대한 이해 및 프로그램 기획을 위한 아이디어 개발 방법을 다루었다. Chapter 3에서는 사회복지 프로그램 평가에 관한 장으로서 프로그램 평가의 이해, 평가모형과 평가 유형, 평가 영역 및 평가지표를 다루었다. 보통 프로그램 평가를 프로그램 개발과 별도의 장으로 맨 마지막에 다루는 책들이 많으나, 이 책에서는 프로그램 기획과 설계를 위해 알아야 할 수준에서의 프로그램 평가에 관한 지식을 소개하고자 Part I에 포함하여 다루었다.

Part II「사회복지 프로포절의 작성방법」에서는 Part I에서 습득한 지식을 바탕으로 공공의 기금을 확보하기 위한 프로포절을 효과적으로 작성하는 방법을 단계별로 사례 제시를 통해 정리하여 서술하였다. 사례는 주로 사회복지공동모금회 배분양식을 활용하였다. Chapter 4에서는 프로포절 작성의 1단계로서 문제 확인 및 분석의 필요성과 세부적 절차에 따른 분석과정을 제시하였다. Chapter 5에서는 프로포절 작성의 2단계로서 대상자 규모를 추정하고 선정하는 방법을 다루었다. Chapter 6에서는 3단계로서 프로그램의 목적과 목표를 설정하는 단계로서 목적과 목표의 차이, 목표의 종류 및 목표설정 기준을 다루었다. Chapter 7 4단계에서는 프로그램의 기반수립을 위한 이론 및 프로그램 내용설계의 방법 선택으로서의 대안 선택 방법을 다루었다. Chapter 8에서는 5단계 세부 프로그램별 실행 계획으로서 프로그램 활동별 수행방법, 목표에 대한 평가방법, 담당인력 구성, 사업진행 일정, 홍보계획, 지역자원 활용계획 등을 다루었다. Chapter 9에서는 프로포절 작성의 마지막 단계인 예산수립 단계로서 예산의 유형, 예산수립의 특성 예산작성방법을 다루었다.

Part III「사회복지 프로포절의 실제」에서는 Part II에서 배운 각 단계별 프로포절 작성방법을 제대로 이해하고 있는지 확인할 수 있도록 다양한 재정지원처 공모에 당선된 프로포절의 실례를 수록하였다. Chapter 10에서는 대표적인 재정지원처인 사회복지공동모금회 배분사업 프로포절의 실제로서 모금회의 신청사업 프로포절 사례를 성과중심형 2개, 성과확산형 1개, 산출중심형 1개 등 총 4개를 수록하였다. Chapter 11에서는 사회복지공동모금회 이외의 기타 재정지원처 프로포절의 실제로서 삼성복지재단「나눔과 꿈」 프로포절 사례, 오렌지희망재단 프로포절 사례, 서울특별시 서부교육지원청 프로포절 사례, 한국사회복지관협회 프로포절 사례를 각각 1개씩 수록하여 예비사회복지사들과 사회복지 현장에서 근무하는 사회복지사들이 실제 프로포절을 작성할 때 참고할 수 있도록 하였다. 또한 각 프로포절 사례의 마지막 부분에는 '프로포절 작성 단계별 자가점검 리스트'를 제시하였다. 학습자들이 각각의 프로포절 사례를 읽어보면서 제안자가 프로포절 작성단계별 유의사항을 얼마나 제대로 적용하고 있는지를 점검함으로써 학습자의 이해정도를 파악할 뿐 아니라 향후 프로포절 작성 시 견본으로 사용할 수 있도록 하였다. Chapter 12에서는 사회복지 프로그램 개발과 관련된 쟁점과 동향을 다루었으며, 사회체계 변화에 따른 사회문제의 양상과 최근 11년 동안에 이루어진 사회복지공동모금회의 배분 동향을 분석해 봄으로써 향후 지향해야 할 사회복지 프로그램 개발의 방향성을 제언하였다.

무엇보다 이 책이 갖는 기존의 다른 책들과 차별화되는 특징의 하나는 사회복지 프로그램 개발과 프로포절 작성에 대한 실제적 접근방식이며, 다른 하나는 다양한 재정지원처의 프로포절 우수 사례를 풍부하게 제시하고 있다는 점이다. 이론적 토대를 바탕에 두고 있지만 사회복지 프로그램은 재정지원처로부터 프로포절 선정을 통해 생명력을 갖는다. 그래서 저자들은 사회복지기관들의 협조를 얻어 재정지원처에 공모하여 당선된 프로포절의 전문을 가능한 그대로 실었다. 이와 같은 교육목적에 공감하고, 후진양성을 위해 프로포절 사례를 활용할 수 있도록 허락해주신 광주 서구노인종합복지관, 서울 녹번종합사회복지관, 서울 대방종합사회복지관, 서울 목동실버복지문화센터, 서울 영락애니아의 집, 서울 오류마을, 서울 하계종합사회복지관 관장님/원장님과 실무 담당자님들께 감사를 드린다. 그리고 이 책이 나올 수 있도록 도와주신 동문사 사장님 및 직원분들에게도 감사의 마음을 전하고 싶다.

2020년 8월

저자 일동

차례

Part II ● 사회복지 프로포절의 작성

Part III ● 사회복지 프로포절의 실제

PART I

사회복지 프로그램과 프로포절

모든 사람들이 건강하고 행복한 삶, 이를 목표로 하는 직·간적접인 방책이 바로 사회복지다. 그리고 사회복지는 다양한 사회복지 프로그램으로 그 실체를 나타내며 성장해 왔다. 그러나 2020년 현재 한국의 경제 규모가 세계 10위라는 위상에 비해 공공 사회복지 지출이 국내총생산(GDP) 대비 최하 수준이라는 점(2019년 한국 11.1%, OECD 평균 20.1%)[1]은 사회복지가 해야 할 역할과 책임을 다시금 되돌아보게 한다.

유엔이 2009년 '호모 헌드레드(Homo Hundred)'라는 용어를 처음 사용한 이후 100세 삶이 보편화되는 시대를 살고 있다. 하지만 늘어난 수명만큼 현대 속 우리들의 생활과 삶의 질이 높아지기 어렵다는 막연한 불안감도 커지고 있다. 게다가 우리의 여러 지표들은 이러한 현실을 더욱 구체화시키고 있다. 노인 빈곤율(2017년 한국 43.8%, OECD 평균 14.8%)[2]과 노인 자살률(2016년 65세 이상 10만 명당 한국 53.3명, OECD 평균 18.4명)이 OECD 1위[3]라는 사실이다.

따라서 사회복지의 실천 현장은 여전히 우리 사회의 전 구성원들이 일정 수준의 생활과 보건 상태를 확보하는데 노력을 게을리 할 수 없으며 늘어만 가는 계층 간 차이를 극복해야 한다. 이를 위해 『Part I. 사회복지 프로그램과 프로포절』에서는 사회복지 차원의 실천적 노력으로서의 사회복지 프로그램에 대한 기초를 다지고자 한다. 여기에 프로포절을 함께 다루는 것은 실질적인 사회복지 서비스가 기능하고 효과를 내기 위해 사회복지 프로그램의 개발·운영에 필요한 자원을 외부로부터 확보해야 하기 때문이다.

---

1) 프레시안(2020.06.30.) http://www.pressian.com/pages/articles/2020062918573357954?utm_source=daum&uim.medium=search 검색일자 2020.7.16.

2) 단비뉴스(2020.05.26.) http://www.danbinews.com/news/artideview.htim/?idxmo=13151 검색일자 2020.7.16.

3) 보건복지부, 2020자살예방백서.

Chapter 01

사회복지 프로그램 개발의 이해

사회복지의 실천은 다양한 문제들을 해결하기 위한 사회복지 프로그램으로 시작해서 끝난다고 해도 과언이 아니다. 문제 해결책으로서의 프로그램은 직접적으로 사회복지 서비스를 제공받는 클라이언트들을 변화시키고자 시행된다. 따라서 그 효과는 정책과 제도, 체제와 같은 거시적 수준의 논리를 우리의 삶과 관계 속에서 녹여 내는 경험적인 구체성을 지니고 있다. 이러한 이유로 반세기 넘는 사회복지 현장에서 사회복지 프로그램은 가장 중요한 활동으로 자리매김해 왔고 실제 여기에 투하된 자원과 노력 또한 크다.

사회복지 프로그램은 보건복지부가 시행하는 국가전문자격증을 획득한 사회복지사가 개발·운영하는 사회복지 서비스이다. 전문가에 의해 이루어지는 전문적인 서비스라는 것이다. 하지만 자격 취득을 위한 시험과목 중 사회복지 프로그램과 관련하여 사회복지사가 갖추어야 할 역량을 다루지는 않는다. 이는 사회복지 프로그램 개발을 위한 절차와 설계 방법론, 운영에 소용되는 예산 확보, 프로그램의 적절성과 그 효과에 대한 검증을 포함한 지식과 스킬 그리고 태도를 사회복지사가 확보하고 있는지 확인하지 않는다는 뜻이다. 그러다보니 사회복지 전문 서비스로서 프로그램이 기능하고 있는지를 검증하겠다는 후속 조치가 강화되어 왔다. 사회복지 프로그램은 공적 자금을 자원으로 삼고 있는데다, 프로그램이 특정 사회문제 해결에 얼마나 기여해 왔는지를 입증할 의무가 있기 때문이다.

모든 사회복지기관이 사회복지 프로그램을 중심으로 경영된다. 기관 경영을 위해 사회복지사에게 가장 요구되는 것은 사회복지 프로그램을 기획하여 프로포절을 작성하고 이를 통해 확보한 자원으로 사회복지 서비스를 실현하는 수행 역량이다. 하지만 안타깝게도 사회복지사의 자격 취득 그 자체는 사회복지 프로그램을 개발할 수 있는지, 이를 프로포절의 양식에 맞춰 내용을 작성할 수 있는지 판단하기 어렵다. 더구나 프로포절은 전문적인 의사소통의 채널이자 방식이기 때문에 단순히 양식의 하나로만 보아서는 안 된다.

이 장에서는 사회복지 프로그램과 관련하여 이론적 측면에서 반드시 알아야 할 기본과 사회복지적 가치를 실천할 수 있는 프로그램 기획 및 재정지원을 획득할 수 있는 프로포절의 작성에 중심축인 평가를 다루고자 한다. 해봐야 얻을 수 있는 것(learning by doing)이 바로 수행 역량이다. 각 부와 장에서 다루는 요소들을 접목하여 직접 기획하고 작성하는 노력을 함께 하자.

01 사회복지 프로그램의 의미

사회복지 프로그램이란 개인과 사회를 변화시키기 위한 의도적이고 조직적인 활동으로 정의된다(신원식, 김민주, 2009). 미국 사회복지사협회(National Association of Social Workers, 1999)에서는 사회복지 프로그램을 수행해야만 하는 것들에 대한 계획과 지침이며 클라이언트의 욕구에 부합하여 설계된 조직과 절차라고 정의하였다. 이러한 두 가지의 개념적 정의는 인간 삶의 긍정적 변화라는 사회복지적 목적을 달성하기 위한 사회복지와 계획된 활동들의 구조화된 집합체인 프로그램으로 나눠진다(이봉주, 김기덕, 2008).

[그림 I-1] 사회복지 프로그램의 개념적 정의

다시 말해 사회복지 프로그램은 [그림 I-1]과 같이 '다양한 문제와 욕구 속에 놓여 있는 클라이언트들의 삶의 질이 향상되도록 체계적이고 계획적인 활동들을 제공하는 것'으로 쉽게 풀이할 수 있다. 그리고 덧붙여져야 할 개념은 사회복지 프로그램은 클라이언트와 사회복지사간의 전문직업적인(professional) 대인관계를 매개로 하는 실천이라는 것이다(정무성, 정진모, 2001). 즉, 사회복지 프로그램은 전문적인 서비스이다. 전문적인 서비스라는 전제에서 사회구성원들이 투자하기 때문에 실질적으로 사회 문제가 해결되거나 클라이언트의 욕구가 충족되어 바람직한 사회가 유지되는데 기여해야 한다는 의미이다([그림 I-2] 참조).

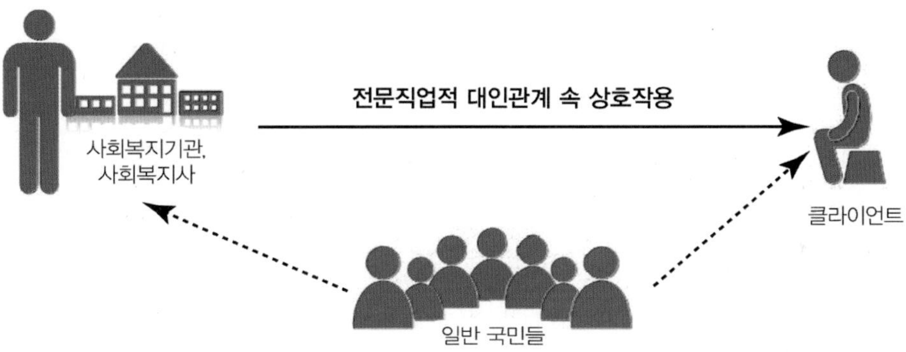

[그림 I-2] 사회복지 프로그램의 관련 대상들

여기서 일상적으로 사용되는 '프로그램'이라는 용어에 대해 심도 있게 살펴볼 필요가 있다. 프로그램은 체제(system), 기획(planning), 계획(plan), 문서(document), 수행(performance)이나 활동(activity) 등 여러 가지 의미를 가지고 있다(Long, 1987: 185). 체제는 Rapp과 Poertner(1992)가 목적 달성을 위해 한 방향으로 행동하게 하는 집합체라는 프로그램의 정의로 이해된다. 이는 프로그램의 각 구성 요소들이 유기적인 연대가 필요하다. 계획은 기획을 통해 만들어진 결과물이다. 즉, 기획은 과정, 계획은 결과이기에 기획을 어떻게 하느냐에 따라 동일 목적일지라도 계획에 담긴 내용과 수준, 절차와 순서 등이 달라질 수밖에 없다. 특히 사회복지는 현장 중심 활동이기 때문에 사업 목적과 목표에 따라 세부적인 프로그램과 프로그램별 구체적인 수행 방법이 달라진다.

이렇게 정돈된 목적-목표-프로그램별 활동 등을 포함하여 사전에 기획한 계획이 사업 제안 형태의 문서로 작성되면 바로 이것이 프로포절(proposal)이다. 프로포절은 사회복지사와 사회복지기관 간에, 사회복지기관과 재정지원처 간에, 이해관계자들과 네트워크 기관들 사이에 전문적인 소통 채널로 활용된다. 프로포절을 바탕으로 재정지원을 받고, 그 계획된 내용을 바탕으로 프로그램을 개발·운영함으로써 클라이언트들의 삶을 긍정적으로 변화시키고자 노력하는 것이다. 따라서 프로포절은 단순히 사회복지 관련 제안서로서만이 아니라 사회복지실천의 매뉴얼이자 평가의 근거이다.

보다 근원적 질문으로 돌아가 보자. 그렇다면 사회복지 프로그램은 누구를 위한 것인가? 이 책의 독자들은 질문의 필요성을 의아해하며, 당연히 프로그램의 대상자인 클라이언트라고 답할 것이다. 그러나 좀 더 고민해 보면, 클라이언트의 입장에서 보면 그들은 프로그램을 통해 자신의 삶을 복원하는 것이다. 일반 국민들의 입장에서 보면 그들이 낸 세금이 공적 재원이 된 만큼 제대로 쓰이지 못할 경우 손실이다. 만약 목적 달성에 효과가 없는 프로그램을 지원금으로 반복 운영한다면, 사회복지 프로그램은 사회복지사의 일자리를 확보하고 유지하는 데에만 기여한 셈이다. 이러한 까닭에 '사회복지 프로그램이 충실히 목적을 수행하고 있는가?'의 책무성 논의가 내·외부로부터 나오게 된 것이다.

책무성이 강조되는 흐름에 맞춰 사회복지 프로그램은 급변하는 사회 환경 속에서 새롭게 출현하는 문제와 국민들의 다양한 사회복지 욕구에 충실히 대응하는 것이 가능한가? 실상 전문적 사회복지 서비스와 그 만족도를 확보하기는 그리 쉽지 않은 상황이다. 더구나 사회복지 프로그램은 특정 지역과 상황이라는 맥락 속에서 클라이언트와의 직접적인 상호작용을 통해 서비스가 수행되기 때문에, 그만큼 프로그램이 다양할 수밖에 없는데다 설령 유사한 내지는 동일한 목적의 프로그램이라 할지라도 프로그램을 표준화하기는 어렵다. 그럼에도 불구하고 전문적인 사회복지 서비스로서 프로그램이 반드시 갖추어야 할 전제 요건과 프로그램의 개발 및 운영의 기본적인 유사성이 있다.

전문성이란 특수한 영역에서 할 수 있거나 기대된 성과에 대한 최적의 수준을 말한다(Swanson, 2001). 사회복지 프로그램과 관련하여 전문성은 프로포절을 만들어 가고 실행하는 사회복지사와 사회복지기관의 전문성으로 구분할 수 있다. 따라서 사회복지사 개인 차원에서 보면 전문성은 평생고용가능성을 결정하는 중요한 요인이며(van der Heijden, 2003), 사회복지기관과 같은 조직 수준에서의 전문성은 핵심역량(Prahalad & Hamel, 1990)으로서 서비스를 지속적으로 제공할 수 있는 토대가 된다. 이렇게 형성된 개인과 조직의 전문성은 사회의 성장과 발전의 원동력이 된다.

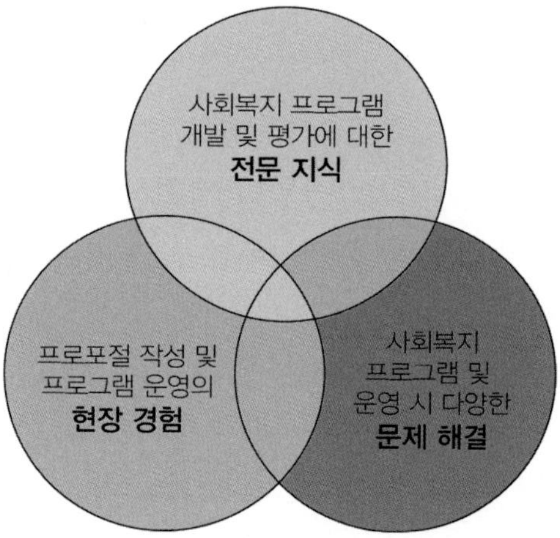

[그림 I-3] 사회복지 프로그램 관련 전문성의 구성요소

전문성의 구성요소는 지식, 경험, 문제해결의 3가지 요소다(Herling, 1998). [그림 I-3]과 같이 세 가지 요소는 사회복지 프로그램과 관련지어 보면, 사회복지 프로그램의 개발 및 평가에 대한 전문지식, 프로그램 기획 및 프로포절 작성의 경험 그리고 실천 현장 속에서 획득한 다양한 문제해결력이 전문성이다. 하지만 여기서 직무 경험의 기간이 곧 전문성으로 개발되지 않는다(Ericsson & Lehmann, 1996). 전문성이 개발되려면 보다 집중적이고 밀도 있는 경험이 필요하다. 더불어 끊임없이 성장하도록 자극하는 환경에 노출되어서 의도적으로 실천(deliberate practice)해 보아야만 가능하다(Ericsson & Smith, 1991). 사회복지 프로그램은 실천적인 역량을 전문성으로 하는 만큼, 배움의 과정뿐 아니라 사회복지 현장의 적용 과정에서 프로그램을 기획하고 프로포절을 작성하는 실천적 노력을 꾸준히 해야 한다.

02 사회복지 프로그램의 유형

사회복지 프로그램을 나누는 기준은 다양하다. Kahn과 Kamerman(1976)은 클라이언트의 욕구에 따라 하나는 사회화와 발달적 욕구 충족을 위한 것이냐, 다른 하나는 문제를 갖고 있는 개인이나 가족의 치료, 보호 및 지원을 위한 것이냐로 구분한다. 여기에 속하지 않는 프로그램들은 서비스 접근성을 확보하기 위한 안내 및 의뢰에 포함시킨다. Schroeder(1980)와 Long(1983)은 기관 또는 지향 중심 프로그램과 클라이언트 또는 서비스 중심 프로그램으로 크게 나눈다. 이현청(1993)은 프로그램의 내용에 따라 기술 중심, 이해 중심, 태도 중심 프로그램으로 분류한다. DiNitto(2000)는 미국 연방정부의 사회복지 정책에 따라 소득유지, 영양, 보건, 복지로 사회복지 프로그램을 구분한다. 그러나 이러한 분류들은 사회복지의 실천 현장에서 보면 그 분류기준과 체계를 충분히 담아내고 있지 못하다.

재원지원처에서는 일반적으로 지역사회 변화와 지역주민의 삶의 질 향상을 중심으로 사회복지기관 등에서 계획하여 진행 예정인 사업을 프로그램 사업으로 보는 반면, 장비 및 이동수단의 구입, 시설의 개·보수 등은 기능보강 사업으로 구분한다. 사회복지 프로그램의 대상자인 클라이언트의 유형별로는 사회복지공동모금회의 2014년 배분사업 재구조화에 따르면 아동/청소년, 노인, 장애인, 여성(다문화), 지역사회, 중장년 남성, 해외/북한/기타의 일곱 가지로 구분한다. 사회복지 프로그램의 개입(intervention) 또는 해결책(solution)별로 구분할 수도 있다. 역시 사회복지공동모금회의 2014년 배분사업 재구조화에 따르면 기초/생계, 주거(난방), 교육/훈련/자활, 의료/건강, 돌봄, 여가/문화/예술, 지역환경개선의 일곱 가지로 구분한다. 그러나 이런 구분은 상황에 따라 달라지기 마련이다. 사회복지공동모금회의 경우 역시 사례집 발표 때마다 당해 상황에 따라 약간 변형된 형태로 제시되고 있다. 2017년과 2018년 배분사례집에 의하면 기초생계지원, 교육/자립지원, 주거/환경개선, 보건/의료지원, 심리/정서지원, 사회적돌봄강화, 소통과 참여확대, 문화격차해소의 8가지로 구분하고 이는 크게 빈곤(기초생계지원, 교육/자립지원, 주거/환경개선), 질병(보건/의료지원, 심리/정서지원), 소외(사회적 돌봄 강화, 소통과 참여확대, 문화격차해소)로 구분하는 것을 볼 수 있다.

<표 I-1>은 2017년도와 2018년도에 사회복지공동모급회에서 발간한 배분사업

사례집을 토대로 클라이언트의 유형과 프로그램에 사용된 개입방법의 유형을 조합한 매트릭스이다. 사례집에는 표에 제시되지 않은 15사례가 포함되어 있다. 이 사례들은 같은 해 사업으로 대상과 개입방법이 중복되는 것들, 청년, 가족, 사회복지기관 종사자에 대한 프로그램들이다. 중복되는 사례는 분량관계 때문에 나머지 사례는 매트릭스에 제시할 마땅한 분류 기준이 없어서 싣지 않았다. 따라서 사회복지공동모금회에 프로포절하여 배분받은 사업은 제시된 매트릭스보다 더 다양함을 알 수 있다. 또한 매트릭스 내에서도 대상이 중복되는 경우도 있다. 가령, 보건/의료지원 분야의 여성대상 프로그램을 제시한 2017년 사례는 대상에 소아도 포함되어 있기에 아동대상 프로그램으로 제시해도 무방하다. 제시된 매트릭스를 통하여 사회복지공동모급회에서 배분사업을 실시하는 것에 대해서 프로그램의 유형화를 볼 수 있다. 학자나 기관에 따라 이런 구분은 달라질 수 있으나 사회복지 프로그램을 개발하는 입장에서 유형을 구분하는데 적절하게 활용할 수 있을 것이다.

표 I-1 프로그램의 대상별(클라이언트의 유형별) × 기능별(개입 또는 해결책의 유형별) 매트릭스

대상별 기능별	아동/청소년	노인	장애인	여성/다문화	지역사회	해외지원
기초생계 지원	결식아동의 균형잡힌 영양제공을 위한 밑반찬 도시락 지원사업 행복플러스 영양도시락(17)	독거어르신의 경제적 부담 감소를 위한 생활용품 지원사업 행복상자(17)				
교육/자립 지원	은평구 청소년의 자기주도적 진로성숙도 향상과 사회적 지지망 확장을 위한 지원사업 'DO IT YOUR SELF SCHOOL FOR DREAMING IN YOUTH'(18)		기혼 지적장애 여성의 가정환경 개선을 위한 개인별 맞춤형 라이프코치 파견사업(18) 발달장애인 일자리 창출을 위한 지역사회 맞춤형 자전거 세차 교육훈련사업 세발 자전거 세차장(17)	저소득 여성 한부모가정의 자립기반 마련을 위한 지역사회 상생(相生)프로젝트 도담(17)		

주거/환경 개선		장애아동의 건강과 안전을 위한 침묵의 살인자 1급 발암 물질 석면 제거 및 전기안전 공사(17)	강북구 내 저장강박증상 주민의 주거환경 문제해결을 위한 복지시스템 구축 '강북청정(청소&정리정돈)이웃지원센터'(18)		저소득가구 맞춤형 주거환경 개선사업(18) 도내 취약계층 거주지역의 범죄예방 및 온실가스 배출 저감을 위한 LED 보안등 교체 지원사업(17)	
보건/의료 지원		공동체 돌봄을 통해 노인 스스로 존엄한 노년의 삶 만들기(18)	성인장애인의 재활훈련 및 자존감 회복을 위한 맞춤형 건강코칭 프로그램 이제는 건강이다(17)	저소득 취약계층 소아·성인여성 화상환자의 신체기능 회복 및 사회복귀를 위한 화상치료 지원사업(17)	이른둥이(조산아)의 장애예방과 주 양육자의 역량강화를 위한 지역사회 자원기반 찾아가는 가족중심 조기개입 서비스 개발 및 확대 'FIRST STEP PROGRAM(18)	인도네시아 낙후지역 학교의 식수 및 위생시설 개선을 위한 2017년 희망나눔 해외봉사활동(17)
심리/정서 지원	저소득 한부모가정 아동의 사회성 향상을 위한 집단 활동 프로그램(18) 샌드아트 매체를 활용한 ADHD 고위험군 아동의 심리정서지원 프로그램 모래알 그 두 번째 이야기(17)	사별노인의 우울감 해소를 위한 음악활동 프로그램, 하나가 우리가 되어 만드는 실버앙상블 우리두리 소리나리(17)	정신장애인의 개인적 회복수준 향상과 역량강화를 위한 동료지원활동 및 봉사활동 프로그램 '마음 꽃 PEER 나니'(18)			
사회적 돌봄 강화	저소득 중학생의 방과 후 보호·학습지원·건강활동·진로체험·재능기부를 위한 사업 '푸르미 청소년 공부방'(18) 학대피해아동가정의 재학대 예방을 위한 가족통합 힐링 프로그램 디어 마이 패밀리(Dear My Family)(17)	홀로 사는 빈곤 남성 노인의 임파워먼트 관점을 활용한 일상생활자립역량강화 프로그램 '독(獨)특(SPECIAL)한 남자 프로젝트'(18)		취약계층 엄마들을 지원하는 영유아기 엄마들의 돌봄멘토 성장프로젝트 '배(배우는 맘)·베(베푸는 맘) 멘토'(18)		

소통과 참여확대		은퇴부부의 행복한 노후를 위한 부부관계증진 프로그램, '영원한 나의 동반자'(18) 초고령 지역 내 청소년들이 재능모아 펼치는 종합자원봉사활동 적재적소(17)	정신장애인의 역량강화를 위한 자원봉사프로그램 '해누리 봉사단'(18)		지역주민이 함께 배우고, 모이고, 세우는 주민주도형 공유경제 마을 만들기 프로젝트(18) 지역사회 역량강화 및 지역공동체 문화형성을 위한 주민조직화사업 은빛 모꼬지(17)	
문화격차 해소	영유아의 창의력과 상호작용 향상을 위한 육아용품대여점 및 놀이교육 프로그램 '아마존(아이들의 마음이 있는 ZONE)'(18) 아동 영어뮤지컬 교육을 통한 영어 감성 깨우기Ⅱ 내일을 위한 희망을 노래하는 CATS 아이(17)	움직이는 노인복지관, '해피(HAPPY) 버스(BUS) 데이(DAY)!!'(18)	청각장애인 문화예술 활동의 역량강화 및 사회참여기회 확대를 위한 영화제작 프로그램 Ⅲ D&D 영화제작단(17)	베트남 결혼이주여성 가족의 가족관계증진 및 문화 감수성 향상 프로그램 '논(NON) 프로젝트'(18) 농어촌 다문화가정 및 비다문화가정 아동들의 심리·정서 지원을 위한 문화확산 지원사업 울림소리 공연단 We(17)		

제시된 매트릭스를 통하여 살펴본 결과 사회복지공동모금회의 프로그램 유형별 구분은 사회복지적 목적과 긍정적 변화를 도모하는 방법이 혼재되어 있음을 알 수 있다. 이처럼 목적과 방법의 혼재된 구분은 사회복지 프로그램이 목적-서비스시스템-서비스-프로그램이라는 위계적 구조 속에서 사용되기보다는, 사회복지 실천 현장에서 서비스와 혼용되어 사용되기 때문이다. 더구나 프로그램은 목적 달성을 위해 [그림 I-4]의 인형 속 인형인 마트료시카(Матрёшка)처럼 다시 하위 프로그램으로 나뉘어 개발·운영되어 '프로그램'이라는 용어만으로는 영역과 수준의 다층적 범주를 명확히 파악하기 어렵다. 즉, 위계적 구성체계로 사회복지 프로그램을 구분한다면 사회제도적 차원의 프로그램부터 소규모 단위 프로그램까지 수준, 범주, 내용 등을 다르게 구성할 수 있다는 뜻이다.

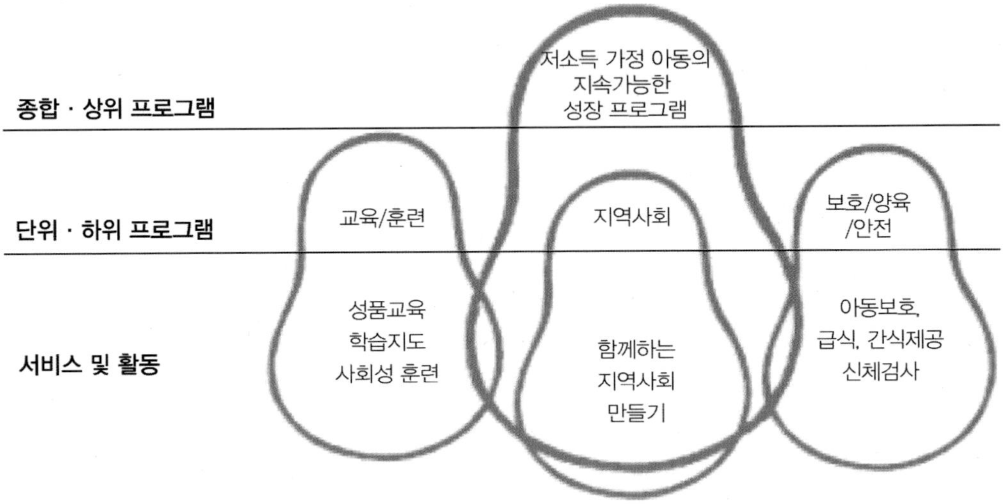

[그림 I-4] 프로그램의 위계적 구성체계

이 책에서는 '사회복지 프로그램'을 사회복지 현장에서 가장 실천적이고, 클라이언트에게 직접적이며, 긍정적 변화와 수행 개선을 끌어내는 과학적 접근으로 바라보고자 한다. 다시 말해 클라이언트의 바람직한, 긍정적인 행동 변화라는 궁극적인 목표 수준과 현재 클라이언트가 보여주고 있는 행동 수준의 차이를 출발점으로 하여, 이러한 간극을 발생시킨 근원적 원인을 분석하고 이를 해결할 수 있는 처방으로서의 개입이 곧 사회복지 프로그램인 것이다.

사회복지 프로그램은 몇 가지 구성요소를 갖추어야 한다. 이는 프로그램 개발 및 운영에 있어서 기본적인 틀을 제공하기 때문에 어느 프로그램일지라도 참가자, 실시주체, 활동내용, 실시방법, 장비 및 도구, 실시기간, 환경 및 장소, 사회복지 프로그램 담당자, 경비 및 예산, 사회복지 프로그램 평가 계획 등 열 가지 항목은 반드시 고려해야 한다(황성철, 2005). 이 가운데 참가자는 클라이언트일 가능성이 높지만, 프로그램의 목적과 기능에 따라 참가자의 대상은 폭넓다. 프로그램은 특정 목적에 따라 설계되기 때문에, 참가자들의 특성을 정확히 파악하는 것이 출발점이며 성별, 발달단계, 생활의 장면, 경험 유무, 활동 수준 등으로 참가자를 보다 명세화해야 한다. 각 구성요소는 『Part II. 사회복지 프로포절 작성』에서 작성 단계별로 상세히 다룬다.

03 사회복지 프로그램의 개발

프로그램 개발이란 프로그램 개발 단계와 기법에 대한 논의이다. 프로그램 개발은 광범위한 영역(range)과 사건(event), 절차(procedure)를 포함하고 있는 복합적인 성격(pluralistic nature)을 띠고 있다(Long, 1987). 이러한 관점은 '일정한 기간 내에 특정 목적을 달성하기 위해 경험 체계를 고안하는 것'이라는 미시적인 개념을 담고 있는 듯하다. 그러나 앞서 살펴본 것처럼, 프로그램은 다영역, 다층적 구조를 가지고 있기 때문에 거시적 관점에서 본다면 '기관이나 조직차원에서 수행하는 모든 활동을 총칭'하는 개념이 될 수 있다.

따라서 사회복지 프로그램의 개발이라고 하면, 좁은 의미에서는 단위 사회복지 실천 활동의 계획이라고 볼 수도 있고, 넓은 의미에서는 사회복지 기간의 모든 활동 내지는 사회복지 영역의 정책까지도 포함될 수 있다. 하지만 이 책에서는 사회복지 프로그램의 개발은 [그림 I-5]와 같이 네 가지 단계로 구성된 모형으로 제시하고자 한다.

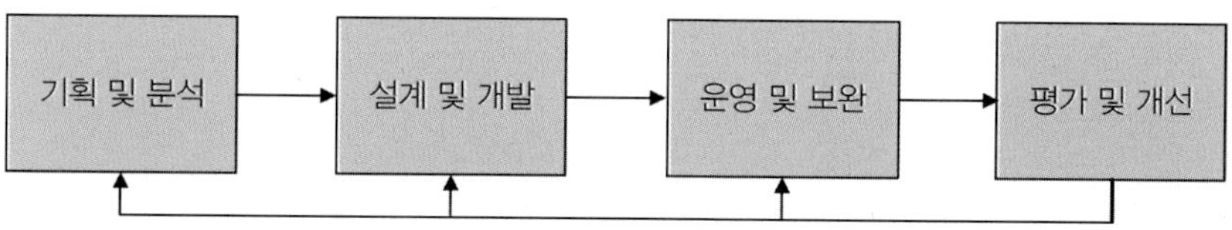

[그림 I-5] 사회복지 프로그램 개발 모형

즉, 사회복지 프로그램의 개발은 사회복지의 실천을 위해 클라이언트들의 문제나 욕구를 확인하고 분석하여 프로그램의 목적과 목표를 설정하며(기획 및 분석의 단계), 최적의 개입 또는 해결책을 선정하여 구체적인 활동 내용과 방법을 설계하고 개발하는 과정(설계 및 개발의 단계)이라고 할 수 있다. 하지만 여기에서 사회복지 프로그램의 개발이 종료되는 것은 아니다. 이렇게 만들어진 사회복지 프로그램은 실제 운영되는 과정 속에서 유연하게 보완하며 실효성을 높이고(운영 및 보완의 단계), 실행 평가와 그 평가의 결과를 다시 프로그램의 개발 및 운영에 반영(평가 및 개선의 단계)하는 환류 체계 내에서 운용된다. 환류 체계는 절차적 순서나 일방향적인 흐름을 말하는 것이 아니라, 각 단계가 순환적 과정으로 상호 영향력을 행사한다는 것이다.

이와 같이 사회복지 프로그램의 개발에 기획과 설계를 넘어서서 실행과 평가를 포함한 순환적 모형이 필요한 까닭은 보다 나은 사회복지의 실현과 과학적 입증에 기인한다. 이에 대해 황성철(2005)은 사회복지 프로그램이 첫째 사회복지조직의 책무성의 확보와 혁신을 위한 전략이 될 수 있고, 둘째 사회복지기관 안팎에서 협력과 의사결정 과정을 촉진하는데 기여할 수 있으며, 셋째 과학적인 동시에 창의적인 활동으로 자리매김하는데 의의가 있음을 제시하였다.

Chapter 02

사회복지 프로그램 개발을 위한 프로포절

사회복지 프로그램은 공공성에 기반을 둔 정책은 아니다. 사회복지 프로그램은 정책에 뒤따르는 사회복지 실천 현장에서의 구체화된 활동이다. 사회복지 프로그램은 사회복지 서비스의 하나이지만 일방향적인 사회복지 활동보다는 행정적 활동과 지역사회 활동까지도 포함하는 보다 포괄적 개념이다. 따라서 단기간에 수행되는 특정한 과업이나 활동인 프로젝트보다 사회복지 프로그램은 상대적으로 지속적이며 일정한 구조적 체제를 가지고 있다(김희성, 2009).

이러한 특징적 차이점을 사회복지 현장에서 전문성을 갖춰 소통하기 위한 채널이 바로 프로포절이다. 사회복지 프로포절이란 사회복지기관에서 수행하고자 하는 사회복지 프로그램의 내용을 설명하는 사업 제안서이다. 따라서 프로포절을 작성한다는 것은 제안자의 주관적 의견이 아니라, 경험적이고 객관적인 논리적 근거를 확보하여 설득력 있게 제시되어야 하며, 해당 프로그램이 가지고 있는 독특한 아이디어를 이해관계자들이 충분히 이해할 수 있도록 표현하는 기술이 요구된다.

이 장에서는 「Part II. 사회복지 프로포절의 작성」을 위한 준비의 차원에서 프로그램과 프로포절의 연계가 되는 기본적인 내용을 다루고자 한다.

01 사회복지 프로포절이란?

사회복지 프로포절은 사회복지 프로그램 개발 모형의 전 과정을 청사진(blueprint)으로 제시하는 전문적이고 공식적인 문서이다. 아직 프로그램이 기획-실행-평가의 어느 과정도 진행하지 않았지만, 프로그램을 통해 실질적으로 변화될 수 있는 것이 무엇인지 프로포절을 통해 명확하게 제시해야 한다. 하나의 프로그램으로 특정 사회문제를 해결할 수 있음을 주장하는 것이 아니라, 우리 조직(사회복지기관)이 할 수 있는 만큼의 양질을 담아야 한다. 프로포절에는 '이 프로그램이 중요하고 필요합니다.', '이러한 성과를 창출할 수 있습니다.', '구체적인 활동은 이렇게 진행되며 이를 위한 전문성을 갖추고 있습니다.', '지원이 필요합니다.'를 일정한 형식에 맞춰 의사소통하는 것이다.

왜냐하면 사회복지 프로그램을 개발·운영하려는 각 기관마다 특성이 다르고, 해당 사회복지 프로그램을 통해 해결하고자 하는 문제의 성격 또한 완전히 다르다. 오늘날 사회복지 프로그램 신청 공모제도, 즉 프로포절을 통해 재원의 배분이 이루어지다보니 사회복지 현장은 프로포절에 의해 운용되는 시대가 되었다. 서인해와 공계순(2008)에 따르면, 공모제는 삼성복지재단이 1991년, 사회복지 공동모금회가 1999년 이를 도입하면서 본격화되었고, 프로포절의 심사와 선정이라는 자유 경쟁구도 아래 사회복지 프로그램 개발에 있어서 기획의 중요성이 커졌으며, 일선 사회복지사들의 업무 역량에서도 큰 변화를 가져왔다고 말한다.

프로그램의 기획은 조직의 역량과 해결해야 할 문제를 체계적으로 조화(match)시키는 작업이며(신원식, 김민주, 2009), 그 내역을 기술한 것이 프로포절이다. 사회복지기관이 가지고 있는 인력의 수와 전문성, 예산, 시설장비 등의 객관적 역량뿐 아니라, 설립목적과 지향하는 사회복지적 가치와 방향, 해결하려는 클라이언트 욕구나 문제에 대한 인식과 접근방법 등의 주관적 역량도 포함하게 된다.

공모제도의 활성화는 프로포절을 통해 사회복지 실천 과정과 이를 표현하는 양식을 표준화하고 매뉴얼화함으로써 사회복지 분야의 실천적 전문성을 증진시켜 왔다. 뿐만 아니라 사회복지 활동의 홍보 및 마케팅에 있어서 핵심적인 채널로 자리매김하면서 사회복지 프로그램의 책무성을 강화하는 데에도 기여해왔다.

02 성공적인 프로포절의 조건

프로포절에서 제기된 사회문제의 심각성이 비교적 낮거나, 예산 쓰임새가 불명확하거나, 문제의 성격이 명료하지 않은데다 문제를 제기하는 방식이나 증빙 자료가 부적절한 경우, 해당 사회복지 프로포절에 기금을 제공하기는 어렵다(임걸, 2007). 프로포절 공모사업을 통해 재원을 지원받고 사회복지 프로그램을 개발·운영하기 위해서는 충족해야 할 요건이 있다. 이를 각 재정지원처에서는 프로포절의 평가 기준으로 제시하고 있다. 단지 부족한 재정 때문에 프로포절을 작성한다면 그보다 더 사회복지적 가치가 떨어지는 행위도 없을 것이다. 즉, 사회복지기관과 사회복지사는 클라이언트나 지역사회의 바람직한 변화와 발전을 증진하기 위해 프로포절을 작성해야 한다.

성공적인 프로포절의 요건을 크게 제시한다면, 하나는 프로포절이 사회복지 현장에서의 새로운 발견과 긍정적 변화를 구체적으로 담아내야 한다는 것이다. 사업계획서 또는 제안서 자체를 잘 기술하는 것이 중요한 게 아니라, 사업의 필요성과 실현가능성, 해당 프로그램의 기여도와 파급성을 제대로 담고 있어야 한다. 다른 하나는 심사자의 이해를 충분히 끌어내도록 심사자처럼 생각하고 작성하라고 것이다. 누구를 위한 사업인지, 문제는 무엇인지, 해결의 가능성이 있는지, 이를 입증할 실증적 근거를 보여주고, 비용 대비 효과성을 부각시키도록 복잡하고 난해한 설명보다는 도식화되면서도 요약된 정보를 제공해야 한다. 전자의 요건은 사회복지 프로그램의 기획을 강조하는 것이고, 후자의 요건은 프로포절의 작성을 강조한 것이다. 이러한 요건을 공모제를 운영하고 있는 대표적인 두 기관의 프로포절 평가 기준을 통해 살펴보자.

1) 사회복지공동모금회의 프로포절 평가 기준

2020년 사회복지공동모금회 지원 사업 기준에 따르면 심사기준은 기관평가, 사업평가, 기타평가의 세 가지로 구분된다. 기관평가는 기관의 신뢰성과 사업수행능력 등을 평가하고, 사업평가에서는 해당 사회복지 프로그램의 적합성, 필요성, 산출근거의 적절성, 투입요소 적절성 등을 평가한다. 기타평가는 프로그램의 일관성, 실현 가능성 등을 평가한다. 그리고 심사기준은 사업의 특성에 따라 일부 항목이 가감될 수 있다. 심사과정은 예비심사, 서류심사, 면접심사 그리고 현장심사에 이르는 네 단계를 거치게 된다. 심사과정 역시 사업의 특성상 일부과정을 추가하거나 생략할 수 있다.

여기서 사업평가에 해당되는 내용을 보다 상세히 살펴보면 다음과 같다. 각 항목에 대해 일정 점수를 획득해야만 선정이 가능하다.

사회복지 프로포절은
- 목적, 목표, 활동내용과 예산 평가기준이 체계적으로 서술되었는가?
- 클라이언트의 욕구나 사회문제에 대한 진술이 구체적인가? 심각한 수준인가?
- 문제의 양이나 프로그램의 규모에 적절한 예산이 편성되었는가?
- 기관은 프로그램 수행 능력을 갖췄는가?
- 목표달성에 대한 평가체계는 구체적인가?(성과평가에 대한 요구)

2) 삼성복지재단의 프로포절 평가 기준[1]

삼성복지재단은 '작은나눔 큰사랑(a Little Sharing for a lot of Love)'이라는 사회복지 프로그램 개발 지원 사업을 통해 우수 프로그램을 발굴, 선정, 지원하고 있다. 특히 자유 경쟁 체제를 최초로 도입하여 프로포절 공모를 통해 재원을 배부한다. 삼성복지재단의 프로그램 기획 매뉴얼(2012: 15)에서 사회복지 프로그램이 담아내야 할 것이 무엇이고 프로그램의 기획서인 프로포절은 어떤 기준으로 평가되는지를 [그림 I-6]과 같은 도식으로 보여주고 있다.

1) 삼성재단의 '작은나눔 큰사랑' 사업은 2016년으로 마감이 되었다. 삼성재단은 1991년에서 2016년까지 26년간 1,934개 기관에 389억 원을 지원해 왔다. 한국사회복지계에서 프로포절에 의한 지원의 장을 마련하고 성숙하게 하는 역할을 하였다. 그리고 2017년부터는 '나눔과 꿈' 이라는 새로운 사업으로 진행하고 있다. 이 사업은 삼성재단에서 직접 관리하기보다는 사회복지공동모금회를 통하여 관리하고 있다. 따라서 프로포절과 배분은 사회복지공동모금회를 통하여 이루어지고 있다. 다만 본 책에서는 프로포절에 대한 평가기준 이해에 도움이 되기에 '작은나눔 큰사랑'의 자료를 싣는다.

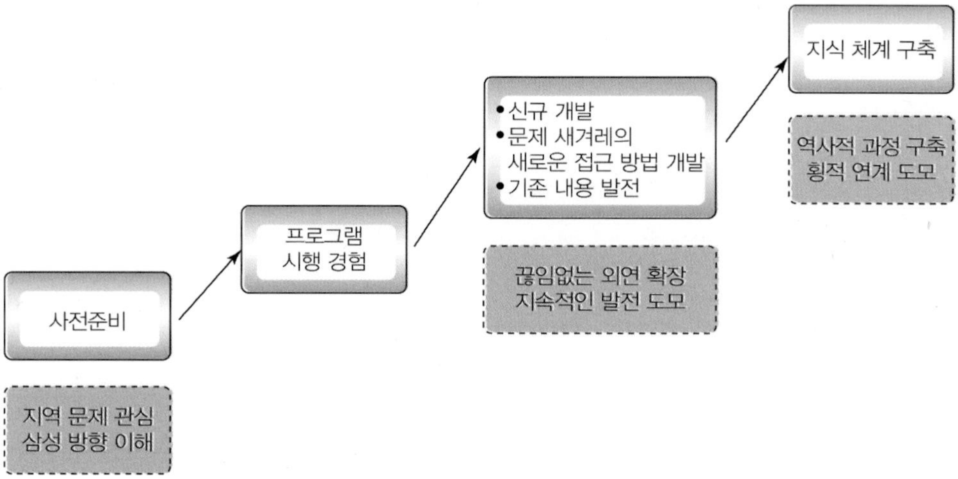

[그림 I-6] '작은나눔 큰사랑'의 사업 지향 방향

첫째는 프로그램 내용의 구체성이다. 즉, 실제 프로그램이 개발·운영되었을 때 실현 가능성을 구체적으로 보여주어야 한다는 것이다. 둘째는 프로그램의 성과를 넘어선 파급 효과이다. 개별 프로그램은 지역사회 내 특정 문제를 해결하기 위한 목적이다. 따라서 프로그램의 시행 성과가 중요한 것은 사실이지만, 여기서 더 나아가 그 경험과 노하우를 후속 세대가 활용할 수 있도록 어떻게 공유, 확대할 것인지를 제시해 달라는 것이다. 셋째, 사회복지기관들 간의 협력적 네트워크이다. 클라이언트라는 프로그램의 대상자, 서비스 이용자 중심에서 공급자간 연대를 통해 사회복지사업을 확장하고 지속적으로 성장할 수 있는 토대를 제공해야 한다는 것이다.

특히 사업의 필요성에서는 해당 지역사회가 겪고 있는 어려움 기술, 대상자 선정 방법, 목적-목표-사업 내용 및 평가의 일관성 있는 설정, 프로그램의 지향 가치와 방향, 세부 프로그램의 구성 및 프로그램 간 관계, 프로포절 제안 기관과 지역사회 내 타 기관 간의 네트워크, 과정 목표와 성과 목표, 거기에 따른 과정평가와 성과평가의 기술, 양적 평가와 질적 평가의 균형 등을 요구하고 있다.

<표 I-2>와 <표 I-3>은 사업 신청서 양식 가운데 양적 평가와 질적 평가에 대한 것으로, 성과 목표와의 연결성, 성과 지표의 명확성, 자료 수집 방법의 타당성, 양적 평가와 질적 평가 간의 균형성 등을 강조하는 삼성복지재단의 평가 관점을

도표화하여 제시하고 있다.

표 Ⅰ-2 양적 평가표

성과 목표	목표에 대한 평가 방법			
	성과 지표	자료원	자료 수집 방법 (측정 도구 · 방법)	자료 수집 시기
1.				
2.				
3.				

표 Ⅰ-3 질적 평가표

연구 질문	패러다임	자료 수집 방법	자료원	자료 수집 시기
1.				
2.				
3.				

양적 평가는 프로그램의 결과 평가를 강조하는 것으로, 연역적 접근을 통해 해당 프로그램 실시 전후 변화된 방향, 정도 등을 구조화된 도구로 측정하고 객관적인 값으로 제시한다. 반면 질적 평가는 프로그램의 과정평가를 강조하는 것으로, 귀납적 접근을 통해 해당 프로그램에서 변화된 모습을 관찰하거나 비구조화된 면접 등을 통해 주관적인 값으로 제시한다.

양적 평가가 집단의 변화 양상과 정도를 객관적인 근거로 제시하는 장점에 있지만, 한 개인의 변화 양상과 정도를 확인하기에는 부족한데다 평균값이 갖는 오류로 인해 어느 클라이언트도 해당 변화가 나타나지 않을 수 있다는 제약이 있어 질적 평가가 보완될 경우 프로그램의 실효성을 보다 충실하게 살펴볼 수 있다. 따라서 양적 평가와 질적 평가의 균형은 객관적 변화와 주관적 의미 사이의 간극을 좁히기 위한 노력인 것이다.

3) 우수 프로그램과 프로포절

프로포절의 평가 기준 내지는 선정 요건 등은 사회복지 프로그램의 우수성에 근거하고 있다. 아직 개발·운영 전 프로그램의 기획을 제안하는 문건이기 때문에, 실제 프로그램 실행의 효과성과 성과를 실체화하기는 어렵다. 이러한 제약에도 불구하고 사회복지적 가치 실천을 위한 활동으로서 프로그램이 기능하려면 우수 프로그램의 요건들에 대한 충실한 이해와 이를 달성하려는 노력들이 프로포절에 담겨야 할 것이다.

성규탁(1998)은 사회복지 프로그램이 잠재적 클라이언트의 용이한 접근성, 사회복지사와 클라이언트의 유대 관계에 기초한 지속적인 운영, 문제해결 또는 욕구충족에 적합한 개입, 지역사회의 다양성을 포괄하는 프로그램의 제공, 서비스의 통합, 공평하고 균등한 전달, 비용의 적절성, 객관적이고 과학적인 개발 활동일 때 충실한 목표 달성이 가능하다고 제시하였다. 그의 요건은 앞서 프로포절 평가 기준에도 대체적으로 담겨져 있는 항목임을 알 수 있다.

Royse와 동료 학자들(2009) 또한 우수한 사회복지 프로그램의 요건을 다음과 같이 제시하였다. 성규탁의 기준과 유사 항목도 있으나, 그들은 각 요건에 대한 설명을 충실하게 덧붙이고 있어 요건 충족의 노력이 프로그램의 질적 개선을 높이는데 기여할 수 있을 것이라 본다.

첫째, 적합한 인력 배치와 안정적 재원이다. 사회복지 프로그램을 구성하는 인적 요소와 물적 요소가 적정성과 안정성을 확보해야 한다는 것이다. 프로그램이 지향하는 목적과 목표를 달성하고 질적인 수준을 높이려면 프로그램의 특성에 맞는 인력들이 적재적소에서 배치되어야 한다. 특히 프로그램 개발 모형 전반에 걸쳐 투하되어야 할 재원들이 안정적으로 공급되지 않는다면, 훌륭한 인적 요소들 또한 기대하는 활용이 어렵기 때문에 일관성 있는 프로그램 운영에 예산의 뒷받침이 튼튼해야 한다.

둘째, 프로그램 고유의 정체성(identity)과 사회복지 서비스에 대한 철학(philosophy)이다. 프로그램에 소요되는 재원의 확보는 일반 국민을 포함한 여러 이해관계자로부터의 공감에 근거한다. 따라서 프로그램명이나 홍보 계획 등 마케팅적인 요소가 필요하다. 그러나 인간 존엄의 실현이라는 사회복지적 가치와 윤리를 바탕으로 해당 프로그램 제공에 대한 철학적 원칙을 수립하고 실천하는 것이 바탕이다.

셋째, 사회문제의 인과관계에 대한 이론적 근거와 실증적 검증이 뒤따라야 한다. 사회복지 프로그램은 창의적인 개입 활동으로 독특성을 확보할 필요가 있다. 하지만 클라이언트의 문제 해결 또는 욕구 충족이라는 사회복지 프로그램의 목적과 목표에서 보면 과학적인 처방의 역할을 충실히 해야 한다. 따라서 원인과 결과에 대한 최적의 처방책으로서 프로그램의 내용, 방법, 수준 등이 실행되려면, 연구와 조사에 기초하여 근거를 타당하게 제시하고 효과성을 검증하여 제시해야 한다.

넷째, 과학적이고 체계적인 평가가 실시되어야 한다. 이론과 실천 사이에는 간극이 존재할 수밖에 없다. 그렇다고 해서 간극의 어디서 얼마나 차이가 있는지를 확인하는 절차가 없다면, 사회복지 프로그램은 '관리할 수 없으면 개선할 수 없다'는 점에서 전문성을 인정받거나 성장의 기회를 확보하는 것이 원천적으로 불가능할 것이다. 보다 과학적이고 객관적인 측정을 통해 성과를 보여주려는 노력이 지속되어야 한다.

03 재정지원처에 대한 이해

재정지원처(funder)는 이름 그대로 사회복지 프로그램이 개발·운영되는데 인적, 물적 자원을 제공한 개인 또는 조직이다. 재원지원자들은 그들이 지원한 프로그램이 효과적이고 효율적으로 사회복지적 가치를 실현하는데 기여하기를 바란다. 따라서 재원지원자들이 지향하는 사회복지적 가치의 실현 모습이 무엇인지, 그들의 지원방향과 내역을 면밀히 살펴볼 필요가 있다. 특히 사회변화에 맞춰 재정지원자들도 지원방향을 수정하기 때문에 동향을 살피는 것 또한 프로그램의 개발 전문성을 높이는 것만큼이나 중요하다.

<표 I-4>는 공공기관, 일반 사기업, NGO와 같은 민간기관 중 사회복지 분야에 재정지원을 많이 하고 있는 곳들이다. 사회복지법인 '사회복지공동모금회'는 사회복지공동모금회법에 따라 설립된 법인으로서 공동모금운동을 통하여 사회복지

에 관한 국민의 이해와 참여를 촉진하고, 국민의 자발적인 성금으로 공동 모금된 재원을 효율적이고 공정하게 관리·운용함으로써 사회복지 증진에 이바지함을 목적으로 한다. 사회복지공동모금회는 설립목적 자체가 민간복지자원 개발에 있기 때문에 아무래도 프로포절을 통하여 지원받고자 하는 기관이나 사회복지사들로서는 사회복지공동모금회의 지원방법을 일종의 준거로 삼아 학습해 둘 필요가 있다. 사회복지공동모금회 외 기관들은 각 기관마다 주요 지원 분야나 지원 방식 등이 다르기 때문에 사회복지사는 자신의 기관 및 개발·운영하고자 하는 사회복지 프로그램에 적합한 재정지원처를 파악해 두어야 한다. 예를 들어, 롯데복지재단은 이동권에 대한 관심을 갖고 이동보조에 대한 사업이 발달한 것을 볼 수 있으며, 아모레퍼시픽복지재단은 여성에 대한 지원을 중점으로 하는 것을 볼 수 있으며, 오렌지희망재단은 스포츠활동을 통하여 아동의 재능을 발견하도록 하고 재능을 발견한 경우 계속해서 재능을 다듬어 꿈을 이루도록 하는 특징이 있다. 또한 그동안 공익단체 및 민간단체의 재정지원에만 관심을 많이 가졌지만 지방자치제도가 안착됨에 따라 지방자치단체나 지방교육(지원)청 등도 공모를 통하여 사회복지시설이나 기관을 지원하고 있다. 따라서 이런 공공기관 역시 재정지원처로 이해하고 있어야 한다. 사회복지사는 클라이언트에게 적절한 프로그램이 무엇인지와 더불어 이에 대한 적절한 지원처에 대한 이해를 바탕으로 프포그램 작성 및 프로포절을 할 수 있는 능력을 키워야 한다.

표 I-4 재정지원처[2] 및 주요 지원 분야

구분	조직명	주요 지원 분야
공공	시도, 시군구	지역사회복지사업
	교육청, 교육지원청	지역연계 교육복지사업
공익	사회복지	사회복지공동모금사업, 공동모금재원의 배분, 운용 및 관리, 사회복지공동모금에 관한 조사·

2) 기타 재정지원처(가나다 순), 정민성, 강우진, 문혜숙, 김옥녀(2010: 304-305) 외 저자가 추가 정리
: 강원랜드복지재단, 경신재단, 김옥이재단, 다음세대재단, 대교문화재단, 대산문화재단, 대성사회복지재단, 덕영재단, 사랑의 보금자리, 사회연대은행, 삼동회, 삼성 관련(삼성문화재단, 삼성사회봉사단, 삼성생명공익재단, 삼성언론재단, 호암재단), 서남재단, 선린복지재단, 선우복지재단, 스티브김재단, 시민운동지원기금, 신애보육원, 실업극복국민재단, CJ도너스캠프(나눔재단), 여성기금, 연강재단, 운경재단, 을지재단, 정해복지, 진각복지재단, 코오롱-꽃과 어린왕자, 하트하트재단, 한국복지재단, 한국봉사회, 한국재활재단, 화사회공헌, KBS강태원복지재단, SK텔레콤사회공헌.

	공동모금회	연구·홍보 및 교육훈련, 사회복지공동모금회지회의 운영, 국제교류 및 협력증진사업, 다른 기부금품 모집자와의 협력사업, 기타 모금회의 목적달성에 필요한 사업
	복권기금	공익지원사업 : 임대주택의 건설 등 저소득층의 주거안정 지원사업, 장애인, 불우청소년 등 소외계층에 대한 복지사업 등 기획재정부 복권위원회에서 선정한 공익사업 법정배분사업 : 과학기술진흥기금, 중소기업창업 및 진흥기금 등 10개 법정배분기관에 배분
	한국마사회	경마수입금의 사회환원을 위한 렛츠런재단 설립 생명, 농촌, 자연사랑분야의 공식사업 지원
기업	롯데복지재단	소외이웃행복나눔(플레저박스, 문화체험, 무브투게더) Global나눔(외국인 근로자 지원, 다문화가족 지원) 무브투게도–중증뇌변병, 저소득가정 대상으로 이동, 착석, 기립, 보행, 목욕, 위생, 의복 등 필요 품목 지원
	삼성재단	작은나눔 큰사랑(2016년까지), 나눔과 꿈(2017년부터): 각종 사회복지시설이나 기관에서 프로포절하는 사업에 대한 지원 삼성드림클래스 : 교육 기회의 불균형이 우리 사회의 양극화를 더욱 심화시킬 수 있다는 인식 아래 2012년부터 교육 환경이 열악한 중학생에게 학습 기회를 제공 그 외 병원, 어린이집, 노인카운티를 직접 운영
	아산사회복지재단	중점지원사업 : 사회적 관심과 지원이 부족한 소외 계층을 위한 분야를 재단의 중점지원사업으로 지정하고 지원함. 2015년부터는 발달장애 지원사업을, 2019년부터는 사각지대의 소외 아동과 청소년을 건강한 사회인으로 성장시키는 '소외 아동 · 청소년 지원 사업' 을 중점시행하고 있음 SOS 복지지원사업 : 위기상환으로 인해 긴급한 지원이 필요하지만 정부나 민간단체의 지원이 신속하게 미치지 못하는 취약계층을 위한 지원 그 외 병원운영
	LG공익재단	LG의인상 : 군인, 경찰, 소방관 등 국가를 위해 헌신하는 공직자는 물론, 의로운 행동과 남다른 선행으로 사회의 귀감이 되고 사회정의 실현에 이바지한 의로운 시민들을 찾아내 포상하고 사회의 귀감으로 삼아 널리 알리는 사업 장호르몬지원 : 저소득 가정의 저신장 아동을 선정하여 1995년부터 성장호르몬제 '유트로핀'을 지원 LG사랑 품앗이 : 원래 노인시설에 대한 지원사업이었으나 확대하여 2016년부터는 보육원, 양로원 등의 생활시설부터 지역아동센터, 주간보호센터 등의 이용시설까지 지원대상을 점차 확대하여 소외계층시설에 필요한 물품을 지원 어린이집 건립 기증 : 복지인프라 확충 사업으로 설립 이후 14개의 종합사회복지관, 노인복지관, 장애인복지관 등 해당 지자체 실정에 맞게 건립, 기증하였고, 2008년부터는 심각해지고 있는 우리 사회의 저출산 문제 극복의 일환으로 부모들이 육아의 부담에서 벗어나 사회활동을 할 수 있도록 안심하고 양육을 맡길 수 있는 양질의 보육시설을 매년 1개씩 건립하여 지방자치단체에 기증하고 있음
	이랜드복지재단	인큐베이팅 : 정부나 민간단체의 지원을 받지 못하는 위기가정, 홀로서기 지원 이랜드복지센터 : 노인종합복지관 운영 NPO 지원 : 비영리기권 지원 글로벌 CSR : 이랜드가 진출한 국가 중심 빈곤문제 해결과 지역사회 발전 지원
	KT&G복지재단	행복네트워크 운영사업 : 복지센터와 자원봉사센터 운영 사회복지지원사업 : 사회복지기관 차량 지원사업, 전국 어르신 탁구대회, 저소득 위기가정 지원사업, 교복지원사업 인터넷복지사업 : 학령기 저소득 아동에게 학습의 기회를 제공하기 위한 학습용품 구입비

		를 지원
	아모레퍼시픽 복지재단	공간문화개선사업 : 여성 이용 시설 및 비영리 여성단체의 열악한 공간을 편안하고, 아늑한 공간으로 개선, 보수하는 사업 지난사업 : 저소득층지원사업, 청소년 및 아동지원사업, 여성복지지원사업
	오렌지희망재단	오젠지재능클래스 : 다양한 스포츠 수업을 통해 취약계층 아동과 청소년이 자신의 꿈을 발견하고 미래를 향해 힘차게 나아갈 수 있게 응원하는 사업 오렌지장학프로그램 : 오렌지재능클래스에서 꿈을 찾은 아동을 대상으로 꿈을 이루도록 지원하는 사업 오렌지희망하우스 : 노후화된 아동 · 청소년 시설을 개 · 보수해 우리 미래세대인 아동과 청소년이 보다 안전하고 건강한 환경에서 성장할 수 있도록 지원
	파라다이스 복지재단	버디 & 키티 : 장애에 대한 이해와 올바른 인식 교육을 통한 사회적 통합 지원 문화예술사업 : 아이소리앙상블 등 청각장애 아동의 가창능력 증진을 통한 자존감 및 사회성 향상 현장지원사업 : 파라다이스 클린하트(장애인 복지관, 시설 등 치료 현장의 교구 클리닝(살균, 소독) 서비스를 통하여 보다 위생적이고 깨끗한 치료 현장 환경조성에 기여)와 아시소리넷(장애아동 및 청소년 관련 교육 정보와 현장소식을 제공함으로써 장애인의 삶의 질 향상에 기여)
민간	사랑의 친구들	어린이사업 : 개별아동 장학금 후원, 미래를 여는 영어교실, 어린이연합캠프, 어린이서울초청 행사, 지역아동센터 교사 교육, 사랑의 간식나누기, 기증물품 나누기, 북한어린이 돕기 연례사업 : 사랑나누기바자한마당, 사랑의 떡국 나누기, 사랑의 목도리 뜨기
	아이들과 미래재단	시작은 사회복지분야의 사각지대였던 그룹홈, 공부방, 쉼터를 발굴, 지원하는 일로 시작했고, 현재는 국내외 다양한 기업과 사회공헌활동을 진행하며 기업의 사회적 기여 확대를 실현하고, 나아가 국내 기부문화 활성화를 위해 활동영역을 넓혀나가고 있음
	아름다운재단	올바른 기부문화 확산을 위한 캠페인 사업 전개, 개인 및 단체의 공익기금 및 특정 주제를 갖는 목적형 기금 조성, 기업과 사회의 상생적 발전을 위한 기업 사회공헌 프로그램 전개, 지속 가능한 공동체의 발전, 소외계층의 삶의 질 향상을 위한 공익사업 지원 기부문화 발전을 위한 정책적 연구 및 제도개선 사업 전개, 저소득층의 자활과 자립을 위한 무담보 무보증 대출사업 전개,이주아동의 보육시설 등 사회적 약자 지원 및 공익단체 활동 지원을 위한 부동산 무상 대여
	한국여성재단	여성 대상 개인 및 사업지원–남녀평등의식 확산운동, 공동체운동 캠페인, 저소득여성노동자대상 사업, 정신대할머니 지원 등

재정지원처가 사회복지 현장의 실천 모습을 체계화하고 구조화해 왔던 노력들이 큰 성과를 가져왔지만, 여전히 소외되거나 재정지원자들의 관심 밖 영역이 존재할 수밖에 없다. 따라서 보다 적극적인(proactive) 재정지원 확보를 위한 사회복지기관과 사회복지사들의 노력과 전문성 확보도 요구된다.

04 프로그램 기획을 위한 아이디어 개발

프로포절은 '사회복지 서비스를 다음과 같은 프로그램으로 진행하겠다'라는 계획서이자 동의와 지원을 구하는 공식적 문건이다. 공공 및 민간 기금주들은 프로포절의 채택 기준을 나름대로 가지고 있지만 다음과 같은 기준이 공통적이다. 목적, 목표, 활동에 대한 체계적(systematic)이고 체제적인(systemic) 접근, 다루고자 하는 욕구 또는 문제, 예산의 적절성, 기관의 역량, 평가 지표와 방법 등이 그것이다. 여기서 '체계적(systematic)'이라는 의미는 일정한 원리에 따라 낱낱의 부분이 짜임새 있게 조직된다는 뜻이고, '체제적(systemic)'이라는 의미는 무언가를 이루는 틀이나 전체를 뜻한다. 다시 말해 목적, 목표, 활동은 사회복지 프로그램을 이루는 각 구성요소로서 상호 연계되어 하나의 체제를 이룬다는 특성과 목적, 목표, 활동은 각각 개념적 정의에 맞게 설정(개발)되어야 할뿐만 아니라 위계적 구조를 가지고 있어 순차적으로 설정(개발)되어야 한다는 체계적 특성도 가지고 있다.

성공적인, 채택 가능성이 높은 프로포절이 되려면, '왜 이 사회복지 프로그램이 필요한가?'에 대한 공감할 만한 답변을 갖춰야 한다. 프로그램의 필요성은 프로포절의 주제이자 목적-목표-활동의 전체적 일관성을 높이고 특정 사회복지적 가치 실현의 가능성을 보여준다. 삼성복지재단의 '작은나눔 큰사랑 프로그램 기획 매뉴얼(2012)'에 따르면, 첫째 기존 프로그램의 한계를 뛰어넘어 새로운 가능성을 제시한 사업, 둘째 사각지대에 있는 대상자에 대해 기존의 틀을 깨는 획기적 발상을 도모하는 사업, 셋째 참여자들의 삶을 세상에 드러내는데 기여할 수 있는 사업, 넷째 모델을 구축하거나 지식 체계를 쌓는데 기여할 수 있는 사업을 장려하고 있는데 프로포절의 주제가 갖는 중요성을 다시 한 번 확인시켜 준다.

1) 브레인스토밍(Brainstorming)을 통한 아이디어 발상

사회복지 프로그램의 주제 발굴과 이를 마케팅 관점에서 프로포절로 작성하려면 프로그램 기획의 첫 걸음이 되는 아이디어 개발에 집중할 필요가 있다. 아이디어 개발하면 쉽게 떠올리는 단어가 '브레인스토밍(brainstorming)'이다. 집단토

의의 일종인 브레인스토밍은 미국의 유력한 광고회사 BBDO의 창립자인 Osborn(1953)이 만든 사고기법으로 특정한 문제나 주제에 대하여 두뇌에서 폭풍이 몰아치듯 생각나는 아이디어를 가능한 한 많이 산출하도록 하는 방법이다.

집단 창의를 이끌어내기 위해서는 브레인스토밍을 할 때 [그림 I-7]과 같이 4대 규칙(4S)을 지켜야 한다.

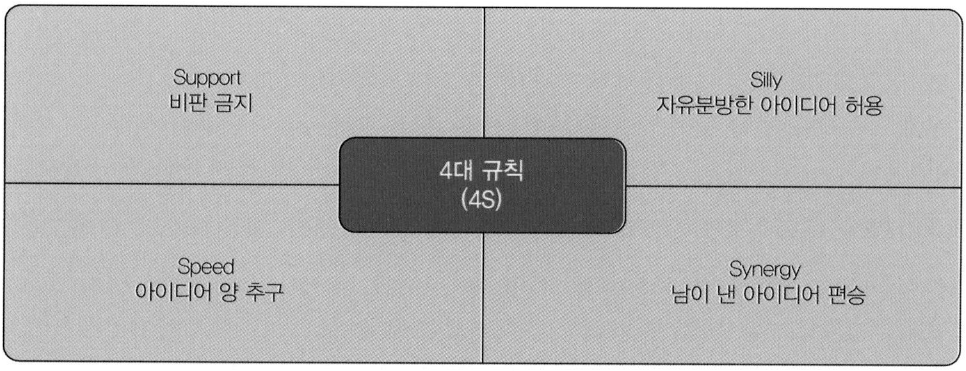

[그림 I-7] 브레인스토밍의 4S 원칙

첫째, 아이디어를 내는 사람을 지지하라(support)는 것이다. 누군가 아이디어를 내면 아이디어를 듣자마자 이를 평가하려 하는데 아이디어 내는 시간과 평가 시간을 분리해야 한다. 그리고 아이디어는 아이디어일 뿐이며 내가 냈다고 내가 해야 하는 것이 아니라는 점도 분명히 할 필요가 있다. 둘째, 어찌 보면 어리석다거나 말도 안 된다고 느껴지는 자유분방한(silly) 아이디어도 허용하라는 것이다. 셋째, 좋은 아이디어 하나를 얻기 위해서는 30개 이상의 아이디어가 필요하다고 한다. 즉, 3% 밖에 쓸모 있지 않다는 것인데, 브레인스토밍에서는 짧은 시간보다 많은 아이디어를 내는데(speed) 집중하라는 것이다. 넷째, 남의 낸 아이디어를 발전시켜 새로운 아이디어를 확장(synergy)하는 것이다.

하지만 '지금부터 20분간 집중해서 새로운 사회복지 프로그램에 대한 아이디어를 내보자'라고 브레인스토밍을 시작한다고 해서 아이디어가 쏟아져 나오는 것이 아니다. 김희성(2009)은 사회복지 프로그램에 대한 아이디어를 찾고 개발하는 방법으로 기존에 작성되었던 프로포절이나 개발·운영된 프로그램을 분석하는 것,

프로그램 개발에 필요한 공식적, 비공식적 정보를 수집하는 것, 사회문제에 민감하라고 제안하고 있다.

사회복지공동모금회나 기타 재정지원처에서 채택된 우수 프로포절을 분석한다면 유용한 자료가 될 것이다. 그러나 선정된 타 기관의 프로포절을 그대로 답습하는 것은 결코 좋은 프로그램이 될 수 없다. 사회복지기관, 처한 상황적 여건, 클라이언트의 특수성, 가용 지역사회 자원 등 어느 조건도 완벽히 동일할 수 없는데다, 프로포절마다의 장점만큼이나 약점 또는 보완되어야 할 부분도 있기 때문에 잘못한 것까지도 도용하는 결과를 낳기 때문이다.

사회복지사들이 비공식적으로 취합할 수 있는 정보에는 클라이언트 및 지역사회에 대한 개인적 관찰, 동료직원들과의 대화, 사회복지 관련 워크숍, 지역사회 관계자와의 대화, 개발자로서 쌓은 경험, 프로그램 개발 전문가와의 대화, 타 사회복지기관에 방문하여 프로그램 견학 등(서인해, 2003) 여러 가지 채널이 있을 수 있다. 그러나 늘 사회적 이슈가 되는 문제에 관심을 갖고 사회전반의 변화와 맥락을 살피며 사회복지사로서의 전문적 식견을 담은 자신만의 아이디어를 기록하는 것이 중요하다.

2) 조합법(Combination soup)을 통한 문제 발견과 해결

우리 사회에는 셀 수 없을 정도의 많은 문제가 있다. 그 모든 문제를 해결하는 것은 불가능할 뿐만 아니라 적절하지도 않다. 정말 중요한 결정적 문제, 즉 골드 포인트(gold point)를 선택해야만 한다. 성과 창출은 바로 올바른 문제 설정에 있으며, 지금까지 보았던 시야, 시좌, 시점을 벗어나 문제 자체를 의심하는 것이 필요하다(고정아 역, 2010). 시야는 그동안 잘 보지 않았던 방향으로 눈을 돌리는 것이고, 시좌는 두 단계 높은 위치에서 생각하는 것이며, 시점은 문제를 바라보았던 지금까지의 시각을 바꾸는 것이다.

사회복지 현장에서 다루는 수많은 문제들, 다양한 클라이언트를 위한 사회복지 프로그램이 많지만 그 성과와 책무성에 대한 논의 또한 커지는 상황이다. 프로그램을 실행해도 변화가 없다 내지는 성과가 낮다는 것은 문제 해결 또는 욕구 충족을 위한 개입이나 해결책이 잘못되어서 라기보다는 진정한 문제가 무엇인지 제대로 모르기 때문일 수도 있다. 따라서 사회복지 실천 현장에서의 골드포인트를 찾아내 다루어야 할 문제의 범위를 좁히고 해결책을 실행한다면 그 효과도 높아질 것이다.

여기에서 아이디어를 보다 체계적으로 도출할 수 있는 조합법(combination soup)에 대해 소개하고자 한다. 이는 앞서 학습한 브레인스토밍과 병행된다면, 새로운 관점에서 문제를 바라보고 이에 대한 해결책으로서의 프로그램 기획으로 연결시켜 줄 것이다. '조합법(combination soup)[3]'은 형태분석법(morphological analysis) 또는 다빈치(Da Vinci) 스킬[4]이라고 불리는 창의적 사고기법의 하나이다. 이 기법은 브레인스토밍과 달리 아이디어를 도출하려고 하는 과제 또는 문제에 대해 매개변수(parameter) 또는 주요인(major factor)을 설정하여 아이디어를 생성한다. 세 개에서 일곱 개 정도로 설정한 변수별·요인별로 여러 대안(variation, alternative)을 목록화한 후 이를 조합한다. 이때 각 대안들은 무작위 조합하여 새로운 아이디어를 얻는 것이다.

<표 I-5>처럼 사회복지 프로그램을 기획하는데 있어서 중요한 매개변수를 다섯 개 선정한다. 이 변수들은 기획자의 의도에 따라 얼마든지 다르게 구성될 수 있으며 변수 선정 자체가 아이디어의 개발에 초점을 좌우하는데 크게 기여하게 된다. 저자는 클라이언트, 개입/해결책, 참여자, 지향 가치, 연계 기관이라는 매개변수를 선정한 후, 변수별로 가능한 대안을 여섯 가지씩 작성해보았다.

이때 작성 시 중요한 점은 하나의 변수를 기준으로 그 변수에 담아낼 수 있는 대안들을 내야지, 타 변수에서 나온 대안과 연계해서 해당 변수의 대안을 작성하는 것이 아니란 점이다. '아동/청소년이 클라이언트라면 문화예술프로그램이 적합하겠네'라며 논리적 연계를 만드는 것이 아니다. 각 변수마다 대안이 채워지고 나면 무작위로 하나씩 선정한다. 이를 위해 주사위를 굴러 선정한다거나 전화번호를 차용하는 등 다양한 방법을 동원하여 임의로 선정되게 한다.

3) 조합법의 영문명인 combination soup은 여러 재료를 넣고 끓여 만든 독특한 서양식 수프를 말함.

4) 레오나르도 다빈치가 수많은 풍자화를 남길 수 있었던 이유가 인물을 구성하는 요소별(머리, 눈, 코, 입, 턱 등)로 아이디어를 만들고 이를 무작위로 조합하여 전혀 예상치 못한 다양한 모습을 그려냈기 때문에 붙여진 이름이다. 예를 들어, 골이 진 이마, 움푹 들어간 눈, 들창코, 내려간 입, 들어간 턱을 임의로 선정한 후 이를 조합해 그림을 그려낸 것이다.

표 I-5 사회복지 프로그램 기획을 위한 조합법 사례

변수	클라이언트	개입/해결책	참여자	지향 가치	연계 기관
1	아동/청소년	임상 프로그램	부모	역량 강화	학교
2	장애인	문화예술	사업주	생활 적응	종교단체
3	노인	발달 및 성장	이웃	공동체 형성	노동조합
4	여성/다문화	지역사회연계	일반인	위기 관리	건설회사
5	지역사회	시민교육	전문가	인식 개선	지자체
6	해외지원	소득보장	자원봉사자	일자리 창출	동아리

만약 3-6-6-1-2로 무작위 선택한다면, 노인-소득보장-자원봉사자-역량강화-종교단체라는 핵심어를 중심으로 아이디어를 개발하는 것이다. 예를 들어, 저소득 여성노인들의 아동돌봄 역량 확보를 통한 일자리 창출 프로그램 "띵동띵동, 할머니다!"와 같은 사회복지 프로그램을 기획하는 것이다. 여기에는 노인, 소득보장, 역량강화라는 세 가지 핵심어를 조합한 것으로, 단기 아동돌봄 서비스가 가능하도록 저소득 여성노인들을 대상으로 교육훈련을 제공하고, "띵동띵동 할머니다!"라는 서비스를 브랜드화하여 유상으로 구매할 수 있는 체계까지 마련하는 것이다.

조합법 활용 시 주의할 점은 두 가지이다. 첫째, 마지막 단계에서 무작위 조합을 통해 생성한 아이디어는 과제와 한 방향으로 정렬되어야 한다는 점이다. 둘째, 매개변수에서 선택한 모든 대안이 최종 아이디어에 모두 반영될 필요는 없다는 것이다. 그렇다고 해서 무작위 조합을 통해 아이디어를 생성하지 않고, 첫 번째 변수에서 선정한 대안을 바탕으로 두 번째 변수에서 적합한 대안을 선정하는 등의 방식으로 생성하는 것은 참신한 아이디어 개발에 결코 바람직하지 않다. 조합법의 가장 큰 장점은 예상하지 못했던 관점을 얻기 위한 시도라는데 의의가 있기 때문이다.

Chapter 03

사회복지 프로그램 평가

프로그램의 평가는 프로그램의 기획, 실행 이후 이루어진다. 하지만 『Part I. 사회복지 프로그램과 프로포절』에서 다루고자 하는 이유는 프로그램의 기획과 동시에 평가가 시작하기 때문이다. 평가에 대한 기본적 이해가 충실하다면 기획에 있어서 프로포절의 주제 발굴 기준, 프로그램에서의 문제 또는 욕구 범위 획정, 대상자 선정, 세부 프로그램 활동의 충실도 또한 높아질 수 있다.

평가는 사전적 개념 정의에 따르면 가치 판단으로 규정되지만, 가치 판단을 위해서는 판단의 준거(criteria) 또는 표준(standard)이 존재해야 한다. 즉, 어떤 근거에 의해 그 가치를 판단한다는 것이다. 프로그램 평가는 해당 프로그램이 설정된 목표와 비교하여, 프로그램의 수행 전후와 비교하여 또는 프로그램의 시행 기관과 미시행 기관과 비교하여 그 차이를 분석함으로써 프로그램의 효용, 즉 가치를 확인하는 것이다.

특히 프로그램의 평가는 프로그램 개발의 계획, 수행, 평가의 단계 중 마지막 단계를 말하지만, 그렇다고 해서 성과만을 측정하는 것이 아니라 계획 단계에서부터 이루어지는 다양한 영역들을 포함한다. 사회복지 프로그램 평가의 경우에는 과정과 성과를 체계적으로 가치 판단함으로써, 첫째 클라이언트에게 제공된 사회복지 서비스의 결과에 대한 만족 또는 충족 여부를 확인하기 위해, 둘째 프로그램의 유지·개선·철회 등의 행정적·관리적 의사결정을 확정하기 위해, 셋째 다양한 사회복지 프로그램을 통해 실증한 결과를 명료화 하고 공유하기 위해 진행되어야 하기 때문이다.

그러나 사회복지 프로그램의 평가는 여러 가지 문제를 노출해 왔다. 김통원(2009)은 유사한 프로그램의 중복 제공, 동일 프로그램이지만 기관 또는 상황에 따라 내용을 다르게 구성하거나 목표가 달리 시행되는 경우, 타당도나 신뢰도가 검증되지 않은 비표준화된 도구의 사용, 적합한 측정도구의 부족, 평가의 목적과 내용 간 불일치, 통계분석의 부적절성과 한계 그리고 일반화의 어려움 등으로 평가의 문제점을 설명하였다.

이러한 평가의 문제를 해결하기 위해서는 사회복지사, 사회복지기관, 후원기관 등의 사회복지 현장의 여러 주체들이 평가자로서의 역량을 확보하고 체계적인 평가의 과정과 평가 결과의 적절한 활용이 연계되어야 할 것이다. 또한 독립적으로 평가에 대한 심의기관을 통해 평가방법을 표준화하고 기관에 대한 인증을 실시하는 것, 표준화된 다양한 측정도구의 개발과 보급 등에 앞장선다면 제대로 된 평가를 통해 우수한 사회복지 프로그램을 발굴하고 전파하게 될 것이다.

01 프로그램 평가의 이해

사회복지기관은 과업 수행에 대한 책임성뿐만 아니라 그 수행의 정당성까지 포함되는 책무성(accountability)을 갖는다(정무성, 정진모, 2001). 책무성[1]에는 행정적인 차원에서 수행성과(performance), 법규의 준수성(compliance), 직원의 자질 등에 대한 정확한 통제와 관리가 포함된다. 사회복지기관이 책무성을 확보하기 위해서는 지역주민들과의 상호 교류 확대를 통해 개방체계로 전환하는 단계, 재정적 투명성을 넘어 운영 전반에 대한 투명성을 획득하는 단계 그리고 클라이언트 삶의 질에 대한 변화를 가져오는 단계로 나눌 수 있다(김통원, 1998).

특히 클라이언트 중심의 평가에서는 다음의 질문(이봉주, 김기덕, 2008)에 구체적으로 답할 수 있다면, 해당 사회복지 프로그램은 가치를 충분히 인정받을 수 있다.

1) 책무성의 유형은 적용 책무성, 서비스 전달 책무성, 영향 책무성, 효율적 책무성, 재정적 책무성, 법률적 책무성, 윤리적 책무성, 사회적 이미지 책무성, 욕구 책무성 등으로 세분화하기도 한다(Rossi & Freeman, 1993; Hadley & Mitchell 1995; 김통원, 1999).

첫째, 프로그램은 어떻게 클라이언트 삶의 질을 변화시킬 수 있는가?
둘째, 변화의 경로가 효과적이라는 근거는 무엇인가? 이를 입증할 수 있는가?
셋째, 프로그램이 클라이언트 삶의 질을 향상시키고 있는가?

사회복지 프로그램의 평가는 프로그램의 유용성을 증명하기 위해, 새로운 개입에 대한 효과성을 입증하기 위해, 보다 향상된 프로그램을 개발하기 위해, 합리적인 의사결정을 하기 위해, 사회복지 분야의 실천적 전문성을 높이기 위해 실시되어야 한다.

Royse, Thyer, Padgett(2009)은 사회복지 프로그램 평가를 통해 알고자 하는 것들, 즉 프로그램 평가의 동기를 다음 일곱 가지로 세분화하여 제시하고 있다.

첫째, 클라이언트는 도움을 받고 있는가?
둘째, 클라이언트는 제공된 서비스에 만족하고 있는가?
셋째, 프로그램의 실시 전후에 차이가 있는가?
넷째, 프로그램에 투자한 비용은 가치가 있는가?
다섯째, 새로운 개입이 기존의 것보다 더 우수한가?
여섯째, 현재 프로그램을 어떻게 개선할 것인가?
일곱째, 시간을 효율적으로 사용했는가?

그리고 이들은 좋은 사회복지 프로그램이 갖추고 있는 특성을 인적구성, 예산, 안정적 후원금 조달, 인지된 정체성(recognized identity), 개념적 또는 이론적 바탕, 사회복지의 철학, 서비스의 실증적 평가를 위한 체계적인 노력, 근거 기반(evidence-based) 연구의 바탕이라는 여덟 가지로 제시한다.

이 가운데 근거 기반이란 객관적이고 경험적으로 확인할 수 있는 결과가 반복적으로 수행될 경우에도 확보될 수 있음을 말한다. 따라서 사회복지 프로그램의 가치는 각 특성들이 제대로 기능하여 클라이언트들에게 유용한 서비스로 제공됨을 구체적인 증거로 보여줄 때 가능하다.

그러나 사회복지 프로그램은 그 대상이 인간이기 때문에 변화의 정도를 측정하기 어려운데다 사회복지 서비스의 가격을 결정하는 기제가 없기 때문에 효과성을 다루기 쉽지 않다. 프로그램의 효과성이란 사회적 목표의 성취 여부와 관련되며 서비스의 질(quality of service)이 핵심 지표이다. 프로그램의 효과성과 효율성을 객관적이고 체계적으로 평가하는 것이 사회복지기관뿐 아니라 사회복지사의 역량으로 갖추어져야 한다. 특히 현장 경험과 관련 연구 성과를 토대로 다양한 이해관계자들의 기대와 요구에 맞게 활용할 수 있는 지침과 노하우가 정돈되어야 한다. 이에 대해서는 4절에서 소개하기로 한다.

사회복지 현장에서 프로그램의 평가가 요구되는 상황은 후원 요청 제안서에서 요구하거나 후원금 또는 프로그램을 중심으로 다른 사회복지기관과 경쟁해야 할 때, 새로운 개입방법의 적절성을 판단해야 할 때, 책무성을 입증하고자 할 때 등이다. <표 I-6>은 사회복지공동모금회의 표준 심사 기준과 기준별 주요 내용으로, 사업의 특성이나 내용에 따라 일부 항목이 가감되어 사용될 수는 있으나 기본적인 틀로 제시되고 있다. 심사 기준 중 사업평가가 사회복지 프로그램의 개발과 운영에 있어서 주요한 영역이며, 다루고자 하는 사회문제 또는 클라이언트의 욕구가 왜 중요한지, 얼마나 심각한지, 프로그램을 통해 실현할 수 있는 목표와 성과가 무엇인지, 적절한 투입 요소와 투하될 자원은 어느 정도인지 타당함을 제시해야 한다.

표 I-6 사회복지공동모금회의 표준 심사 기준 및 주요 내용

구 분			주 요 내 용
심사	기관 평가	기관신뢰성	• 신청 기관/시설의 주요사업 및 활동 • 모금회 사업수행경험 및 결과 • 기관예산/직원체계/이사회 및 운영위원회 구성
		사업수행 능력	• 유사/동일사업 수행경험 • 신청한 사업내용의 수행을 위한 조직, 인력, 예산 투입 정도
	사업 평가	사업내용	• 참여자 및 참여자의 선정 기준, 모집 방안의 적절성 • 목표 달성을 위한 사업 시행 방법의 적합성 • 사업진행을 위한 연계 협력 전략의 적절성
		사업필요성	• 신청기관의 해당 사업 수행 필요성 • 경험적 근거에 기반한 문제의식의 명확성
		목표설정	• 사업주제와 성과목표의 부합성 • 성과목표의 실현 가능성

		평가체계	• 성과목표 측정을 위한 평가지표의 타당성 • 평가 계획의 적절성 및 실현 가능성
		예산편성	• 사업 내용과 예산 내역의 일치 여부 • 사업비 및 인건비 구성과 투입 비용 수준의 적절성 • 예산 항목 각 요소의 구체성
		향후계획	• 사업의 기대 효과 및 활용 계획의 구체성 • 사업 지속 유지 전략 등 향후 운영 계획의 합리성
	기타 평가	사업계획의 적정성	• 전반적인 일관성 및 체계성 • 사업 내용의 구체성 및 실현 가능성

이처럼 사회복지 프로그램의 평가는 이론적 충실과 현실적 필요 사이에서 무엇을 얼마나 어떻게 평가해야 하는가에 대한 논란이 끊임없이 있어 왔고 그 과정에서 발전해 왔다. 그러나 평가의 노력에서 우리가 놓쳐서는 안 될 역기능 또한 존재한다. 과도하게 효과성을 제시하는 것은 공모제라는 경쟁체제에서 우위를 점하기 위한 시도이나 오히려 재원 투자의 신뢰성을 잃을 수도 있다는 점을 고려해야 한다. 사회복지 프로그램은 전문가에 의해 제공되는 전문적 서비스의 하나이다. 평가를 강조하게 되면 전문가의 자율을 침해할 수도 있으며, 평가 자료 수집으로 인해 프로그램의 실행 과정이 방해받거나 클라이언트의 권리를 침해할 소지도 있다는 점이다.

02 프로그램의 평가 모형과 평가 유형

평가 모형은 평가에 대한 이론을 실제에 적용하기 위해 개발된 것이다. 초기 프로그램 평가는 미국에서 20세기 초 학교 장면에서의 교육적 효과를 비교하기 위한 목적이 강했으나, 1970년대 중반 이후 사회복지 관련 예산이 감소되면서 희소 자원으로 프로그램 및 서비스의 효과성을 입증하려는 학계의 움직임이 책무성의 강조로 이어지면서 평가 관련 연구가 활발해졌다(황성철, 2005). 그러나 프로그램 평가 모형은 사회복지에만 국한된 것이 아니며, 교육학을 비롯한 사회과학 전반에 걸쳐 그 이론과 실제를 상호공유하고 있다.

프로그램 평가 모형은 크게 평가의 근본 목적이 프로그램을 통한 변화에 대해 객관적 사실을 기술하여 프로그램의 본질을 이해하는 데 초점을 두느냐, 평가자의 전문적이고 규범적인 판단에 따른 의사결정에 초점을 두느냐에 따라 전자는 서술적 모형(descriptive model), 후자는 처방적 모형(prescriptive model)으로 분류한다.

1) 논리 모형(logical model)

사회복지 프로그램 평가와 관련해서 가장 많이 사용되는 논리 모형(logicc model)은 서술적 모형에 속한다. 특히 프로포절에서는 논리 모형을 통해 사회복지 프로그램에 투하되는 자원과 시행되는 활동이 달성하고자 하는 변화 또는 결과 간에 어떠한 관계가 있는지를 논리적, 과학적, 체계적으로 도식화한다(이봉주, 김기덕, 2008). 즉, 목표 달성의 최선의 기대와 예측을 한눈에 볼 수 있도록 제시하려는 노력이다. 논리 모형은 프로그램의 작동체계를 논리적인 일련의 가정들로 엮어 놓았기에, 이를 프로그램 이론(program theory)이라고도 부르며, [그림 I-8]은 논리 모형의 틀을 도식화한 것으로 각 단계별 개념은 아래와 같다.

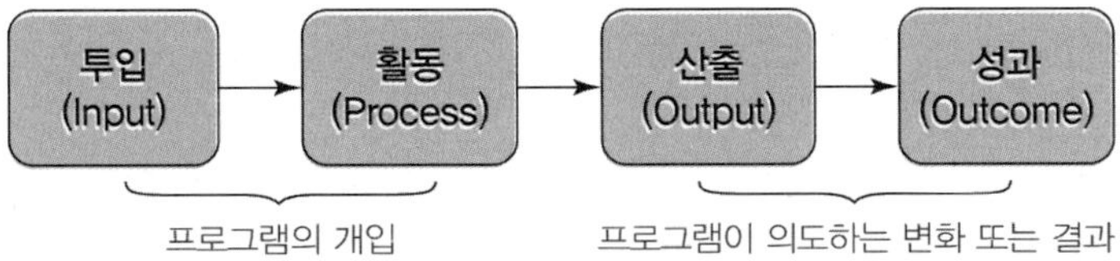

[그림 I-8] 논리 모형의 틀

- 투입 : 프로그램에 투입되는 자원(인적, 재정적, 조직적, 지역사회 자원)
- 활동 : 자원들을 가지고 프로그램이 수행하는 일들. 변화나 결과를 이끌어 내려는 의도적인 과정, 도구, 행사, 기술, 행위 등을 말함(예 : 직업훈련, 아동교육, 상담서비스, 식사나 쉼터 제공, 멘토링 활동 등)
- 산출 : 프로그램 활동으로 발생하는 직접적인 생산물(예 : 클라이언트가 이용하거나 참여한 서비스로 연 인원, 실 인원, 프로그램 수 등의 지표로 나타남)

- 성과 : 프로그램 활동 과정과 종료 후 참여자의 성취 또는 혜택을 말함. 성과는 크게 참여자의 KSA(Knowledge 지식, Skill 기술, Attitude 태도)의 구체적 변화를 말하는 단기 성과와 프로그램이 궁극적으로 의도하는 목표의 달성 정도를 말하는 장기 성과로 구분됨(예 : 맞벌이 자녀 대상 방과 후 프로그램은 아동의 심리적 안정성 향상이라는 단기 성과와 학업 성취도 제고라는 장기 성과로 구분됨)

논리 모형 중심의 프로그램 평가는 논리 모형에서 상정한대로 프로그램이 진행되었는가를 검증하는 것으로, 기획에서부터 이미 평가의 기반이 조성됨을 알 수 있다. 논리 모형 없는 프로그램은 평가할 수 없으며, 평가할 수 없는 프로그램이라면 사회복지적 목적이 달성되었다고 할 수 없다. 따라서 논리 모형 중심의 프로그램 평가는 프로그램의 기획과 수행 그리고 개선을 꾀하는 도구로서의 가치가 크다. <표 I-7>은 '청소년 약물남용 실태 홍보와 예방'이라는 사회복지 프로그램의 평가를 위해 논리 모형을 적용한 사례이다. 투입한 인적·물적 자원을 명확히 해주고 프로그램의 실행 과정을 보여주며 수행결과를 합리적으로 평가할 수 있는 근거를 제시해 준다.

표 I-7 논리 모형을 적용한 사회복지 프로그램의 성과 사례

※ 프로그램명: 청소년 약물남용 실태 홍보와 예방				
투입	활동	산출	성과	
			단기	장기
• 청소년 업무 유경험 사회복지사 • 의학, 교육학 전문가 • 지역홍보기관 • 홍보도우미 • 홍보자료	• 청소년 약물남용에 대한 소책자 등 홍보자료 제작 • 매체를 활용한 홍보 제작	• 홍보방송 • 지역사회 행사 및 교육기관 방문 홍보 • 청소년 관련 기관 소책자 비치	• 청소년 약물남용 실태에 대한 관심 유발 • 약물남용에 대한 인식 제고 • 남용 약물의 구매 차단의 필요성 공감	• 여론화 • 청소년 약물남용 관련 법률 강화(구매 차단 등) • 학교 내 약물남용 청소년 교육 필수

※ 출처 : 김통원(2009: 321).

사회복지 프로그램에 대한 주제가 어느 정도 선정된 경우라면, 구체적인 프로그램을 개발하여 문서화하는데 시간과 노력을 기울이기보다는, <표 I-8>의 논리 모형연습 양식을 통해 개략적인 설계서를 마련하여 관련 이해관계자들의 의견을 구함으로써 프로그램을 보다 발전시키는 것이 효율적일 것이다. 양식 작성 시 주의할 점은 투입부터 순차적으로 기술하는 것이 아니라, 특정 사회문제의 해결 또는 클라이언트의 욕구 충족이 프로그램 종료 후 나타나게 되는 긍정적 모습을 기술하는 성과부터 공란을 채우라는 것이다. 바람직한 변화의 모습을 상정해보면, 프로그램에 참여하여 얻게 된 결과물, 이러한 결과물을 얻기 위해 해야 할 활동 내역, 개별 활동에 투하되어야 할 자원을 도출하는 것이 한 방향으로의 정렬을 맞춰 프로그램 기획의 질을 높이게 된다.

표 Ⅰ-8 논리 모형연습 양식

<table>
<tr><td colspan="2">사업명
(프로그램명)</td><td colspan="5"></td></tr>
<tr><td colspan="2">해결하고자 하는
문제 상황</td><td colspan="5"></td></tr>
<tr><td rowspan="4">우선순위 고려, 성과부터 역순 작성</td><td rowspan="2">투입</td><td rowspan="2">활동</td><td rowspan="2">산출</td><td colspan="2">성과</td></tr>
<tr><td>단기</td><td>장기</td></tr>
<tr><td>계획된 활동에
필요한 자원</td><td>문제해결에 필요한
활동</td><td>활동을 통해
얻게 된 결과물
(활동의 증거, 서비스
전달 내역 등)</td><td>프로그램 종료 후
나타난 빠른 변화</td><td>장시간 후 나타난
긍정적 변화</td></tr>
<tr><td></td><td></td><td></td><td></td><td></td></tr>
</table>

※ 출처 : 이봉주, 김기덕(2008: 188)의 양식을 저자가 일부 재구성함.

2) CIPP 모형

지금까지 다룬 논리 모형은 Stfflebeam(1974)의 CIPP 모형과도 비교된다. CIPP 모형은 의사결정에 필요한 정보를 기술, 수집, 제공하는 과정이 평가라고 보고,

상황(context), 투입(input), 과정(process), 산출(product)평가를 실시한다. 상황평가는 목표를 결정하는 합리적인 상황적 토대나 이론적 근거를 제공하기 위한 목적으로, 현존하는 문제나 욕구를 실증적 자료로 제시하여 프로그램의 목표를 설정하는데 기여한다. 즉, 프로그램 기획에 대한 의사결정(planning decision)을 지원한다. 투입평가는 목표를 성취하기 위해 동원해야 할 자원과 절차에 대한 정보를 제공함으로써 구조적 의사결정(structuring decisions)에 기여한다. 과정평가는 프로그램의 목표 달성을 위해 해야 할 수행 활동에 필요한 정보를 제공한다. 프로그램의 전략, 절차, 개입에 대해 실행적 의사결정(implementing decision)을 촉진한다. 산출평가는 프로그램을 통해 성취한 결과를 보여줌으로써 이후 프로그램을 개선하는데 기여하기 때문에 재순환적 의사결정(recycling decision)과 관련된다.

CIPP 모형은 논리 모형과 대단히 유사하다는 것을 알 수 있지만, 구체적인 평가지표와 방법을 다루지는 않고 각 평가 결과를 통해 단계별 의사결정에 기여할 목적이라는 점이 다르다. 그러나 상황평가의 결과는 프로그램의 기획 충실도를 높여 줄 수 있기 때문에 특히 프로포절 공모 준비과정에서는 실시해 볼 만하다.

3) 판단평가 모형

논리 모형과 CIPP 모형은 모두 서술적 모형에 가깝기 때문에 프로그램의 가치를 판단하는 평가 활동으로서의 모형에는 한계가 있다. 더구나 프로포절 공모제는 경쟁구도 속에서 진행되기 때문에 심사자들은 해당 프로그램의 가치 판단의 근거를 확보하길 원한다. Scriven(1967)의 판단평가 모형은 처방적 모형의 대표적인 모형이다. 그는 평가 전문가에 의한 판단을 강조하며, 판단의 준거에 기반을 둔 평가 결과에 초점을 맞춘다. 준거는 프로그램이 의도한 효과를 판단하기 위한 내재적 준거(intrinsic criteria)와 의도된 효과뿐 아니라 의도되지 않은 부수적인 효과까지도 확인하려는 외재적 준거(extrinsic criteria)로 구분된다. 외재적 준거에 의한 평가는 탈목표 평가라고 할 수 있다.

판단평가 모형에서 평가의 유형은 형성평가와 총괄평가로 분류하는데, 이를 투입-활동-산출-성과에 이르는 논리 모형에 비추어 보면 [그림 I-9]와 같다. 형성평가(formative evaluation)는 각 단계마다 평가를 진행하여 프로그램의 질을 향상하기 위한 목적으로 활용되며, 총괄평가(summative evaluation)는 프로그램의 효과성을 검증하기 위한 목적으로 활용된다. 여기서 총괄평가는 단기성과를 검증하는 데 비해, 확인평가(confirmative evaluation)는 프로그램 종료 후 일정 시간이 흐른 후 장기성과를 검증한다. 그리고 이 모든 평가를 종합적으로 실시하는 평가가 있는데 이를 메타평가(meta evaluation), 평가에 대한 평가로 추가적인 구분이 가능하다.

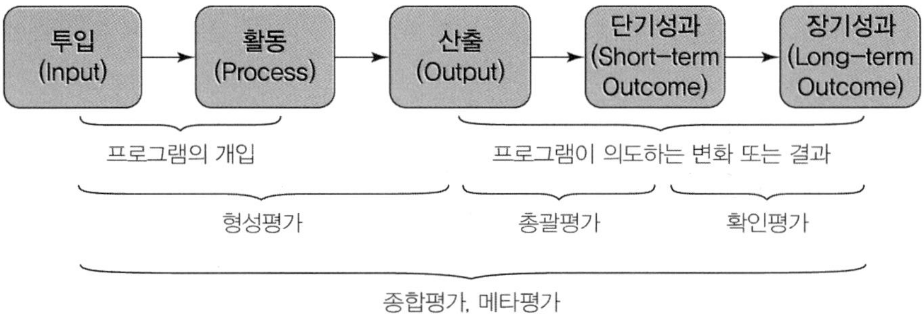

[그림 I-9] 논리 모형과 판단평가 모형의 관계

각 평가 유형마다 초점을 두는 목적과 평가를 실시하는 시기가 다르다. 평가를 통해 획득한 정보의 역할과 기능이 다르기 때문이다. <표 I-9>는 각 평가 유형별 목적과 평가 문항 그리고 평가가 이루어져야 할 시기를 표로 정리한 것이다. 일반적인 사회복지 실천 현장에서 확인평가는 이루어지지 않는 경우가 많다. '프로그램의 시행 결과가 좋았다, 성과가 있다'는 사실을 공표하는데 천착한다면, 프로그램 개발 및 운영 과정상에서의 경험과 노하우가 확산, 재생산되지 못한다. 모든 사회복지 프로그램에 대한 확인평가가 필요하지는 않지만, 후속 세대에 미칠 파급 효과가 높은 우수 프로그램이라면 확인평가는 상당히 의미 있는 작업이며 확산성에도 크게 기여할 것이다. 메타평가 또는 종합평가는 평가 전반의 과정과 결과를 평가하는 것이기 때문에 확인평가까지 마친 후 이루어져야 하지만, 현실적으로는 이미 완성된 평가를 최종 보고서로 발간하기 전에 실시한다.

표 I-9 평가 유형별 목적과 실시 시기

유형	목적의 초점	평가 문항	시기
형성평가, 수행평가 (Formative Evaluation)	프로그램 개발 과정과 효과 개선	• 필요한 자원은 계획대로 확보하였는가? • 계획한 프로그램의 활동들은 적절히 수행되었는가? • 프로그램의 산출물은 타당하게 생산되었는가?	프로그램 개발의 단계별(분석, 설계, 개발, 실행 중)
총괄평가 (Summative Evaluation)	클라이언트의 역량과 프로그램의 효과성에 대한 즉각적인 결정	• 목표는 달성되었는가? 목표 달성 여부를 입증할 증거는 무엇인가? • 클라이언트의 변화는 긍정적이며, 변화의 정도가 유의미한 것인가? • 비용 효과성 측면에서 본 프로그램의 개입이 적절하고 타당한가?	실행 직후, 변화 도중
확인평가 (Confirmative Evaluation)	클라이언트의 역량과 프로그램의 효과성, 효율성, 영향 가치의 지속 여부 결정	• 클라이언트의 변화가 지속되고 있는가? • 만약 그렇지 않다면 목표 달성은 프로그램의 효과가 아니라 다른 요인에 의한 것인가? • 긍정적인 변화를 지속하기 위해 추가적으로 요구되는 것은 무엇인가?	긴 기간의 프로그램을 실행한 후 3~12개월 이후
종합평가, 메타평가 (Meta Evaluation)	평가 과정과 결과평가	• 적정한 평가방법이 사용되었는가? • 자료 수집과 분석에는 오류가 존재하지 않는가? • 평가결과에 대한 해석이 타당한가?	확인평가 완료 후 또는 평가 보고 직전

03 프로그램의 평가 영역과 평가 지표

1) 성과평가의 영역과 평가기준

사회복지 프로그램의 평가에서 다루고자 하는 것은 바로 성과이다. 성과는 프로그램의 수행, 결과, 영향 등을 통해 달라진 유의미한 변화를 말한다. 성과는 프로그램이 진행되는 가운데 참여한 활동이 아니라, 활동을 통해 변화된 성취를 측정해야 하며 목표와의 연관성이 높아야 한다. Poister(2004)는 사회복지 프로그램의 평가가 사회복지사업의 산출 및 성과, 자원, 생산성, 효율성, 비용효과성, 고객만족 그리고 서비스 품질의 일곱 가지 영역에 대해 실시하는 것이 바람직하다고 말한다. <표 I-10>은 프로그램의 평가 영역을 성과평가의 차원에서 구분하고 평가기준의 사례를 정리한 것이다.

표 I-10 성과평가의 영역과 평가기준

성과평가의 영역		영역별 평가기준(예)
산출 및 성과	사회복지 프로그램이 궁극적으로 달성하고자 했던 결과물(예 : 클라이언트와 지역사회의 바람직한 변화 등)	• 가족건강성, 부모기능 • 신체건강성, (질병, 질환 등에 대한) 예방 • 정신건강성 • 심리적 자립, 자신감, 자아존중감, 효능감, 정체성, 가치관 • 사회성, 소속 · 유대 · 응집, 적응력, 인권 • 경제적 자립 • 역량강화, 지식 및 학습
자원	사회복지 프로그램 개발 및 운영에 요구되는 자원들	• 인적 자원-네트워크, 지지체계, 보호자, 후원자 • 물적 자원-후원, 시설 • 재정자원 • 시간 • 정보자원
생산성	투입된 노동력 대비 산출되는 산출 혹은 성과로 측정	• 산출(output) 관련된 생산성-평균 상담 건수, 인당 관리 협회 수, 참여한 클라이언트 수 등 • 성과(outcome) 관련된 생산성-사회복지 프로그램을 통해 해결한 문제 사례, 클라이언트 지원을 위한 지역사회 위원회 구성 등
효율성	투입 대비 산출 혹은 서비스 개별요소에 소요된 비용으로 측정	• 인당 지원 비용, 진단 또는 검사 비용, 상담 비용, 시설 유지보수 비용 등
비용효과성	성과 당 소요된 비용으로 측정	• 장애 1인의 취업에 소요된 직업재활비, 성폭력 피해 아동의 정신건강성 회복에 소요된 치료비, 치매노인 1인의 기억력 회생에 소요된 기능향상 프로그램 비용 등
고객만족	클라이언트, 이해관계자, 지역사회 등이 프로그램에 대해 보고하는 주관적 평가	• 삶의 질, 생활만족도, 직무만족도, 고용주 만족도, 이용자 만족도 등
서비스 품질	성과를 이끌어내는데 요구되는 서비스 과정상의 충실도	• 적시성, 마케팅(인지도), 만족도, 클라이언트 관리, 프로세스 개선, 정기검사, 직원평가, 전문가 자문, 매뉴얼 개발 및 보급 등

※ 출처 : 조성우, 노재현(2009: 28-51) 표로 재구성함.

평가지표(indicator)는 프로그램이 달성하고자 하는 성과(outcome) 가운데 직접적으로 측정 가능한 특성과 추상적이지만 간접적으로 측정 가능한 특성을 나타내는 표지로 전환한 것을 말한다. 따라서 평가지표가 성과를 전체 다 측정한다고 보기 어려우며, 직·간접적인 측정을 통해 제시할 수 있는 결과, 즉 성과를 제시하기 위해 설정된다. 예를 들어, 학업 복귀 학생의 수, 자아존중감의 증진도 등이 지표의 사례이다. <표 I-10>의 평가기준이 평가지표들의 사례로 활용할 수 있으며, <표 I-11>은 사회복지 프로그램에서 성과를 측정하는 데 사용되는 다양한 변수들을 유목화한 것이다. 변수는 변화 가능성 있는 요인을 말하는 것으로, 변수가 목표와 연동되도록 지표를 설정하는 것이다. 사회복지 프로그램에서는 약물의 의존 감소와 같이 물리적인 변화를 긍정적 변화로 다루는 경우, 일상생활 관리운영 유지와 같이 프로그램에서 제공한 처치로 인해 정상 상태로 복원되어 유지되는 것을 다루는 경우, 우울증 감소나 장애에 대한 올바른 인식 함양과 같이 정서나 인식의 경중에 대해 다루는 경우, 효율적 시간 활용이나 부모-자녀 간의 상호작용처럼 수행의 빈도나 정도를 다루는 경우 등으로 나눠 볼 수 있다.

표 I-11 성과측정변수(Alter & Evens, 1990: 164-166) 재유목화

물리적 변화, 처치의 유지		정서 또는 인식의 경중		행동의 빈도나 정도	
증감	유지	감소	증가	감소	증가
• 체중 증감 • 수면시간 증감 • 흡연 감소 • 음주 감소	• 치료제 및 치료법 유지 • 식이요법 유지	• 고통 경감 • 우울감 감소 • 불안감 감소	• 성적 만족도 증가 • 대인관계의 친밀감 증가 • 사교성 증가	• 과소비 조절 • 은어 사용 감소 • 상대방을 얕보는 행위 감소	• 성과(업적)/업무 효과성 또는 효율성 증진 • 긍정적 전화사용 증가 • 눈 맞춤 증가 • 부모-자녀 간 상호작용 증가
• 약물 의존 감소 • 약물 사용 감소 • 커피 소비량 감소 • 궤양 발병 감소 • 담석 발병 감소	• 원하는 칼로리 수준 유지 • 일상생활 관리운영 유지 • 적절한 시간 사용	• 걱정 감소 • 곤란함 감소 • 공포감 감소 • 분노 감소 • 교통체증에 대한 좌절감 감소 • 공격성 감소/공격적 행동 감소 • 몸싸움 감소 • 타인에게 의존하려는 경향 감소 • 타인이 의존하려는 경향 감소 • 스트레스 감소	• 자신에게 몰두하는 능력 증가 • 기분전환 능력 증가 • 자아상 증진 • 직원의 사기증진 • 변화하는 요구에 대한 유연성 • 직원에 대한 개방성 증가 • 혁신성 증가 • 직원의 의욕 증가 • 민감성 증진 • 주인의식/윤리의식 증가 • 정당성의 증가 • 긍정성의 증가	• 논쟁 감소 • 결혼생활 갈등사례 감소 • 일의 지연 감소 • 효과적인 시간사용 증가 • 지각 감소 • TV시청 감소 • 결석 감소 • 사실은 '아니오'라는 의미지만, '예'라고 이야기하는 빈도의 감소 • 아동 훈육사례 감소	• 관리자와의 상호작용 증진 • 아동에 대한 피드백 제공 증가 • 수업 출석 증가(출석률) • 운동의 증가 • 독서의 속도 증가 • 감정 표현의 증가 • 자기주장 증가 • 함께 하는 시간의 증가 • 베푸는 행위 증가 • 직원의 효율적 시간사용 증가 • 성공적인 고용기술 또는 해임기술의 증진 • 문제해결, 의사결정 기술의 증가 • 장애인 채용 증가 • 직원의 역량 증가 • 불평에 대한 조정기술 증진 • 갈등조정기술의 증진 • 시간관리력 증진 • 위기극복 행동의 증가 • 리더십 또는 영향력 증진 • 조직구성력 증진 • 권한부여기술의 증진 • 계획하는 기술, 조직하는 기술, 협상 또는 중개 기술, 통합 기술, 직면 기수의 증진

성과평가의 영역 가운데 프로그램의 산출 및 성과는 효과성 평가와 일맥상통한다. <표 I-12>는 사회복지 프로그램별로 평가지표를 구성하고 이를 측정할 수 있는 도구 그리고 평가방법을 표로 구성한 것이다. 이처럼 평가의 시작과 끝은 목표에 바탕을 두고 있다. 예를 들어, 가족역량 강화를 목적으로 한 사회복지 프로그램은 세대 욕구 파악이라는 하위 목표의 달성 정도를 세대별 욕구자료와 서비스의 연결 정도로 측정하고 있다.

표 I-12 프로그램의 효과 평가

평가	목표1	목표2	목표3	목표4
	조부모의 문제 상황 해결능력 강화	청소년의 문제 상황 해결능력강화	맞춤형 서비스 제공을 통한 가족역량 강화	지역사회기반조성
평가지표(하위목표)	• 노손가정의 문제 및 욕구파악	• 자아존중감 향상	• 세대 욕구 파악	• 가용자원 리스트 제공
	• 욕구에 따른 집단 프로그램 계획 및 실시	• 문화활동 기회 제공	• 사례회의를 통한 서비스 제공	• 개방형 업무체계 도입
	• 상호지지를 통한 긍정적 자존감 향상	• 멘토 연결을 통한 일상생활 문제에 대한 도움 제고	• 스트레스 해소 및 가족 결속력 강화 • 사례관리자 간담회 실시	• 지역사회 자원동원
측정도구	• 자기효능감 검사지 • 프로그램 녹취록	• 자아존중감 검사지 • 프로그램 만족도 설문지 • 멘토일지 • 개별면담 녹취록	• 세대별 욕구자료와 서비스 연결 정도 • 프로그램 만족도 • 자원활용 정도 및 연결 정도 • 사례관리 정도 • 간담회 회의록	• 자원동원 정도 및 활용도 • 복지관 이용률 • 홍보활동 정도 • 자원발굴 상품제작 정도
평가방법	• 사전사후검사로 자기효능감 증진도 측정 • 프로그램 녹취록 분석을 통한 참여자간 상호작용 유형 분석	• 자아존중감 측정 • 프로그램 만족도 설문지 분석 • 멘토일지 검토 • 개별면담 녹취록 분석	• 세대별 욕구자료와 서비스 연결 정도 • 프로그램 만족도 • 자원활용 정도 및 연결 정도 • 사례관리 정도 • 간담회 회의록	• 자원동원 정도 및 활용도 • 복지관 이용률 • 홍보활용 정도 • 자원발굴 상품제작 정도

※ 출처 : 김희성(2009: 170).

2) 표준화된 측정도구

성과평가의 방법에는 수치를 집계하는 방법, 표준화된 측정 도구를 활용하는 방법, 기능수준을 척도로 제시하는 방법, 클라이언트의 만족도를 자기보고식으로 평가하는 방법, 사례연구를 통해 질적 변화를 기술하는 방법, 개입의 전후 또는 처치를 받은 집단과 그렇지 않은 집단 간 비교를 통해 제시하는 방법 등 다양하다. 이 가운데 표준화된 측정 도구를 활용함으로써 과학적인 효과 입증을 하기 위해서는 평가척도에 대한 이해가 필요하다.

표준화된 측정 도구란 신뢰성과 타당도가 높다고 검증된 도구이다. 특히 측정의 문항, 방식, 결과의 도출과 분석 등이 정돈되어 있어 반복 측정으로 인한 점수의 변화가 적고 측정하고자 하는 특성을 개념적으로 잘 정의해 두고 있기 때문에 평가결과에 대한 통일된, 일치된 소통이 가능하다. <표 I-13>은 사회복지공동모금회에서 성과지표로 활용하도록 제시한 척도집의 구성을 보여준다. 사회복지공동모금회에서는 그동안 아동과 노인 중심의 지표는 찾기 쉬운 반면 다문화, 장애인 등에 대한 척도는 찾기 어려웠다는 점을 반영하여 여러 분야에 대한 척도집을 제공하고 있다. 이를 통하여 프로그램을 기획할 때 성과측정을 할 수 있는 실질적인 방법을 제공한다. 제시한 <표 I-13>에서는 전체적인 척도구성을 소개하고 있으며, 책 뒤 부록에 각 분야에 대한 척도소개를 세세하게 다루었으므로 참고하면 된다. 그리고 실제 프로그램을 기획할 때는 사회복지공동모금회에서 제공하는 척도집을 살펴보는 것이 바람직하다. 부록을 확인해보면 알 수 있듯이 원 척도의 개발자와 한국어로의 번안자 또는 한국인 대상 표준화를 실시한 수정 개발자를 제시함과 동시에 문항 사례도 첨부하였다. 참고문헌을 통해 원문 확인이 가능하도록 하였음을 알린다.

이 외에도 다양한 평가척도가 존재하기 때문에 사회복지사들은 연구자다운 자세로 프로그램의 효과성을 정확하게 측정할 수 있는 도구를 찾아 적용하는 것이 필요하다. 만약 적절한 표준화된 측정 도구가 부재하거나 양적 변화 이외의 질적 변화에 대한 효과 확인이 필요한 경우, 평가 의뢰자와의 협상을 통해 평가 근거와 영역을 정해 적절한 방법을 유연하게 구성하는 경우에는 평가자로서의 전문 역량을 발휘해야 한다.

표 I-13 척도구성소개(자세한 것은 부록 참고)

영역별 주제	구성내용
자아개념 및 개인의 인식과 태도	자기효능감, 자아존중감, 삶의 만족도, 생활만족도 등
건강	스트레스, 우울, 자살생각, 신체건강행동, 음주심각성, 스마트폰 중독 등
사회적 기능	사회성, 사회적 유능성, 학교적응유연성, 사회불안, 사회적 책임감 등
가족	가족자원, 부부친밀감, 부모자녀관계, 양육행동, 부양부담 등
사회적 관계망	사회적 지지, 사회참여, 사회적 차별, 대인관계 유능성, 대인관계 조화 등
커뮤니티 임팩트	지역사회자본, 지역사회문제해결능력, 지역공동체의식, 사회통합 등
그 밖의 척도(다문화, 노인, 재활, 장애, 직무 등)	문화적응스트레스, 성공적 노화, 장애정체감, 자활의지, 자원봉사 등

3) 균형성과지표

성과를 표지한 지표 설정은 프로그램의 활동들이 목표를 달성하는데 핵심 성공 요인들(critical success factor)을 규명하고, 이 요인들을 반영한 핵심 수행 지표(key performance indicator)를 도출함으로써 가능하다. 그리고 핵심 성공 요인과 핵심 수행 지표들은 프로그램의 세부 활동들을 어떻게 구성해야 하는지에 대한 기준으로도 작용한다. 이와 같은 성과평가의 평점 기법이 균형성과지표(balanced score card, 이하 BSC)이다. 실제 사회복지 실천 현장에서는 여러 지표를 설정하고 이를 측정하여 작성된 결과 보고서를 제시하지만, 각 결과치의 유의미성을 넘어서서 사회복지 프로그램의 전체 효과성을 총체적으로 설명하지 못한다는 한계가 있다. BSC는 1993년 Kaplan과 Norton이 개발한 것으로 기존 재무 성과 중심의 관리방식을 벗어나 다차원적인 균형을 고려한 성과관리의 틀을 제시한 것이다. 물론 BSC는 기업 환경에 적합한 평가기법이기는 하나, 첫째 무형의 자산을 강조하고 이를 관리하려는 노력을 강조한 점, 둘째 결과를 측정하는 지표뿐 아니라 이러한 결과를 이끌어 내는 동인을 적절히 배합하여 과정평가를 강조한 점, 셋째 단기 목표와 장단기 목표 사이의 균형을 강조한 점, 넷째 내부의 관리와 평가를 넘어서서 외부에서의 성과를 중시하는 지표에 초점을 둔 점은 사회복지 프로그램 평가에도 시사점을 제공한다([그림 I-10] 참조).

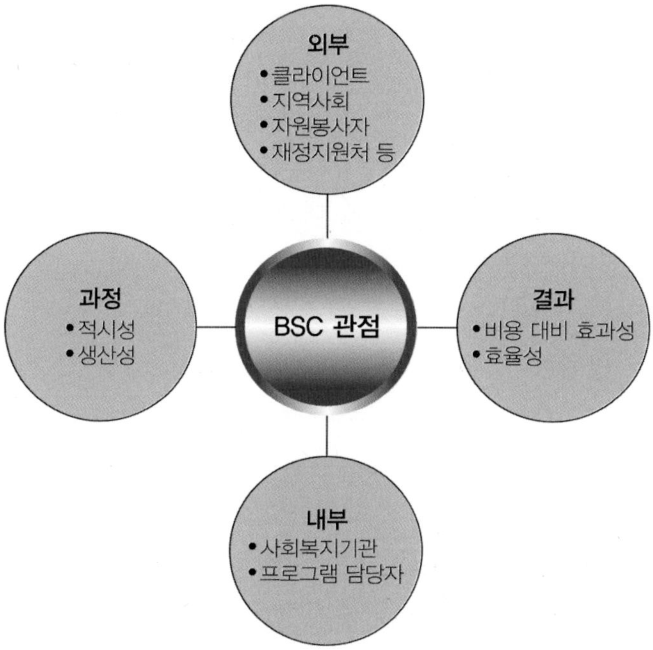

[그림 I-10] 사회복지 프로그램 평가의 BSC 관점

사회복지공동모금회와 삼성복지재단의 사업신청서를 보면, 사회복지기관의 철학, 제안한 사회복지 프로그램의 지향가치 등을 반영해야 한다거나 과정평가와 결과평가, 단기 성과와 장기 성과를 모두 실시하도록 제시하는 것 등은 BSC의 핵심 개념과 동일함을 알 수 있다. 특히 단일 프로그램으로서의 효과성도 강조하지만 해당 프로그램의 우수성이 네트워크를 형성하거나 확산, 파급될 수 있도록 전략을 요구하는 것 또한 발전 동향의 하나라는 것도 관심을 가져야 할 것이다. 결과나 성과에 연결되지 않는 노력은 자원낭비를 초래할 수 있지만, 평가 역량이 부족한 탓에 결과나 성과로 제시하지 못한 가치를 저버리는 것은 더 큰 자원낭비일 수 있다. 목표마다 지표를 설정하는 데 급급하기보다는, 사회복지 프로그램이 지향하는 큰 그림 속에서 실제 제공되는 활동이 무엇으로 평가받을 때 제대로 성과를 규명하는 것이 사회복지 프로그램의 가치를 밝히는 것이다.

04 프로그램 평가와 실험설계의 적용

실험설계에 의한 사회복지 프로그램 평가는 여러 평가 중 지극히 작은 일부분이다. 이미 앞서 성과평가와 평가기준에 대해서 제시한 바가 있다. 실험설계에 의한 평가는 어쩌면 이런 것들의 일부를 다룬다고 할 수 있다. 그럼에도 불구하고 실험설계에 의한 평가를 고려하는 것은 프로그램 자체의 효과성에 대해서 실증적으로 검증하는 방법이기 때문이다. 과거 사회복지공동모금회를 비롯한 여러 재정지원처들은 프로그램에 대한 결과는 여러 성과산출물들을 통해서 판단하였다. 그러나 과학적인 사회복지가 점차 강조되면서 성과에 대한 분석을 점차 요구하는 경향이 나타나고 있다. 실제로 여러 성과들은 자원을 투입하면 만들어 낼 수 있는 것들이다. 하지만 자원을 투입하여 실질적으로 어떤 변화가 일어났는지에 대해서는 모호하게 이야기할 수밖에 없었다. 그런데 실험설계에 의하여 변화를 통계적으로 검정할 경우 프로그램의 효과성에 대해서 의심할 수 없게 된다. 따라서 평가를 계획하고 실행함에 있어 실험설계에 대한 이해를 바탕으로 수행하는 것이 바람직하다.

실험설계는 통제, 조작, 비교라는 세 가지를 축으로 이루어진다. 어떤 변화가 프로그램에 의한 변화인지를 검정하기 위해서는 실험집단뿐만 아니라 통제집단이 있어야 타당성 높은 검정을 할 수 있다. 또한 실험집단에는 프로그램을 제공하고 통제집단에는 프로그램을 제공하지 않는 조작이 필요하고, 사전과 사후를 비교하여 프로그램의 효과를 검증할 수 있는 것이다. 이를 알기 쉽게 그림으로 표현하면 다음과 같다.

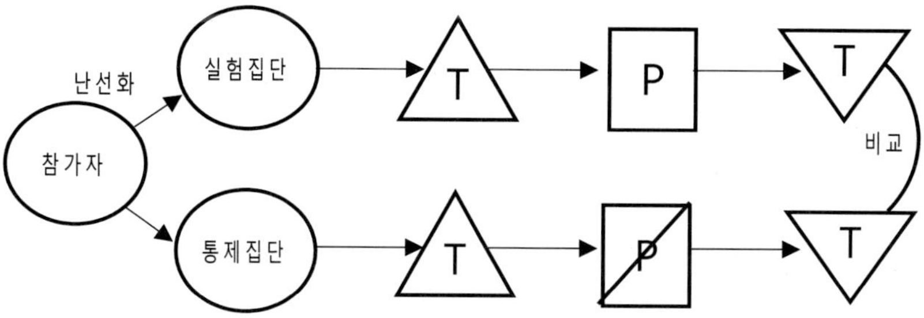

[그림 I-11] 실험조사설계

그림출처 : 고명석, 이수천(2017), 사회복지조사론.

이를 도식으로 표시하면 다음과 같다.

R　O　X　O
R　O　　　O

R은 난선화(Random)을 의미한다. 실험에 참가하는 사람들을 난선화로 두 집단으로 나눴다는 것은 두 집단이 동일한 집단이 되게 하는 것이다. O는 관찰(Observation)을 뜻한다. 프로그램(X) 실시하기 이전의 O는 흔히 사전조사라고 하고 프로그램 이후의 O를 사후조사라고 한다. 비교는 다양하게 이루어질 수 있다. 실험집단과 통제집단 간 사전조사의 비교는 독립표본 t-test를 활용하여 분석한다. 이때 집단 간 차이가 나타나지 않을 것을 기대하게 된다. 프로그램 이후에는 집단 내 비교를 대응표본 t-test로 하게 된다. 이때 실험집단에서는 사전조사와 사후조사를 비교하여 양자 사이에 차이가 있을 것을 기대하고, 통제집단에서는 사전조사와 사후조사 간을 비교하여 변화가 없을 것을 기대하고 분석한다. 기대했던 대로 분석결과가 도출되었을 때 실험집단에서의 변화를 프로그램에 의한 변화라고 할 수 있는 것이다.

그런데 사회복지 현장에서 실험설계를 그대로 적용하기란 쉽지 않다. 사회복지는 인간을 대상으로 실천하기 때문에 엄격한 실험상황, 즉 통제, 조작, 비교를 엄격하게 충족하기가 쉽지 않다. 더구나 한 기관에서 실험집단과 통제집단을 구분할 경우 실험집단에서는 프로그램을 제공하는 반면 통제집단에는 프로그램을 제공하지 않음으로 인하여 또 다른 갈등이 나타날 수도 있다. 이럴 경우 앞서 제시한 실험설계를 변형하여 적용할 수밖에 없다. 앞서 제시한 실험설계를 진실험설계 또는 순수실험설계라고 한다. 그리고 통제집단의 구성에 따라 통제집단 전후비교설계라고도 할 수 있다. 타당도를 높이기 위하여 통제집단을 구성하는 것이 바람직하지만 현장의 여건상 통제집단 구성이 어려울 경우에는 준실험설계에 속하는 비동일통제집단 전후비교설계를 활용할 수 있다. 비동일통제집단 전후비교설계를 도식으로 표시하면 다음과 같다.

O X O
O   O

앞서 제시한 실험설계에 비하면 R이 없다. 즉, 통제집단이 있긴 한데 난선화(Random)을 하지 못한 경우이다. 지역아동센터를 예를 들어보자. 지역아동센터는 대략 30명 이내의 아동들이 이용하는 경우가 많으며 아동들이 이용하는 공간 역시 제약적이다. 따라서 한 지역아동센터에서 프로그램을 하면서 실험집단과 통제집단을 구성하기가 쉽지 않다. 이럴 때 사회복지사는 이웃에 있는 비슷한 수준의 지역아동센터를 통제집단으로 설정할 수가 있다. 이 경우 난선화를 하지 못했기 때문에 엄밀하게 실험집단과 통제집단이 동일한 집단이라고 가정하기가 어렵다. 그래서 '비동일통제집단'이라고 하는 것이다. 이 경우 통제집단을 편의상 '비교집단'이라고 이야기하기도 한다. 사전조사, 프로그램 실시, 사후조사는 모두 실험설계와 동일하게 진행한다. 또한 사전조사에 대해서 실험집단과 비교집단을 비교했을 경우 집단 간 차이가 나타나지 않는다면 실험집단과 비교집단은 동일한 집단으로 간주하고 실험설계와 같은 검증효과를 볼 수도 있다. 그리고 실험집단과 비교집단의 사전조사 간 차이검정에서 설령 집단 간 차이가 나타난다 하더라도 프로그램 사전과 사후의 차이검정, 즉 집단 내 검정에서 실험집단에서는 차이가 나타나고 비교집단에서는 차이가 나타나지 않는다면 실험집단에서의 차이를 프로그램의 효과라고 볼 수 있는 것이다.

하지만 현장 사정에 따라선 비슷한 비교집단을 구성하는 것도 쉽지 않다. 비교집단으로 세워지는 기관 입장에서는 아무런 이득 없이 비교대상만 되기 때문이다. 기관 협조가 원활해야 가능한 일이지만 설령 기관 간 협조가 원활하더라도 다른 기관을 비교집단으로 구성하는 것은 쉽지 않다. 이럴 경우 타당성 면에서는 떨어지지만 전실험설계의 하나인 단일집단 전후비교설계를 활용할 수 있다. 이을 도식으로 표현하면 다음과 같다.

O X O

집단이 하나인 것을 볼 수 있다. 프로그램 실시 이전에 프로그램으로 인하여 변화될 것에 대해서 사전조사를 하고 프로그램 실시 이후에 동일한 척도로 사후조사를 한다. 사전조사와 사후조사 간의 차이를 검정하고, 사전과 사후 사이에 집단 간 차이가 있을 경우 프로그램에 의한 변화로 보는 것이다. 사회복지공동모금회에서도 성과평가에 있어서 이러한 방법을 사용하도록 권장하고 있다. 다만 기관의 입장에 따라서 사전과 사후의 집단 간 차이를 검정하는 경우가 있는가 하면 집단 간 차이에 대한 검정 없이 사전과 사후 자료에 대한 단순비교를 하기도 한다. 따라서 보다 더 엄밀하게 프로그램의 효과성을 드러내기 위해서는 단일집단 전후비교설계 방식으로 집단 간 차이를 검정하는 것이 보다 바람직하다고 할 수 있다.

저자는 이미 2009년과 2010년에 사회복지공동모금회에서 지원한 사업에 대해서 효과성 검정을 한 바가 있다. 한국아동청소년그룹홈협의회에서 사회복지공동모금회에 신청하여 지원받은 '그룹홈역량강화사업'이다. 이 사업은 당시 그룹홈 인력이 2명이고, 생활시설이라는 특성상 반드시 인력이 상시 상주하고 있어야 한다는 점 때문에 생활교사의 업무가 과중되는 상황이었다. 이에 그룹홈협의회에서 대체인력과 순회교사를 파견하는 것을 골자로 한 역량강화사업을 기획하여 사회복지공동모금회의 지원을 받아 1년 단위로 프로그램을 실시한 것이다. 저자는 전문위원으로 효과성 검정보고서를 작성하는데 참여하였는데, 그때 다음과 같은 결과를 도출한 바가 있다. 2009년도 결과 중 일부를 제시하면 다음과 같다.

표 I-14 소진하위요인의 변화 추이

사업	소진하위요인	평균			집단 간 차이		
		1차(A)	2차	3차(B)	A-B	df	t
순회교사 지원사업	정서적 소모	20.6343	18.9149	18.1064	2.52794	46	2.053*
대체인력 과견사업	개인적 성취감 저하	7.9647	10.4101	10.2758	-2.3111	46	-2.741**

* : p<.05 ** : p<.01
*출처 : 김형태, 이수천(2009).

이것은 앞서 제시한 단일집단 전후비교설계를 변형하여 분석한 것이다. 프로그램을 실시하기 이전과 실시 이후를 비교하는 것이 일반적인데 프로그램 시작지점, 중간지점, 끝나는 지점 세 차례에 걸쳐 조사를 실시하여 변화의 흐름을 보도록 하였다. 통계적 검증은 단일집단 전후비교설계와 동일하게 1차 조사와 3차 조사 간 집단 간 차이를 검정하였다. 순회교사 지원사업에서는 정서적 소모부분에서 소진이 떨어지는 효과가 있었고, 대체인력 파견사업에서는 개인적 성취감 저하 부분에서 소진이 떨어지는 효과가 있었다. 이런 효과를 바탕으로 한국아동청소년그룹홈협의회는 역량강화사업 보고대회를 열었으며, 이 자료를 바탕으로 동일사업을 1년 간 더 연장하여 진행할 수 있었다. 이듬해 프로그램에 대한 효과성 검정 역시 기본적으로 단일집단 전후비교설계를 바탕으로 프로그램의 효과성을 검정하였으며, 여기에 더하여 질적조사 분석을 첨가하여 프로그램이 어떤 의미를 갖는지를 밝혔다. 이때 분석한 질적연구의 일부는 <표 I-15>와 같다. 이것은 그룹홈에 거주하는 아동청소년을 인터뷰하여 순회교사/대체인력이 어떤 의미가 있었는지를 분석한 것으로 그룹홈 거주 아동청소년에게는 실시했던 대체인력과 순회교사가 "숨통과 변화를 주는 색다른 관계(엄마, 친구, 멘토)이다"는 결론을 도출할 수 있었다. 실험설계의 통계적 검정은 단순히 효과가 있었는지를 밝힐 뿐이다. 여기에 더하여 질적분석은 그 효과가 어떤 의미 또는 내용을 담고 있는지를 보여줌으로써 프로그램 효과에 대해서 더욱 풍부하게 설명해 주는 역할을 하는 것이다. 당시 사회복지공동모금회의 지원은 동일사업에 대해서 두 차례 이상 지원할 수 없어 지원의 연기는 없었다. 그러나 이런 자료가 바탕이 되어 현재는 그룹홈에 생활교사가 1명 더 충원되는 제도가 마련된 것을 보면 프로그램 개발은 단순히 일회성 프로그램을 만들어내는 것일뿐만 아니라 프로그램의 성격에 따라 제도나 정책의 변화를 이끌어 낼 수 있는 기제가 된다는 것을 볼 수 있다.

중요한 것은 사회복지조사나 자료분석에 대한 이해가 되어 있어야 한다는 점이다. 따라서 사회복지조사론이나 자료분석론 그리고 질적연구방법론에 대해서 보다 더 깊은 관심을 가질 필요가 있다. 모두 어려운 과목으로 기피하는 경향이 있으나 실천 현장에서 과학적인 프로그램 개발과 평가를 통하여 사회복지의 책무성을 높이기 위해서는 외면할 수 없다는 점을 받아들여야 한다. 이 부분에서 제시한 실험설계에 대한 보다 더 확장된 내용이나 실제분석에 대해서는 사회복지조사론(고명석, 이수천, 2017, 동문사)과 자료분석실전(김형태, 이수천, 박재학, 2020, 동문사)을 참고하면 도움을 받을 수 있다.

표 Ⅰ-15 아동청소년의 순회교사대체인력에 대한 의미

개념	하위범주	범주
(대체)보다 자유롭게 활동할 수 있는 시간	조금의 숨통	숨통
(대체)자유롭게 하고 싶은 거 할 수 있는 날		
(순회)은근히 스트레스가 풀려요	마음의 풀림	변화
(순회)스트레스 완화제		
(대체)좀 더 긍정적으로 생각한다		
(대체)긍정적인 생각을 많이 하게 되요		
(순회)신기하게 (마음이) 풀려있다		
(대체)제가 소리지르는 게 사라졌어요		
(순회)적극성이 생긴 거 같아요		
(대체)이모 설거지 돕고 밥 나르고	작은변화	
(대체)오히려 더 그룹홈 선생님한테 잘하게 되요		
(대체)이해 안가는 부분 도와주셔요	학습도움	
(순회)제대로 칠 줄 아는 사람이 쳐 주는 게 좋아요		
(순회)한 귀로 듣고 흘려도 도움이 되요		
(대체)한자 자격증 시험 붙었어요		
(순회)필요한 교육이다		
(대체)그룹홈에서 영어를 실력있게 가르쳐 주었으면	변화바람	
(대체)자격증 갖고 있거나 능력이 있는 사람들이...		
(대체)그 엄마가 여기 와서 주무시고 밥도 같이 먹고 놀아주니까	색다른 관계	색다른 관계
(대체)이불 같은 거 개주고		
(순회)함께 진로를 고민해주고		
(대체)색달라요		
(순회)(생활교사와는)다른 무엇...		
(대체)삶의 도움		
(대체)구세주다		
(대체)친구다		
(순회)멘토		
(대체)나이 들었어도 다른 사람 오는 거 싫어요		
(대체)포근하다	푸근한 사람	
(순회)항상 웃으세요		
(순회)유치하지만 싫진 않아요		
(대체)인자하고 성격이 좋으니까		

*출처: 김형태, 이수천(2010).

PART II

사회복지 프로포절의 작성

Part Ⅰ에서는 사회복지 프로그램의 의미와 유형, 프로그램 개발 모형, 프로그램 평가 등 사회복지 프로그램의 계획과 평가에 이르는 과정에 대해 살펴보았다. 만약 사회복지시설이나 기관에서 모든 프로그램을 오로지 내부 자원을 동원하여 진행한다면 Part Ⅰ에서 살펴본 내용만으로도 충분할 것이다. 하지만 오늘날에는 부족한 예산을 보충하기 위해서 또는 보다 효과적이고 광범위한 프로그램을 진행하기 위해서 외부 자원을 동원하는 것이 필수적인 상황이 되었다. 그래서 사회복지시설들이 수행하고자 하는 프로그램의 내용을 설명하고 이를 통해서 공공의 기금을 확보하는 프로포절을 기존처럼 하나의 장이나 특정 장의 일부로 살펴보기에는 한계가 있다. 이 책에서는 프로포절 작성법을 『Part Ⅱ. 사회복지 프로포절의 작성』으로 별도로 구성하여 이를 단계별로 6개의 장으로 정리해 보았다.

프로포절 작성에 특정한 단계가 정해져 있는 것은 아니다. 프로포절 작성은 제안서의 형식에 따라 그 절차와 방법이 달라지는데, 제안서는 크게 자유 형식과 정형화된 형식으로 나눌 수 있다. 자유 형식은 개발하고자 하는 프로그램 설계의 구성요소나 서술방법 등이 고정적이지 않고 자유롭게 선택할 수 있는 제안서를 의미한다. 한편 정형화된 형식은 제안서의 구성요소나 서술방법 등이 미리 정해져 있어서 제안서를 작성할 때 이를 지켜야 하며 표준화된 형식이라고도 한다.

이론적으로 볼 때, 제안서에서 요구하는 고정된 양식이 있다면 이러한 양식을 준수하기 위해 일정한 단계를 따르게 될 가능성이 클 것이고, 이와 달리 제안서가 자유 형식이라면 프로포절 작성의 단계가 엄격하지는 않을 것이다. 하지만 현실적으로는 사회복지 현장에서 재원을 신청할 때 심사의 효율성과 공정성을 위해서 재정지원기관에서 사업제안서 양식을 만들어 놓고 이것을 사용할 것을 권장하는 경우가 많다. 실제로 미국에서 공모제를 채택한 100개 주요 재단과 기업체의 제안서 양식을 파악한 결과 정형화된 제안서를 요구하는 비율이 73%였고, 필수적이진 않으나 정형화된 형식을 선호하는 비율이 18%였다. 물론 정형화된 형식을 요구하지 않는 비율도 9%가 있기는 하였다(서인해, 공계순, 2008).

각 재정지원처마다 고유한 양식의 제안서를 요구하고 있으나 제안서의 구성이나 내용이 크게 다른 것은 아니다. 제안서 작성 실무를 익히기 위해서는 전통적인 제안서 형식에 대한 이해가 필요한데 이는 우리나라 주요 재정지원처가 되는 사회복지공동모금회와 섬성복지재단에서 제시하였던 과거 제안서를 보면 잘 드러난다.[2] 사회복지공동모금회의 배분신청서 양식을 보면 '사업명', '사업의 필요성', '서비스 지역, 서비스 대상 및 클라이언트 수', '사업 내용', '예산계획'

---

2) 사회복지공동모금회에서는 2014년 배분사업을 재구조한 이후 현재 양식을 수정하여 사용하고 있다. 여기서 과거의 양식을 살피는 이유는 두 가지인데, 첫째, 프로포절 형식에 대한 논리적 이해를 위해서는 과거의 프로포절 양식을 이해하는 것이 필요해서이며, 둘째, 배열 순서와 용어의 변화가 약간 있을 뿐 실제 구조 자체가 크게 변한 것은 아니기 때문이다. 삼성복지재단 역시 2017년 '나눔과 꿈' 사업부터는 사회복지공동모금회를 통하여 배분사업을 진행하기에 사회복지공동모금회의 변화된 양식을 준용한다. 그럼에도 여기서 다루는 이유는 앞서 제시한 첫 번째와 동일한 이유에서이다. 즉, 프로포절 형식에 대한 논리적인 이해에 도움이 되기 때문이다.

등으로 구성되어 있다. 삼성복지재단의 경우에는 '프로그램명', '프로그램 대상과 문제정의', '신청 프로그램 목적, 목표, 하위목표', '신청 프로그램의 형성기반', '신청 프로그램 내용 및 실시방법', '신청 프로그램 예산', '프로그램 과정평가', '프로그램 효과평가' 등으로 제안서가 이루어져 있다.

이와 같은 두 가지 제안서의 공통점을 바탕으로 프로포절을 작성해 나가는 단계를 뽑아 보면 크게 6단계로 정리할 수 있다. 먼저 1단계에서 지역주민의 욕구조사, 지역환경 분석 등을 기반으로 문제를 정의하고 사업의 필요성을 서술하는 '문제 확인과 분석'을 해야 한다. 2단계에서는 확인된 사회적 문제로 인해 고통받고 있고 개입이 필요한 대상이 누구인지를 규명한다. 3단계에서는 프로그램의 목적과 목표를 기술한다. 목표는 하위목표에 이르기까지 상세히 적을 수도 있다. 4단계에서 프로그램 내용에 대한 설계를 작성하는데, 이것은 프로그램 구조도를 작성하는 것이라고 할 수 있다. 5단계에서는 프로그램의 내용, 활동사항, 수행인력, 일정표 등을 포함하는 세부 프로그램 실행 계획을 작성한다. 마지막으로 6단계에서 예산수립에 관한 내용을 제안서에 서술한다. 프로그램의 평가와 관련하여 두 기관의 양식에서 차이가 존재한다. 삼성복지재단의 제안서에는 '프로그램 과정 평가'와 '프로그램 효과 평가'가 포함되어 있어서 이를 작성해야 하지만, 사회복지공동모금회의 양식에는 평가방법을 구분하도록 요구하지는 않는다. 이러한 단계는 프로그램 프로포절을 작성하는데 있어 논리적 순서를 반영하고 있다. 한편, 사회복지공동모금회에서는 2014년 배분사업 재구조화 이후 논리적 순서보다는 프로그램에 대해서 먼저 제시하는 양식으로 재구성하였다. 과거 양식, 즉 논리적 순서에 따른 양식과 현재 양식을 비교하면 내용에 대한 큰 변화가 있는 것은 아닌 것을 알 수 있다. 또한 새로 개정된 제안서 양식은 과거 사회복지공동모금회와 삼성재단 양식에 있는 내용들을 비교하여 서로 부족한 부분들을 절충하는 형식을 띤 것을 알 수 있다. 가령, 삼성재단에서 요구하는 양식 중 유사프로그램 운영경험이나 네트워크에 관련된 내용들이 이번 개정에서는 프로포절 양식에 모두 포함된 것을 볼 수 있다. 다만 현재 양식은 프로그램을 먼저 드러내도록 하였다는 점과 사업 추진전략에 대해서 강조를 하는 점 등이 강조된 면이 있다. 논리적인 이해를 위해서는 과거 양식을 살피는게 필요하고, 활용도를 위한 실무적인 이해를 위해서라면 현재 양식을 살펴보는 것이 바람직하다. 본서에서는 다양한 재정지원처를 염두에 두고 논리적 순서에 따라 다루도록 한다. 다만, 실무적 요구를 반영하여 비고란에 논리적 순서의 단계를 표기하여 두었다. 이를 정리하면 다음 표와 같다.

표 II–1 재정지원처 제안서 양식과 프로포절 작성 단계

과거 제안서 양식(논리적 순서)

단계	사회복지공동모금회	삼성복지재단
	• 사업명	• 사업명
1단계 문제 확인 및 분석	• 사업의 필요성 –대상자의 욕구 및 문제점 –지역 환경적 특성 –경험적 근거 –본 사업과 관련된 지역복지 자원 현황	• 사업의 필요성 –문제의 심각성(우리사회) –기관 소재 지역사회 실정 • 선행 경험 –선행 프로그램 고찰 –유사 프로그램 시행 경험
2단계 대상자 선정	• 서비스 지역, 서비스 대상 및 클라이언트 수	• 대상자 범위 및 선정 방법 • 대상자 범위 • 대상자 구분
3단계 프로그램의 목적과 목표	• 사업 목적 및 목표	• 사업 목적 • 사업 목표: 과정 목표, 성과 목표 • 지향 가치 및 방향
4단계 프로그램의 기반 수립과 내용 설계 5단계 세부 프로그램 실행 계획	• 사업 내용 –활동사항 –평가방법 –담당인력 구성 –사업진행 일정 –홍보계획 –지역자원 활용계획	• 사업 내용 –세부 프로그램/세부 활동 –세부 프로그램의 구현방식 및 선정 사유 –세부 프로그램 간의 관계
6단계 예산수립	• 예산계획	• 편성 예산
기타	• 향후 운영계획	• 네트워크 구성 • 기관 보유 전문성

현재 제안서 양식

사회복지공동모금회	비고
• 사업명	
• 사업내용 및 추진전략 –사업참여자 모집전략 사업참여자 대상 및 인원 / 참여자 선정기준 / 참여자 모집방안	2단계
–사업 내용 및 사업 집행 전략	4,5단계
–기관별 연계협력 전략	기타
• 예산편성	6단계
• 문제의식(사업의 필요성) –사업계획 배경 –기존 유사사업과의 차별성 –신청기관의 강점	1단계
• 목표 및 평가 –산출목표 –성과목표	3단계 +평가
• 향후 운영계획 –사업수행으로 인한 기대효과 –사업결과의 활용계획	기타

Chapter 04

1단계-문제 확인 및 분석

01 문제 확인 및 분석의 필요성

프로포절을 작성할 때 사용하는 제안서의 첫 번째 항목은 사업명(또는 프로그램명)이다. 프로포절이 외부로부터 재정을 획득하는 것을 목적으로 하고 이를 위해 심사에서 좋은 점수를 받아야 하기 때문에 눈에 띄고 이해하기 쉬운 매력적인 이름을 짓는 것이 중요하다. 하지만 프로포절 작성을 하면서 미리 프로그램명을 정해 놓고 할 필요는 없고 가칭으로 해도 된다. 또는 '프로그램 A'와 같이 구분하기 위한 표시만으로도 충분할 수도 있다. 즉, 첫 번째 항목인 사업명은 프로포절 작성에 있어 특별한 하나의 단계로 구분하지 않아도 괜찮고 혹은 그 순서가 제안서 작성 도중이나 완료 후에 진행되어도 상관이 없다. 실제로 적어도 문제 확인 및 분석을 진행해 나가다보면 제목이 구체화되는 경우가 많다. 다만 사회복지공동모금회에서는 제목을 작성할 때 대상, 목적, 방법이 드러나도록 하는 것을 권장한다. 슬로건은 부제로 병기하도록 한다. 가령, "아동의 자기 표현증진을 통한 또래관계 및 자아존중감 향상 프로그램 '크레센도 하모니(Crescendo Harmony)'"라는 사업(2019년 하계종합사회복지관)을 보자, 먼저 '아동'이라는 대상을 표시하고 있으며, 이어서 '또래관계 및 자아존중감 증진'이라는 목적이 드러나고 있다. 그리고 방법은 '자기표현 증진 프로그램'인 것과 부제 '크레센도 하모니'를 볼 때 음악활동이 주된 활동이 되는 것을 알 수 있다. 이렇게 제목만 봐도 대상, 목적,

방법이 드러나도록 작성하는 것이 필요하다. 이렇게 하여 심사자를 포함하여 어느 누가 보더라도 제목 자체에서 프로그램 전반에 대해서 어떤 그림이 그려지게 하는 특징을 갖는다.

프로포절 작성의 실질적인 첫 번째 단계는 문제를 확인하면서 프로포절의 방향을 잡아가는 일이다. 현재 사회복지공동모금회에서 제시하는 양식은 네 번째 단계에서 '문제의식(사업의 필요성)'으로 제시하고 있다. 사회복지공동모금회의 현재 양식은 다소 프로그램에 대해서 앞부분에 제시하게 하는 특성을 반영하기 때문에 이 부분이 뒷부분에 배치되어 있다. 하지만 논리적인 순서(logical order)로 볼 때 프로그램을 만드는 실제에서는 첫 번째 이루어지는 일이다. 프로포절은 결국 누군가로부터 심사를 받는 것을 전제로 하기 때문에 이 단계에서는 사업의 필요성을 제기하여 심사자에게 설득력 있게 내용을 구성하는 것이 좋다. 거의 모든 사회복지 프로그램에 있어 사업의 필요성은 '사회문제'의 관점에서 다루어진다. 요컨대, 일반적으로 사람들은 사회문제를 언급하는 것이 프로그램의 필요성과 정당성을 증명하는 가장 효과적인 방법이라고 믿는 것이다.

사회복지는 본질적으로 사회구성원의 안녕, 평화, 복지, 행복 등을 추구하는데, 사회문제는 이러한 사회복지의 목표에 있어 장애물이 될 수 있다. 한편으로 사회복지가 달성되지 못한 상태가 바로 사회문제일 수도 있다. 또한 개인적인 문제라 할지라도 이를 해결하기 위해 별도의 프로그램을 개발한다는 것은 해당 문제로부터 어려움을 겪고 있는 사람이 다수라는 것을 의미하는데, 이것은 많은 사람들이 상황의 개선을 원한다는 점에서 개인적인 문제가 사회문제로 발전한 것이라고 할 수 있다. 그리고 문제가 있으면 이를 해결하고자 하는 필요성을 느끼는 욕구를 갖기 때문에 욕구의 관점에서도 사회문제는 중요하다. 따라서 사회문제의 확인은 프로그램의 당위성을 설명하는 것으로 프로포절의 출발점이 된다.

문제 확인은 프로그램을 효과적으로 실행하고 유용한 결과를 산출하기 위해서도 정확히 이뤄져야 한다. 문제를 확인하는 것은 문제의 존재여부를 밝히고 그 심각성을 규명하는 일이기도 하지만 동시에 문제의 원인을 찾는 것이기도 하다. 이처럼 문제의 원인을 찾아서 인과관계를 살피는 것은 프로그램을 통한 개입의 목적이 사회문제의 원인이 사회문제에 영향을 미치는 것을 차단하거나 완화하는 데 있기 때문이다. [그림 II-1]에서 보는 바와 같이 프로그램을 실행하기 이전에는 사회문제의 원인에 따른 결과로서의 사회문제를 확인하는 수준에 그칠 수밖에 없지만, 프로그램 실행을 하게 되면 문제의 원인을 제거하여 영향을 차단하거나 최소한 문제의 원인이 미치는 영향을 완화할 수 있게 되는 것이다.

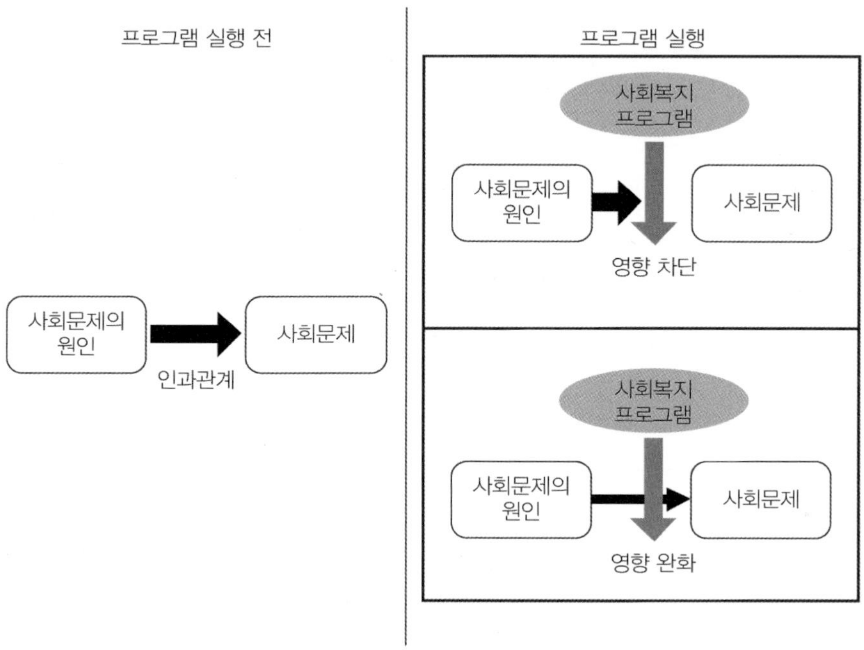

[그림 II-1] 사회문제의 인과관계와 프로그램의 기능

그렇기 때문에 사회문제 분석은 문제의 규모, 상황 등 현상을 파악하는 것([그림 II-2]의 A: 현상적 사회문제 분석에 해당)에 그치지 않고 문제의 원인을 파악하는 인과적 분석([그림 II-2]의 B: 인과적 사회문제 분석에 해당)으로 확대되어야 한다. 주의할 점은 문제의 원인은 하나일 수도 있지만 대개는 하나가 아니라 복수의 원인이 존재한다는 것이다. 단지 원인들 가운데에는 상대적으로 주된 원인과 그렇지 않은 부차적인 원인들이 있을 뿐이다. 그리고 현실적으로 주된 원인과 부차적 원인을 구분하는 것도 녹록치는 않은 일이다. 또한 원인들 사이에는 상호 영향을 주고받기도 하고 하나의 원인이 다른 원인에 영향을 미치기도 하며 특정 원인을 매개로 영향을 미치기도 한다.

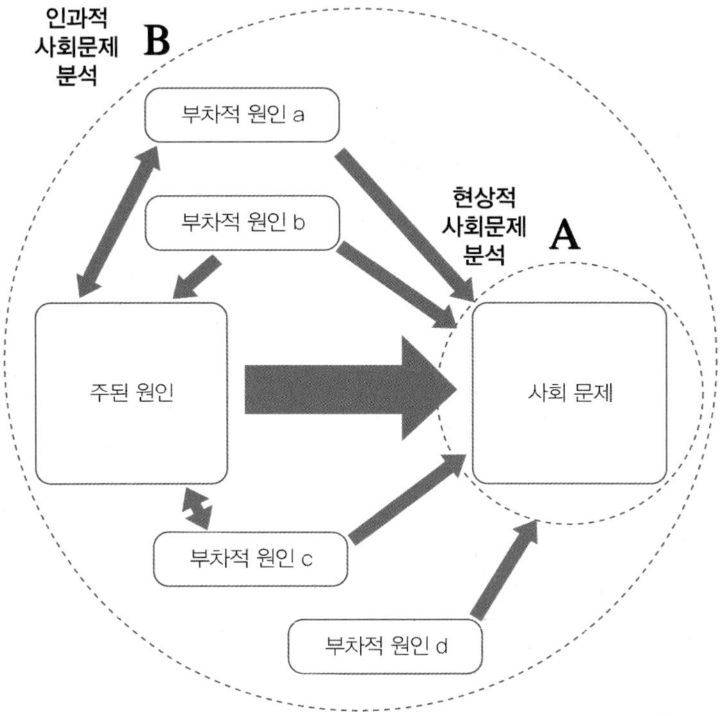

[그림 II-2] 현상적 사회문제 분석과 인과적 사회문제 분석

02 문제 확인 및 분석의 과정

사업의 필요성은 일반적으로 사회문제를 기반으로 작성하기 때문에 사회복지 프로그램은 사회문제로부터 출발한다고 볼 수 있다. 또한 문제가 심각할수록 해당 프로그램의 당위성이 높아지고 기금의 지원대상으로 선정될 가능성도 커진다.

하지만 사회복지 프로그램은 프로포절 단계로 끝나는 것이 아니라 실제 운영으로 이어지고 이에 대한 평가를 받아야 하기 때문에 문제의 심각성을 부각하는 것으로 그쳐서는 안 된다. 이상적인 삶의 기준과 비교하여 문제가 얼마나 심각한지를 객관적인 자료와 함께 제시해야할 뿐만 아니라 문제의 원인과 실태가 정확히 파악되고 기술되어야만 한다. 그래야만 프로그램의 목표와 대상을 구체화할 수 있다. 프로포절의 첫 단계인 문제 확인 및 분석의 과정을 정리하면 다음과 같은 세부 절차로 구분할 수 있을 것이다.

- 사회복지 서비스 및 자원의 결여/불충분 확인 : 기존 사회복지 서비스나 자원이 욕구, 준거, 법규 등에 비해서 결여되거나 불충분한가를 확인한다.
- 증거자료 수집 : 결여되거나 불충분하다고 여겨지는 사회복지 서비스 및 자원에 대한 증거자료가 있는지 파악하고 수집한다.
- 결여/불충분의 원인 탐색 : 사회복지 서비스 및 자원의 결여나 불충분으로 인해 발생한 사회문제를 초래한 원인이 무엇인가를 찾는다.

이제 이와 같은 하위 단계를 상세히 살펴볼 필요가 있다. 다만 이러한 문제 확인 및 분석 단계는 [그림 II-3]에서 보는 것처럼 프로포절 작성의 6가지 단계 중 하나에 해당한다는 점을 유념해야 하겠다. 다시 말해서 프로포절 작성을 논리적 순서로 볼 때 문제 확인 및 분석 → 대상자 선정 → 프로그램의 목적/목표 → 프로그램 내용 설계 → 프로그램 실행 계획 → 예산 수립과 같은 순서로 진행하는데, 문제 확인 및 분석이 그 첫 단계에 해당하며 이 과정은 크게 보아 세 개의 하위 활동들로 이루어져 있다. 즉, 사회복지 서비스 및 자원의 결여/불충분의 확인, 결여되거나 불충분한 사회복지 서비스 및 자원에 대한 증거자료 수집, 결여/불충분의 원인 탐색이다.

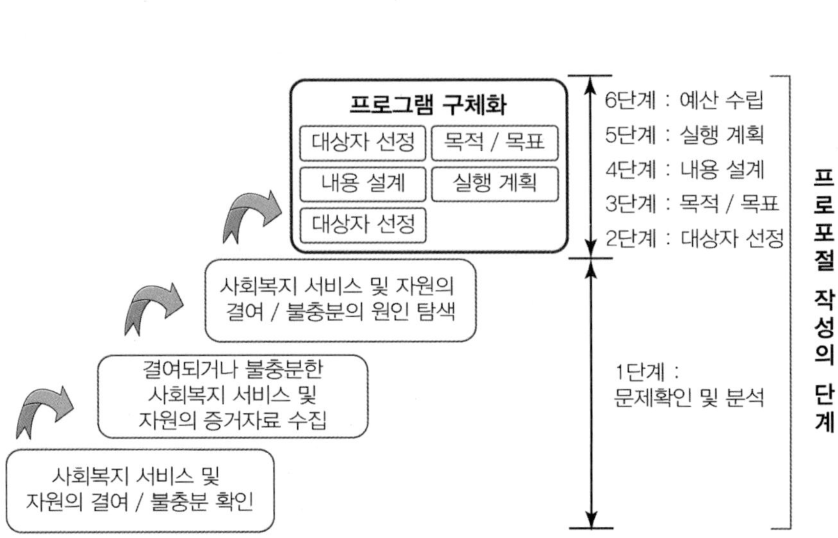

[그림 II-3] 프로포절 작성의 여섯 가지 단계와 문제 확인 및 분석의 세부 절차

1) 세부 절차 1: 사회복지 서비스 및 자원의 결여/불충분 확인

사회복지는 인간으로서 누려야 할 이상적인 조건에 관심을 갖고 있다. 여기서 이상의 조건이 때로는 최대나 최고의 수준이기도 하고, 때로는 최적의 수준일 수도 있다. 물론 최소한의 수준일 때도 있다. 예를 들어, 누군가는 이상적인 급여로 '억대 연봉'을 생각할 수도 있지만, 부당한 대우를 받고 있는 청소년 아르바이트생들의 경우에는 '근로기준법상 최저임금'이 이상이 될 것이다.

우리가 주목할 점은 '이상적인 조건이 무엇인가?'가 아니라 '이상적인 조건이 어떤 형태로든 존재한다.'이다. 왜냐하면 이상적인 조건이나 상황이 있다는 것은 (이상적인 조건이 무엇이든지 간에 상관없이) 그만큼 이상과 관련한 현실적인 격차가 크건 작건 따라오기 때문이다. 그리고 이상적인 조건과 현실적인 조건 사이의 격차를 사회복지 시각에서 보면, 사회복지 서비스 또는 자원이 이상적인 조건을 달성하는 데 있어 부족하다는 의미이다. 이러한 격차를 사회복지 서비스 및 자원의 결여나 불충분으로 부를 수 있을 것이다.

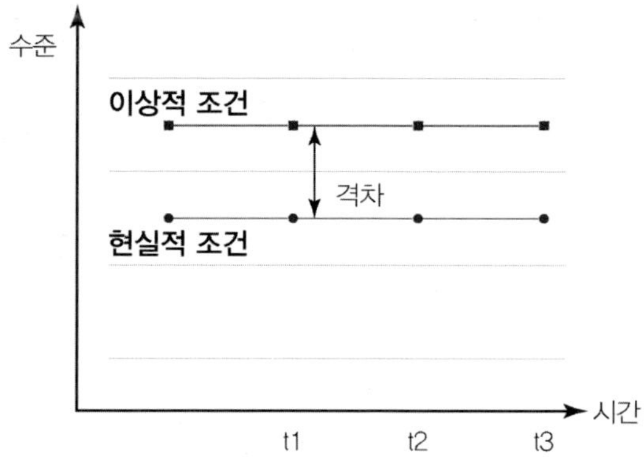

[그림 II–4] 이상적 조건과 현실적 조건의 격차

[그림 II-4]는 이상적인 조건과 현실적인 조건 사이의 수준 차이를 시간의 흐름에 따라 알기 쉽게 나타낸 것이다. 이상적인 조건은 보통 '이래야 한다.' 혹은 '이렇게 되었으면 좋겠다.'로 표현이 되고 현실적인 조건은 '이렇다.'로 말할 수 있다. 요컨대, '이래야 하는데 그게 아니고 이렇다.'는 것이 바로 이상과 현실의 격차이고 이러한 격차의 원인으로 사회복지 서비스 및 자원의 결여 내지는 불충분을 고려할 수 있는 것이다. 나아가 사회복지 프로그램의 목적은 현재 '이렇다.'라는 상태를 앞으로 '이래야 한다.'라는 상태로 변화시킬 수 있도록 하는 것이다.

그런데 이상과 현실 간의 차이를 확인하는 작업은 그 과정과 결과가 항상 같을 수가 없다. '누가 하는가, 언제 하는가, 누구를 대상으로 하는가, 왜 하는가?' 등에 따라서 다를 수밖에 없다. 그래서 [그림 II-4]처럼 이상적 조건과 현실적 조건이 항상 같고 그 결과 둘 사이의 격차도 일정하게 나오는 것은 이론적으로 설명하기에는 좋지만 실제로 존재하는 것은 아니라고 봐야 한다. 그럼에도 불구하고 초심자인 사회복지사들이 사회문제가 객관적으로 정의되고 이상과 현실의 격차를 명확히 분석할 수 있을 것이라고 생각하는 것을 볼 수 있다. 이러한 오류에 빠지는 것은 학교에서 사회문제론 등의 과목을 통해 학습할 때는 이론적이거나 매우 단순화된 형태의 내용을 다루기 때문일 것이다. 현실에서 사회복지 서비스 및 자원의 결여 정도를 측정하는 데 영향을 미치는 시간(언제 하는가), 주체(누가 하는가), 대상(누구를 대상으로 하는가)에 따른 차이점을 살펴보도록 하자.

(1) 결여의 정도(격차)는 언제 확인하는가에 따라 다르다.

그림 [그림 II-4]를 보면 가로축이 시간의 흐름을 나타낸다. 편의상 가로축의 시간을 t1, t2, t3로 구분해 볼 때 각 시간별 격차가 동일하다. 하지만 아래에 있는 [그림 II-5]를 보면 t1, t2, t3에 따라서 격차a, 격차b, 격차c가 상이하다. 그 이유는 시간의 흐름에 따라 이상적 조건이 바뀔 수도 있고 현실적 조건이 바뀔 수도 있으며 때로는 둘 다 바뀔 수도 있기 때문이다.

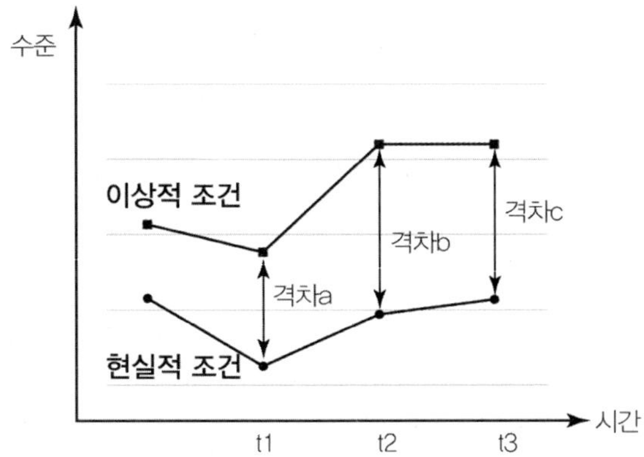

[그림 II-5] 조사시점에 따른 이상적 조건과 현실적 조건의 격차 예시

다만 여기에서 시간적 간격은 길게는 몇 십 년이 될 수도 있고 짧게는 며칠이나 몇 주일이 될 수도 있다. 예를 들어, 1990년대(t1이라고 하자)와 2000년대(t2라고 하자) 그리고 2010년대(t3이라고 하자)로 구분해 볼 때 1990년대 우리나라에서 치매나 중증질환 등으로 고생하는 노인들을 부양하는 것은 가족 내의 문제로 보았다. 그만큼 이상적인 조건이나 현실적인 조건 역시 그 수준을 높게 보지 않았다. 하지만 2008년에 시작한 노인장기요양보험제도를 통해 일상생활을 혼자서 수행하기 어려운 노인들을 대상으로 신체활동, 가사지원 등 사회복지 서비스를 제공하기 시작했고, 이제는 이상적인 조건과 현실적인 조건도 10여 년 전보다는 향상되었다고 할 수 있다.

한편 시간적인 간격을 주나 월 단위로 볼 수도 있을 것이다. 2014년 4월 16일에 인천에서 출항하여 제주도로 가던 세월호라는 여객선이 전남 진도군 앞바다에서 침몰하는 사건이 발생하였다. 이를 계기로 우리 사회의 안전에 대한 관심이 급격히 높아지게 되었는데, 이런 사례라면 2014년 3월을 t1으로 보고 2014년 4월을 t2로 간주하여 한 달 사이에 사람들이 기대하는 이상적 조건이 높아진 것이라고 할 수 있다. 물론 반대의 경우도 있다. 사람들의 관심이 적어지거나 정치적·사회적 이슈에서 벗어나게 되어 이상적 조건이 오히려 낮아지기도 하고 현실적인 조건 역시 이전 보다 나빠지기도 한다.

(2) 결여의 정도(격차)는 누가 확인하는가에 따라 다르다.

사회복지 서비스 및 자원의 결여에 대한 확인은 언제 하느냐에 따라 차이가 있기도 하지만 누가 하느냐에 따라 다르기도 하다. 왜냐하면 주체에 따라 분석의 방법과 실력이 다를 수 있고 사회문제에 접근하는 시각과 목적도 다양하기 때문이다. 특히 누가 하느냐에 따라서 이상적 조건의 수준을 다르게 설정하게 된다. 기대치가 다르기 때문에 당연히 현실적 조건과의 차이(결여의 정도)도 주체에 따라 상이한 결과를 갖는다.

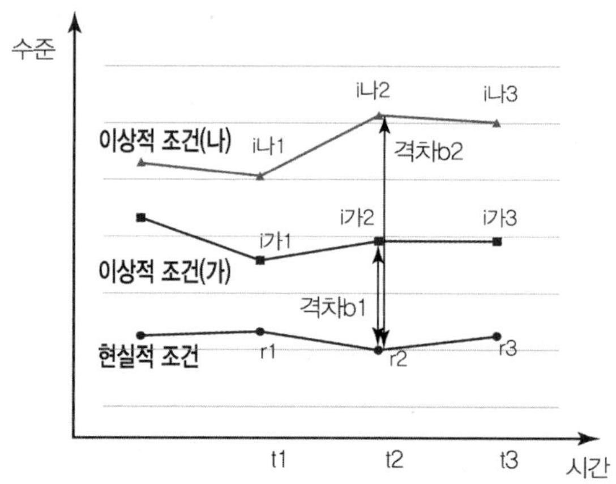

[그림 II-6] 조사 주체에 따른 이상적 조건과 현실적 조건의 격차 예시

[그림 II-6]을 보면 이상적 조건(가)과 이상적 조건(나)의 두 가지 그래프가 있다. 이것은 '가'와 '나'의 서로 다른 두 사람 또는 두 집단에서 각각 제시하고 있는 이

상적 조건을 의미한다. 이 각각의 그래프를 현실적 조건과 비교하면 사회복지 서비스 및 자원의 결여정도(격차)가 나온다. 시간 t2를 기준으로 이상적 조건(가)의 i가2와 현실적 조건 r2의 차이가 격차b1이 되고, 이상적 조건(나)의 i나2와 현실적 조건 r2의 차이가 격차b2가 된다. 이때 격차b1과 격차b2가 서로 크기가 다르다는 것을 알 수 있다. 즉, 사회복지 서비스 및 자원의 결여정도나 불충분성을 파악하는 작업은 그 주체의 능력, 관심, 가치관, 분석방법 등에 의해서 차이가 있을 수 있다.

(3) 결여의 정도(격차)는 누구를 대상으로 확인하는가에 따라 다르다.

결여의 정도는 어디에서 누구를 대상으로 확인하는가에 따라서도 달라진다. 아래에 있는 [그림 II-7]에는 현실적 조건(가)과 현실적 조건(나)의 두 가지 그래프가 있다. 이것은 '가'와 '나'의 서로 다른 두 지역에서 또는 같은 지역이지만 서로 다른 두 집단의 현실적 조건을 뜻한다. 이 각각의 그래프를 이상적 조건과 비교하면 사회복지 서비스 및 자원의 결여정도(격차)가 나온다. 시간 t3을 기준으로 이상적 조건의 i3과 현실적 조건(가) r가3의 차이가 격차c1이 되고, 이상적 조건 i3과 현실적 조건(나) r나3의 차이가 격차c2가 된다. 이때 격차c1과 격차c2가 서로 크기가 다르다는 것을 알 수 있다. 즉, 사회복지 서비스 및 자원의 결여정도는 동일한 이상적 조건을 가지고 있다 할지라도 조사대상이 되는 지역이나 집단의 조건에 의해 불충분성의 정도에 차이가 있을 수 있는 것이다.

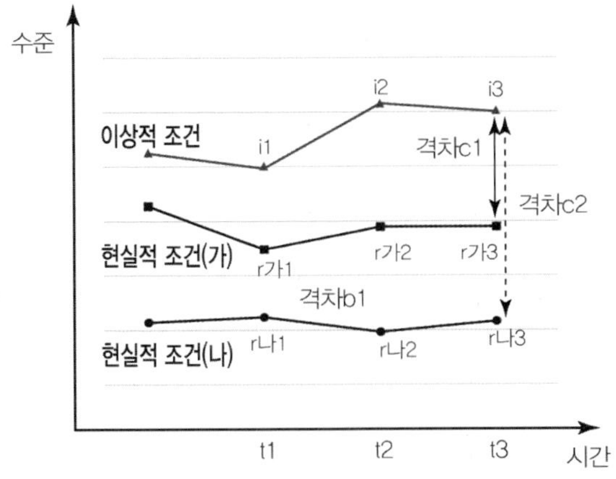

[그림 II-7] 조사 대상에 따른 이상적 조건과 현실적 조건의 격차 예시

(4) 언제, 누가, 누구를 대상으로 확인하던지 간에 그것은 사회문제이어야 한다.

앞에서 언제, 누가, 누구를 대상으로 확인을 하는가에 따라 사회복지 서비스 및 자원의 결여정도가 다르다는 것을 [그림 II-4, 5, 6, 7]을 예로 들어 살펴보았다. 여기서 놓쳐서는 안 되는 점이 있다. 바로 언제, 누가, 누구를 대상으로 확인했는가에 상관없이 그 내용이 사회문제로서 설득력이 있어야 하는 점이다. 이것은 특정한 문제가 객관적 사실만을 가지고 사회문제로 결정되지 않고 오히려 사회적으로 정의된다는 사실과 연관된다. 만약 해당 문제가 사회문제로 정의되지 않는다면 그에 대한 사회적 대책을 세울 필요가 없고, 그렇다면 해당 프로포절이 기금지원의 대상으로 선정될 이유도 없을 것이다. 그리고 '사회문제'로 인정받기 위해서는 다음 단계에서 나오는 증거자료 수집의 과정을 거쳐야 한다.

2) 세부 절차 2: 결여되거나 불충분한 사회복지 서비스 및 자원의 증거자료 수집

앞의 <세부 절차 1>에서 사회복지 서비스 및 자원의 결여나 불충분을 확인했다면 이제는 이에 대한 증거를 제시하여야 한다. 증거자료가 확실하고 차별화될수록 기금을 지원하고 심사하는 기관(즉, 재정지원처)에서 해당 프로포절을 선정할 가능성이 커지고 또한 프로포절에서 제안한 프로그램을 운영하게 될 지역사회로부터의 동의와 참여도 이끌어 낼 수 있다. 증거자료를 어디에서 어떻게 찾을 것인가 하는 수집방법과 이를 프로포절 양식에서 어떻게 표현할 것인가 하는 제시방법으로 나누어 살펴보자.

(1) 증거자료 수집방법: 욕구조사

사회복지 서비스 및 자원의 결여를 확인하는 것은 클라이언트의 욕구를 조사하는 것이라고 할 수 있다. 하지만 그렇다고 해서 항상 클라이언트를 대상으로 직접적인 조사를 실시하는 것만이 자료수집의 방법이 되는 것은 아니다. 빠르게 구할 수 있고 누구나 접근 가능한 자료가 있다면 그러한 자료를 일차적으로 활용하는 것이 시간적으로나 경제적으로 유리할 것이다. 그 다음에 쉽게 구하지 못하는 자료가 있다면 면담, 설문조사 등 단계적으로 수집방법을 확대해야 할 것이다. Harlow와 Turner(1993)는 단계적 접근을 체계적으로 정리하여 욕구조사 피라미드를 제시하였다.

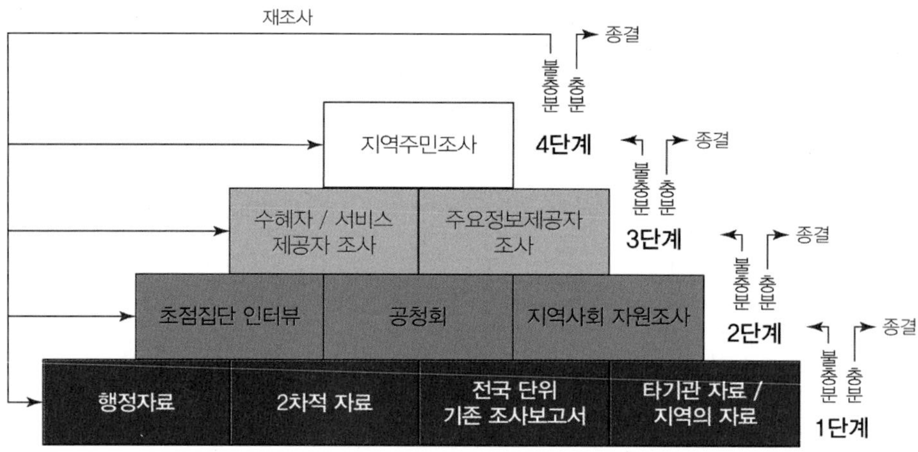

[그림 II-8] 욕구조사 피라미드와 단계별 조사 절차

※자료 : Harlow & Turner(1993)의 욕구조사 피라미드를 바탕으로 저자가 자료수집 단계와 충분한 자료수집 여부와 이에 따른 조사절차를 추가하였음.

① 욕구조사 피라미드 1단계

1단계는 [그림 II-8]에서 보이는 가장 밑에 있는 벽돌들을 조사한다. 여기에는 기관의 행정자료와 보고서 그리고 이를 활용한 서적, 논문 등 2차적 자료, 조사 자료와 관련이 있는 전국 단위의 기존 보고서, 조사 자료와 관련이 있지만 타 기관이나 타 지역에서 작성한 보고서 등이 여기에 해당한다. 1단계의 자료는 이미 존재하는 것들로 새롭게 조사하는 것은 아니다. 기존 자료로는 통계청이나 지방자치단체의 사회복지통계, 보건복지부 등 행정기관의 발표 자료와 보고서, 전문 학술지 등 연구물, 신문이나 지역소식지 등의 언론자료 등이 있으며 이들을 통해서도 유용한 정보를 얻을 수 있다. 1단계의 자료만으로도 사회복지 서비스 및 자원이 결여되어 있음을 보여주기에 충분하다고 판단이 되면 여기에서 종결하여도

된다. 하지만 불충분할 경우에는 2단계의 자료수집에 착수한다.

② 욕구조사 피라미드 2단계

2단계에서는 밑에서 두 번째 줄에 있는 벽돌들을 조사하는데, 초점집단 인터뷰, 공청회, 지역사회자원조사 등의 방법이 있다. 먼저 초점집단 인터뷰(focus group interview, 이하 FGI)는 문자 그대로 연구의 초점이 되는 집단을 대상으로 면접조사를 하는 것이다. 조사의 주제는 사회적 이슈, 새로운 상품, 아이디어 등 다양하게 적용할 수 있는데, 프로포절 작성의 과정에서는 그 주제를 사회복지 서비스 및 자원으로 삼고 진행하면 된다. 집단의 규모는 6-8명으로 구성하며 구성원들은 해당 주제에 대하여 일정한 공통점을 갖는 사람들이 된다. 왜냐하면 특정 주제에 대해 초점을 맞춰서 집중적으로 면접조사를 해야 하기 때문에 구성원 사이에서 상호작용이 왕성하게 나타날 수 있도록 인원수가 너무 적거나 커도 안 되기 때문이다. 마찬가지로 이질적인 사람들로 집단을 만들면 깊이 있는 논의가 진행되기 어렵다. 그래서 표본추출을 무작위로 하지 않고 초점집단 인터뷰에 참여할 가능성이 있는 잠재적 후보군을 대상으로 적합성 여부를 검토한 후에 대상자를 선정한다. 사회복지 분야에서 욕구조사 차원의 초점집단 인터뷰를 하게 되면 '특정 분야에 있는 사람들의 잠재적 욕구나 관심', '문제나 욕구가 존재하는 이유', '프로그램을 통해 제공하고자 하는 특정한 해결 전략에 대한 사람들의 반응', '이슈에 대한 사람들의 일반적인 생각' 등을 확인할 수 있다.

공청회는 지역사회의 구성원들이 한 자리에 모여 지역사회의 문제나 이슈, 가치 등에 대해 발표하고 토론할 수 있도록 공개적인 자리를 마련하는 것이다. 일반적으로 50명 내외의 규모로 진행하지만 그 이상도 가능하다. 다수가 모이기 때문에 자료 수집에 소요되는 비용과 시간이 적다. 수집할 정보 역시 사전에 정해 놓지 않기 때문에 다양한 자료(주로 의견)를 모을 수 있다. 다만 공청회가 산만하게 진행되거나 참석하는 사람들의 대표성 문제로 인하여 자료의 질적 수준에 대해서는 보장하지 못하는 경우도 있다.

지역사회자원조사는 해당 지역사회에서 활용가능한 자원이 무엇인가를 확인하는 것으로, 이때 자원은 물적 자원, 인적 자원, 정보 자원 등 사회복지 실천과 관련한 모든 것들이라 할 수 있다. 지역사회의 자원을 조사하면 어떠한 자원이 부족한지가 파악이 가능하다.

2단계에서 초점집단 인터뷰, 공청회, 지역사회자원조사 등을 통해 수집한 자료가 충분하면 자료 수집을 종결하고 반대로 불충분하다고 판단되면 3단계의 자료 수집을 진행한다.

③ 욕구조사 피라미드 3단계

욕구조사 피라미드의 세 번째 단계는 수혜자와 서비스 제공자를 조사하는 것과 주요 정보제공자를 조사하는 것이다. 먼저 수혜자와 서비스 제공자를 조사하는 것은 프로그램에 참여하는 사람들을 직접 만나서 그들의 욕구를 조사하기 때문에 공개를 꺼리는 민감한 사항들에 대해서도 자료를 수집할 수 있는 장점이 있다. 특히 프로그램 참여 이전에 느끼던 욕구가 아니라 참여를 통해서도 해결되지 않고 남아 있는 욕구가 무엇인지 파악하는 데 도움이 된다. 서비스를 제공하는 사람 역시 서비스를 제공하면서 프로그램 참여자들이 어떠한 불만을 가지고 있는가를 직·간접적으로 알고 있기 때문에 이들을 조사하면 불충분하거나 결여된 사회복지 서비스와 자원이 무엇인지를 알 수 있다.

주요정보제공자는 지역에 오래 거주하거나 지역상황을 누구보다 잘 알고 있는 사람들로서 지역의 사회복지 자원과 서비스 현황에 대해 유용한 정보를 제공할 수 있는 사람들이다. 지역사회의 공무원, 정신과 의사나 상담가, 변호사, 사회복지서비스기관 종사자, 집단별 리더 등이 주요정보제공자에 속한다. 이들을 조사하면 설문지에 의한 지역주민조사보다 상대적으로 적은 비용으로 더 빠르게 질 높은 욕구사정의 정보를 얻을 가능성이 있다.

3단계에서 사회복지 서비스 및 자원의 결여를 보여줄 충분한 자료가 수집되면 자료 수집을 종결하고 그렇지 않으면 마지막 4단계로 넘어간다.

④ 욕구조사 피라미드 4단계

욕구조사 피라미드의 마지막 단계는 지역주민을 대상으로 설문조사하는 것이다. 즉, 설문조사를 통한 지역주민조사는 사회복지조사론 수업에서 배운 내용들을 적용하면 된다. 주의할 점은 설문조사는 앞서 언급한 욕구조사 방법들을 모두 동원한 이후에 활용하는 것이 타당하다는 것이다. 시간과 예산은 물론이고 수행 인력(과학적인 설문조사를 진행할 수 있는 담당자)으로 볼 때도 설문조사는 가급적 마지막에 해야 하는 것이다. 하지만 현장에서는 설문조사를 한 것으로 모든 욕구조사를 가늠하려고 하는 경향이 있다. 잘못된 설문조사가 될 수도 있기 때문에 설문조사를 했다는 이유만으로 자료수집의 정당성을 확보하는 것은 결코 아니다.

그래서 [그림 II-8]의 오른편에 보이는 것처럼 피라미드의 맨 위에 있는 지역주민조사가 끝이 아니다. 설문조사를 하고서도 사회복지 서비스 및 자원의 결여를 과학적이고 통계적으로 입증하지 못한다면 여기서 끝나지 않고 다시 되돌아가야 한다. 원점에서 검토하여 1-4단계 중 의심가거나 부족한 부분이 있으면 재조사를 해야 한다. 결국 입증이 가능한 형태로 사회복지 서비스 및 자원의 결여와 불충분 상태를 보여주는 자료를 수집해야 이 단계가 종결된다고 할 것이다.

(2) 증거자료 제시방법

아무리 제대로 된 욕구조사를 통해서 자료를 수집한다고 할지라도 프로포절 심사과정에서 눈에 띄지가 않는다면 기금지원 대상으로 선정되기 어렵다. 비단 외부 기금을 목적으로 하는 경우가 아니라 내부적인 사회복지 프로그램이라 할지라도 앞서 수집한 증거자료를 어떻게 배치하고 보여주느냐에 따라 설득력을 확보할 수 있고, 이에 따라 프로그램 채택과 운영 과정에 힘이 실릴 수 있을 것이다. 구슬이 서 말이라도 꿰어야 보배라는 말처럼 증거자료를 설득력 있게 제시하는 방법들을 살펴보도록 하자.

① 법적/윤리적 기준과 비교

사회복지 서비스 및 자원의 결여와 불충분성을 바탕으로 수집한 자료를 효과적으로 정리하는 방법 중의 하나는 법적, 도덕적, 윤리적 기준 등에 비추어 올바르지 못함을 보여주는 것이다. 사회문제가 법적인 기준은 물론이거니와 윤리적 차원에서 방치할 수 없는 수준임이 명백해질수록 사회적 개입의 필요성에 대해 더 많은 사람들이 공감하게 된다.

예를 들어 보자. 다음 프로포절은 화성시 남부노인복지관에서 제안한 것으로 사할린동포의 정착을 지원하기 위한 프로그램을 담고 있다. 일제 강점기에 개인의 의사와 상관없이 강제로 징용되어 우리나라를 떠나야 했던 동포들이 고국으로 돌아와서 정착하고자 하는데 여러 어려움을 겪고 있다는 것이다. 여기까지는 서비스 및 자원의 결여와 불충분을 보여주는 증거자료라 할 수 있다. 하지만 이것을 우리의 민족적 정서와 동포애로 연결시켜 서술함으로써 오늘날 경제적 번영을 누리고 있는 우리 사회가 이들의 정착을 지원해야 한다는 윤리적 관점의 필요성을 부각하고 있는 것이다.

예 한국문화를 통한 사할린동포 정착지원사업 「고향땅에 뿌리내려 열매 맺기」

최근 일제 강점기 일본에 의해 강제 징용되어 고향을 떠나 사할린에서 한맺힌 타향살이를 하던 한국인 1~4세대 사할린동포들이 본인들의 조국으로 돌아가고자 하는 노력과 일본 적십자사, 대한민국 정부 및 적십자사의 노력으로 대거 귀국하여 입국자는 310가구 총 630명이다. 이 사할린동포들은 청원, 아산, 원주, 부산, 김포, 화성지역까지 전국적으로 총 6개 지역에 정착해 살고 있다. 특히 경기도 화성시에는 51가구 103명이 영구 귀국하였다. 사할린동포의 귀국 동기는 고국·친척에 대한 그리움, 사할린 가족의 한국귀환이 주된 이유이기 때문이다.

현재 사할린동포들은 오랜 러시아 생활로 인한 고향인 한국의 문화·언어 등 생활 전반의 차이 때문에 한국생활에 어려움을 겪고 있다. 이러한 삶의 급격한 변화는 고국에서의 안정된 생활을 바라고 귀국한 사할린동포들에게 정서·심리적 불안함과 생활의 부적응으로 인한 고국 정착의 실패를 가져올 가능성을 내재하고 있다. 그러므로 사할린동포들에게 한국문화의 정과 사랑을 나누는 시간이 필요하며 문화체험을 통하여 경기도 화성시에 거주하는 사할린동포들에게 정서적 활력소를 불어 넣어 여생을 정착지인 한국의 화성시에서 한 사람의 시민으로서 개개인이 가지고 있는 능력이 지역사회에 꼭 필요하게끔 할 필요가 있다.

※ 출처 : 화성시 남부노인복지관의 2013년도 경기도 사회복지공동모금회 지원사업 프로포절.

② 구체적 피해 사례 제시

사회문제라고 해서 모든 사람들이 그 실상을 정확히 알고 있는 것은 아니다. 프로포절을 심사하는 위원들도 마찬가지이다. 일례로 아동학대의 문제는 누구나 아는 것이지만 그 심각성과 피해규모에 대해서는 막연히 생각할 수 있다. 울산 계모 여아 학대 사망사건으로 알려진 사례를 보면 2011년 5월 13일부터 2013년 10월 24일까지 계모의 상습적인 학대로 인해 8세 여자 아이가 숨지게 되었다. 부검 결과 갈비뼈가 16개나 부러지고 몸에 화상의 흔적이 있는 상태였다. 이러한 구체적 피해 사례는 문제해결의 필요성을 강하게 인식시키게 한다. 그밖에도 복지 사각지대에 관해 사회적으로 큰 반향을 일으켰던 '송파 세모녀 자살사건', 우리 사회의 안전불감증에 대해 생각하게 한 '세월호 침몰사건' 등 국가적인 이슈가 되었던 사례들은 사회적으로 공감대가 형성되어 있다는 점에서 관련 프로그램에 대해 설득력을 갖게 한다. 비록 커다란 이슈가 되어 세간의 관심을 받지는 못했다고 하더라도 사회복지 서비스 및 자원의 결여와 관련한 구체적인 피해 사례는 증거제시의 한 형태로 충분히 활용이 가능한 사안이라 하겠다.

예 저소득 독거노인의 우울감 감소를 위한 사회적 지지망 형성 프로그램 「은빛 날개」

노인성 우울증은 치매처럼 보이기도 하며, 여기저기 몸이 아프다는 호소가 많아 우울증인지 다른 질환인지 구분하기 힘든 것이 특징이다. 노인 우울증은 젊은 사람과 다르게 본인의 치료 거부, 가족들의 무관심 등으로 인해 제때 진단과 치료를 받지 못하는 경우가 많다. 본인조차 자신이 우울증에 걸렸다는 사실을 자각할 수 없는 경우가 많고, 가족이나 친구 등 주위의 사람들도 '기운이 없는 것은 나이 탓이다'며 방치되는 일이 많다. 노년기 우울증은 단지 우울증으로 끝나지 않고 자살로 이어지는 경우가 많아 주의가 요망된다.

※ 출처 : 송강복지관의 2013년도 대전시 사회복지공동모금회 지원사업 프로포절.

③ 피해 인원 등 데이터로 설명

사회문제를 수치로 표현하면 객관성을 확보한다는 점에서 좋은 자료가 된다. 또한 이러한 데이터가 신뢰할 만한 기관으로부터 발표한 자료라면 설득력이 훨씬 커진다. 데이터에는 고통 받고 있는 사람들의 숫자, 피해를 보게 될 것으로 예측되는 금액, 인구 천 명당(또는 만 명당) 피해 인원 수, 각종 비율(%) 등이 있다. 데이터를 활용하는 방식은 문제의 심각성을 강조하고 해결의 필요성을 주장하는 데 있어 가장 보편적인 것이라고 할 수 있다.

다음과 같이 한 복지관에서 제안한 노년기 우울증 관련 프로포절을 예로 보면, 노인의 약 40%가 우울성향이 있고 10-15% 정도에서 우울증상이 나타나며, 이 중 1-4% 정도가 주요 우울증을 보인다고 그 비율을 서술하고 있다. 또 '2009년에 노인우울증질환자가 14만 8천 명이었다.', '인구 10만 명당 노인 자살자 수는 77명이었다.'라는 식으로 데이터를 활용했다.

예 저소득 독거노인의 우울감 감소를 위한 사회적 지지망 형성 프로그램 「은빛 날개」

우리나라의 경우 노인의 약 40%가 우울성향이, 10~15% 정도에서 우울증상이 나타나며, 이들 중 1~4% 정도가 주요 우울증을 보인다고 조사된 바 있을 정도로 우울증은 노년기에 나타나는 가장 흔한 정신질환 중의 하나이다. 더욱이 저소득 독거노인들은 그동안 살아온 불행한 기억들과 경제적 궁핍, 가족의 부재, 질병 등의 문제 등으로 우울증이 유발될 수 있는 확률이 더욱 많고 생활만족도 역시 낮은 것으로 나타났다. 국민건강보험공단 건강보험정책연구원이 최근 5년간(2004-2009년) 건강보험진료비 지급자료를 분석한 결과에 따르면, 노인우울증질환자가 2009년 14만 8,000명으로 나타났다.

– 중간 생략 –

따라서 노인우울증이 나타나면 자살에 대한 대비가 필요하다. 한림대 의대 김동현 교수의 연구결과에 따르면 2009년 우리나라 인구 10만 명당 65세 이상 노인 자살자 수는 77명으로 이는 젊은 층 자살률의 3배에 달하고 경제협력개발기구(OECD) 회원국 중에서도 노인 자살률이 최고에 이른다.

※ 출처 : 송강복지관의 2013년도 대전시 사회복지공동모금회 지원사업 프로포절.

④ 연도별 추세 등 문제경향 작성

앞서 데이터를 활용해 증거자료를 제시하는 방법을 설명했다. 데이터를 활용하더라도 해당 문제가 점차 확대하고 있는지 또는 감소하고 있는지 등을 연도별로 비교해서 정리하면 눈에 더 잘 들어온다. 경우에 따라서는 월별로 정리할 수도 있고 5년이나 10년 단위로 비교할 수도 있다. 이처럼 시간의 흐름에 따라 자료를 수집·분석하는 것을 시계열적 분석이라고 하는데, 이런 방식은 해당 프로포절이 단순히 일회성 준비가 아니라 관련 문제에 대하여 오랫동안 고민하고 체계적으로 준비해 왔다는 인식을 줄 수 있다. 흔히 말해서 흐름을 꿰차고 있기 때문에 문제에 정통하다는 것을 보여주고 그만큼 설득력을 갖게 하는 것이다.

<표 II-2>를 보면 북한 이탈 주민(새터민)의 국내 입국 현황이 나와 있는데, 연도별로 자료를 제시하고 있어 그 흐름을 파악할 수 있다. [그림 II-9]는 <표 II-2>와 같은 내용이지만 그래프로 표현함으로써 한눈에 보기 좋게 가공하였다. 북한 이탈 주민의 국내 입국 현황은 표와 그림에서 보이듯이 2008년과 2009년에 정점에 달하였고 최근에는 감소하는 추세임을 알 수 있다. 다만 이렇게 데이터가 감소하는 경우에는 문제의 심각성이나 문제해결의 필요성이 별로 부각되지 않는다는 점에서 자료제시 방법으로서 활용하기에는 주의가 필요하다. 이런 경우에는 왜 감소하고 있는지 등에 대해 추가적인 설명을 해주는 것이 좋다.

표 II–2 북한 이탈 주민 국내 입국 현황(단위 : 명)

구분	'99~'01	'02	'03	'04	'05	'06	'07	'08	'09	'10	'11	'12	'13
남	565	510	474	626	424	515	573	608	662	591	795	404	369
여	478	632	811	1,272	960	1,513	1,981	2,195	2,252	1,811	1,911	1,098	1,145
합계	1,043	1,142	1,285	1,898	1,384	2,028	2,554	2,803	2,914	2,402	2,706	1,502	1,514
여성 비율	46%	55%	63%	67%	69%	75%	78%	78%	77%	75%	70%	72%	76%

※ 출처 : 통일부, http://www.unikorea.go.kr(검색일: 2014년 7월 14일).

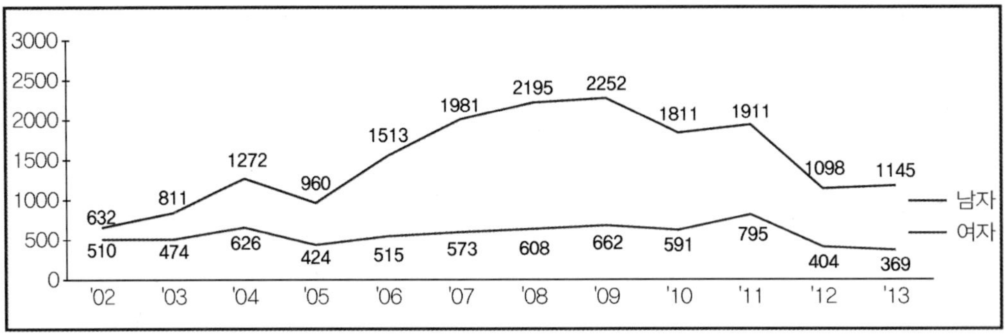

[그림 II-9] 북한 이탈 주민 국내 입국 현황의 그래프

표 II-3 북한이탈주민 경제활동 현황(단위 : %)

구분	'07	'08	'09	'10	'11	'12
경제활동 참가율	47.9	49.6	48.6	42.6	56.5	54.1
고용률	36.9	44.9	41.9	38.7	49.7	50.0
실업률	22.9	9.5	13.7	9.2	12.1	7.5

※ 출처 : 통일부, http://www.unikorea.go.kr(검색일: 2014년 7월 14일).

⑤ 타 지역이나 타 집단 등과의 비교

프로포절이 선정되는 여러 이유 중에 하나로 이른바 경제적·사회적으로 조건이 열악한 지역(또는 집단)에 대한 정책적 배려가 있다. 사회복지는 다른 어떤 분야보다 형평, 공평, 평등 등의 가치를 중시하기 때문에 특정 지역이나 집단의 조건이 다른 지역이나 집단과 비교해서 형평성이 없다는 지적에 민감하게 반응하게 된다. 예를 들어, 장애인과 일반인의 이용시설 비교, 지방과 수도권의 복지예산비교, 여성노인을 위한 프로그램과 남성노인을 위한 프로그램 비교 등이 있을 수 있다.

<표 II-4>를 보면 수도권 3개 시도의 지방이양사업의 장애인복지예산이 나와 있는데, 이 중 서울시의 경우 장애인복지예산이 2010년과 2011년 연속으로 감소한 것을 알 수 있다. 이렇게 감소했다는 것을 보여주는 것도 괜찮지만 아래에 있는 경기도와 인천광역시는 증가했다는 자료를 보여주면 상대적으로 비교하는 효과가 있어 설득력을 높일 수 있다.

표 II–4 지방이양사업의 수도권 시·도별 장애인복지예산 증감률 비교(단위: 원, %)

구분	'08		'09		'10		'11	
	예산액	증감률	예산액	증감률	예산액	증감률	예산액	증감률
서울	90,073,687	0	93,074,977	3.3	92,429,051	–0.7%	89,924,282	–2.7%
경기	47,898,569	0	51,130,201	6.7%	97.894.823	91.5%	101.769.987	4.0%
인천	14,210,165	0%	15,443,565	8.7%	17,023,087	10.2%	19,031,276	11.8%

※ 출처 : 장애인개발원(2012). 장애인서비스지원체계 구축 및 제도개선방안 연구.

3) 세부 절차 3: 사회복지 서비스 및 자원의 결여/불충분의 원인 탐색

(1) 원인 탐색의 필요성

<세부 절차 1>에서 사회복지 서비스 및 자원의 결여나 불충분을 확인하고 <세부 절차 2>에서 이에 대한 증거자료를 수집하고 제시했다면, 이제는 사회복지 서비스 및 자원의 결여와 불충분에 대한 원인을 탐색해야 한다. 왜냐하면 프로그램은 사회문제를 직접적으로 다루는 것이 아니라 사회문제의 원인을 다루는 것이기 때문이다. 예를 들어, 빈곤을 해결하고자 하는 사회복지 프로그램이 있다고 하면, 빈곤의 원인과 관련한 프로그램을 계획하고 운영하는 것이지 빈곤 자체에 관한 프로그램은 아닌 것이다. 앞서 보았던 [그림 II-2]의 인과적 사회문제분석과 현상적 사회문제분석을 다시 한 번 떠올려 보자. 빈곤율, 빈곤가정의 특징 등을 분석하는 것이 현상적 사회문제분석이라면 빈곤의 원인에 대해 파악하는 것이 인과적 사회문제분석일 것이다.

[그림 II-10]에서 보는 것처럼 빈곤의 주된 원인은 소득이 전혀 없거나 낮은 상황일 것이다. 일자리가 비정규직이라서 고용의 안정성이 낮은 것도 빈곤의 원인일 수 있고 낮은 직업능력으로 실업상태에 빠지는 것도 원인일 수 있다. 나쁜 건강상태와 자동차 사고나 사기 피해 등 불행한 사건도 빈곤에 영향을 줄 수 있다. 그리고 비정규직이 낮은 소득에 영향을 주고 나쁜 건강상태가 낮은 소득에 영향을 미치고, 이러한 낮은 소득이 다시 빈곤에 영향을 주는 식으로 간접적인 영향관계도 있을 것이다.

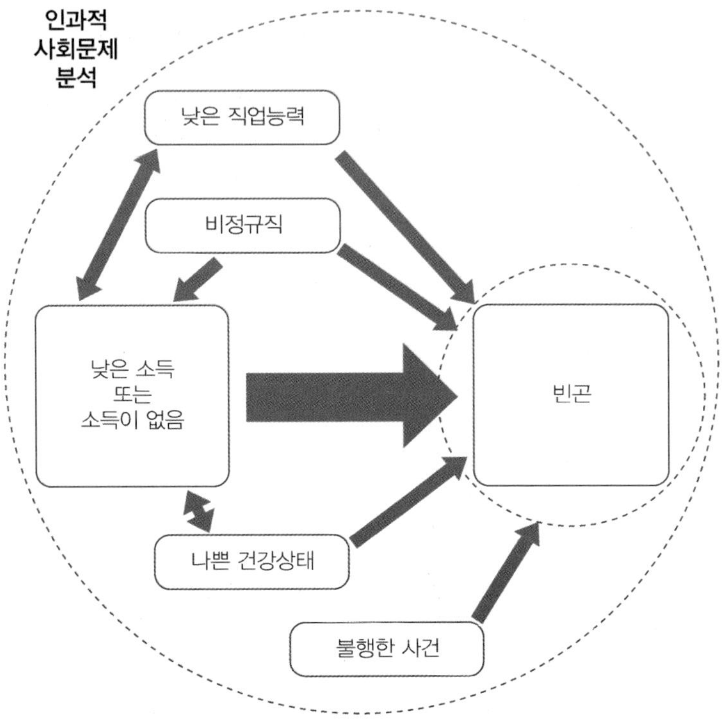

[그림 II-10] 빈곤에 대한 인과적 사회문제 분석

중요한 것은 이처럼 원인을 분석하면 원인에 따라서 프로그램의 구성과 방향이 달라진다는 것이다. 먼저 빈곤의 원인이 낮은 소득이라고 보면, 소득을 높일 수 있도록 세금을 줄이는 것과 같은 세제혜택을 정책으로 고려할 수 있고 기초생활보장제도를 하나의 프로그램으로 구성할 수도 있을 것이다. 다음으로 빈곤의 원인이 나쁜 건강상태라고 보면, 지역의 빈곤층을 대상으로 건강증진 프로그램을 운영하는 것이 효과적일 것이다. 한편 개인의 직업능력이 뒤쳐져서 저소득 일자리에 종사할 수밖에 없고 그 결과 빈곤에 빠지는 것으로 본다면, 직업능력을 개발할 수 있는 교육훈련 프로그램을 통해 취업과 전직을 도와야 할 것이다. 요컨대, 사회문제의 원인을 무엇으로 보느냐에 따라서 프로그램의 내용이 달라지기 때문에 프로그램을 기획하기 위해서는 사회복지 서비스 및 자원의 결여에 대한 증거자료를 수집함과 동시에 결여의 원인에 대하여서도 탐색하는 것이 요구된다.

(2) 원인 탐색의 방법

물론 원인과 결과의 관계가 불확실할 수는 있다. 다양한 원인들 가운데 어느 것이 주된 원인이고 어느 것이 간접적인 원인인지 등을 가늠하는 일도 쉬운 것은 아니다. 그렇다 보니 프로그램을 기획하고 프로포절을 작성하는 과정에서 선배나 상사에게 묻기도 하고 전문가에게 자문을 구하고 연구 자료나 보고서를 찾아보기도 한다. 이것은 인과관계를 밝히기 위한 일종의 사전조사라고 할 수 있다. 원인이 될 만한 후보군을 물색하고 그 후보들 가운데 어느 것이 가장 유력한 것인지를 직·간접적인 방법으로 확인해 보는 것이다. 이와 같은 원인 탐색의 과정은 결국 가설을 설정하고 이를 검증하는 것과 유사하다. 그래서 사회복지사들이 전공과목으로 사회조사론과 사회복지자료분석론 등을 배우는 것이다.

다만 프로포절의 1단계인 문제 확인 및 분석에서는 사회복지 서비스 및 자원의 결여와 불충분의 원인이 무엇인가를 여러 경로를 통해 찾아보는 수준이지 그 인과관계를 실증적으로 밝히는 것은 아니다. 즉, 연구방법으로 비유하면 가설을 세우는 것이지 가설을 검증하는 것은 이번 단계의 범위를 벗어난다. 인과관계를 확인하는 것은 나중에 프로그램의 효과성 평가에서 다룰 사안이다.

문제의 원인을 찾는 과정과 방법을 노숙인을 예로 들어 살펴보자. 앞의 단계에서 노숙인들의 노숙생활기간이 점차 길어지고 있는 경향을 파악하고 증거자료를 수집했다고 하자. 그러면 노숙생활 장기화의 원인을 살 곳이 없어 노숙을 하는 주거문제, 주거지 비용을 해결하지 못하는 취업문제, 건강으로 인해 노숙생활을 벗어날 수 없는 건강문제, 사회로 복귀할 수 있도록 지지해주는 사람이 없는 지지체계 등에서 원인을 찾을 수 있을 것이다. 이것은 [그림 II-11]에서 보이는 1차 원인 탐색에 해당한다.

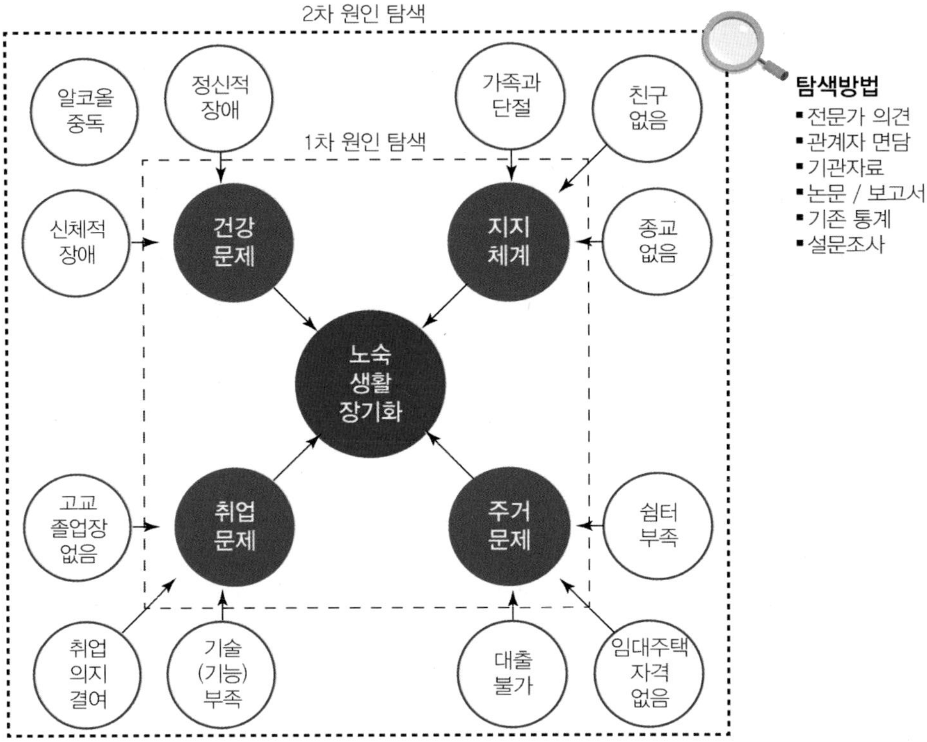

[그림 II-11] 원인 탐색의 방법

보통은 이 정도 수준에서 원인을 생각할 수 있지만 해당 원인별로 하위 원인을 찾아 들어갈 수 있을 것이다. 건강문제를 분석하면 이를 초래하는 알코올중독, 정신적 장애, 신체적 장애가 있을 수 있다. 취업의 기본이 되는 고등학교 졸업을 하지 못한 것과 기술이나 기능이 부족한 것 그리고 취업의지가 없는 것 등은 취업문제의 하위 원인일 것이다. 노숙인들의 자활을 돕는 쉼터와 임대주택의 문제 그리고 높은 전·월세 가격과 금융권 대출자격 미비 등은 주거문제의 원인들이 된다. 마찬가지로 가족, 친구, 종교적 지지를 받지 못하는 것은 지지체계의 하위 원인이라 할 수 있다. 이처럼 노숙생활 장기화의 1차 원인에 대한 하위 원인을 파악하는 것은 2차 원인 탐색이 된다. 그리고 1차 원인과 이에 따른 2차 원인을 동시에 고려하면 문제의 해결책을 찾고 프로그램을 기획하는 데 있어 보다 효과성이 있는 대안을 제시할 수 있을 것이다.

원인을 탐색하는 과정에는 전문가의 의견을 청취하고 클라이언트 등 관계자를 면담하는 것이 필요하다. 기관의 자료, 논문이나 보고서 등의 학술자료, 통계청과 보건복지부, 건강보험공단 등이 보유한 통계자료 등 각종 자료도 원인을 찾는 데 있어 유용하다. 필요하다면 원인을 알아보기 위해 설문조사도 할 수 있다. 다만 이때의 설문조사는 사회조사론 시간에 배운 파일럿 테스트(pilot test)처럼 간단한 수준에서 진행해야 한다. 왜냐하면 프로포절의 전체 과정에 비춰볼 때 1단계에 해당하는 사회문제 분석 및 확인에서 지나친 시간과 예산 그리고 담당자의 열정을 소모하게 되고 그 결과 나머지 프로포절 작성에 피해를 주는 과오가 발생할 수 있기 때문이다.

Chapter 05

2단계-대상자 선정

사회문제를 분석하고 그 원인을 파악하면 다음 단계로 대상자를 선정한다. 이때 주의할 사항이 있는데, 대상자를 선정한다고 해서 프로그램에 참여할 대상자를 뽑거나 결정하는 것이 아니라는 점이다. 프로그램 개발과 관련한 대다수의 교재에서 대상자 선정으로 되어 있지만 엄밀히 말하면 프로포절에 있어 대상자의 규모를 추정하고 이렇게 추정된 규모의 대상자 가운데 실제 프로그램 참여할 클라이언트를 어떻게 선정할 것인지 기준을 수립하는 작업을 하는 단계이다. 따라서 이번 장에서는 대상자 규모를 추정하는 방법과 프로그램 지원자들 가운데 실제 참가할 대상자를 선정하는 기준수립에 대하여 살펴보고자 한다.

01 대상자 규모 추정

대상자 규모를 추정하는 일은 프로그램의 성공가능성을 가늠할 수 있다는 점에서 매우 중요하다. 대상자 규모를 추정하는 작업에서는 Taber와 Finnegan(1980)이 제안한 표적집단 추적방법을 가장 많이 사용한다. 이 방법에서는 관련 자료나 정보가 부족할 때 그리고 추가적으로 자료를 조사할 시간적인 여유가 없을 때 일반적인 집단에서의 통계자료를 바탕으로 해당 지역의 인구학적 정보만을 가지고 문제집단의 규모를 추정한다.

이를 위해서는 먼저 일반집단, 위험집단, 표적집단, 클라이언트집단으로 구분하는 네 가지 집단의 유형에 대해 그 개념을 이해해야 한다. 그리고 해당 개념에 부합하는 집단의 크기를 뽑아내게 된다. 이때 네 가지 집단의 크기는 [그림 II-12]에서 보는 것처럼 일반집단에서 위험집단으로 내려가고 다시 위험집단에서 표적집단 그리고 표적집단에서 클라이언트집단으로 내려갈수록 점차 줄어든다. [그림 II-12]는 널리 알려져서 대부분의 교재에 실려 있고 대상자가 집단별로 구분이 된다는 것을 쉽게 이해하도록 도움을 주지만 그 흐름을 명확히 보여주지는 못하는 것 같다.

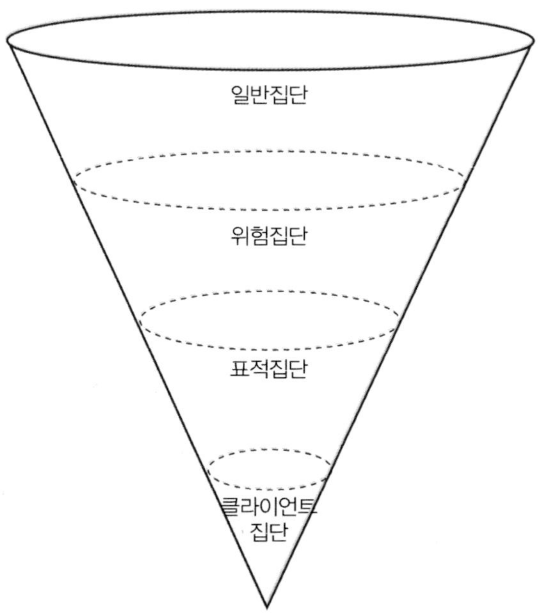

[그림 II-12] 대상집단 표집 깔때기(Population Funnel)

그래서 [그림 II-13]처럼 그림을 조금 수정하는 것이 필요하다. 먼저 대상자 집단을 점차로 축소해 나가고 마지막에는 클라이언트 집단을 뽑아내려는 목적을 갖는다는 것을 분명히 해야 한다. 그리고 일반집단에서 위험집단, 위험집단에서 표적집단, 표적집단에서 클라이언트집단으로 대상을 좁힐 때는 그에 따른 선정 기준을 갖고 있어야 한다는 점도 인식해야 한다.

이것은 마치 모래알이 거름망이 있는 깔때기를 통과할 때 큰 것이 걸러지고 작은 것만 남아서 모래알의 수가 점점 줄어드는 것과 같다. 이때의 거름망은 대상을 선정하는 기준이 된다. 그리고 깔때기 끝에는 일정 기준을 충족하는 고운 모래만이 남게 되는데 이처럼 마지막에 나온 고운 모래가 클라이언트집단이라고 할 수 있다.

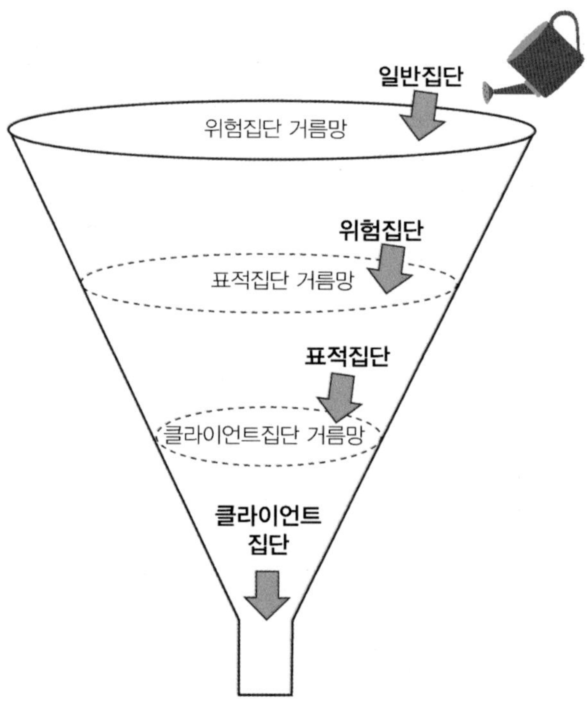

[그림 II–13] 대상집단 표집 깔때기(Population Funnel) 개선 그림

1) 일반집단(general population)

영어로 population은 인구집단을 의미한다. 비록 general population이 '일반집단'으로 번역되어 쓰이고 있지만 영어의 의미를 충실히 반영하자면 일반인구집단이 되고, 여기서 일반이란 모든 국민을 포함하는 일반이라기보다 프로그램에서 관심을 갖는 특정한 사회문제와 관련이 있는 일반적인 사람을 의미한다. 즉, 일정한 지역에서 해당 문제에 조금이라도 관련되거나 욕구를 가지고 있는 사람 전체를 포괄하는 의미에서 일반집단이라는 용어를 사용하는 것이다. 예를 들어, 대전광역시에 소재한 사회복지관에서 준비하는 노인의 우울감과 관련한 프로그램이라면 '대전시에 거주하는 65세 이상 어르신'이 일반집단이 된다. 반면에 독거노인의 우울감으로 프로그램을 준비하고 있다면 '대전시에 거주하는 혼자 사는 65세 이상 어르신'으로 일반집단을 수정해야 할 것이다.

2) 위험집단(at-risk population)

위험집단은 위험에 노출된 집단을 의미하는데 여기서 위험이란 프로그램에서 다루려고 하는 사회문제로 인한 위험을 말한다. 바꿔 말하면 위험집단이란 일반집단 중에서도 프로그램에서 다루는 사회문제에 특히 취약하거나 문제의 상태나 욕구의 정도가 남들 보다 심각한 사람들의 인구집단이다. 그리고 위험집단은 사회복지 프로그램의 개입을 필요로 하는 사람들이 얼마나 되는가를 추정함으로써 구할 수 있다.

예를 들어, 앞의 독거노인의 우울감 관련 프로그램에서 대전시에 거주하는 혼자 사는 65세 이상 어르신이 일반집단이었다면 이들로부터 위험집단을 추정해야 하는데 이때 독거노인 중 우울감을 보이는 비율에 대한 선행 연구나 자료가 있다면 이를 근거로 그 규모를 추정할 수 있는 것이다. 즉, 대전시 독거노인이 12,000명이라면 이들이 일반집단이 되고 독거노인 중 우울감을 표현하는 노인의 비율이 5%라는 기존의 통계자료가 있었다면 12,000명의 5%인 600명이 위험집단이 된다.

3) 표적집단(target population)

표적집단은 위험집단 가운데 프로포절에서 제안하는 프로그램이 직접적인 대상으로 고려하는 인구집단이다. 일반적으로 위험집단은 그 규모가 굉장히 클 뿐만 아니라 실제 프로그램에 참여하고자 하는 욕구가 크지 않은 경우도 있다. 예를 들어, 고소득자나 자산가인 노인의 경우에는 보통의 노인과 달리 노인일자리 프로그램을 필요로 하지 않을 수도 있다. 게다가 고소득자인 노인들은 설령 스스로가 프로그램 참여를 희망한다고 할지라도 프로그램의 수혜자가 될 적격성(eligibility)의 측면에서 볼 때 대상에서 제외될 수도 있다. 따라서 위험집단의 전체 규모를 바탕으로 표적집단의 현황을 가능한 정확하게 파악하는 것이 매우 중요하다. 일반집단, 위험집단, 표적집단, 클라이언트집단의 네 가지 집단 가운데 표적집단의 규모가 나중에 프로그램 참가자를 모집할 때 홍보 및 안내의 대상(표적)이 되고 실제로도 이들이 서비스를 이용하게 될 개연성이 크다.

표적집단을 결정하는 기준으로는 프로그램의 종류, 기관의 설립이념과 가치, 기관의 자원, 프로그램의 기초가 되는 법률이나 규정, 프로그램을 운영하는 데 활용하는 이론, 프로포절을 심사하고 선정하는 재정지원처의 요구사항 등이 있다. 이상의 조건들이 위험집단을 걸러서 표적집단으로 바꾸는 거름망 역할을 한다고 볼 수 있다. 즉, 법률 때문에 일정 소득 이하의 노인으로 표적집단을 한정하게 되고, 장애인복지관이라는 기관의 이념과 가치에 따라 장애노인으로 제한하게 되며, 다문화복지에 관심이 있는 후원기관의 요구에 따라 다문화가정의 노인만을 표적집단으로 선정하게 되는 경우가 발생하는 것이다.

4) 클라이언트집단(client population)

표적집단이 프로그램의 서비스를 이용할 수 있는, 즉 이용할 자격을 갖춘 인구집단이라면 클라이언트집단은 자격을 갖추고 있으며 나아가 서비스를 이용하게 될 집단이다. 다시 말해 클라이언트집단은 실제로 프로그램을 이용하는 대상자의 수를 의미하며 일종의 프로그램당 정원이라고 할 수 있다. 그래서 앞서 세 가지 집단에서는 인구집단의 규모를 추정한 것과 달리 클라이언트집단은 그 규모를 프로그램을 기획하는 사람(기관)이 결정한다고 봐야 한다. 이러한 결정의 과정에는 다음의 세 가지 기준을 고려할 수 있다(Rapp & Poertner, 1992: 46, 김종명 외, 2014: 153 재인용)

(1) 실용적 수용성(pragmatic capacity)

기관의 현실에 비추어 해당 프로그램에서 수용할 수 있는 인원을 감안하여 결정하는 방식을 의미한다. 클라이언트집단을 선정하는 가장 보편적인 방법이라 할 수 있다. 프로그램을 수행하는 인력과 재정 여건을 벗어나는 규모의 클라이언트집단을 선정하게 되면 프로그램의 질을 저하시키고 목표달성에도 실패할 수 있다. 일선에서 사회복지사들이 프로그램을 운영하다 보면 이미 정원이 찼음에도 불구하고 알음알음으로 부탁을 해오는 사람들이 있다. 때로는 인맥에 의한 단순 부탁이 아니라 후원기관이나 지역사회의 영향력 있는 사람을 통한 압력의 형태로 프로그램 참여를 요구하는 경우도 있다. 이러한 외부압력은 프로그램을 운영하는 도중에만 발생하는 것은 아니다. 프로그램을 기획하고 프로포절을 작성하면서도 발생할 수 있다. 쉽게 말해 좋은 게 좋다는 식으로 또는 수익성 증대 차원에서 또 한편으로는 프로포절 심사과정에서 해당 기관이 많은 클라이언트를 수용할 수 있다는 것을 강조할 요량으로 프로그램에서 수용할 수 있는 인원을 초과하는 규모의 클라이언트집단을 결정할 수 있는 것이다.

따라서 프로그램을 기획하고 프로포절을 작성함에 있어 사회복지사는 반드시 해당 기관이 실제로 투입할 수 있는 인원과 예산에 기초하여 클라이언트집단을 산정해야 한다. 이것이 바로 첫 번째 기준인 실용적 수용성이다.

(2) 윤리성(ethical principles)

실용적 수용성의 기준에 의해 기관이 클라이언트를 실제로 수용할 수 있다고 할지라도 자발적으로 동의하지 않는 사람들이라면 서비스 제공을 하지 말아야 한다는 것을 의미한다. 특정한 개인이나 집단을 그들의 동의없이 프로그램에 참여하게 하여 어떠한 변화를 주려하는 행위는 사회복지윤리에 비춰볼 때 올바르지 않은 것이다.

(3) 서비스 이용자능력(client capabilities)

기관에서 클라이언트를 수용할 수 있고 해당 클라이언트가 참여에 동의를 했다고 할지라도 만약 그 사람의 능력과 자원을 벗어나는 경우라면 최종 클라이언트로 선정하지 말아야 한다는 것을 뜻한다.

02 대상자 선정 기준 수립

프로그램 지원자들 가운데 실제 참가할 대상자를 선정하는 작업은 프로그램 운영 과정의 일이다. 하지만 프로포절의 단계에서부터 대상자를 선정하기 위한 기준을 미리 수립해 두어야 나중에 원활하게 진행을 할 수 있다. 그래서 대부분 재정지원처들은 제안서에 대상자 선정기준을 제시하게 한다. 사회복지공동모금회 양식에서는 '사업참여자 모집전략'으로 요구하고 있으며. 그 내용은 '참여 대상 및 인원', '참여자 선정 기준', '참여자 모집 방안'으로 구성하고 있다.

표 II–5 사회복지공동모금회의 '대상자 범위 및 선정 방법' 양식

2. 사업 내용 및 추진 전략

1) 사업 참여자 모집 전략

(1) 참여 대상 및 인원

핵심 참여자	
주변 참여자	

- 누가 이 사업에 참여합니까?
- (핵심 참여자) 성과를 측정하게 되는 대상은 누구이며, 인원은 몇 명입니까?
  (이 사업에 참여하게 함으로써 누구의 변화를 이끌어내려고 하는 것입니까?)
- (주변 참여자) 성과측정 대상은 아니지만 핵심 참여자의 변화를 이끌어내는데 중요한 역할을 하는 사람은 누구이며, 인원은 몇 명입니까?

(2) 참여자 선정 기준

- 어떤 기준을 세워서 참여자를 모집하게 됩니까?

(3) 참여자 모집 방안

- 기준에 적합한 참여자를 어떻게 모집할 예정입니까?

※ 출처 : 사회복지공동모금회(2020), 2020 배분사업 안내, p.30.

Chambers(2000)는 사회복지기관과 공공기관에서 제공하는 서비스 대상자의 선정기준을 조사하여 다음과 같이 정리하였다.

1) 사전 기여금에 의한 대상자

국민연금과 같이 사전에 본인이 기여금을 납부하고 연금을 수령할 자격을 획득한 사람들을 대상자로 선정하는 경우를 말한다. 프로포절에서 제안하는 사업에서는 대부분 해당하지 않는 기준이다.

2) 행정 규칙이나 규정

저소득층을 대상으로 하는 생계보호 프로그램 등 국가가 정한 복지법에 의해 서비스를 제공하는 경우를 말한다. 법의 규정 안에 상세하게 포함할 수 없기 때문에 자격 기준을 행정적인 규칙이나 규정으로 다루기도 한다. 이 역시도 프로포절에서 제안하는 사업과는 관련이 적은 편이다.

3) 사적인 계약

민간단체와의 사적인 계약을 통해서 자격기준을 정하는 것을 의미한다. 장기요양보험제도의 경우 보험제도를 운영하는 주체는 정부이지만 서비스는 정부가 직접 하지 않고 일반계약자가 대신 제공한다. 물론 장기요양보험의 등급은 일반계약자가 임의로 판단하지 못한다. 정부가 일반계약자(요양원 등)에게 누구에게 얼마 동안 어떤 조건하에 서비스를 제공할 것인가를 조건으로 제시하고 계약을 체결하기 때문에 사적인 계약이라고 하는 것이다.

4) 전문적 분별

프로포절에서 자주 사용하고 있는 자격기준이다. 기금지원을 통해 프로그램을 운영한다는 것은 그만큼 특수한 사례들을 대상하는 경우가 많기 때문이다. 이런 경우에 의사, 간호사, 교사, 사회복지사 등 전문가의 판단에 기초하여 대상자 선정을 하게 된다. 전문가 1인의 판단으로 자격기준을 세우고 대상자를 선정하기도 하지만 여러 분야의 전문가가 위원회를 구성하여 판단하기도 한다.

5) 행정적 결정

국가나 시·군·구 등이 전문 사회복지사 또는 복지행정가들에게 복지 서비스나 복지수당을 제공할 수 있는 자격을 결정하도록 허락하는 것을 의미한다. 프로포절에서 제안하는 프로그램의 대상자 선정 기준과는 관련이 없는 편이다.

6) 자산조사

사회복지 서비스 제공에서 가장 일반적으로 사용하는 가격기준으로 소득과 재산을 평가한다. 자산에 대한 평가 결과가 일정한 기준 이하인지 여부를 가지고 대상자로 선정할지를 결정하는 것이다. 대표적인 것이 국민기초생활보장 프로그램이다. 다만 프로포절에서 제안하는 사업의 경우에 자산조사를 실시할 권한이 없는 민간사회복지기관이 대부분이라서 실제 자산조사를 선정 기준으로 하지는 않는 편이다.

Chapter 06

3단계-프로그램의 목적과 목표

기관에서는 무엇인가를 달성하고자 사회복지 프로그램을 운영한다. 개인들도 얻고자 하는 바가 있기 때문에 프로그램에 참가한다. 이처럼 프로그램이 추구하는 것이 목적이나 목표와 관련이 있다. 한편으로 프로그램의 활동을 통해 얻게 되는 결과로서의 변화도 목적이나 목표가 된다.

그렇다면 프로그램의 목적과 목표를 서술하는 일은 프로포절 작성 과정에서 왜 세 번째 단계일까? 첫 번째로 사회문제를 분석하고 나면 이러한 사회문제를 어떤 방향으로 해결해 나갈 것인지 혹은 프로그램을 통해 사회문제가 어떻게 바뀔 것인지 등 프로그램의 목적과 목표를 세울 수 있을 텐데 왜 두 번째로 하지 않을까?

이에 대한 답은 다음과 같은 질문을 통해 얻을 수 있을 것이다. 프로포절 작성의 두 번째 단계로 대상자 선정을 하지 않는다면 어떻게 될까? '대상자 선정이 없다면 프로그램의 목적이나 목표를 정확히 세울 수가 없다.'가 답이다. 즉, 프로그램의 목적과 목표를 수립하는 과정에서 대상자에 대한 고려가 반드시 필요한 것이기에 목적이나 목표를 수립하기 이전에 대상자를 미리 선정해 놓아야 하는 것이다.

그렇다면 대체 목적과 목표는 무엇이고 서로 어떻게 다른 것인가? 목표의 종류에는 어떤 것들이 있는가? 그리고 어떻게 하면 효과적으로 목표를 설정할 것인가? 이에 대한 답을 찾아보도록 하자.

01 목적과 목표의 차이

현실에서는 목적(purpose)과 목표(goal)를 혼용하여 사용하는 경우가 많다. 이론적으로 둘을 구분하는 것도 쉽지는 않은 일이다. 하지만 프로포절 양식에서 목적과 목표 그리고 세부목표(objective)까지도 구분해서 작성하도록 요구하는 경우가 있기 때문에 목적과 목표의 개념을 알려고 애쓰기보다 차라리 이 둘의 차이를 알아둘 필요가 있다.

첫째, 목적은 목표에 비해 포괄적이고 일반성을 갖는다. 프로그램의 결과가 어떻게 되리라는 것에 대하여 목적은 추상적으로 진술하고 일반적인 내용을 다룬다면 목표는 상대적으로 구체적이고 명확하게 서술한다. 그렇다보니 관찰 가능한 형태의 목표와 달리 목적은 모호하게 느껴지기도 한다.

둘째, 목적은 프로그램을 진행하는 기관의 사명이나 비전과 관련이 깊고 목표는 사명을 실현하는 정책과 관련이 된다. 어떤 복지기관이든 나름의 설립이념을 가지고 있는데 해당 기관에서 운영하는 프로그램이라면 당연히 그 기관의 이념에 부합해야 할 것이고 이것이 프로그램의 목적을 통해 나타난다고 볼 수 있다. 한편 기관에서는 설립이념에 따른 여러 정책을 가지고 있는데 이들 정책을 달성하기 위한 노력이 프로그램의 목표로 정해질 수 있다. 그래서 일반적으로 목적은 장기적인 방향에서 서술하고 목표는 단기적 관점에서 적는다.

셋째, 목적은 목표 보다 상위의 개념이다. 목적과 목표를 섞어 쓰고 때로는 같은 의미로 사용하다보니 둘이 동등한 것으로 볼 위험이 있다. 하지만 프로포절 작성을 통해 해당 프로그램이 어떻게 진행되어 가는지 그 단계적 모습을 보여주려면 목적과 목표가 위계적으로 구성되어 있음을 입증하는 것이 좋다. 사회문제가 없어지는 이상적 상태가 목적이라면 그러한 이상적 상태를 측정하기 위한 지표들이 목표가 되기 때문이다. 예를 들어, 아동의 결식이라는 사회문제가 있다면 아동의 결식이 없어지는 것이 목적이 되고 결식을 없애기 위해 학교 급식을 할 수 없는 휴일에는 도시락을 배달하여 식사를 할 수 있도록 하는 것은 목표가 될 수 있다.

한편 목적과 목표는 이러한 차이점과 상관없이 사회문제 분석과 대상자 선정 등의 과정을 거치면서 만들어낸 아이디어를 구체화시키기 위한 수단이 되고 실행의 방향성을 제공하며, 추후 평가의 기준이 된다는 점에서는 공통점을 갖는다.

02 목표의 종류

사회복지공동모금회의 양식을 보면 목표를 산출목표와 성과목표로 구분하여 서술하게 되어 있다. 목표는 프로그램의 목적을 달성하기 위해 실행해야 하는 구체적인 과업을 나타내는데, 이때 과업을 실행한 결과로 직접 얻을 수 있는 것이 있고 추후에 클라이언트와 사회문제의 변화를 이끌어 내는 것이 있기 때문에 이 둘을 구분하는 것이다. 다시 말해서 프로그램의 실행 과정과 그 직접적 산출내용에 관한 것과 프로그램 실행 이후에 뒤따라오는 변화와 그 성과에 대한 것의 두 가지가 목표가 있다고 할 수 있다.

물론 목표를 어떻게 정의하느냐에 따라 과정목표, 기관목표, 활동목표, 서비스 목표, 영향목표, 절대적 목표, 상대적 목표, 상위목표, 하위목표 등 다양한 목표들이 있을 수 있다. 다만 사회복지공동모금회나 삼성복지재단 등 현재 기금을 지원하는 프로포절의 경우에는 산출목표와 성과목표를 구분하는 정도이기 때문에 이 책에서는 이 둘에 대해서만 살펴보고자 한다.

1) 산출목표

산출은 output을 번역한 것이고 성과는 outcome을 번역한 것이다. 산출과 성과라는 두 단어만을 놓고 보면 둘의 차이가 모호하게 느껴질 수 있는데, [그림 II-14]와 같이 투입부터 산출 그리고 성과로 이어지는 프로세스로 바라보면 둘의 차이가 조금 더 분명해진다. 프로그램을 운영하려면 인력, 예산, 시간, 자원 등 다양한 요소들이 투입되고 그 결과로 상담시간, 이용자 수, 차량 운행거리 등 일정한 산출물이 나온다. 흔히 프로그램의 실적이라고 일컫는 것들이 여기에 해당된다. 그런데 산출로 끝나서는 안 되고 성과로 나타나야 되기 때문에 한편으로 볼 때 산출목표는 성과목표를 얻기 위해서 필요한 과정이나 단계가 되기도 한다.

[그림 II-14] 투입, 산출, 성과의 프로세스

실제 작성 사례를 보면서 산출목표를 살펴보자. '아동의 자기표현증진을 통한 또래관계 및 자아존중감 향상 프로그램: 크레센도 화모니'(하계종합사회복지관 2019년 사회복지공동모금회 배분사업)의 경우 사업명이나 문제의식(사업의 필요성)에서 아동의 또래관계와 자아존중감 향상이 사업의 목적임이 드러났다. 다음으로 산출목표를 보자.

산출목표는 프로그램을 운영하는 도중에 또는 운영을 마치고 얻게 되는 실적과 같은 것이다. 그래서 <표 II-6>은 하계종합사회복지관에서 사회복지공동모금회에 배분받은 사업의 산출평목표 중 일부이다. '뮤지컬배우기'라는 세부사업을 보면 뮤지컬 기초교육 실시, 창의력 · 순발력 키우기 교육 실시, 댄스교육 실시, 뮤지컬 심화교육 실시 등을 실시하는 것을 볼 수 있다. 다만 단순한 내용이 아니라 일종의 '목표'가 되어야 하기 때문에 뮤지컬 기초교육, 창의력 · 순발력 키우기 교육, 댄스교육 , 뮤지컬 심화교육을 각각 48건씩 실시하는 것으로 정해 놓은 것을 볼 수 있다.

표 II-6 산출목표의 작성 사례1

세부사업명		산출목표	모니터링 방법
자기표현 증진 프로그램	뮤지컬배우기	• 뮤지컬 기초교육 실시 : 13명×4회=48건	출석부 확인 과정기록지 작성
		• 창의력 · 순발력 키우기 교육 실시 : 13명 ×4회=48건	
		• 댄스교육 실시 : 13명×4회=48건	
		• 뮤지컬 심화 교육 실시 : 13명×4회=48건	

※ 출처 : 하계종합사회복지관 2019년 사회복지공동모금회 배분사업.

삼성복지재단에서 지원하는 사업 하나를 더 살펴보자. <표 Ⅱ-7>은 목동실버복지문화센터에서 2019년 삼성복지재단의 「나눔과 꿈」사업으로 배분받은 사업의 산출목표 일부이다. 앞의 예와는 달리 산출목표에서 산출되는 양을 표시하지 않는 것을 볼 수 있다. 이는 산출목표가 시스템 확장, 앱도입, 시스템 개발이기 때문에 수량으로 표시할 수 없는 것들이기 때문이다. 이런 산출목표에 대해서는 말 그대로 앱이 개발되었는지, 시스템이 구축되었는지 등으로 평가하게 된다. 따라서 산출목표는 보통 수량화하여 작성하는 것이 기본이지만 경우에 따라서는 수량화할 수 없는 것도 있을 수 있다. 다만 모니터링 방법에서 드러나듯이 현황조사를 하면 산출된 것에 대하여 어떤 형태로든지 수량이 나타날 것을 기대하게 된다.

표 Ⅱ-7 산출목표의 작성 사례2

세부 사업명	산출목표	모니터링 방법
스마트자동화 건강관리 혁신 시스템 확장	• 자동화 건강 모니터링 시스템 확장 • 선도적 노인서비스 앱 도입 • 회원DB 연동시스템 개발	• 모니터링 시스템&앱 지속사용자(접속자) 현황조사 • 스마트팔찌&앱 활용만족도조사

※ 출처 : 목동실버복지문화센터 2019년 삼성복지재단 「나눔과 꿈」 배분사업(사회복지공동모금회 통한 지원).

2) 성과목표

앞서 산출목표는 흔히 우리가 실적이라고 부르는 것과 관련한 것이라고 하였다. 그런데 일을 하다 보면 실적이 좋다고 반드시 바람직한 변화를 가져왔다고 볼 수는 없는 경우가 많다. 소위 전시행정, 보여주기식 사업 등이 있는 것이다. 앞의 예처럼 아동들이 해당 프로그램에 몇 회 참여하였다는 것을 실적으로 내세울 수는 있지만, 이러한 교육훈련 참여만으로 이들이 또래관계 및 자아존중감이 증진되었다고 보기에는 어렵다. 즉, 프로그램의 목적인 또래관계 및 자아존중감의 증진이 이루어졌다고 판단할 근거는 없는 것이다.

이와 같이 산출목표로는 클라이언트의 삶이 본질적으로 변화하는 것을 나타내는 데 한계가 있다. 왜냐하면 산출목표는 어디까지나 해당 프로그램을 통한 과정상의 결과물들이기 때문이다. 클라이언트의 환경, 행동, 기능, 태도, 정서 등이 바람직한 방향으로 개선되었는가를 평가하는 또 다른 목표가 필요한데, 이러한 목표가 바로 성과목표이다. 요컨대, 프로그램 참여 이후에 클라이언트에게 나타날 수 있는 궁극적인 변화가 프로그램의 성과이고 이와 관련한 목표가 성과목표인 것이다.

앞서 살펴보았던 「크레센도 하모니」는 목적 중 하나가 자아존중감 증진이다. 따라서 <표 II-8>에서 보는 바와 같이 성과목표 중 하나는 자아존중감의 향상이 된다. 다만, 평가부분에서 다뤄야 할 부분이지만 함께 다루자면, 이런 성과목표는 어떻게 측정하는가가 중요하다. 목표달성 여부를 수치화하지 않으면 성과를 이루었는지 파악하기 어렵기 때문이다. 표에서 보는 바와 같이 자아존중감 향상에 대해서 평가지표를 토대로 평균 3점 이상 상승시키는 것으로 되어 있다. 프로그램을 실시하기 이전과 프로그램을 실시한 이후의 자아존중감이 3점 이상 높아지는 것을 성과목표로 설정한 것이다. 엄밀하게 효과성 검증을 하려면 앞서 제3장 제4절에서 제시하였듯이 실험설계에 의하여 효과성 검정을 하는 것이 더 바람직하다. 다만, 사회복지공동모금회에서 실험설계에 의한 효과성 검정을 반드시 요구하는 것은 아니기에 단지 사전에 비하여 사후에 몇 점 더 상승하였다는 것도 성과평가로 인정받을 수 있다. 사회복지사는 이왕이면 과학적 실천을 한다는 입장에서 실험설계를 활용하는 것이 더 바람직하다고 할 수 있다.

표 II-8 성과목표의 작성 사례1

성과목표	평가 도구 및 방법	측정시기
아동의 자아존중감 향상	• 평가지표 : – 자아존중감척도[1] 평균 3점 이상 상승 • 평가도구 : 자아존중감척도 • 평가방법 : 참여자 대상 사전사후 검사	사전(3월) 사후(12월)

※ 출처 : 하계종합사회복지관 2019년 사회복지공동모금회 배분사업.

또 다른 사례인 「골드서클」은 웨어러블(wearable) 기반 스마트 자동화 건강관리 시스템 확장 및 모델화가 사업목표이다. 이에 대한 성과목표는 <표 II-9>에서

1) 2018 공동모금회 배분사업 서오가측정을 위한 척도집 78p

보는 바와 같이 말 그대로 시스템을 구축하는 것이다. 따라서 성과에 대한 평가 역시 시스템이나 모델을 구축했는가가 된다. 이것이 목표를 이루었는지를 판단하는 것은 결국 전문가에 의해서 긍정적인 평가를 받아내는 것이 중요하다. 그래서 성과평가 역시 전문가가 일정한 지침에 의하여 평점을 80점 이상 주는 것으로 성과목표를 제시하고 있다. 뿐만 아니라 클라이언트 역시 시스템에 대해서 얼마나 만족하는가를 통하여 목표를 이루었는지를 평가할 수도 있기에 프로그램 참여자의 시스템 활용만족도를 성과목표로 제시하고 있다. 이 경우 참여자의 만족도를 통하여 성과를 이루었나를 보는 근거는 품질이 좋으면 서비스가 좋다는 가정이 가능하기 때문이다(고명석, 이수천, 2017). 만족도는 엄밀한 의미에서 효과에 대한 평가라고 보기 어렵지만 품질에 대한 평가라고 할 수 있는 것이다. 따라서 만족도를 통하여 성과목표에 대해서 달성여부를 살피는 것은 조심성 있게 다뤄야 한다.

표 II-9 성과목표의 작성 사례2

성과목표	평가 도구 및 방법	측정시기
웨어러블 기반 스마트자동화 건강관리 혁신시스템 확장 및 모델화	• 평가도구: 참여자 시스템 활용만족도 평가 - 전문가에 의한 시스템 평가 - 스마트자동화 건강관리 혁신시스템 성과발표 및 모델화 • 평가방법: 참여자 시스템 활용능력평가(활용 빈도 · 수준 측정) - 전문가에 의한 효용성 평가-모델화 가능성 • 평가지표: 참여자 사용만족도(활용능력) 평균 80점 이상 - 전문가에 의한 긍정적인 평가-모델화 가능성 평가	참여자 평가 전문가 평가 1월, 6월, 11월

※ 출처 : 목동실버복지문화센터 2019년 삼성복지재단 「나눔과 꿈」 배분사업(사회복지공동모금회를 통한 지원).

03 목표설정 기준

목표를 설정하는 기준으로 SMART 원칙이 널리 알려져 있다. 목표를 세울 때 구체적이고(Specific), 측정가능하며(Measurable), 실현가능하고(Attainable), 결과지향적이면서(Result-oriented), 시간구조를 갖도록(Time frame) 하는 것을 의미하며,

이러한 영역의 앞 글자를 따서 SMART 원칙이라고 하는 것이다. 이러한 이상적인 목표설정도 좋지만 목표를 효과적으로 설정하기 위해서는 다음과 같은 기준을 참고하는 것이 좋다(김종명 외, 2014: 182-185).

1) 목표와 책임성을 명확히 하고 논리적으로 관련이 되어야 한다

프로그램 목표는 위로는 프로그램의 목적과 기관의 설립목적과 연계되어야 하며, 아래로는 서비스의 목표나 구체적인 프로그램 수행활동의 지침이 되어야 한다는 것이 논리적 연계성이다. 책임성이란 프로그램의 예산 투입에 따른 목표달성과 예산의 효율적 사용에 대한 기관의 책임 있는 자세를 말한다. 따라서 이러한 책임성을 입증할 수 있도록 목표를 세워야 한다.

2) 목표의 구체성과 현실성을 고려한 성과목표를 포함한다

목표달성의 결과를 측정하고 평가할 수 있도록 목표를 구체적으로 표현하고 실제 서비스 이용자 입장에서 변화를 표현할 수 있는 형태로 목표가 진술되어야 한다. 그래서 프로포절 양식에서는 산출목표뿐 아니라 성과목표까지도 작성하도록 요구하는 것이다.

3) 성취기준을 측정할 수 있도록 설정되어야 한다

목표는 측정의 대상이 되어야 하기 때문에 반드시 현실적으로 서비스 이용자 집단의 욕구충족이나 문제해결의 방향으로 성취할 수 있는 수준에서 결정하는 것이 중요하다. 성취가 가능하려면 서비스 이용자의 동기 수준과 문제와 관련한 기능 수준 등을 사정하고 이를 바탕으로 목표수준을 세워야 한다.

4) 단 하나의 명확한 평가기준을 내포하도록 설정한다

여러 개의 평가준거를 갖거나 불분명한 평가준거를 가지고 있으면 안 된다. 만일 목표에 여러 개의 평가준거를 포함하게 되면 나중에 평가를 하면서 어느 준거에 의하면 목표달성이 되고 또 다른 준거에 의하면 목표달성이 되지 않는 모순적인 상황에 처할 수 있다. 그래서 하나의 명확한 평가기준을 포함하도록 목표를 세우는 것이 바람직하다.

5) 목표는 시간적인 기준이 있어야 한다

시간적 기준은 가급적 연, 월, 일을 포함하는 구체적인 날짜로 기술해야 한다. 예를 들어, 2020년 11월 30일까지 혹은 프로그램 종료시점(종료일자가 있으므로 날짜가 분명하다)까지 등 정확한 날짜를 표기해야 한다.

6) 지나치게 어렵거나 쉬운 목표는 바람직하지 않다

지나치게 어려운 목표는 거부감을 갖게 하고 반대로 지나치게 쉬운 목표는 동기유발의 효과가 없을 수 있다. 사회복지기관과 사회복지사들이 감당할 수 있는 수준에서 목표를 수립하는 것이 좋다

Chapter 07

4단계-프로그램의 기반 수립과 내용 설계

1단계에서 문제를 확인하고 분석한 후 2단계에서 서비스 지역과 대상자를 선정하면 3단계에서 사업의 목적과 목표(산출목표와 성과목표)를 수립하였다. 여기까지 하고 나면 다음 단계로 프로그램의 활동내용들을 작성하려 하는 경우가 많다. 하지만 이것은 프로그램을 단순히 서비스 혹은 실천활동들의 조합으로 인식하고 세부적인 활동내용들을 채우면 프로그램이 완성된다고 잘못 생각하는 것이다. 물론 프로그램은 서비스와 실천활동들로 이루어져 있지만 왜 그러한 서비스와 실천이 들어가야 하는가에 대한 고민과 검토 없이는 프로그램의 효과를 기대하기 어렵다. 그래서 사회복지 프로그램을 정의할 때도 단순한 활동들의 묶음이 아니라 이봉주와 김기덕(2011, p.11)은 '사회복지적인 목적을 달성하기 위하여 계획된 활동들의 구조화된 집합체'라고 하는 것이다.

그렇다면 어떻게 해야 목적달성에 도움이 되는 활동들을 찾아낼 수 있을까? 그리고 이렇게 찾아낸 활동들을 어떻게 구성해야 할까? 이에 대한 답은 프로그램의 기반을 수립하는 것에서 찾을 수 있다. 다시 말해 프로그램 실행을 위해 필요한 것들을 설명해 주는 이론을 확인하고 적용함으로써 프로그램의 기반을 수립하고, 다음으로 이러한 기반 위에 내용을 설계할 때 목적달성의 가능성이 높은 구조화된 프로그램을 얻을 수 있는 것이다. 따라서 이 장에서는 프로그램의 기반을 수립하는 과정과 구조화된 내용을 설계하는 방법을 살펴보도록 하자.

01 프로그램의 기반 수립: 이론 확인

이론적 배경을 검토하는 일은 논문이나 학술연구 등에만 해당하는 것으로 치부하는 사람들이 있다. 더러는 프로그램의 필요성에 대한 타당성을 제시하기 위해 프로포절의 앞부분에서 이론을 활용하기도 하지만 프로그램의 내용을 구성하는 과정에서는 간과하는 경우가 많았다.

이론을 간단히 정의하면, 현상이 무엇이고 그러한 현상이 어떻게 작동할 것인가를 설명해주는 것이다. 사회복지 프로그램에서 다루는 사회문제도 하나의 현상이기 때문에 이것이 어떤 것인가를 설명해 주는 것이 이론이다. 그리고 사회문제가 앞으로 어떻게 변화할 것인지 예측하게 해주며, 어떠한 원인들로 인해 사회문제가 확대되거나 축소하는가를 설명해주는 것도 이론이다. 그러므로 관련 이론을 검토하면 프로그램에 어떠한 내용들을 포함할지에 대한 밑그림을 그릴 수 있고, 이론을 세밀하게 확인하면 프로그램 설계를 조금 더 구체적이고 체계적으로 할 수 있게 된다.

특히 프로그램 개발에서 이론은 인과관계를 다루는 가설 설정과 관련이 깊다. 사회복지조사론과 자료분석론에서 배우는 것처럼 가설은 연구자가 확인하고 싶은 것으로 본격적인 조사를 하기 이전에 설정하여 놓은 것인데, 프로그램 측면에서 볼 때 프로그램에서 다루는 사회문제에 어떤 요인들이 영향을 미치는가를 확인하고자 하는 것이 프로그램의 가설이 되는 것이다. 마찬가지로 프로그램의 성과라고 할 수 있는 단기결과와 장기결과로 이어지는 연계성도 이론에서 제공하는 인과관계에 해당한다.

이러한 내용을 그림으로 표현하면 아래와 같다. 독립변수들이 종속변수에 미치는 영향을 추론하여 가설을 세우는 것이 연구상의 인과관계이고 [그림 II-15]의 상단에 해당한다. 한편 프로그램 개발 과정에서 하는 일은 그림의 하단에 나오는 것처럼 세부 프로그램 하나하나가 프로그램에서 기대하는 성과에 영향을 미치는가를 가설을 세우고 이에 대한 인과관계를 실증적으로 확인하는 일이다.

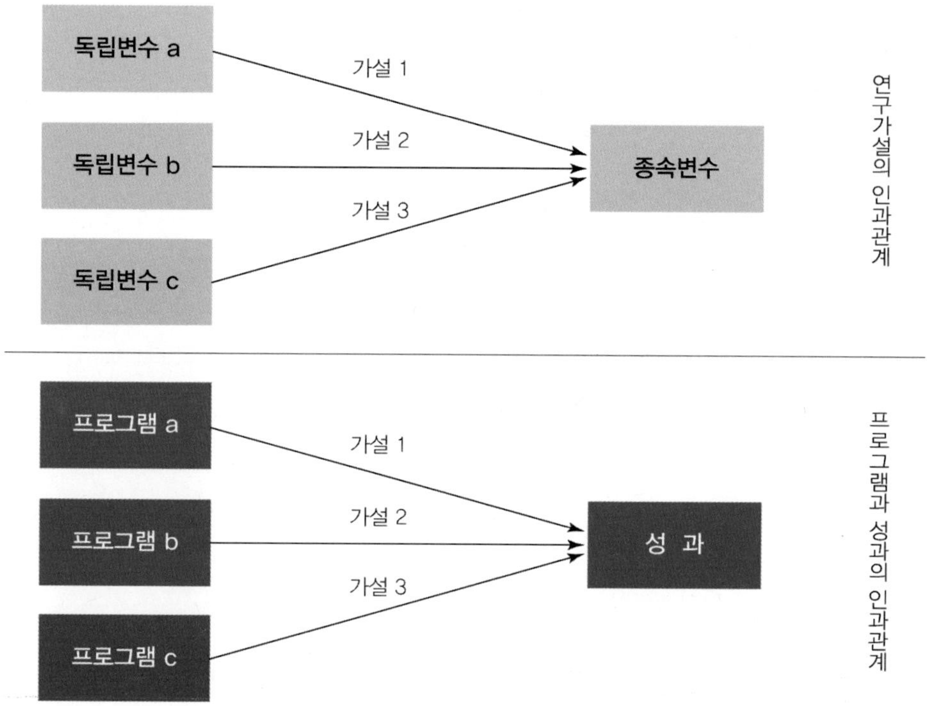

[그림 II-15] 프로그램과 성과의 인과관계

그런데 프로포절을 작성할 때 프로그램 하나만을 다루는 경우도 있지만 대부분은 세 개 내지 네 개의 하위 프로그램으로 구성되어 있다. 그리고 세부 프로그램들은 마찬가지로 하나의 활동으로 구성되기도 하지만 대다수는 복수의 활동으로 이루어진다. 그래서 [그림 II-16]에서 보는 것처럼 프로그램 a는 활동 a-1, a-2, a-3 등으로 구성된다. 또한 성과도 단기 성과와 장기 성과로 구분할 수 있는데 단기 성과가 장기 성과에 영향을 미친다는 것도 아래 그림처럼 나타낼 수 있을 것이다. 비유하면 고급통계방법의 하나인 구조방정식과 마찬가지로 프로그램과 그 활동들 그리고 단기 및 장기 성과들의 관계를 표현할 수 있다. 그리고 이러한 이론적 배경을 이해하고 활용하면 보다 충실한 프로그램 설계가 가능할 것이다.

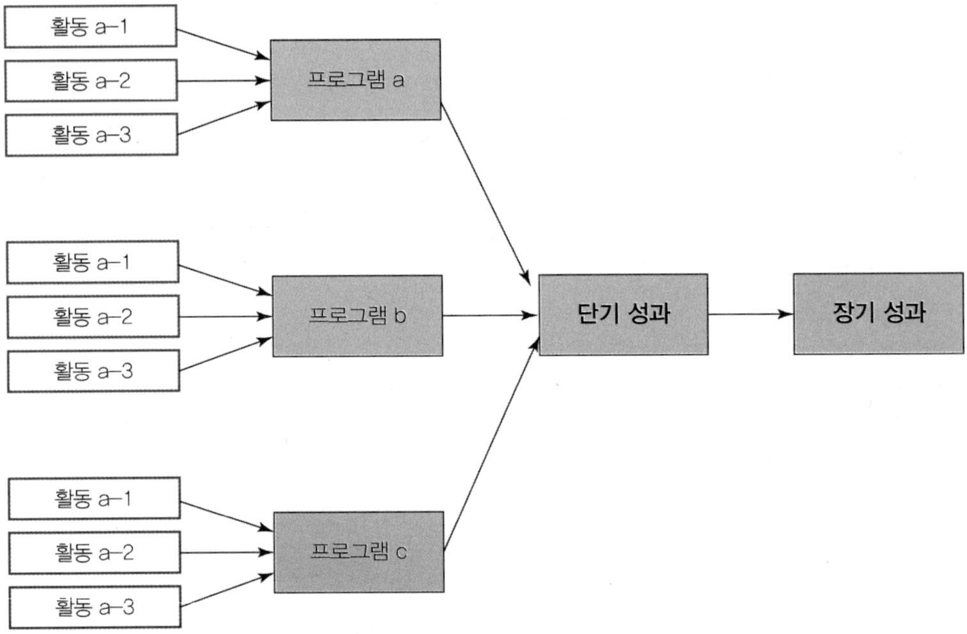

[그림 II-16] 구조방정식을 응용한 프로그램 인과관계 설정

그밖에도 삼성복지재단의 프로포절 양식에서는 아래 [그림 II-17]과 같이『세부 프로그램 간의 관계』작성을 요구한다. 그림에서 파트너십 프로그램(A)은 외부활동 및 체험(B)에 선행하며 그 만족도를 좌우한다고 되어있는데, 이러한 도식화는 이론적 검토를 통해 도출할 수 있는 것이다. 이때 역할분담과 야외활동을 통한 O.T와 같은 파트너십 프로그램의 세부 활동들은 파트너십 형성과 관련한 여러 가지 선행 연구와 사례 등을 검토한 결과 그 효과성이 검증된 것들이라 할 수 있다. 마찬가지로 외부활동 및 체험(B)과 전문교육(C)은 시나리오 제작, 자문, 영화 촬영(D)과의 관계를 이론적 검토를 통해 선행 관계에 있음을 확인하고 도식화한 것이다.

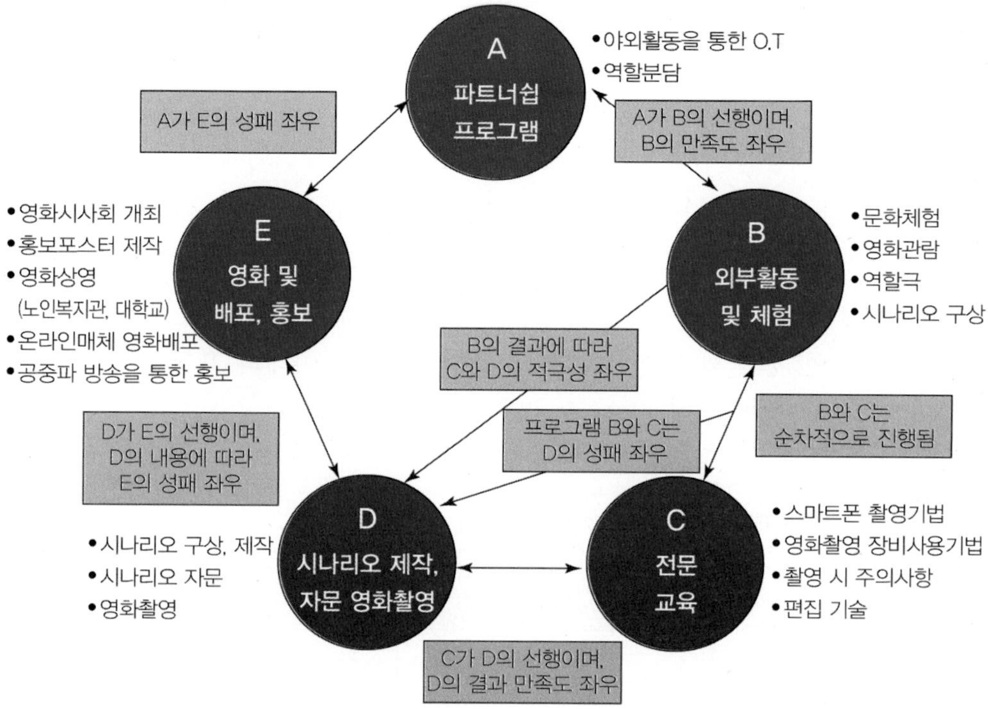

[그림 II-17] 세부 프로그램 간의 관계 예시

※ 출처 : 삼성복지재단(2012), 프로그램 기획 매뉴얼, p.73.

한편 이 단계에서 이론은 학술적인 서적을 통해서만 구할 수 있는 것은 아니다. 우선적으로 최신의 연구들을 충분히 조사함으로써 특성을 파악하고 이를 바탕으로 프로그램들 간의 관계를 구조화할 수 있다. 하지만 이외에도 기존의 국내 성공사례나 외국의 선진사례 등을 검토해서 적용할 수 있다.

02 프로그램 내용 설계의 방법: 대안 선택

프로그램의 내용을 설계한다는 것은 크게 보아 프로그램에 어떠한 콘텐츠를 담을 것인가를 결정한다는 것이다. 이상적으로 볼 때 사회문제 해결에 직접적이고 상당한 영향을 미치는 요인들만을 골라서 프로그램 활동으로 엮으면 되겠지만, 현실적으로 볼 때는 주어진 대안들 가운데 상대적으로 가장 적절한 대안을 고를 수밖에 없다. 실제 삼성복지재단의 양식을 보면 아래의 표처럼 '세부 프로그램의 구현 방식 및 선정 사유'를 작성하게 되어 있다.[1)]

표 II-10 삼성복지재단의 '세부 프로그램 선정 사유' 양식

종류	구현 방식	선정 사유 (타 대안과의 비교 검토 포함)
프로그램 1		
프로그램 2		
프로그램 3		

※ 출처 : 삼성복지재단(2012), 프로그램 기획 매뉴얼, p.68.

이 단계에서는 세부 사업 내용을 구상할 때 검토하였던 다양한 대안들이 어떤 것들이었으며, 그 가운데 왜 이 프로그램을 선택하게 되었는지를 상세하게 설명해야 한다. 여기서 선정 사유는 다른 말로 대안 선택의 기준이라 할 수 있다. 대안 선택의 기준은 크게 보아 두 가지인데, 하나는 타당성(validity)이고 다른 하나는 실행가능성(feasibility)이다(정무성, 정진모, 2001).

1) 삼성복지재단이 사회복지공동모금회를 통하여 지원하는 형식으로 전환한 이후, 즉 '나눔과 꿈' 사업에서는 대안선택에 대해서 자료를 요구하지 않는다. 다른 재정지원처도 대부분 대안선택에 대한 자료를 요구하는 경우는 드물다. 그러나 프로그램을 완성하는 과정에서 이에 대해서 보다 더 철저하게 할 때 프로그램의 완성도가 높아진다는 차원에서 그리고 프로그램의 필요성 부분에서 대안선택의 이유를 밝히는 것이 완성도가 더 높은 것이라고 할 수 있다는 차원에서 학습자들은 반드시 점검을 해야 할 부분이다.

1) 타당성

대안을 선택하는 첫 번째 기준인 타당성이란 선택한 대안이 주어진 목표와 인과관계가 있음을 의미한다. 인과관계는 원인에 따른 결과를 보여주는 것이기 때문에 선택한 대안을 실행하면 프로그램의 목표가 달성되는 인과관계가 나타나야 함을 뜻하는 것이다. 주의할 것은 사회복지조사론과 자료분석론 과목에서 다룬 것처럼 타당도(validity)와의 차이이다. 영어로는 동일한 validity를 사용하지만, 조사론에서의 타당도는 검사도구가 측정하고자 하는 것을 얼마나 충실히 측정하였는가를 의미하는 반면, 여기에서 말하는 타당성은 프로그램 목표의 달성수단으로서 내적인 인과관계를 검증하는 것이다.[2)]

타당성을 충족하기 위한 하위 기준으로는 효과성, 효율성, 적절성, 형평성 등이 있다(이봉주, 김기덕, 2011: 139-140).

(1) 효과성(effectiveness)

어떤 대안이 설정된 목표를 달성하였는지의 여부를 판단하는 기준을 효과성이라고 한다. 교육훈련을 실시하고 수강생 전원이 자격증 시험에 합격하면 교육훈련의 효과성은 100%가 되는 것이다. 반면에 교육훈련 후에 수강생의 절반이 시험에 합격하면 교육훈련의 효과성은 50%가 된다. 즉, 효과성은 투입된 비용과 상관없이 산출물 내지는 결과로서 목표가 어느 정도나 달성되었는가를 기준으로 판단하게 된다.

(2) 효율성(efficiency)

어떤 대안이 주어진 목표를 달성하는 데 있어 투입된 시간과 자원 등을 기준으로 산정하는 것을 효율성이라고 한다. 그래서 효율성은 투입과 산출의 비율에 의해 계산하는 것이 일반적이다. 예를 들어, A와 B 두 개의 교육훈련이 있는데 교

2) 존이 조사론에서 이야기하는 타당도와 연결하자면 내적타당도와 비슷하다고 할 수 있다. 내적타당도는 독립변인과 종속변수 간의 인과관계가 얼마나 타당한가를 보는 것이다.

육훈련의 내용은 동일하고 단지 시간이 각각 10시간과 5시간이라고 하자. 그런데 A와 B 교육훈련 모두에서 자격시험 합격자를 10명씩 똑같이 배출하였다면 절반의 시간이 적게 투입된 B의 효율성이 두 배 높은 것이다. 한편 교육훈련의 내용과 합격생이 동일한데, A의 강사료가 B의 강사료보다 적다면 적은 투입으로 동일한 산출을 얻었으므로 A 교육훈련의 효율성이 더 크다고 할 수 있다.

(3) 적절성(adequacy)

적절성이란 그 수준이 지나치게 높거나 낮지 않고 적정한 수준인지의 여부를 의미한다. 교육훈련(프로그램)을 실시하여 자격증 취득(목표)을 하고자 할 때도 만약 교육훈련의 난이도가 높거나 자격증이 매우 어려운 것이라면 대안으로 선택하기에 곤란할 것이다. 이전 단계에서 결정한 프로그램 대상자들의 지식, 태도, 기능, 정서, 상황 등을 고려하여 수준에 맞는 프로그램을 선택하는 것이 적절성이라 하겠다. 적절성에 문제가 있으면 궁극적으로 프로그램의 목표를 달성하는데 어려움이 따르기 때문에 타당성도 낮아지게 된다.

(4) 형평성(equity)

동등한 자격 조건을 갖춘 사람들을 동등하게 대우하고 반대로 동등하지 않은 자격을 갖춘 사람들끼리는 동등하지 않게 대우할 때 형평성이 있다고 말한다. 프로그램의 대상자가 모두 동등한 조건이면 모르겠지만 대부분은 동등하지 않기 때문에 대안을 선정할 때 특정한 일부에게 유리한 프로그램이라면 선정하지 않아야 형평성의 조건을 충족한다. 만일 프로그램의 비형평성이 커지면 참여자들 사이에 불만이 생기고 이러한 동기저하와 갈등 등으로 인해 프로그램의 효과도 낮아질 가능성이 있다. 이처럼 형평성은 프로그램의 목표달성에 영향을 주기 때문에 타당성의 하위기준이 되는 것이다.

2) 실행가능성

앞의 타당성 기준에서 본 것처럼 여러 대안들 가운데 프로그램의 목표를 달성하는 데 유용한 것이 무엇인가를 가지고 대안을 선택한다 할지라도 몇 가지 현실적인 문제는 여전히 남아 있다. 그중에서도 가장 주의해야 할 것은 바로 실행 자체가 불가능하다면 대안으로 선택할 수 없다는 점이다. 따라서 대안이 현실적으로 실현가능한지를 검토할 수밖에 없는데 이것이 대안선택의 또 다른 기준인 실행가능성이다.

실행가능성의 하위기준으로는 기술적 실행가능성, 경제적 실행가능성, 이용자 확보 여부, 윤리적·정치적 실행가능성 등이 있다(이봉주, 김기덕, 2012: 141-142).

(1) 기술적 실행가능성

기술에는 사람이 갖는 기술과 기계나 장비가 갖는 기술이 있을 수 있다. 인력의 문제이건 기술의 문제이건 간에 프로그램을 진행하려는 기관의 기술적 능력이 낮아서 해당 대안을 실행할 수 없다면 기술적 실행가능성이 낮다고 봐야 한다. 예를 들어, 고도의 전문성을 요하는 정신의학적 상담 같은 경우에는 일반적인 사회복지기관에서 감당하기 어렵기 때문에 대안으로 선택해서는 안 된다. 또 사이버 강의와 같은 것도 교육 프로그램을 구매하여 배포하는 것은 가능하지만, 사이버 강의를 제작하여 교육한다는 것은 기술적으로 수행이 불가능하다고 봐야 한다.

(2) 경제적 실행가능성

설령 기술적으로 실행이 가능하다 할지라도 경우에 따라서는 비용이 지나치게 많이 들기 때문에 대안으로 선택하기 곤란할 수도 있다. 특히 프로포절이라는 것은 기금을 외부로부터 받아오고자 하는 것이기 때문에 비용적인 측면을 더 많이 감안해야 한다. 적절한 수준의 비용은 그래서 경제적 실행가능성을 결정하는 기준이 된다.

(3) 이용자 확보 여부

프로그램은 클라이언트가 참여할 때 의미를 갖는다. 실제 이용자가 없다면 프로그램을 실행할 수 없기 때문에 이용자를 확보하느냐 여부도 실행가능성을 결정하는 하나의 기준이 된다. 프로포절 작성 단계를 보면 앞에서 이미 대상자를 선정하였지만 그렇다고 이들 대상자가 실제 프로그램에 참여하는 것은 아니다. 특히 프로그램이 민감한 사항을 다루거나, 기존에 없었던 새로운 시도를 하거나, 외부적으로 참여자에 대한 낙인효과를 갖게 되거나 하는 경우에는 이용자 확보가 더 어려워질 수 있으므로 면밀히 검토해야 한다.

(4) 윤리적·정치적 실행가능성

위의 기준을 모두 충족하는 경우에도 해당 지역사회나 대상 집단 사이에서 윤리적으로 용납할 수 없다거나 정치적으로 민감한 내용들을 담고 있다면 실행이 힘들어진다. 그래서 윤리적·정치적 기준도 실행가능성의 하위기준이 된다.

3) 대안 선택 평가표

앞에서 대안 선택의 기준으로 타당성과 실행가능성을 살펴보았다. 이들 내용을 개별적으로 보고 판단하는 것보다 다음과 같은 평가표를 만들고 점검을 하여 프로그램으로 선정할 것인지 여부를 판단하는 것이 보다 합리적이다. 세로축인 프로그램 내용에는 대안이 될 수 있는 프로그램 활동들을 적고 개별 프로그램 활동마다 대안 선택의 기준인 목적·목표 일치성이 어떠한가, 성취가능성이 어떠한가 등을 기입한다. 이때 대안선택의 기준은 앞서 제시한 타당성과 실현가능성을 참고하되 기관의 정책방향 등 추가적인 사항을 모두 포함하여 작성하면 된다. 이렇게 항목별로 평가하여 최종적으로 대안으로 선정할 것인지 여부를 가 또는 불가로 표시하면 된다.

표 II-11 대안 선택 점검표

목표()	대안 선택의 기준					선정 (가/불가)
프로그램 내용	목적·목표 일치성	성취 가능성	서비스 이용자능력	경제적 실행가능성	기타	
지지집단 형성						
전화상담						
취업준비						

Chapter 08

5단계-세부 프로그램별 실행 계획

프로그램 개발에서 세부 활동이 차지하는 비중은 매우 크다. 실제로 기관이 제공하는 세부 활동이 무엇인가에 따라서 프로그램에 참여할 것인가를 결정하는 클라이언트들이 많다. 또한 프로포절을 심사하는 위원들도 다른 기관의 프로그램과 차별화되는 활동이 무엇인가를 역점을 두고 평가하기도 한다. 그렇다 보니 프로그램을 기획하는 입장에서 비현실적이라 할지라도 그럴싸해 보이는 활동들을 일단 집어넣고 보는 경우가 있을 수 있다.

하지만 좋아 보이는 것만 가지고는 불충분하다. 첫째, 좋아 보이는 것인지 정말 좋은 프로그램인지를 심사위원들은 구별할 수 있기 때문이다. 실무경험이 많은 사회복지사들이라면 기획자가 어떤 의도에서 해당 활동들을 계획했는지를 파악할 수 있다. 그리고 그러한 활동들이 어떠한 결과를 가져올 것인지 예측할 수도 있다. 둘째, 좋아 보이는 계획이라 심사를 통과했다 하더라도 이를 실행하는 단계에서 제대로 관리할 수 없다면 그것은 진짜 좋은 계획이 아니기 때문이다. 즉, 프로그램의 실행활동이 원활이 진행되고 그 결과 프로그램의 목적과 목표를 달성할 수 있으려면 인력, 시간, 장소 등 세밀한 내용을 사전에 계획할 필요가 있고, 이러한 실행 계획이 프로포절에도 담겨 있어야 하는 것이다.

따라서 이 장에서는 세부 프로그램 실행 계획 작성에 필요한 프로그램의 활동별 수행방법, 목표에 대한 평가방법, 담당인력 구성, 사업진행 일정, 홍보계획, 지역자원 활용계획, 작성 후 점검사항에 대해서 살펴보고자 한다.

01 프로그램의 활동별 수행방법

프로그램의 활동별 수행방법은 프로포절에서 가장 구체적으로 작성해야 하는 부분이다. 그렇다보니 편지쓰기, 집단상담, 전화하기, 캠프, 급식, 조리연습 등 어떤 활동을 포함할 것인가를 놓고 고민하는 경우가 많다. 하지만 어떤 활동인가 이전에 왜 그런 활동이 들어가야 하는가를 먼저 고려해야 한다. 왜에 대한 중요성은 사회복지공동모금회와 삼성복지재단의 양식에서도 잘 나타나 있다. 사회복지공동모금회의 경우 프로그램명을 왼쪽에 쓰고 이어 해당 프로그램에 대해서 추진전략을 세부내용으로 기록하게 되어 있다(<표 II-12> 참조). 경우에 따라서는 프로그램을 성과목표에 연결하여 작성하도록 하는 경우도 있다. 이에 대해서 삼성복지재단에서 사용했던 양식을 통해 보면 성과목표, 세부 프로그램, 세부 활동의 순으로 작성을 한다(<그림Ⅱ-18> 참조). 이때 세부 활동의 개수는 성과목표별로 하나 혹은 그 이상으로 구성하면 된다. 한 번 더 강조하자면 이렇게 작성한 세부 활동들이 계획대로 실행되면 산출목표가 되고 이게 달성되면 성과목표가 된다는 점이다. 표가 제시하는 분량 때문에 수행방법을 간략하게 쓰는 경우가 많은데 가급적 상세하게 적어야 한다. 특히 누가, 언제, 어디서, 무엇을, 어떻게 하는가에 대한 설명이 나와 있는 것이 좋다.

표 II-12 사회복지공동모금회의 세부사업내용 예시

프로그램명			세부내용	참여인원	연간활동 시간	담당자
오리엔테이션			• 내용 : 사업소개, 개인정보 제공 활용동의서, 서비스동의서 작성 • 기간 : 2019. 3.	핵심참여자 12명	연1회/ 1시간	사회복지사
관계형성 프로그램			• 내용 : – 참여자 관계형성 레크리에이션 – 신체본뜨기, 단체체육활동 • 기간 : 2019. 3.	핵심참여자 12명	연2회/ 2시간	사회복지사
자기표현증진 프로그램	스피치 익히기	스피치 기초	• 내용 : – 스피치 필요성 이해 – 자기소개 훈련, 다양한 방법으로 표현하기 – 띄어서 말하기 기법 • 기간 : 2019. 4.	핵심참여자 12명	연4회/ 2시간	스피치리더강사 코리더강사 사회복지사

※ 출처 : 하계종합사회복지관 2019년 사회복지공동모금회 배분사업.

성과목표	세부 프로그램	세부 프로그램 내용	요구되는 핵심 역량	외부지원 필요 내용	시작 시기	시행 횟수	대상자 수
성과목표 1	프로그램 1	세부 활동 1					
		세부 활동 2					
		세부 활동 3					
	프로그램 2	세부 활동 4					
		세부 활동 5					
		세부 활동 6					
성과목표 2	프로그램 3	세부 활동 7					
		세부 활동 8					
		세부 활동 9					
	프로그램 4	세부 활동 10					
		세부 활동 11					
		세부 활동 12					

[그림 II-18] 삼성복지재단의 세부활동 양식

※ 출처 : 삼성복지재단(2012), 프로그램 기획 매뉴얼, p.119.

한편 활동의 종류를 이해하는 것도 활동별 수행방법을 작성하는 데 도움이 된다. 프로그램의 활동은 사회복지기관이 제공하는 서비스라고 할 수 있는데, 이들 서비스를 유형별로 묶으면 교육훈련, 정보개발과 보급, 상담 및 기타 지지 서비스, 자원제공 등으로 나눌 수 있다. 프로포절에서 제안하려는 활동이 이들 네 가지 유형 중 어느 것에 해당하는가를 알면 이에 따라 전략적인 방안수립도 가능하다. 다음 <표 II-13>에는 활동의 종류(서비스 유형)와 사례 그리고 종류별로 도움이 되는 질문이 정리되어 있다.

표 II-13 활동의 종류와 그에 따른 점검내용

종류	예시	전략적 선택에 도움이 되는 질문
교육훈련	• 취업준비 훈련 • 경력개발	• 교육이나 훈련의 목표는 무엇인가? • 교육할 내용은 무엇인가? • 교수목적과 도구 등 어떤 기법을 사용할 것인가? • 훈련을 시행하는 사람은 누구인가? • 교육훈련의 일정과 형식은?
정보개발과 보급	• 약물남용예방 캠페인 • AIDS 예방 캠페인 • 부모훈련책자 작성·배포	• 대상집단은 누구인가? • 내용과 형식은 무엇인가? • 어떤 방법으로 수행할 것인가? • 어떤 확산전략을 채택할 것인가?
상담 및 기타 지지 서비스	• 긴급전화상담 • 폭력피해자지지집단 형성	• 어떤 상담전략이나 기술을 사용할 것인가? • 기법이 타당하다는 증거와 전제는 무엇인가? • 어떤 이슈와 내용을 제기할 것인가? • 과정에 참여하는 다른 이들은 누구인가? • 어떻게 과정에 참여하게 되는가?
자원제공	• 장애인 차량지원 • 노인급식활동 • 아동건강검진	• 어떤 자원을 공급할 것인가? • 언제, 어떻게 전달할 것인가? • 그것을 맡아서 조직하고 전달하는 사람은 누구인가? • 특별히 필요한 물품이나 장비는 없는가? • 장비나 물품을 어떻게 조달할 것인가?

※ 출처 : 정무성(2006), 사회복지 프로포절 작성법, pp.109-110 재구성.

02 목표에 대한 평가방법

사회복지공동모금회의 양식에 따르면 세부 사업 내용을 작성하고 목표에 대한 평가방법을 기입하게 되어있다. 여기서 말하는 목표는 성과목표를 의미하며 산출목표와 성과목표의 차이에 대해서는 이미 6장에서 살펴본 바 있다. 간단히 말해서 산출목표가 프로그램 실행의 실적을 보여주는 것이라면 성과목표는 프로그램의 실행 결과로 발생하는 궁극적이고 바람직한 변화의 모습이라고 할 수 있다. <표 II-14>는 이미 목표를 다루는 부분에서 제시했던 <표 II-6>과 <표 II-8>을 함께 제시한 것이다. 산출목표는 프로그램을 실시함으로 인하여 산출(output)되는 프로그램의 횟수 등을 이른다. 이에 대해서 모니터링하는 방법을 제시해야 한다.

표에서는 프로그램 출석부와 과정기록지를 통하여 산출근거를 만드는 것을 보여준다. 이런 산출을 통하여 아동의 자아존중감이 향상되는 것을 성과목표로 설정할 수 있는 것이다. 그런데 성과목표는 이미 앞 단계에서 다뤘으므로 이번 단계에서는 성과지표, 자료원, 자료수집방법, 자료수집시기데 대해서 다루도록 한다.

먼저 성과지표(outcome indicator)란 성과목표를 달성한 수준이나 정도를 나타내는 지수(index) 또는 척도(scale)를 말한다. 지수는 하나 또는 복수의 항목(item)을 측정한 수치이고, 척도 역시 대상의 속성을 수량적인 변수로 바꾸어 놓은 것이므로 성과지표는 결국 객관적으로 측정할 수 있는 것이다. 표에서는 자아존중감 척도가 평균 3점 이상 높아지는 것으로 제시했다. 즉, 척도를 제시하는 것을 볼 수 있다. 자아존중감 척도 하나, 즉 단일지표로 평가하는 것을 볼 수 있다. 프로포절 양식에서는 이처럼 목표와 지표만 나오지만 이 둘의 관계를 이해하기 위해서는 실은 [그림 II-19]처럼 목적, 목표, 평가기준(criteria), 지표로 이어지는 관계를 알아야 한다. 즉, 평가기준은 목표가 달성되었는지 의사결정하는데 사용되는 잣대이며, 지표는 이러한 평가기준을 측정하여 그 상태를 보여주는 것이라 할 수 있다. 예를 들어, 평가기준이 신체기능이라면 이를 보여주는 지표는 '1분당 팔 굽혀 펴기 횟수', '악력(손아귀 힘)' 등이 해당한다. 또 다른 예로 만족도가 평가기준이라면 지표는 '만족도 점수'가 되는 것이다. 지표는 객관적 지표와 판단적 지표로 구분이 되는데, 객관적 지표에는 이용자 수, 서비스 제공횟수 등 수량적인 것이 해당하고(Part I에서 살펴본 <표 I-13> 평가척도와 부록의 척도 참조), 판단적 지표에는 설문조사나 심리검사 응답자료가 해당한다.

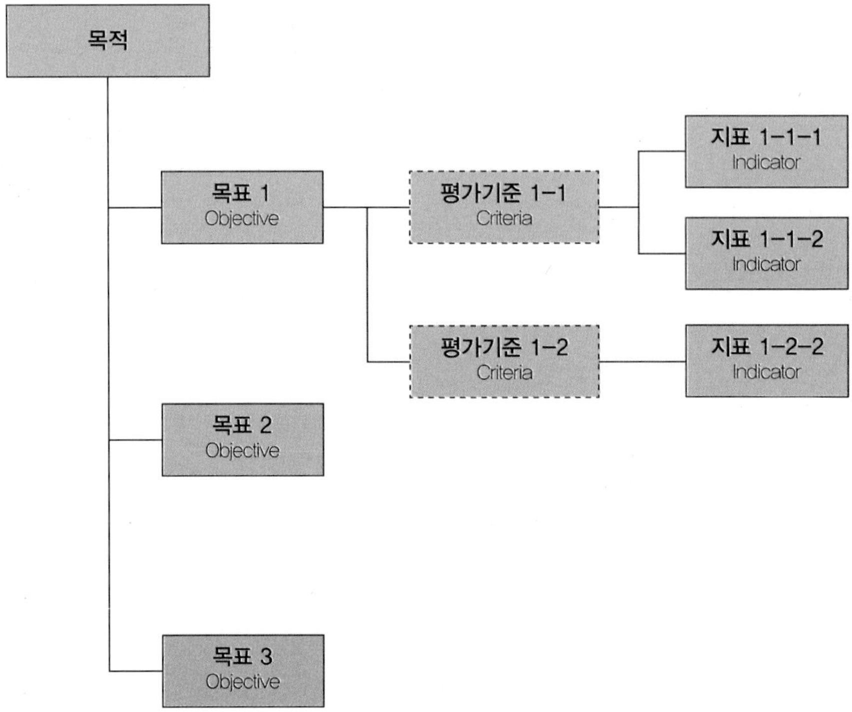

[그림 II-19] 목적, 목표, 평가기준, 지표의 정렬 관계

※ 출처 : 사회복지공동모금회(2009), 사회복지 성과측정 자료집, p.12.

목표에 대한 평가방법 중 지표를 작성하고 나면 다음으로는 자료원을 작성해야 한다. 자료원이란 지표를 어디에서 구할 수 있느냐를 보여주는 것이다. 앞서 지표에 이용자 수와 같은 객관적 지표가 있다고 하였는데 그렇다면 이용자수를 어디에서 구하느냐를 설명하라는 것이다. 일지처럼 프로그램을 운영하는 복지관의 내부자료일 수도 있고, 자체적으로 조사한 설문지도 자료원이 된다. 방송사의 시청률이라면 방송사 발표자료가 자료원일 것이다. <표 II-14>에서 보는 바와 같이 자료원에 대해서는 주로 각주로 제시한다. 표의 성과 목표 부분을 보면 '자아존중감척도'가 있고 각주표시가 있고, 아래에 각주로 출처를 밝히고 있다.

자료수집방법은 연구방법처럼 척도 등을 활용한 양적인 방법인지 아니면 면담 등을 활용한 질적인 방법인지를 말한다. 물론 두 가지를 혼합한 방법도 가능하다. 양적인 방법에서는 주로 설문지와 심리측정도구를 배포하고 수거하여 분석하는 것이 되고, 질적인 방법에서는 활동일지검토, 초점집단면접 등을 통해 목표를 달성한 부분이 있는가를 확인하게 된다.

자료수집시기는 프로그램 도중인지 프로그램 종료 후인지를 말하는 시점과 그 횟수를 언급하면 된다. Part I에서 살펴본 것처럼 평가를 실시하는 시기에 따라 형성평가(프로그램 단계별로 평가), 총괄평가(주로 프로그램 종료 직후 평가), 확인평가(3~12개월 후에 평가)로 구분할 수 있으므로 평가목적에 따라 자료수집시기를 결정하면 된다.

표 Ⅱ-14 산출목표와 성과목표의 평가방법

<table>
<tr><th colspan="2">세부사업명</th><th>산출목표</th><th>모니터링 방법</th></tr>
<tr><td rowspan="4">자기표현 증진
프로그램</td><td rowspan="4">뮤지컬 배우기</td><td>• 뮤지컬 기초교육 실시
: 13명×4회=48건</td><td rowspan="4">• 출석부 확인
• 과정기록지 작성</td></tr>
<tr><td>• 창의력 · 순발력 키우기 교육 실시 : 13명×4회=48건</td></tr>
<tr><td>• 댄스교육 실시
: 13명×4회=48건</td></tr>
<tr><td>• 뮤지컬 심화 교육 실시
: 13명×4회=48건</td></tr>
<tr><th colspan="2">성과목표</th><th>평가 도구 및 방법</th><th>측정시기</th></tr>
<tr><td colspan="2">아동의
자아존중감 향상</td><td>• 평가지표 :
– 자아존중감척도[1] 평균 3점 이상 상승
• 평가도구 : 자아존중감척도
• 평가방법 : 참여자 대상 사전사후 검사</td><td>사전(3월)
사후(12월)</td></tr>
</table>

※ 출처 : 하계종합사회복지관 2019년 사회복지공동모금회 배분사업.

03 담당인력 구성

담당인력은 프로그램에 직접적으로 투입되는 인력을 의미한다. 여기에 속하는 집단은 담당자, 관리자, 슈퍼바이저, 자원봉사자 등이다. 담당인력의 구성에서 주

1) 2018 공동모금회 배분사업 서오가측정을 위한 척도집 78p.

안점을 두어야 할 것은 사업목표와 사업량에 비해 적절한 규모의 인력이 배치되었는가와 이들 인력의 전문성이 갖춰져 있는가이다.

먼저 규모의 적절성은 다음의 표에 나와 있는 것처럼 인원 수를 보고 일차적으로 판단을 한다. 다음에 이들 인원이 개별적으로 투입하는 주당 시간을 본다. 프로그램에 투입되는 인력이 많다고 무조건 좋은 것은 아니고, 오히려 과다한 인력 배정으로 비효율적인 것으로 비춰질 수 있으므로 조심해야 한다. 또한 외부전문가나 자원봉사자의 경우 실제 참여하지는 않으면서 이름만 걸쳐놓은 것은 아닌지 의심을 살 수도 있으므로 외부전문가와 프로그램과의 상호 관련성을 보여주어야 하고 그렇지 못할 경우에는 아예 명단에서 제외하는 것이 낫다.

다음으로 전문성은 경력과 자격증에 의해 판가름이 난다. 이때도 경력과 자격증을 무조건 많이 열거한다고 이들을 다 인정하는 것은 아니므로 적더라도 관련성이 깊은 것만을 기입한다. 그리고 인력에 따른 역할을 적게 되어 있는데. 이 경우에도 담당, 진행, 총괄 등의 다소 모호한 표현보다는 슈퍼비전, 상담, 자원봉사 등 보다 구체적으로 명시해 주는 것이 좋다.

표 II-15 담당인력 구성 예시

번호	투여 인력	내/외부	인 원	담당 업무	투입시간	자격/경력
1	팀장 (슈퍼바이저)	내부	1명	사업 슈퍼비전 및 운영에 대한 총괄	20	사회복지사 1급/ 사회복지경력 9년, 녹번종합사회복지관 비스지원팀 업무 총괄(팀장)
2	대리/사회복지사 (사업담당자)	내부	1명	사업운영 및 진행	46	사회복지사 1급/ 사회복지경력 6년, 녹번종합사회복지관 서비스지원팀 대리
3	사회복지사	내부	1명	강의 등 프로그램 진행 협조	20	사회복지사 1급/ 사회복지경력 2년, 녹번종합사회복지관 서비스지원팀 사회복지사
4	강사	외부	7명	전문 프로그램 진행	30	미술치료/음악치료/웃음치료/동화구연/정리수납의 경우 2020년 배분사업 수행지침서 내 '3급'강사에 준함. 노인장례지도사/웰다잉연구자의 경우 2급'강사에 준함.

5	자원봉사자	외부	10명	업무 보조(행정업무 및 문화활동, 대상자 관리)	20	대학교 3학년 이상의 사회복지 실천/실천기술론 및 노인복지론 수강자 우대
6	외부 지역사회 기관 담당자	외부	2명	봉사활동처 제공	6	–
7	자문위원	외부	1명	사업운영 자문	4	사회복지 전공 후 대학교 전임교수로 근무하는 자(노인복지 전공자 우대하여 선발)

※ 출처 : 녹번복지관(사업명: 가인이어라)에서 2020년 서울시사회복지관협회의 지원받아 진행한 사업.

04 사업진행 일정

사업진행 일정(추진 일정)은 보통 월별로 해당 사업이 어떻게 진행되는가를 보여주기 위한 것이다. 일정표가 필요한 이유는 프로포절에서 제안하는 프로그램이 여러 개의 세부 프로그램과 활동으로 구성되어 있어서 진행과정과 순서를 구분하지 않으면 체계적으로 관리하기 어렵기 때문이다.

사업진행을 효과적으로 하기 위해서 월별 활동카드, 프로그램 진행도, 프로그램 평가검토 기법(PERT: Program Evaluation and Review Technique), 간트 차트로도 불리는 활동별 시간계획 도표(Gant Chart) 등이 있다. 하지만 사회복지공동모금회나 삼성복지재단 등 일정표 양식을 제시하고 있으므로 해당 양식을 작성하면 된다. 이들 양식은 활동별 시간 계획 도표에 가까운데 세로축에 활동내용을 적고 가로축에 월별 일정을 표시한다. 일정이 있으면 화살표를 넣거나 음영 표시를 하면 된다.

이렇게 하면 작성이 쉽고 전체적인 활동내용을 파악할 수 있으나 세부 활동들 사이에 어떤 관련성이 있고 어떤 선후관계가 있는가를 알기는 쉽지 않다. 이러한 단점을 극복하기 위해서는 일정을 설계하면서 주의할 사항들을 표 아래에 적어 놓는 게 좋다. 예를 들어, 학기 중인지 방학인지를 구분하여 놓을 수 있고 지역의 축제와 복지관의 특별행사 및 연중 프로그램과의 연계성을 감안하며 일정을 작성할 수 있을 것이다.

표 II-16 사회복지공동모금회의 사업진행 일정 예시

내용		기간	1월	2월	3월	4월	5월	6월	7월	8월	9월	10월	11월	12월
홍보 및 핵심참여자 모집														
주변참여자 모집														
선정회의														
오리엔테이션														
관계형성 프로그램														
자기표현증진 프로그램	스피치 익히기	스피치기초												
		음성표현 및 경청훈련												
		연단자세 및 발표훈련												
	뮤지컬 배우기	뮤지컬 기초												
		창의력 · 순발력 키우기												
		댄스 배우기												
		뮤지컬 심화												
	뮤지컬현장체험													
	뮤지컬드림캠프													
	발표회	발표회연습												
		발표회준비												
		발표회실시												
나의 가치 알기 프로그램														
참여자 개별 상담														
보호자 상담														
최종 평가회														

※ 출처 : 하계종합사회복지관 2019년 사회복지공동모금회 배분사업.

05 홍보계획

프로그램에 대한 홍보계획은 재정지원처에 따라 요구하는 곳도 있고 요구하지 않는 곳도 있다. 사회복지공동모금회에서는 추진전략 부분에서 참여대상자 선정 부분에서 홍보전략를 다루기도 한다. 사회문제 분석과 대상자 선정 그리고 요구 분석이 정확하게 되어 있다면 굳이 프로그램에 대한 홍보를 광범위하게 하지 않더라도 프로그램에 참여하는 인원은 쉽게 확보할 것이다. 그럼에도 불구하고 홍보계획을 작성하는 것이 바람직한 것은 다음과 같은 세 가지 이유를 들 수 있다. 첫째, 혹시나 참여자가 저조할까 하는 우려에서이다. 참여자가 저조하여 프로그램 진행이 원활하지 못하다면 프로그램을 기획하여 실행하는 의미가 없다. 둘째, 홍보를 통하여 재정지원처의 활동을 알리는 효과를 볼 수 있다. 홍보는 단순히 프로그램만 홍보하게 되는 것이 아니라 재정지원처에 대해서도 알리게 됨으로써 재정지원처가 하는 일이 대해서 홍보하는 효과도 있게 되는 것이다. 셋째, 프로그램 진행에 대해서 보다 깊은 관심을 갖게 한다. 재정을 지원받아 실행하는 사회복지기관 입장에서 지원받는 재정을 허투루 사용할 수 없다. 책임감을 갖고 사용해야 한다. 홍보계획은 이런 관점에서 사회복지기관이 지원받은 재정을 가볍게 여기지 않고 있음을 보여줄 수 있다. 무엇보다도 이런 홍보과정을 통하여 기획한 프로그램이 의미있게 클라이언트에게 전달되게 하려는 것이 가장 큰 이유라고 할 수 있다.

홍보계획의 대상은 크게 지역사회주민, 타 복지기관, 지방자치단체로 구분한다. 프로그램의 목표와 대상자 집단을 고려하여 홍보방법, 횟수, 활용매체를 구체화하고 관련 내용을 양식에 기입하면 된다. 사회복지기관에서 일반적으로 사용하는 홍보수단으로는 전단지, 현수막, 사회복지기관 홈페이지, 이메일, 지역신문과 케이블방송 등이 있다. 사회마케팅(social marketing)과 같은 새로운 개념의 등장으로 사회복지기관의 홍보를 적극적으로 바라보는 시각도 있지만, 여전히 예산상의 제약을 받기 때문에 대부분은 추가적인 비용이 들지 않는 홍보매체를 선택하고 있는 실정이다.

표 II-17 홍보계획 예시

<table>
<tr><th colspan="2">구분</th><th>세부내용</th><th>담당자</th></tr>
<tr><td rowspan="3">홍보</td><td>학교홍보</td><td>• 내용 : 학교별 사업설명회
• 일자 : 2019. 1.~2.
• ㅇㅇ교육지원청, 복지관 관할 지역 초등학교 3곳
• 방법 : 담당자의 학교 방문을 통한 사업 설명, 참여 제안 안내</td><td rowspan="2">사회복지사</td></tr>
<tr><td>유관기간
홍보</td><td>• 내용 : 담당자 면담, 전화, 공문발송을 통한 홍보
• 일자 : 2019. 1.~2.
• 대상 : ㅇㅇ구청, ㅇㅇ1동, 2동 주민센터 공문발송 및 기관 방문</td></tr>
<tr><td>지역주민
홍보</td><td>• 내용 :
1) 복지관 홍보
– 사업홍보지 배부 200부 이상
– 복지관 홈페이지를 활용한 홍보
2) 온라인 · 언론홍보
– 지역신문 활용 홍보(연 2회 이상)
– SNS 서비스를 활용한 홍보(월 3회 이상)
3) 길거리 홍보
– 사업홍보지 배부 : 200부 이상
– 공공현수막 게시 : 2주 이상
• 대상 : 복지관 관할 지역 거주 지역주민</td><td>사회복지사</td></tr>
</table>

※ 출처 : 하계종합사회복지관 2019년 사회복지공동모금회 배분사업.

06 지역자원 활용 계획

사회복지기관은 지역사회에서 외따로 존재하지 않는다. 지역사회에서 일정한 기능을 맡고 있기 때문에 지역사회를 위한 특별한 기여를 하고 있지만 그렇다고 모든 기능을 자체적으로 소화할 수는 없다. 특히 영역별로 전문화가 진행된 복지기관일수록 특정 욕구를 해결하기 위한 자원에 집중되어 있기 때문에 다른 욕구들에 대처하기 위해서는 외부의 자원을 활용할 수밖에 없다.

여기에서는 프로포절에서 제안한 프로그램의 목표 달성에 도움이 되는 지역자원을 파악하고 이를 어떻게 활용할 것인가를 구체적으로 기입하면 된다. 활용 계획에서는 가급적 해당기관과의 연계실적까지도 작성하면 좋다. 예를 들어, 자원봉사자 연계라고 하면 자원봉사 인원이 몇 명인지 적고 자문이라고 하면 몇 회인지 적고, 비고란에는 활용 계획에서 적지 못한 내용 중 참고할 만한 것을 적는다.

표 II-18 지역자원 활용 계획 예시

협력 기관명	세부 사업명	협력 계획	비고
ㅇㅇ구청 ㅇㅇ1동, 2동주민센터 ㅇㅇ교육지청	프로그램 홍보	• 본기관 : 참여자 모집 관련 홍보요청 • 협력기관 : 사업 정보제공	
ㅇㅇ초, ㅁㅁ초, △△초	프로그램 홍보 참여자 모집 및 추천	• 본기관 : 참여자 모집 관련 홍보요청, 참여자 추천요청 • 협력기관 : 참여자 의뢰 및 사업 정보제공	
ㅇㅇ대 뮤지컬학과	자기표현증진 프로그램	• 본기관 : 집단 프로그램 자원봉사자 파견 요청 • 협력기관 : 본 사업관련 자원봉사자 파견	
ㅇㅇ문화예술회관	뮤지컬 현장체험	• 본기관 : 아동문화체험 연계 요청 • 협력기관 : ㅇㅇ문화예술회관 'backstage' 우선참여 지원	
ㅇㅇ시 사회복지관 협회, 교육복지재단, 어린이재단 ㅇㅇ지부	서비스연계	• 본기관 : 후원물품 연계요청, 결연후원연계 • 협력기관 : 후원물품 · 결연후원연계	
좋은마음센터 ㅇㅇ지부	사후관리	• 본기관 : 개인심리치료 의뢰 및 치료비 지원 • 협력기관 : 개인심리치료 연계	

※ 출처 : 하계종합사회복지관 2019년 사회복지공동모금회 배분사업.

경우에 따라서는 단순 지역자원 활용계획이 보다 확대되어 네트워크 구성을 필요로 하기도 한다. 사실 용어의 차이일 뿐 네트워크 구성과 지역 자원 활용이 다른 것은 아니다. 다만, 네트워크를 구성한다고 할 때 보다 더 구체적이고 전문적인 인상을 주는 것은 사실이다. 이에 대해서는 재정지원처가 요구하는 양식에 따라 작성하면 된다. 원론적인 면에서 네트워크 구성에 대해서 살피면 다음과 같다. 네트워크 구성은 크게 프로포절을 신청하는 기관을 중심으로 한 네트워크와 2~3개 기관이 컨소시엄을 구성한 네트워크 두 가지가 있다. 첫 번째 경우인 신청기관 중심의 네트워크를 구성하려면 사업 수행에의 핵심 역할을 담당하면서 관련 기관하고 연계 및 협력의 필요성을 인식하고, 구체적으로 어떤 활동에서 이들로부터 협력을 얻을 것인지를 예측하고 이에 대한 협조를 이끌어 내야 한다. 예를 들어, 재가 장애아동에 대한 맞춤형 영양상태 개선 프로그램을 가지고 프로포절을 신청한 기관이 있다면 장애인 거주 시설 영양사와 전문성을 위한 협의를 할 수 있다. 그리고 인근 대학교 사회복지학과로부터 사업 수행에 필요한 자원봉사자 발굴을 위해 협조를 요청하는 것도 가능하다.

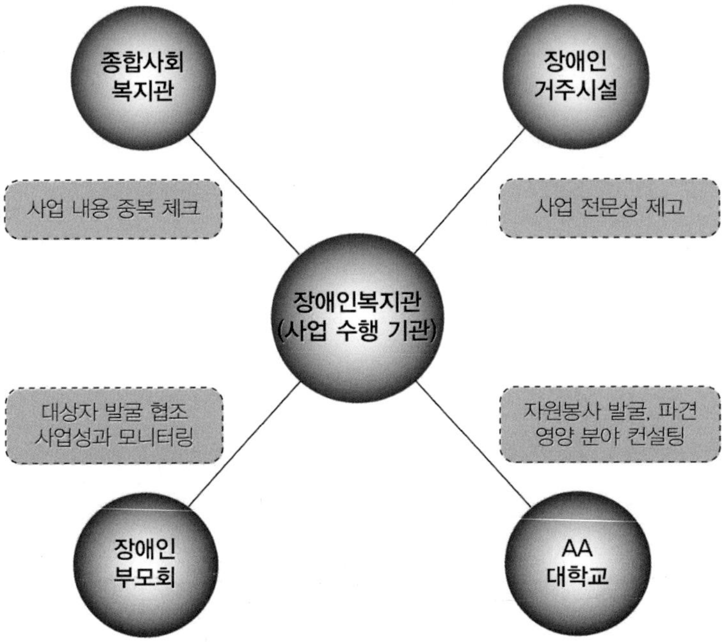

[그림 II-20] 사업 수행 기관 중심의 네트워크 예시

※ 출처 : 삼성복지재단(2012), 프로그램 기획 매뉴얼, p.76.

두 번째 경우인 2~3개 기관의 컨소시엄 구성을 보면 먼저 단순히 2~3개 기관이 공동으로 포로포절을 신청한다고 되는 것은 아니다. 먼저 프로포절 작성 단계에서는 컨소시엄 구성의 필요성과 구성 시 발생하는 시너지 효과가 있어야 하고, 참여 기관 모두가 사업 범위를 확정하고 세부 프로그램을 기획하는 데 참여해야 한다. 각 참여 기관이 수행하게 될 역할에 대해 명확히 진술해야 하며 각 참여 기관들 간의 파트너십 수준을 제시하고 제시한 수준의 타당성을 설명해야 한다. 이때 네트워크의 수준은 ① 단순 정보 공유, ② 소관 역할을 분명히 하고 필요시 타 기관에게 의뢰, ③ 대상자 정보를 상호 공유하면서 서비스 공급자 간의 네트워크 구축, ④ 네트워크 구축뿐만 아니라 참여 기관이 사업 수행에의 공동의 목표 수립, ⑤ 공동의 목표 아래 예산 사용까지도 공유하는 것으로 구분할 수 있다. 또한 사업평가에 대해 각 참여 기관의 소관과 모든 참여 기관의 공동 책임 사항을 명확하게 구분할 필요가 있다. 그리고 사업 예산은 참여 기관의 사업 소관과 양에 따라 배분해야 한다.

다음으로 사업이 선정되어 수행하게 되면 워크숍에 핵심 참여 기관은 공동으로 참석해야 한다. 최종 보고서에 네트워크의 구성·운영 및 서비스 이용자 중심적 서비스 프로세스에 대한 내용을 담아야 하며, 이에 대해 공동의 책임을 갖게 된다.

이처럼 사업 기획 등 프로포절 작성에서부터 시작하여 평가 및 그에 따른 책임 공유에 이르기까지의 내용을 그림으로 표현하면 [그림 II-21]과 같다.

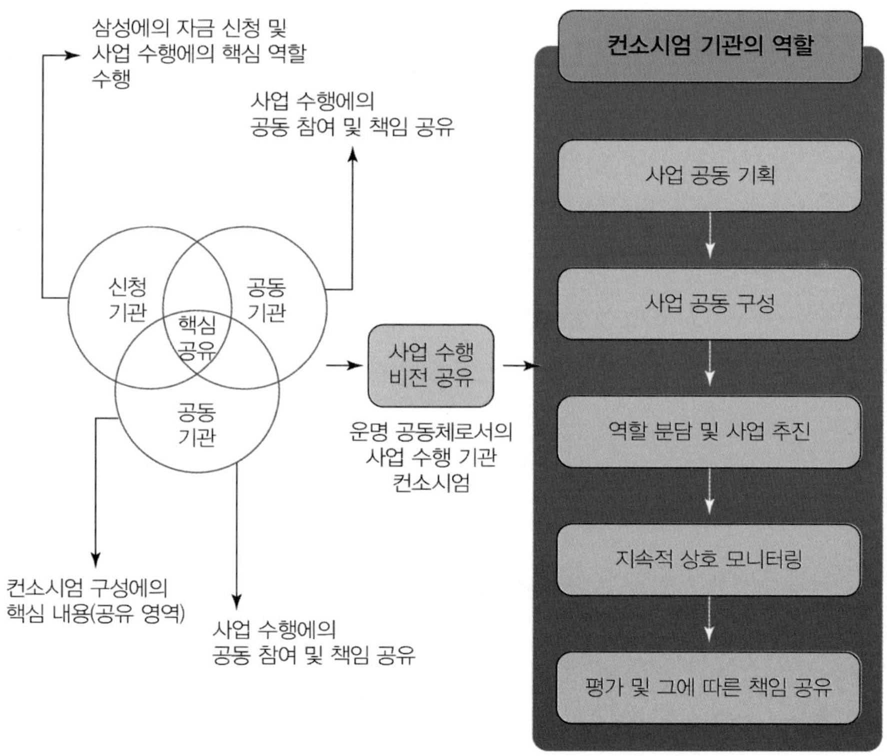

[그림 II-21] 2~3개 기관의 컨소시엄 구성 예시

※ 출처 : 삼성복지재단(2012), 프로그램 기획 매뉴얼, p.77.

07 점검 사항

앞에서 세부 프로그램 실행 계획 작성에 필요한 프로그램의 활동별 수행방법, 담당인력 구성, 사업진행 일정, 홍보계획, 지역자원 활용계획에 대하여 살펴보았다. 프로포절 양식을 기준으로 보면 이러한 작성법이 전부이다. 다만 여기에다가 작성 후 점검사항을 추가로 알아야 한다. 양식을 따라서 기입하다 보면 자칫 놓칠 수 있는 것들이 있기 때문이다. 즉, 프로그램의 실행은 어디까지나 목표달성을 위한 수단이 되므로 필수적인 요소들이 누락되지 않았는가를 확인하는 것이 중요하다.

점검에는 5W1H 점검표를 활용하는 것이 좋다. 이를 기반으로 활동내용의 요소가 무엇인지 그리고 실행과정에서의 문제 확인 요소가 무엇인지를 점검하면 프로포절을 작성하면서 미처 생각하지 못한 것들을 잡아낼 수 있다.

예를 들어, Who(누가)와 관련하여 프로포절의 양식에 활동내용의 요소인 주최와 주관, 실행을 준비하는 자, 담당자, 외부전문가, 자원봉사자 등에 있어 빠진 것이 있는가를 본다. 그리고 실행주체와 관련된 문제로 반드시 실행에 참여해야 할 사람이 누구인지 보고 혹시나 무관하게 참여하는 사람이 없는가를 검토한다. 이렇게 확인 작업을 하게 되면 과다한 인력 투입 등 비효율성을 예방할 수 있을 것이다.

Where(어디서)과 관련하여 프로포절 양식에서 선택한 장소가 가장 적합한 장소인지, 다른 장소는 없는지, 실행장소가 무리하게 정해진 것은 아닌지 등을 검토할 수 있을 것이다. When(언제), What(무엇을), Why(왜), How(어떻게)와 관련하여서도 마찬가지로 점검표를 기반으로 진행할 수 있다.

표 Ⅱ-19 5W1H 점검표

5WH	활동내용의 요소	실행과정에서의 문제확인 요소
Who (누가)	**•누가 프로그램을 실행하는가?** ① 프로그램의 주최와 주관은 누구인가? ② 프로그램 실행을 준비하는 사람은 누구인가? ③ 프로그램 담당자, 외부전문가, 자원봉사자는 누구인가?	**•실행주체와 관련된 문제** ① 현재 실행하는 사람은 누구인가? ② 그 밖에 실행할 수 있는 사람은 누구인가? ③ 반드시 실행에 참여해야 할 사람은 누구인가? ④ 무관하게 참여하는 사람은 없는가?
When (언제)	**•언제 프로그램을 실행하는가?** ① 언제 프로그램을 실행할 것인가? ② 얼마동안 프로그램을 실행할 것인가?	**•실행시기와 기간과 관련된 문제** ① 언제 실행하는 것이 바람직한가? ② 정해진 시기와 기간 외에 할 수는 없는가? ③ 실행시기가 무리하게 정해지지 않았는가?
Where (어디서)	**•어디서 프로그램을 실행하는가?** ① 가장 적합한 장소는 어디인가? ② 차선으로 간주되는 장소는 어디인가?	**•실행장소 및 주변 여건과 관련된 문제** ① 여기서 실행하는 것이 좋은가? ② 그 밖에 다른 장소는 없는가? ③ 실행장소가 무리하게 정해지지 않았는가?
What (무엇을)	**•무슨 프로그램을 실행하는가?** ① 프로그램의 형태와 제목은 무엇인가? ② 프로그램의 핵심적 요소는 무엇인가?	**•실행활동과 관련된 문제** ① 무슨 활동이 실행되고 있는가? ② 필요한 다른 활동은 무엇인가?? ③ 무관하게 이루어지는 활동은 없는가?
Why (왜)	**•왜 어떤 목적으로 이 프로그램을 실행하는가?** ① 프로그램의 목적은 무엇인가? ② 프로그램의 주제는 무엇인가? ③ 프로그램에서 강조점은 무엇인가?	**•실행목적 달성과 관련된 문제** ① 왜 그 사람이 그 활동을 하는가? ② 왜 그 시간과 그 장소에서 하는가? ③ 왜 그 방법으로 활동을 하는가? ④ 목적달성에서 무리, 무관성, 무일관성은 없는가?
How (어떻게)	**•어떻게 프로그램이 실행되는가?** ① 프로그램의 구조와 절차는 어떠한 것이 적합한가? ② 예산과 인력의 준비는 어떻게 할 것인가? ③ 홍보와 프로그램 수단을 어떻게 확보할 것인가?	**•실행방법과 관련된 문제** ① 어떤 방법으로 실행되고 있는가? ② 다른 방법은 없는가? ③ 방법상의 일관성은 유지되는가?

※ 출처 : 황성철(2006), 사회복지 프로그램 개발과 평가, p.207.

Chapter 09

6단계-예산수립

예산은 프로포절에서 제안하는 사업을 실제 집행할 수 있도록 뒷받침하는 역할을 한다. 쉽게 말해 돈이 있어야 프로그램도 운영할 수 있는 것이다. 그런데 프로그램의 예산을 수립하기 전에 반드시 짚고 넘어가야 할 것이 있다. 바로 외부의 지원기관으로부터 기금을 지원받아야 하는 것인지 아니면 내부의 예산으로 프로그램을 진행하려는 것인지를 분명히 하는 일이다.

이 책은 외부 재정지원처로부터 사업수행에 필요한 재원을 확보하려는 목적으로 프로포절을 작성하는 것에 초점을 두고 있다. 만일 이런 경우라면 예산수립 유형 중 프로그램 예산을 택해야 기금을 제공하는 입장에서 볼 때 유용한 정보가 담겨져 있다고 판단할 것이다. 이와 달리 사회복지관의 내부 예산으로 프로그램을 개발하고 진행하는 경우에는 대부분 품목별 예산을 사용하게 된다.

그러므로 프로포절에 있어 예산계획을 작성하기 위해서는 먼저 예산의 유형을 이해해서 복지관에서 매년 해오던 예산편성과 어떻게 다른지를 알아야 한다. 다음으로 예산수립의 특성을 알아야 전체 프로그램개발 과정과 동떨어지지 않고 연속선상에서 예산계획을 진행할 수 있다. 마지막으로 예산편성 과업의 세부 내역을 이해해야 실제 프로포절을 작성할 수 있을 것이다. 이 장에서는 이러한 순서로 예산수립의 과정을 살펴보도록 하자.

01 예산의 유형

예산은 하나의 기관이 일정 기간(보통 1년)동안 사용할 지출을 어떻게 배분할 것인가를 계획하는 일이다. 사회복지기관의 예산은 특정한 몇몇 사람이 주관적으로 결정할 수 없기 때문에 널리 통용되는 체계적인 방법을 채택하게 되는데, 일반적으로 품목별 예산, 성과주의 예산, 기획 예산, 영기준 예산 등 네 가지로 구분된다(황성철 외, 2003: 188-193). 다만 이 중에서 기획 예산과 영기준 예산은 사회복지 프로포절을 작성하는 수준에서는 활용하지 않기 때문에 제외하고 품목별 예산과 성과주의 예산에 대하여만 비교해 보도록 하자.

1) 품목별 예산(line-item budget)

품목별 예산은 사회복지기관에서 가장 일반적으로 사용하는 예산체계이다. 구입하거나 지출하려는 품목(또는 항목)별로 관련 내용을 기재한다. 예를 들어, 급여, 상여금, 수당 등은 개별적인 비용으로 보이지만 실은 '인건비'라는 항에 해당하며 이들 세부내역을 항목별로 계산하는 것이다. 마찬가지로 전화비, 임대료, 회의비 등은 '운영비'로 분류하고 사무용품, 다과 등은 '소모품비'로 분류할 수 있다.

이렇게 품목별로 계산하면 모든 수입과 지출이 품목예산에서 설명되기 때문에 회계담당자 및 관리자가 지출을 통제하기 쉽다. 다만 사회복지관에서 여러 프로그램을 진행하는 경우 해당 항목이 그중 어느 프로그램에 사용되는가를 명확히 파악할 수 없어서 프로그램별로 예산을 살펴보기는 어려운 단점이 있다. 그래서 삼성복지재단에서 요구하는 프로포절 양식에서는 품목별 예산방식을 사용하지 않는다. 단 주의할 점은 사회복지공동모금회의 프로포절 양식에는 아래 그림처럼 항목을 적게 되어 있는데, 그렇다고 이 방식이 순수 품목별 예산수립은 아니라는 것이다.

표 Ⅱ-20 사회복지공동모금회의의 '예산편성' 양식(단위 : 원)

목	세목	계	산출근거	예산조달 계획				
				신청금액	비율(%)	자부담	비율(%)	자부담 재원
총계								
인건비								
	소 계							
사업비								
	소 계							
관리 운영비								
	소 계							

※ 출처 : 사회복지공동모금회(2020), 2020 배분사업 안내, p.61.

2) 성과주의 예산

성과주의 예산은 기능주의 예산이라고도 한다. 이 예산방식에서는 사회복지기관의 활동을 기능별로 나누고 이를 단위원가와 업무량을 고려하여 예산을 정한다. 예를 들면, 상담활동의 단위활동비가 1인당 1시간에 10,000원이고 업무량(또는 활동량)이 30명 대상으로 1인당 2시간씩 진행한다면(업무량은 30명 × 2시간 = 60시간), 10,000원 × 60시간 = 600,000원이 되는 것이다.

성과주의 예산은 일반적인 행정비용을 제외하고 프로그램에 소요되는 예산만을 분리하여 계산하므로 기관의 사업과 활동을 이해하는 데 유용하다. 하지만 위에서 예를 든 것처럼 실제 계산은 쉽지가 않다. 단위원가도 그렇고 업무측정단위 설정, 활동량 계산 등 어느 것 하나 용이하지가 않다. 특히 인건비의 경우 전적으로 하나의 활동만 관여하는 경우는 드물고, 오히려 동시에 여러 개의 활동에 참여하기 때문에 해당 직원의 인건비를 추정하기가 어렵다.

아래 삼성복지재단의 예산 편성 양식을 보면 종류에 따라서 산출 내역 등 산출 근거를 제시하게 되어있다. 여기서도 주의할 점은 종류별로 산출 내역을 작성한다고 하여 이 방식이 순수한 성과주의 예산수립은 아니라는 것이다. 양식에 있는 종류가 네트워크 협약식처럼 성과주의 예산에서 의미하는 개별적인 활동 또는 기능이 될 수도 있지만, 사업체 현판 제작비처럼 오히려 품목별 예산에 가까운 내용도 포괄하고 있기 때문이다.

표 II-21 삼성복지재단의 '예산 편성 작성표(예시)'(단위: 천원, 산출내역 제외)

종류	산출 근거			
	산출 내역	삼성 신청분	기관 배합 자금	조달 방법
네트워크 구축 기관 관리비	네트워크 기관 및 사업체 관리비 20,000원 × 15명 × 3회 = 900,000원	900		
	현장 실습 사업체 현판 제작비 100,000원 × 4개 업체 = 400,000원	400		
네트워크 기관 협약식	현수막 제작비 70,000원 × 1개 = 70,000원 간담회 20,000원 × 10명 = 200,000원 기타 준비비 200,000원	270	200	기관 자부담
총계		1,570	200	

※ 출처 : 삼성복지재단(2012), 프로그램 기획 매뉴얼, p.89.

정리하면 사회복지기관의 예산수립과 프로그램 개발의 예산계획 등에 있어서는 품목별 예산, 성과주의 예산, 기획 예산, 영기준 예산 등을 적용할 수 있지만 실제 프로포절을 작성하는 수준에서는 품목별 예산방식과 성과주의 예산방식 정도만을 주로 활용하게 된다. 사회복지공동모금회의 양식을 기준으로 볼 때 품목별 예산과 성과주의 예산을 절충한 방식이 사용되는 경우도 볼 수 있다.

이 글에서도 단지 예산에 대해 기본적인 이해를 돕고자 예산의 유형을 제시한 것이다. 프로포절을 작성할 때는 각 재정지원처에서 제공하는 양식에 충실하면 된다. 즉, 예산 관련 양식에서 해당 용어가 무엇을 의미하는지, 작성방법은 어떻게 되는지 등을 유념하는 것이 더 중요하다는 뜻이다. 다음과 같은 주의사항이 요구된다.

① 사업의 내용과 예산 편성의 세부 항목이 연결되어 있는가? 사업 내용은 있지만 이를 뒷받침할 예산이 편성되지 않고 누락된 것은 없는가?

② 세부 프로그램을 수행하는데 심사자가 납득할 만한 정도의 객관성을 담보하고 있는가? 그렇지 않을 수 있는 항목은 표 아래에 그 사유를 명시하여야 한다.

02 예산수립의 특성

예산수립은 사회복지기관이나 조직에서 1년간의 수입과 지출에 대한 재정계획을 세우는 것인데, 여기에는 목표달성을 위해 자원을 어떻게 배분할 것인가에 대한 고민이 전제되어야 한다. 그리고 이 과정에는 예산을 수립하는 담당 직원뿐 아니라 사회복지기관의 다른 직원들, 외부전문가, 자원봉사자, 클라이언트 등 여러 이해관계자가 있고 사회복지기관의 설립이념과 프로그램의 목표, 지역의 고유한 특성 등 고려해야 할 요소가 다양하다.

특히 다음과 같은 예산수립의 특성은 프로포절 작성의 과정에서 염두에 두고 있어야 프로포절 심사와 향후 프로그램 실행의 과정이 원활할 수 있다.

1) 예산수립은 정치적 과정이며 프로포절 기금배분도 마찬가지이다

예산수립은 정해진 절차대로만 진행되는 것이 아니라 이해당사자의 입장에 따라 바뀔 수 있다. 갈등과 알력의 정도에 따라 절차만이 아니라 내용과 결과가 달라지기도 한다. 이처럼 예산수립의 의사결정이 정치적으로 이루어진다는 것은 프로포절을 심사하여 기금을 배분하는 과정에서도 동일하게 적용할 수 있다. 사회복지공동모금회의 경우 지원금을 아동청소년, 장애인, 노인, 여성, 지역, 해외 기타 등 사업대상을 구분하는데 해마다 그 비율이 일정하지 않고 변동이 있다. 이러한 변동은 결국 기금을 어떻게 배분할 것인지를 두고 정치적 과정이 개입한 결과라 하겠다. 비근한 예로 선정위원 중에 특정 대상의 대표성을 갖는 사람이 있을 수도 있고, 때마침 특정 대상과 관련한 사회적 이슈가 발생하여 그들의 정치적 입지가 강화된 결과 지원금액이 증가할 수도 있는 것이다.

2) 예산수립은 기획의 과정이므로 프로포절 내용과 일치해야 한다

프로포절 작성의 단계로 볼 때 활동내용을 구성하고 예산수립을 하게 된다. 그렇다보니 예산수립은 그 전에는 일절 신경을 쓰지 않다가 활동내용을 구성한 다음에 그에 따라 하면 되는 것으로 오해하기 쉽다. 하지만 예산수립은 단순히 재정을 배분하는 것이 아니라 왜, 어떻게, 얼마만큼 배분함으로써 어떠한 목표를 달성하고자 하는 기획의 과정이다. 따라서 프로포절을 작성하면서도 대상자 선정, 목표설정, 대안선택 등 프로그램 구조화, 세부 활동내용 구성 등 일련의 과정에서 동시에 예산을 수립해야 한다. 특히 프로포절에서 제출한 예산계획이 목표의 수준, 대상자의 규모, 인력규모, 활동내용의 범위와 양 등과 비교하여 합리적으로 일치하여야 한다.

3) 예산수립은 인간적 과정이므로 프로그램에 대한 평판과도 연결된다

사회복지기관 및 조직에서 예산을 수립하는 것은 주로 사회복지 서비스에 대한 예산을 계획하는 것이다. 그렇기 때문에 서비스와 관련된 클라이언트, 지역주민, 사회복지사 등 조직구성원, 자원봉사자, 외부전문가 등 사람들과의 사전 접촉과 대화가 필수적이다. 이러한 측면에서 예산을 수립하는 일은 사람들 사이의 상호작용이 수반되는 인간적 과정이 되는 것이다. 프로포절 작성에 있어 유념할 것은 이와 같은 예산수립의 인간적 과정이 나중에 프로그램에 대한 평판과도 연결이 된다는 점이다. 더욱이 기금을 지원하는 곳에서는 프로포절을 심사하면서 기금을 신청한 사회복지기관에 대한 지역주민의 인식을 고려하는 것도 심사기준의 하나인 경우가 많다. 따라서 프로포절을 작성할 때 예산수립을 프로그램 기획자와 소수의 몇 명이 하는 것이 아니라 관계되는 사람들과의 인간적 소통을 바탕으로 하는 것도 프로그램 선정과 추후 운영에 긍정적 도움이 될 것이다.

03 예산작성

예산수립의 마지막은 재정지원처에서 제공하는 양식에 맞춰 예산을 편성하는 일이다. 사회복지 프로그램 예산편성은 프로그램의 총예산을 인건비, 사업비, 관리운영비, 수용비, 기타 등의 항목으로 나누어 편성하는데 사회복지공동모금회의 양식에서는 인건비, 사업비, 관리운영비의 세 가지 영역으로 구분을 한다. 먼저 인건비는 해당 사업을 수행하는 인력에 투입되는 비용이다. 프로그램 담당자, 보조담당자 등의 인건비가 해당한다. 사업비는 프로그램의 수행에 필요한 직접비용으로 강사비, 회의비, 홍보물품비, 자문비 등이 해당한다. 관리운영비는 프로그램의 수행에 필요한 관리비용으로 사무용품비, 냉·난방비, 전기료 등이 해당한다.

그리고 직접비와 간접비를 구분해서 예산을 제시해야 하는데 사회복지공동모금회의 경우에는 직접비만 예산에 기입하게 되어 있다. 직접비는 프로그램에 필요한 신규인력과 시설 등 프로그램을 위해 직접적으로 지출되는 경비이고, 간접비는 기존인력이나 시설 및 장비 등 다른 프로그램과 공유하는 비용이다. 그래서 직접비만 기입하도록 하는 것이다.

그럼 이제 사회복지공동모금회의 실제 예산작성 사례를 보면서 양식에 기입할 내용을 차례대로 살펴보자. 먼저 관의 경우 사업비라고 이미 기입이 되어 있다.[1)]

---

1) 사회복지공동모금회에서 제시하는 2020년 양식에 의하여 <표Ⅱ-20>에서 보는 바와 같이 관과 항 부분이 아예 나타나지 않고 있다. 이는 관은 '사업비'이고, 항은 프로포절하는 '해당사업'이 되기 때문에 굳이 표시하지 않는 것이다.

① 항 : 항에서는 「공동모금회 '○○○○○' 사업비」라고 되어 있으므로 프로포절의 프로그램명을 따옴표 안에 적으면 된다.

② 목 : 목은 앞서 본 것처럼 인건비, 사업비, 관리운영비 세 가지가 해당하며 이 중 하나를 선택하여 기입한다.

③ 세목 : 세목에는 해당 사업에서 진행하려는 세부 프로그램을 기입한다. 프로그램별로 세목을 구성하면 프로그램에 따른 비용을 파악하기가 쉽다. 반대로 프로그램이 아니라 개별 활동별로 세목을 설정하면 예산계획 양식도 너무 분량이 많아지고 실제 회계 업무처리에서도 효율적이지 못하다.
프로그램별로 세목을 작성하면 프로그램 운영 후에 성과를 평가할 때도 계산이 용이하다. 그리고 프로그램을 수행하는 도중에 예산을 변경해야 할 경우에도 세목 간 변경이 쉽다.

④ 계 : 산출근거에서 작성한 금액을 모두 합한 것으로 세목, 즉 프로그램별 비용이 된다.

⑤ 산출근거 : 예산의 구체적인 근거를 말하며 실제 단가, 수량, 인원, 횟수(건수) 등이 해당한다. 이때 단가, 수량, 인원, 횟수 등의 순서를 통일해서 작성하면 눈에 잘 띄고 비교가 용이한 장점이 있다.

⑥ 예산조달 계획 : 신청금액과 자부담 두 부문으로 되어 있다. 이때 신청금액은 재정지원처로부터 배정받기를 희망하는 금액이며 자부담은 배합자금(matching-fund)을 뜻하기 때문에 향후에 기금을 지원받지 못하여도 독자적으로 프로그램을 운영할 수 있는 가능성을 보여준다. 뒤집어 말해 예산계획에서 자부담이 미약하면 심사위원들은 해당 프로그램이 신청기관의 능력을 벗어난다고 판단할 수 있다.

⑦ 비율: 신청금액의 총액에 대비한 각 항목의 비율을 뜻한다. 자부담에서의 비율도 마찬가지로 전체 자부담 대비 해당 항목의 비율을 기입하면 된다.

⑧ 자부담재원: 자부담의 재원은 프로포절을 신청하는 기관의 자체예산, 외부지원, 수익금(참가비 등), 기금, 기부금 등이 있으며, 이 가운데 해당하는 내용을 선택해서 기입하면 된다.

표 II-22 사회복지공동모금회의의 예산계획 예시

관	사업비							
항1)	공동모금회 "2013 MBC 1318 사랑의 열매 캠프" 사업비							
목2)	세목3)	계4)	산출근거5)	예산조달 계획6)				
				신청금액	비율(%)7)	자부담	비율(%)	자부담 재원8)
총계		205,000,000		108,000,000	100	97,000,000	100	
인건비	인력 지원비	5,200,000	-계약직1,200,000원×1.5개월×1명 = 1,200,000원 -담당자인건비200,000원×4개월×5명 = 4,000,000원	5,200,000				
	소 계	5,200,000		5,200,000	4.8		0	
사업비	대학생지도 자교육비	6,050,000	-대학생지도자교육자료550부×11,000원 = 6,050,000원	6,050,000	5.6			
	권역별 연계비	3,350,000	내용 생략	3,350,000	3.1			
	물품 제작비	125,345,000	-캠프북2,500원×2,860부=7,150,000원 -캠프티 제작비 14,700원×2,860명 = 42,042,000원 -캠프·모자 제작비 9,800원×2,860명=28,028,000원 -모포 제작비 7,900원×2,860명=22,594,000원 -베개 제작비1,200원×2,860명=3,432,000원 -봉사활동확인서제작비 2,000원×2,860명=5,720,000원 -목걸이 볼펜1,500원×2,860명=4,290,000원 -우의 구입비650원×2,860명=1,859,000원 -포스터 제작700원×7,000부=4,900,000원 -캠프보고집 인쇄30,000원×150부=4,500,000원 -캠프활동 사진첩 20,000원×24권=480,000원 -물품제작 배포비350,000원	28,345,000	26.3	97,000,000	100	
	영상제작비	55,000,000	-영상제작비(MBC)55,000,000원	55,000,000	50.9			
	수기공모비	1,000,000	-최우수상 상품(1명)300,000원×1명 = 300,000원 -우수상 상품(3명) 150,000원×3명 = 450,000원 -장려상 상품(5명)50,000원×5명=250,000원	1,000,000	0.9			
	보험비	6,925,000	보험비2,500원×=2,770명=6,925,000원	6,925,000	6.4			
	소 계	197,670,000		100,670,000	93.2	97,000,000		
관리 운영비	기타	2,130,000	-운영비 SMS사용비용 1,000,000원 잉크, 문구류구입비100,000원×5회 = 500,000원 -예비비630,000원	2,130,000				
	소 계	2,130,000		2,130,000	2.0			

※ 출처 : 강남대학교 강남종합사회복지관의 2013년도 사회복지공동모금회 중앙회 지원사업 프로포절.

PART III

사회복지 프로포절의 실제

Part Ⅰ「사회복지 프로그램과 프로포절」에서는 사회복지 프로그램 개발의 의미와 프로그램 시행을 위한 재원마련의 일환으로 작성하는 제안서, 즉 프로포절 작성을 위해 어떤 준비를 해야 하는지를 살펴보았다. 그리고 목표달성을 위해 실행하고자 하는 활동들의 결과를 측정하기 위해 숙지해야 하는 평가의 유형과 지표를 포함하여 설명함으로써 사회복지 프로그램 개발과 프로포절 작성을 시작하기 전에 알아두어야 할 기초적인 이해를 돕고자 하였다. Part Ⅱ「사회복지 프로포절의 작성방법」에서는 Part Ⅰ에서 습득한 지식을 바탕으로 공공의 기금을 확보하기 위한 프로포절을 효과적으로 작성하는 방법을 단계별로 정리하여 서술하였다. Part Ⅲ「사회복지 프로포절의 실제」에서는 Part Ⅱ에서 배운 각 단계별 프로포절 작성방법을 제대로 이해하고 있는지 확인할 수 있도록 다양한 재정지원처 공모에 당선된 프로포절의 실례를 수록하였다. 각 프로포절의 마지막 부분에는 '프로포절 작성 단계별 자가점검 리스트'를 제시하였다. 학습자들이 각각의 프로포절 사례를 읽어보면서 제안자가 프로포절 작성단계별 유의사항을 얼마나 제대로 적용하고 있는지를 점검함으로써 학습자의 이해정도를 파악할 뿐 아니라 향후 프로포절 작성 시 견본으로 사용할 후 있도록 하였다. Chapter 10에서는 대표적인 재정지원처인 사회복지공동모금회 배분사업의 프로포절 사례를 소개하였고, Chapter 11에서는 삼성복지재단과 오렌지희망재단 등 기업체와 비영리단체의 프로포절 사례를 제시하였다. 마지막 Chapter 12에서는 사회체계 변화에 따른 사회문제 양상과 최근 10여 년 동안의 사회복지공동모금회의 배분동향을 분석해 봄으로써 향후 지향해야 할 사회복지 프로그램 개발의 방향성을 제언해 보았다.

Chapter 10

사회복지공동모금회 배분사업 프로포절의 실제

사회복지공동모금회(이하 모금회)의 배분사업은 공식적으로 모금된 재원을 사회복지공동모금회법 제20조에 따라 배분하는 기능을 담당한다. 사회복지사업이나 기타 사회복지활동을 행하는 법인·기관·단체 및 시설(개인신고 시설 포함)과 사회복지 서비스를 필요로 하는 개인이 신청할 수 있다. 배분사업의 종류는 첫째, 사회복지 증진을 위하여 자유주제 공모형태로 복지사업을 신청받아 배분하는 신청사업, 둘째, 모금회가 그 주제를 정하여 배분하거나 배분대상자로부터 제안받은 내용 중에서 선정하여 배분하는 기획사업, 셋째, 재난구호 및 긴급구호, 저소득층응급지원 등 긴급히 지원해야 할 필요가 있는 경우에 배분하는 긴급지원사업, 넷째, 사회복지 증진을 위하여 기부자가 기부금품의 배분지역·배분대상자 또는 사용용도를 지정한 경우 그 지정취지에 따라 배분하는 지정기탁사업이 있다. 이 장에서는 자유주제 공모형태인 '신청사업'의 프로포절 실제를 다루고자 한다. 배분사업 공모에 신청할 때 제출하는 사업신청서는 1쪽으로 작성하는 사업개요, 신청기관에 관한 정보, 사업계획의 3부분으로 구성되어 있으나, 학습자들에게 필요한 것은 실제 사업계획이기에 여기서는 사업계획 부분만을 제시하였다. 사례로 제시된 4편의 사업계획서는 프로포절 작성법을 학습하고자 하는 독자들에게 도움이 될 수 있도록 각 기관의 프로포절 작성자와 모금회의 동의를 얻어 수록하였음을 밝혀 둔다.

01 사회복지공동모금회 '성과사업' 프로포절 사례

사회복지공동모급회법 제20조는 매년도 8월 31일까지 다음 회기의 배분사업에 대해서 공고하게 되어 있다. 이때 공동모금재원의 배분대상, 배분한도액, 배분신청기간 및 배분신청서 제출 장소, 배분심사기준, 배분재원의 과부족(過不足) 시 조정방법, 배분신청 시 제출할 서류, 그 밖에 공동모금재원의 배분에 필요한 사항을 제시하게 되어 있다. 배분을 받고자 하는 기관을 프로그램사업과 기능보강사업에 신청을 할 수가 있고 연간 3,000만원 이내에서 배분을 받을 수가 있다. 물론 이 한도는 지회별로 배분한도 내에서 조정을 하게 된다. 동일기관이 프로그램사업과 기능보강사업을 중복하여 신청할 수는 없다.

프로그램사업은 지역사회 변화와 지역주민 삶의 질 향상을 중심으로 사회복지기관 등에서 계획하여 진행예정인 사업이 포함된다. 최초 지원을 포함하여 총 3회(3차년도)까지 연속지원이 가능하고, 배분신청금액 중 사업비는 신청예산의 50% 이상 책정하여야 한다. 프로그램사업은 성과중심형사업, 성과확산형사업, 산출중심형사업으로 구분된다.

성과중심형사업으로 배분을 신청하려면 성과중심형사업에 대한 이해가 필요하다. 성과중심형사업은 성과 목표 달성을 통해 사업 참여자의 의미 있는 변화를 꾀하고, 나아가 지역사회 변화의 기초를 다지는 사업을 이른다. 주로 단년도 형태의 사업이며 사업 참여자의 역량강화 또는 소규모의 지역사회 네트워크 구축 증의 사업을 포함한다.

사례 1 아동 대상 심리/정서/상담 프로그램

1 사업명 : 아동의 자기표현증진을 통한 또래관계 및 자아존중감 향상 프로그램 '크레센도 하모니(Crescendo Harmony)'[1]

2 사업 내용 및 추진 전략

1) 사업 참여자 모집 전략

(1) 참여 대상 및 인원

구분	내용
핵심 참여자	• 자기표현의 부재로 또래관계가 어렵고, 자아존중감이 낮은 아동 12명
주변 참여자	• 핵심참여자와 함께 거주중인 보호자 24명 • 핵심참여자가 재학 중안 학교 담임교사, 지역사회교육전문가 18명 • 프로그램 강사 3명(스피치 강사, 뮤지컬 강사, 뮤지컬 보조강사)

(2) 참여자 선정 기준

구분	내용
공통기준	• 학생정서행동특성검사에서 '관심군'을 받거나, 학교 및 유관기관 담당자의 프로그램 참여 추천서가 있는 아동 • ㅇㅇ1동, 2동 초등학교 3-5학년 아동 12명 • 본 사업에 자발적으로 참여를 원하는 아동 • 프로그램 참여를 통해 목표 달성이 가능한 아동
우선 선정기준	• 1순위 : 자기표현력 및 자아존중감 척도 점수가 낮은 순으로 우선순위 • 2순위 : 저소득가정 (기초생활수급, 차상위, 한부모가정, 조손가정) • 3순위 : 방과 후 프로그램을 이용하지 않거나, 맞벌이 방임아동 가산점 • 4순위 : 담당사회복지사의 의견으로 프로그램 참여가 필요하다고 판단되는 아동

(3) 참여자 선정 기준

구분		세부내용	담당자
홍보	학교홍보	• 내용 : 학교별 사업설명회 • 일자 : 2019. 1.~2. • ㅇㅇ교육지원청, 복지관 관할 지역 초등학교 3곳 • 방법 : 담당자의 학교 방문을 통한 사업 설명, 참여 제안 안내	사회복지사

---

1) 본 프로포절은 하계종합사회복지관에서 사회복지공동모금회에 2019년 성과중심형 사업계획으로 프로포절하여 배분받은 사업이다.

	유관기간 홍보	• 내용 : 담당자 면담, 전화, 공문발송을 통한 홍보 • 일자 : 2019. 1.~2. • 대상 : ㅇㅇ구청, ㅇㅇ1동, 2동 주민센터 공문발송 및 기관 방문	
	지역주민 홍보	• 내용 : 1) 복지관 홍보 - 사업홍보지 배부 200부 이상 - 복지관 홈페이지를 활용한 홍보 2) 온라인 · 언론홍보 - 지역신문 활용 홍보(연 2회 이상) - SNS 서비스를 활용한 홍보(월 3회 이상) 3) 길거리 홍보 - 사업홍보지 배부 : 200부 이상 - 공공현수막 게시 : 2주 이상 • 대상 : 복지관 관할 지역 거주 지역주민	사회복지사
선정	**접수** • 참여자 모집 홍보 • 유관기관 의뢰 및 추천 • 직접 신청	▷ **intake** • 내방 및 가정방문 상담 ▸ 아동, 부모면접 ▸ 인테이크지 작성 ▸ 심사점수표 작성 • 사전 척도검사 실시 ▷ **선정회의** • 참여자 선정회의 ▸ 관장, 부장 ▸ 서비스연계팀장 ▸ 담당 사회복지사 • 선정 관련 개별 연락	▷ **서비스동의** • 선정결과 알림 • 오리엔테이션 • 서비스동의서작성 • 개인정보동의서 작성
	* 선정 아동의 경우, 추후 지역사회 자원정보 공유		

(4) 참여자 모집 방안 -주변참여자 (강사)

구분		세부내용	담당자
강사 모집	홈페이지 공고 게시	• 일자 : 2019. 1.~2. • 방법 : 본 복지관 홈페이지 및 관련 사이트 채용 공고 게시 • 자격 : - 범죄 및 성폭력범죄 조회 시 결격사유가 없는 자(필수) - 뮤지컬, 스피치 관련 자격증 소유자(필수) - 아동 대상 뮤지컬, 스피치 프로그램 진행 2년 이상 경험자(우대) - 아동 심리관련 자격증 소지자(우대)	사회복지사
선정	**접수** • 이력서 확인 • 1차 선발	▷ **면접** • 대면 면접 실시 ▸ 부장 ▸ 서비스제공팀장 ▸ 담당 사회복지사 ▷ **선정회의** • 강사 선정회의 ▸ 관장, 부장 ▸ 서비스연계팀장 ▸ 담당 사회복지사	▷ **서비스동의** • 선정결과 알림 • 계약서 작성 • 개인정보동의서 작성

2) 사업 내용 및 사업 집행 전략

○ 사업 내용

<table>
<tr><th colspan="3">프로그램명</th><th>세부내용</th><th>참여인원</th><th>연간활동 시간</th><th>담당자</th></tr>
<tr><td colspan="3">오리엔테이션</td><td>• 내용 : 사업소개, 개인정보 제공활용동의서, 서비스동의서 작성
• 기간 : 2019. 3.</td><td>핵심참여자 12명</td><td>연1회/ 1시간</td><td>사회복지사</td></tr>
<tr><td colspan="3">관계형성 프로그램</td><td>• 내용 :
– 참여자 관계형성 레크리에이션
– 신체본뜨기, 단체체육활동
• 기간 : 2019. 3.</td><td>핵심참여자 12명</td><td>연2회/2시간</td><td>사회복지사</td></tr>
<tr><td rowspan="7">자기표현증진 프로그램</td><td rowspan="3">스피치 익히기</td><td>스피치 기초</td><td>• 내용 :
– 스피치 필요성 이해
– 자기소개 훈련, 다양한 방법으로 표현하기
– 띄어서 말하기 기법
• 기간 : 2019. 4.</td><td>핵심참여자 12명</td><td>연4회/ 2시간</td><td rowspan="3">스피치리더강사
코리더강사
사회복지사</td></tr>
<tr><td>음성표현 및 경청훈련</td><td>• 내용 :
– 호흡법 훈련
– 말의 강조 및 고음 · 저음 훈련
– 커뮤니케이션에서의 경청의 중요성 알기
– 경청훈련
• 기간 : 2019. 5.</td><td>핵심참여자 12명</td><td>연4회/ 2시간</td></tr>
<tr><td>연단자세 및 발표훈련</td><td>• 내용 :
– 제스처, 시선안배 처리 훈련
– 표정관리 실습, 자신감 훈련
– 발표를 통한 훈련, 대화와 토론을 통한 훈련
• 기간 : 2019. 6.</td><td>핵심참여자 12명</td><td>연4회/ 2시간</td></tr>
<tr><td rowspan="4">뮤지컬 배우기</td><td>뮤지컬 기초</td><td>• 내용 :
– 뮤지컬 이해, 뮤지컬 기본요소 학습
– 뮤지컬 영상 상영
• 기간 : 2019. 6.~7.</td><td>핵심참여자 12명</td><td>연4회/ 2시간</td><td rowspan="4">뮤지컬강사
코리더강사
사회복지사</td></tr>
<tr><td>창의력 · 순발력 키우기</td><td>• 내용 :
– 상황 연기, 상황 만들기 연습
– 즉흥연기, 몸짓놀이, 박자 익히기
• 기간 : 2019. 7.~8.</td><td>핵심참여자 12명</td><td>연4회/ 2시간</td></tr>
<tr><td>댄스 배우기</td><td>• 내용 :
– 뮤지컬 스텝 및 동작 배우기
– 발표작품 댄스 학습하기
• 기간 : 2019. 8.~9.</td><td>핵심참여자 12명</td><td>연4회/ 2시간</td></tr>
<tr><td>뮤지컬 심화</td><td>• 내용 :
– 뮤지컬 심화 스텝 및 동작 익히기
– 발표작품 심화 학습하기
• 일자 : 2019. 9.~10.</td><td>핵심참여자 12명</td><td>연4회/ 2시간</td></tr>
</table>

	뮤지컬현장체험		• 내용: – ㅇㅇ문화예술과 'backstage' 체험 : 공연장 무대 분야 직업군 안내, 무대기술(무대/조명/음향) 시연관람, 연습실 등 견학 – 어린이뮤지컬 관람 • 일자 : 2019. 6. 10.	핵심참여자 12명	연2회/ 4시간	
	뮤지컬드림캠프		• 내용: – 참여아동들의 팀워크 향상을 위한 1박 2일 뮤지컬 배우기 집중 아동캠프 – 연말 발표회 작품 선정 : 5작 이상 후보 선정(강사) : 참여아동 직접 투표&논의를 통한 발표회 작품 선정 : 발표회 연습, 역할나누기(추후진행) • 기간: 2019. 8.	핵심참여자 12명, 주변참여자 2명	연1회/ 1박2일	
	발표회	발표회 연습	• 내용 : 발표회를 위한 뮤지컬 연습 • 일자 : 2019. 10.~11. • 참여자 자체연습 수시로 추가 진행	핵심참여자 12명	연5회/ 2시간	
		발표회 준비	• 내용 : – 극중 역할 나누기 및 공연준비 역할분배 – 무대준비, 의상 구입 – 홍보 : 학교, 보호자, 친구에게 초대장 발송 : 포스터 제작 및 홍보 : SNS, 유관기관, 지역주민 홍보 • 일자 : 2019. 10.~11.	핵심참여자 12명	연5회 이상	
		발표회 실시	• 내용 : 뮤지컬 공연 발표 • 일자 : 2019. 11. • 장소 : 본 복지관 3층 강당	핵심참여자 12명, 주변참여자 42명	연1회/ 3시간	
나의 가치 알기 프로그램			• 내용 : – 참여아동의 자아존중감 향상을 위한 집단 PG – 자기강점 파악, 가치찾기, 감사 프로젝트 • 기간 : 2019. 11.~12.	핵심참여자 12명	연3회/ 2시간	사회복지사
참여자 개별 상담			• 내용 : 참여아동과 담당자의 프로그램 적응, 또래관계 등 근황 상담 • 기간 : 2019. 4.~12.	핵심참여자 12명	연9회/ 15분	사회복지사
보호자 상담			• 내용 : 참여아동이 프로그램 참여관련 보호자와의 상담 • 기간 : 수시	주변참여자 12명	수시	사회복지사
최종 평가회			• 내용 : – 활동영상 상영 – 활동 및 변화 관련 이야기 나눔 – 활동자료집 및 수료증 전달 – 사후검사 • 기간 : 2019. 12.	핵심참여자 12명	연1회/ 2시간	사회복지사

○ 사업 진행 일정

내용 \ 기간			1월	2월	3월	4월	5월	6월	7월	8월	9월	10월	11월	12월
홍보 및 핵심참여자 모집			■	■										
주변참여자 모집			■	■										
선정회의				■										
오리엔테이션					■									
관계형성 프로그램					■									
자기표현증진 프로그램	스피치 익히기	스피치기초				■								
		음성표현 및 경청훈련					■							
		연단자세 및 발표훈련						■						
	뮤지컬 배우기	뮤지컬기초						■	■					
		창의력 · 순발력 키우기							■	■				
		댄스 배우기								■	■			
		뮤지컬심화									■	■		
	뮤지컬현장체험							■				■		
	뮤지컬드림캠프									■				
	발표회	발표회연습										■	■	
		발표회준비										■	■	
		발표회실시											■	
나의 가치 알기 프로그램					■	■	■	■	■	■	■	■	■	■
참여자 개별 상담														■
보호자 상담					■	■	■	■	■	■	■	■	■	■
최종 평가회														■

3) 기관 연계협력 전략

협력 기관명	세부 사업명	협력 계획	비고
ㅇㅇ구청 ㅇㅇ1동, 2동주민센터 ㅇㅇ교육지청	프로그램 홍보	• 본기관 : 참여자 모집 관련 홍보요청 • 협력기관 : 사업 정보제공	
ㅇㅇ초, ㅁㅁ초, △△초	프로그램 홍보 참여자 모집 및 추천	• 본기관 : 참여자 모집 관련 홍보요청, 참여자 추천요청 • 협력기관 : 참여자 의뢰 및 사업 정보제공	
ㅇㅇ대뮤지컬학과	자기표현증진 프로그램	• 본기관 : 집단 프로그램 자원봉사자 파견 요청 • 협력기관 : 본 사업관련 자원봉사자 파견	
ㅇㅇ문화예술회관	뮤지컬 현장체험	• 본기관 : 아동문화체험 연계 요청 • 협력기관 : ㅇㅇ문화예술회관 'backstage' 우선참여 지원	
ㅇㅇ시 사회복지관협회, 교육복지재단, 어린이재단 ㅇㅇ지부	서비스연계	• 본기관 : 후원물품 연계요청, 결연후원연계 • 협력기관 : 후원물품 · 결연후원연계	
좋은마음센터 ㅇㅇ지부	사후관리	• 본기관 : 개인심리치료 의뢰 및 치료비 지원 • 협력기관 : 개인심리치료 연계	

3 예산 편성

(단위 : 원)

목	세목	세세목	계	산출근거	예산조달 계획				
					신청금액	비율(%)	자부담	비율(%)	자부담 재원
총계			18,914,000	–	18,603,000	98.37	311,000	1.63	후원금
사업비	홍보비		70,000	현수막제작비 35,000×2개=70,000	36,000	0.18	–	–	–
	오리엔테이션		66,000	다과비 3,000×12명×1회=36,000	–	–	30,000	0.15	후원금
				명찰구입비 2,000×15개=30,000					
	관계형성 프로그램		163,000	다과비 3,000×12명×2회=72,000 모조지 1,500×10개×1회=15,000 색연필구입비 5,000×6개=30,000 사인펜구입비 5,000×6개=30,000 배구공 10,000×1회=10,000 마스킹테이프 3,000×2개×1회=6,000	163,000	0.87	–	–	–
	자기	스피치 익히기	3,504,000	강사비 (140,000×1시간) +(80,000×추가1시간)×1명×10회	3,504,000	18.90	–	–	–

표현증진프로그램				=2,200,000 보조강사비 (50,000×1시간) +(30,000×추가1시간)×1명×10회 =800,000 다과비 3,000×12명×10회=360,000 도서구입비 10,000×12명×1회 =120,000 필기도구구입비 2,000×12명×1회 =24,000					
	뮤지컬 배우기		6,856,000	강사비 (140,000×1시간) +(80,000×추가1시간)×1명×16회 =3,520,000 보조강사비 80,000×1명×12회=960,000 다과비 3,000×12명×16회=576,000 핀마이크구입비 150,000×12개 =1,800,000	6,856,000	37.63	–	–	–
	뮤지컬현장 체험		1,190,000	버스대여비 350,000 공연관람비 30,000×15명[2]×1회=450,000 간식비 3,000×15명×2회=90,000 식사비 10,000×15명×2회=300,000	1,190,000	6.30	–	–	–
			30,000	여행자보험료 2,000×15명×1회=30,000	–	–	30,000	0.15	후원금
자기표현증진프로그램	뮤지컬드림캠프	사전 답사	30,000	사전답사주유비 30,000×1회=30,000	30,000	0.17	–	–	–
		캠프	3,342,000	강사비 (140,000×1시간)+ (80,000×추가5시간)×1명×1회=540,000 보조강사비 (50,000×1시간)+ (30,000×추가5시간)×1명×1회=200,000 버스대여비 450,000×2일×1회=900,000 숙박시 400,000×2일=800,000 식사비 8,000×16명[3]×4식=512,000 간식비 3,000×16명×2회=96,000 레크리에이션용품구입비 10,000×12명×1회=120,000 현수막제작비 30,000×1개=30,000 여행자보험료 4,000×16명×1회=64,000 의약품구입비 50,000×1회=50,000	3,342,000	17.46	–	–	–
자기표현증진프로그램	발표회	발표회 연습	780,000	강사비 (140,000×1시간)+ (80,000×추가1시간)×1명×2회=440,000 보조강사비 (50,000×1시간)+ (30,000×추가1시간)×1명×2회=160,000 다괴비 3,000×12명×5회=180,000	780,000	1.43	–	–	–
		발표회 실시	2,154,000	무대세팅비 1,000,000×1회=1,000,000 음향기기대여비 300,000×1회=300,000 의상구입비 50,000××12명×1회=600,000 매직구입비 10,000×2개=20,000 색지구입비 300×50장=15,000	2,154,000	12.30	–	–	–

			갠트지구입비 500×10장=5,000 페이스페인팅물감구입비 20,000×1개 =20,000 다과비 3,000×12명×1회=36,000 식사비 10,000×15명×1회=150,000					
	나의 가치 알기 프로그램	228,000	다과비 3,000×12명×3회=108,000 풍선구입비 10,000×6개=10,000 클레이구입비 15,000×6개=90,000 도화지구입비 200×25장=20,000[4]	228,000	1.22	–	–	–
	최종평가회	350,000	활동자료집제작비 15,000×12명×1회 =180,000 상장구입비 10,000×2개=20,000 식사비 10,000×15명×1회=150,000	350,000	1.91	–	–	–
	소계	18,763,000	–	18,633,000	98.37	130,000	0.66	–
관리운영비	문자발송비	50,000	문자발송충전비 50,000×1회=50,000	–	–	50,,000	0.28	–
	물품구입비	131,000	제본표지구입비 35,000×1개=35,000 A4용지구입비 30,000×2개=60,000 첨부파일구입비 4,000×4개=16,000 필기도구구입비 20,000×1회=20,000	–	–	131,000	0.69	
	소계	181,000	–	–	–	181,000	0.97	–

4 문제 의식(사업의 필요성)

1) 사업 계획 배경

○ ○○구 지역 특성 – 저소득 밀집, 아동 프로그램 부족

○○시 거주 국민기초생활보장법 수급자 총 52,435명 중 8.8%인 4,616명이 ○○구에 거주하고 있다. 이를 통해 ○○구 중 가장 많은 국민기초생활수급자가 ○○구에 거주하고 있음을 알 수 있다(○○여성가족정책실 통계 2016). ○○복지관 관할 지역인 ○○구 ○○1동과 2동의 총 거주인구 55,613명 중 만 0-18세 아동의 수는 9,459명으로 전체 거주인구의 18%로 높은 비율을 차지하고 있다(○○구청 자치행정과 주민등록인구현황표, 2018.8). 하지만 ○○1동, 2동 아동의 경우 관할구역의 제한 및 접근성의 문제로 인해 복지 서비스 이용이 상당히 제한적이다. 이에 따라 본 ○○관은 2017년 10월 개관한 이래 지역주민의 욕구를 파악하기 위해 지속적으로 노력하고 있으며 이를 통해 프로그램을 계획하게 되었다.

2) 문화체험의 경우, 외부활동으로 진행됨에 따라 수행인력 예산까지 포함하였음
3) 뮤지컬드림캠프의 경우, 1박2일 외부활동으로 진행됨에 따라 수행인력 예산까지 포함하였음
4) 이 부분은 계수가 틀려 사회복지공동모금회에서 파란색으로 표시하였음(저자주)

○ 저소득 가정의 아동 특성 - 자기표현력 부족과 낮은 자아존중감

저소득 가정의 아동을 살펴보면 경제적 자원의 결핍으로 인하여 야기되는 다양한 취약성에 노출되어 있다. 경제적 자원의 결핍은 단순히 금전적인 어려움만을 의미하기보다는 지역사회의 열악한 환경과 경제적 어려움으로 인한 높은 스트레스, 갈등적 가족관계 역기능적 부모-자녀관계, 양육활동 부족과 그 외 만성질병이나 알코올중독, 가정폭력 등 다양한 어려움들과 복잡한 관련성을 가지고 있기 때문이다.[5]

또한 일반 가정의 아동들에 비해 신체발달 저하뿐만 아니라 가정과 학교 등의 사회문화적 환경 속에서 낮은 자아개념과 자아존중감을 나타내고 있으며, 대인관계에 있어서도 본인의 의사를 명확하게 표현하지 못하고 위축감을 가지고 있다(박현선. 2008; 김희선. 2009). 결국 자기표현 능력 부족과 낮은 자아존중감으로 인하여 아동기, 청소년기뿐만 아니라 성인기까지 사회경제적 적응과 활동 등에서 심리적 어려움을 겪게 되며, 자녀세대로 경제적 빈곤세습의 악순환이 이어지는 것이 큰 원인으로 작용하게 된다.[6]

○ 경험적 특성 - 저소득 가정 아동 정서지원 프로그램

2018년 ○○교육지원청 지역기반형 교육복지협력사업 지원을 통해 ○○1동 저소득 아동들이 주로 다니는 ○○초등학교 아동 10명을 대상으로 정서지원 프로그램을 2018년 3월부터 진행하고 있다. 이를 통해 저소득 아동들 중 또래관계형성 능력이 부족한 아동들은 대부분 자기표현능력과 상호작용 경험이 부족하다는 공통점을 가진 것으로 확인하였으며, 프로그램 참여 아동들이 3월 이전보다 자기표현 및 상호작용 능력이 향상됨을 확인할 수 있었다.

또한 10회기 집단상담 프로그램을 진행한 치료사는 사후 개입에 대해 "아동들의 원활한 또래관계를 위해 적절한 자기표현과 타인에 대한 공감능력을 습득할 수 있도록 더 노력해야 한다"고 담당자에게 당부하였다.

---

5) 이경현(2011), 사회적 지지가 저소득층 아동의 정서행동과 자기조절능력에 미치는 영향, 경북대학교 과학기술대학원 아동복지전공.

6) 안주희(2013), 저소득층 아동들을 위한 연극치료 연구: 자기표현능력과 자아존중 중심, 동덕여자대학교 연극치료전공.

〈2018 ○○교육지원청 지역기반형 교육복지협력사업 대집단미술치료 치료사 종결평가서 내용〉

	집단프로그램 1회기	집단프로그램 10회기
A아동	치료사의 지시에 따라 활동에 임하는 것에 자신감이 부족하며, 그림으로 표현하는 것에 어려움을 느낀다고 판단됨.	아동은 활동에 참여하는 태도가 매회기 점차적으로 적극적으로 변함을 볼 수가 있었음. 평소 자기표현에 소극적이고 위축된 모습과 달리 짝궁과 작업 시 자신이 먼저 하고 싶다며 적극적으로 참여하며, 집단원과도 다툼 없이 적극적으로 어울리는 태도를 보였음.
B아동	활동엔 적극적이고 모범적인 태도로 임하나, 또래간의 적절한 의사소통 능력이 다소 부족하여 또래관계가 원만하지 않을 것으로 보여짐.	아동은 집단 활동 시 평소와 다르게 집단구성원과 다투는 모습 없이 서로 배려하며 활동에 잘 참여하였음. 짝궁이 자신의 의도와는 다르게 그림을 표현하거나 주장을 강하게 내비칠 때에도 짝궁의 의사를 수용하려고 노력하는 모습을 보였음.
C아동	주어진 활동에 성실히 임하려고 노력하며, 집단원들에게도 긍정적인 피드백을 제공하는 모습을 보임. 하지만 집단활동을 할 때에 협동하는 모습보단 자기중심적인 성향을 많이 보임.	프로그램 후반기에도 자기중심적인 성향을 많이 보이며 집중이 흐려지는 모습을 보이긴 했으나, 조별 활동 시 짝꿍의 작품을 함께 협동하여 완성해내는 모습을 보이는 것을 보아 또래와의 긍정적 상호작용의 경험이라 판단됨.

○ 스피치 & 뮤지컬 교육을 통한 자기표현 증진 – 아동의 또래관계 및 자아존중감 향상

스피치 교육은 단순한 언어의 전달과정을 교육시키는 것에 머무는 것이 아니라 실제적인 경험을 전달하고 공유하는 일종의 교육적, 경험적 과정으로 볼 수 있다. 스피치 교육의 최종 목적은 아동의 의사소통 능력을 향상시키는 것에서 나아가 아동 스스로 스피치 향상을 조절하고 점검할 수 있는 것을 포함한다.[7)]

또한 개인의 커뮤니케이션 능력을 성찰하고 사고함으로써 인지적 성장과 더불어 능동적 자아를 개발하게 되며 청중을 대상으로 피드백 과정을 거칠 수 있다. 이를 통해 자아개념을 형성하고 사회적 상호작용을 경험할 수 있게 된다.[8)]

뮤지컬 수업은 다양한 분야가 존재하는 종합예술로서, 아동들에게 다양성을 충족시켜 주며, 관심과 흥미를 불러일으킬 수 있다. 이를 통해 인지적 영역에서는 말하기능력과 표현능력이 향상되며, 정서적 영역에서는 자신감, 흥미도, 표현력이 향상됨을 알 수 있다.[9)]

Walton(1975)은 자기표현력은 확신을 갖고 기술적으로 자신의 생각이나 감정을 폭넓게 전하는 능력이며, 한 가지 상황에서만 한정되는 것이 아니라 어떠한 상황 가운데서도 적절한 행동방식을 선택할 수 있는 것이라고 정의한다. 또한 자기표현은 자기주장만 하는 것이 아니라, 건전한 의사소통을 통하여 서로를 인정하는 것이며, 문제해결과정은 의견의 일치를 보는 것이 아니라 이견의

7) 이병혜(2008). 스피치 교육이 의사소통 및 문제해결 능력에 미치는 영향 연구, 화법연구 제12권.
8) 이상철, 백미숙, 정현숙(2006), 스피치와 토론, 성균관대학교 출판부.
9) 박찬구(2010). 뮤지컬의 교육적 활용을 위한 제작과정 연구: 초등학교에서의 뮤지컬 교육 적용, 단국대학교 문화예술대학원.

불일치를 인정하고 동의하지 않는 부분에도 동의하는 아량과 인격으로 인간관계를 풍부하게 만드는 것이라고 하였다.

이와 같이 자기 표현력은 일상생활을 하는데 매우 중요한 요소이며, 2000년대 초반부터 현재까지도 지속적으로 이루어지고 있는 자기 표현력과 관련한 많은 연구들이 이를 뒷받침하고 있다.

종합해 보면 자기 표현력은 자신을 표현하고 타인을 이해하는 과정에서 건전한 문제해결 의사소통 방식이 사용되며, 이를 통하여 교우관계에 긍정적인 영향을 미치는 것을 알 수 있다. 또한 자기 표현력의 향상을 통하여 개인이 관계에서 받는 실망감과 스트레스를 해소시켜 긍정적 자아감을 형성할 수 있음을 확인할 수 있다.[10)]

2) 기존 유사사업과의 차별성

저소득 가정 아동들의 또래관계형성능력 보완 문제를 해결하기 위한 다양한 프로그램들이 지속적으로 선행되어 왔다. 하지만 단편적인 심리치료나 집단신체활동 프로그램에 그치는 경우가 다수이다.

본 기관이 진행하고자 하는 본 프로그램은 자기표현력 증진에 초점을 맞춰 교육, 심리정서, 신체 등 통합적인 개입을 통한 저소득 가정 아동의 긍정적인 성장을 도모하고자 함에 타사업과 차별성이 있다고 볼 수 있다.

3) 신청기관의 강점

본 기관은 저소득밀집지역인 ○○동 지역주민의 복지향상을 목적으로 2017년 10월 설립된 신생 ○○관이다. 설립 이후부터 접근성 등의 이유로 복지 서비스를 받지 못했던 많은 저소득 주민을 대상으로 다양한 사업을 펼쳐나가고 있으며, 주민들도 이에 대한 기대가 크다.

또한 2018년 ○○교육지원청 지역기반형 교육복지협력사업 지원을 통해 하계동 저소득 아동들의 또래관계 향상을 위해 필요한 것을 경험하였고, 지속적인 지역주민 욕구 탐색을 통해 보다 효과적이고 체계적인 프로그램을 계획할 수 있었다.

본 프로그램을 통해 보다 효과적인 개입을 실시하여 ○○구 내 또래관계에 어려움을 겪고 있는 아동들의 건강한 성장에 기여할 수 있을 것이라 확신한다.

---

10) 유지은(2017), 뮤지컬을 통한 신체활동 프로그램이 초등학생 인성에 미치는 영향, 국민대학교 교육대학원.

5 목표 및 평가

1) 산출목표

<table>
<tr><th colspan="3">세부사업명</th><th>산출목표</th><th>모니터링 방법</th></tr>
<tr><td rowspan="2">홍보</td><td colspan="2">프로그램모집 홍보</td><td>• 학교 및 유관기관 홍보 6건 이상
• 언론보도 2건 이상
• 복지관 홈페이지 및 지역온라인 커뮤니티 홍보글 게시 3건 이상
• 홍보지 400부 이상 배부</td><td>• 현수막제작 결과물 확인
• 홍보물 및 내용 확인</td></tr>
<tr><td colspan="2">프로그램진행 홍보</td><td>• 복지관 홈페이지 활용 사업활동 보고 연 10회 이상
• 언론보도 3건 이상
• SNS 활용 홍보 월 1회 이상</td><td>• 홍보물 및 내용 확인</td></tr>
<tr><td colspan="3">오리엔테이션</td><td>• 오리엔테이션 실시
: 12명×1회=12건</td><td>• 출석부 확인
• 세부사업계획/결과보고 작성</td></tr>
<tr><td colspan="3">관계형성 프로그램</td><td>• 관계형성 프로그램 실시
: 12명×2회=24건</td><td>• 출석부 확인
• 세부사업계획/결과보고 작성</td></tr>
<tr><td rowspan="11">자기표현증진 프로그램</td><td colspan="2" rowspan="3">스피치익히기</td><td>• 스피치 기초교육 실시
: 13명×4회=48건</td><td rowspan="3">• 출석부 확인
• 세부사업계획/결과보고 작성
• 아동캠프 소감문 학인</td></tr>
<tr><td>• 음성표현 및 경청 교육 실시
: 13명×4회=48건</td></tr>
<tr><td>• 연단자세 및 발표훈련 교육 실시
: 13명×4회=48건</td></tr>
<tr><td colspan="2" rowspan="4">뮤지컬배우기</td><td>• 뮤지컬 기초교육 실시
: 13명×4회=48건</td><td rowspan="4">• 출석부 확인
• 과정기록지 작성</td></tr>
<tr><td>• 창의력 · 순발력 키우기 교육 실시
: 13명×4회=48건</td></tr>
<tr><td>• 댄스교육 실시
: 13명×4회=48건</td></tr>
<tr><td>• 뮤지컬 심화 교육 실시
: 13명×4회=48건</td></tr>
<tr><td colspan="2">뮤지컬현장체험</td><td>• 문화체험 실시
: 12명×2회=24건</td><td>• 출석부 확인
• 세부사업계획/결과보고 작성
• 소감문 확인
• 과정기록지 작성</td></tr>
<tr><td colspan="2">뮤지컬드림캠프</td><td>• 드림캠프 실시
: 12명×1회=12건</td><td>• 출석부 확인
• 세부사업계획/결과보고 작성
• 소감문 확인
• 과정기록지 작성</td></tr>
<tr><td rowspan="2">발표회</td><td>발표회 연습</td><td>• 발표회 연습 실시
: 12명×5회=60건</td><td rowspan="2">• 출석부 확인
• 관객 명단 확인
• 과정기록지 작성</td></tr>
<tr><td>발표회</td><td>• 발표회 준비 및 홍보</td></tr>
</table>

		준비	: 12명×5회=60건	
		발표회 실시	• 아동 1인당 1건 이상 발표 • 관객 20명 이상 참여	
나의 가치 알기 집단 프로그램			• 집단 프로그램 실시 : 12명×3회=36건	• 출석부 확인 • 세부사업계획/결과보고 작성 • 과정기록지 작성
참여자 개별 상담			• 보호자[11] 상담 월1회 이상 실시 : 12명×9회=108건	• 상담일지
보호자상담			• 보호자 상담 월1회 이상 실시 : 12명×9회=108건	• 상담일지
최종평가회			• 평가회 실시 : 12명×1회=12건 • 사후검사 12건 실시 • 활동영상 1건 이상 제작 • 활동자료집 1건 이상 제작	• 출석부 확인 • 세부사업계획/결과보고 작성 • 사후검사지 확인

2) 성과목표 및 평가방법

성과목표	평가 도구 및 방법	측정시기
아동의 자기표현능력 향상	• 평가지표 : – 자기표현척도[12] 점수 5점 이상 상승 – 자기표현 향상 정도 • 평가주체 : 참여아동, 사업담당자 • 평가도구 : 자기표현척도, 참여관찰 • 평가방법 : 참여자 대상 사전사후 검사, 참여관찰을 통한 확인	사전(3월) 사후(12월) 담당자 참여관찰(수시)
아동의 자아존중감 향상	• 평가지표 : – 자아존중감척도[13] 평균 3점 이상 상승 • 평가도구 : 자아존중감척도 • 평가방법 : 참여자 대상 사전사후 검사	사전(3월) 사후(12월)
아동의 또래관계형성능력 향상	• 평가지표 : – 사회성척도[14] 점수 평균 3점 이상 상승 – 또래관계형성능력 향상 정도 • 평가주체 : 참여아동, 사업담당자 • 평가도구 : 사회성척도, 참여관찰 • 평가방법 : 참여자 대상 사전사후 검사, 참여관찰을 통한 확인	사전(3월) 사후(12월) 담당자 참여관찰(수시)
자기표현력 증진을 통한 자아존중감 및 또래관계형성능력 향상	• 평가지표 : – 만족도검사결과 "자아존중감 및 또래관계형성능력 향상에 도움이 되었다" 평균 70점 이상 • 평가주체 : 참여아동 • 평가도구 :만족도검사지 • 평가방법 : 참여자 직접 평가	각 프로그램 종로 후/ 오리엔테이션, 스피치익히기, 뮤지컬배우기, 발표회, 뮤지컬간접체험, 뮤지컬드림캠프, 나의가치알기 프로그램

11) 보호자가 아니라 핵심참여자로 판단됨(저자주)
12) 본 사업에서는 Rakos와 Schroeder(1979)에 의해 개발된 자기표현 척도 검사를 변창진과 김성희(1980)

6 사업종료 후 지향점

1) 사업 수행으로 인한 기대 효과

○ 낮은 또래관계형성능력 및 자아존중감으로 인해 또래관계에 어려움을 겪었던 아동들의 역량 강화 프로그램 개발 및 제공
- 자기표현을 통한 자존감 향상 프로그램 개발 및 적용
- 자기표현을 통한 아동의 심리정서 변화 및 부모·가족 역량강화 도모
- 참여 아동의 사회성 향상을 통한 학교생활 안정 및 또래관계 개선
- 지속적인 사후개입 및 프로그램 참여를 통한 아동의 긍정적 변화 증대

○ 저소득 아동의 역량강화 프로그램 관련 지역사회 전문 네트워크 형성
- 지역사회 전문자원과의 네트워크 구축을 통한 아동 역량강화 지원
- 초등학교 담임교사 및 지역사회교육전문가, 전문상담센터, 전문사례관리기관 간의 교류 활성화

○ ○○구 '아동 크레센도 뮤지컬단' 창단
- ○○구 특화 '아동뮤지컬단'의 초석 마련

2) 사업 결과의 활용 계획

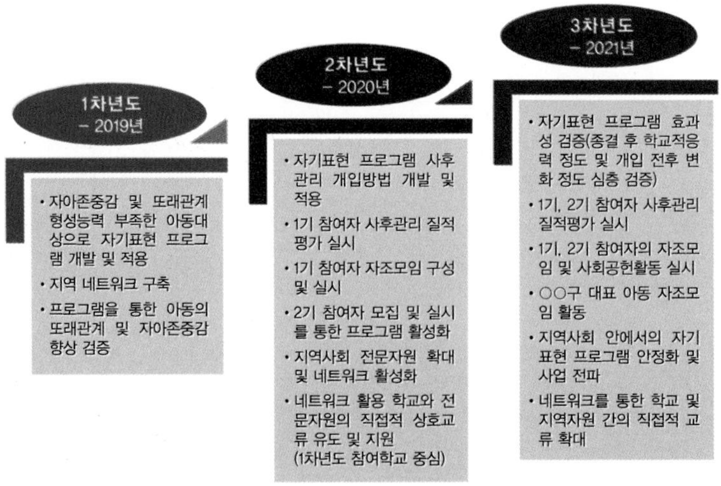

가 우리 문화 수준에 맞게 번안하고 구서준(2017)이 사용한 척도.

13) 2018 공동모금회 배분사업 서오가측정을 위한 척도집 78p.

14) 2018 공동모금회 배분사업 서오가측정을 위한 척도집 149p.

〈프로포절 작성 단계별 자가 점검 리스트〉

작성 단계	점검 내용	예/아니오
1. 문제 확인 및 분석(프로그램명/사업의 필요성)	프로그램명이 눈에 띄고 이해하기 쉬운 매력적인 이름인가?	
	사업의 필요성이 사회문제의 관점에서 다루어졌는가?	
	사회문제의 원인을 파악하는 인과적 분석이 이루어졌는가?	
	결여되거나 불충분한 사회복지 서비스 및 자원이 무엇인지 확인했는가?	
	논의하고 있는 사회복지 서비스 및 자원이 결여되거나 불충분하다는 증거자료를 충분하게 수집하고 제시했는가?	
	사회복지 서비스 및 자원의 결여와 불충분에 대한 원인이 무엇인지 탐색했는가?	
2. 대상자 선정	일반집단, 위험집단, 표적집단, 클라이언트집단의 체계가 타당하게 설정되어 있는가?	
	수행기관의 인력과 재정여건을 고려하여 클라이언트집단을 선정하였는가?	
	공평한 선정과 애로발생 시 대처할 수 있는 선정기준과 방법을 서술하였는가?	
3. 프로그램 목적과 목표	목적과 목표의 개념과 위계를 올바르게 이해하고 기술하였는가?	
	산출목표와 성과목표의 개념과 위계를 올바르게 이해하고 기술하였는가?	
	목표설정을 위한 SMART 원칙을 지켰는가?	
4. 프로그램의 기반 수립과 내용 설계	프로그램 내용을 구성하는 과정에서 각 활동 간의 영향관계를 설명하고, 프로그램과 성과의 인과관계를 설명할 수 있는 이론적 근거를 확인하고 적용하였는가?	
	문제해결을 위한 대안들이 타당성, 즉 목표를 달성하기 위한 효과성, 효율성, 적정성, 형평성을 고려하여 선택되었는가?	
	문제해결을 위한 대안들이 기술적, 경제적, 이용자확보, 윤리정치적 측면에서 실행가능한가?	
5. 세부 프로그램별 실행 계획	계획된 세부활동들이 왜 들어가야 하는지 고민하였는가?	
	누가, 언제 어디서, 무엇을, 어떻게 하는가에 대한 설명이 구체적으로 제시되어 있는가?	
	각 성과목표를 달성하기에 적절한 성과지표를 사용하였는가?	
	성과지표를 측정해낼 수 있는 타당한 자료원이 선정되었는가?	
	적절한 자료수집방법과 구체적 시기를 계획하였는가?	
	사업목표와 사업량에 비해 적절한 규모의 인력이 배치되었는가?	
	담당인력은 전문성이 갖추어져 있는가?	
	활동의 과정과 순서는 효과적인 진행이 가능하도록 구성되었는가?	
	세부시간계획표의 작성 시 누락된 활동은 없는가?	
	프로그램의 목표와 대상자 집단을 고려하여 홍보방법, 횟수, 활용매체를 기술하였는가?	
	프로그램의 목표 달성에 도움이 되는 지역자원을 파악하고 이를 어떻게 활용할 것인가를 구체적으로 기입하였는가?	
6. 예산수립	예산계획이 목표의 수준, 대상자의 규모, 인력규모, 활동내용의 범위와 양 등과 비교하여 합리적으로 일치하는가?	
	관항목의 구분이 혼동 없이 제대로 이루어졌는가?	
	산출근거가 구체적인가?	
	신청금액과 자부담의 비율은 적정한가?	

사례 2 노인 대상 건강관리와 지역자원 연계 프로그램

1 사업명 : 노인성 질환(고혈압 · 관절염 · 당뇨) 어르신의 자기건강관리능력 향상을 위한 건간관리 프로그램 '달.리.기.(달라진 우리어르신들의 이야기)'[15]

2 사업 내용 및 추진 전략

1) 사업 참여자 모집 전략

(1) 참여 대상 및 인원

핵심 참여자	ㅇㅇ구 주공1단지 내 노인성 질환을 가진 65세 이상 어르신 45명
주변 참여자	건강관리서포터즈 통통봉사단 24명

(2) 참여자 선정 기준

핵심참여자 선정기준
① ㅇㅇ구 주공1단지 내 노인성 질환(고혈압 · 관절염 · 당뇨)을 가진 65세 이상 어르신
② 노인성 질환 치료를 위해 의료기관 진단으로 약복용 관리를 하는 어르신
③ 프로그램 신청자 중 참여와 역할에 대해 본인 동의한 어르신

주변참여자 선정기준
① ㅇㅇ구 내 대학교 관련학과 3,4학년 대학생 전공별 8명씩
 - ㅇㅇ대학교 식품공학부(식품영양전공), 간호학과, ㅇㅇ대학교 사회복지학부
② ㅇㅇ기업과 대학교 MOU 체결 및 협력 통해 참여자 추천 · 선발
③ 서포터즈 신청자 중 참여와 역할에 대해 본인 동의한 대학생

15) 본 프로포절은 대방종합사회복지관에서 사회복지공동모금회에 2019년 성과중심형 사업계획으로 프로포절하여 배분받은 사업이다.

(3) 참여자 모집 방안

구분	추진내용	진행일정
홍보활동	참여자모집 홍보지 게시	4월
	ㅇㅇ이용자 홍보지 문자발송	4월
지역사회 홍보활동	주공1단지 동별 참여자모집 홍보지 게시	4월
	주공1단지 내 참여자모집 현수막 게시	4월
	주공1단지 5개동 통장 참여자 추천 요청	4월
협력기관 추천	ㅇㅇ동 주민센터 참여자 추천 요청	4월
	ㅇㅇ보건소 방문간호대상 중 참여자 추천 요청	4월
	ㅇㅇ가정의학과 참여자모집 안내(단지 내 의료기관)	4월

2) 사업 내용 및 사업 집행 전략

세부사업		시행방법	횟수	진행 일정
오리엔테이션		**참여어르신 오리엔테이션** • 대상 : 참여어르신 45명 • 장소 : ㅇㅇ프로그램실 • 수행인력 : ㅇㅇㅇ 팀장 • 내용 : 프로그램 아내 및 사전척도검사 – 노인성 질환별 대상군 모임(고혈압 · 관절염 · 당뇨) – 노인관련 삶의 질(노년학 척도집) 사전검사 – 노인성 질환별 사전수치검사 – 통통봉사단 연계활동 대상자 선정 – 나만의 건강수첩 기록방법 및 활용안내	연1회	4월 4주–5주
		건강관리서포터즈– 통통봉사단 오리엔테이션 • 대상 : 통통봉사단 24명 • 장소 : ㅇㅇ프로그램실 • 수행인력 : ㅇㅇㅇ 팀장 • 내용 : 프로그램 안내 및 역할교육 – 간호학과 · 사회복지학과 · 영양학과 전체모임 – 전공통합 3인1조 그룹구성 및 활동계획 수립 – 어르신 특성과 질환군 이해교육	연1회	5월2주
자기 건강 관리 프로 그램	혈압 튼튼교실	**고혈압 자기건강관리 실천교육** • 대상 : 고혈압 참여어르신 15명 • 장소 : ㅇㅇ프로그램실 • 수행인력 : 전문강사, ㅇㅇㅇ 팀장 • 내용 : 고혈압 이해 및 관리법 실천교육 – 기초교육 프로그램(고혈압 이해와 생활관리)	주1회/ 20회기	5월–12월

		– 건강운동 프로그램(체중조절, 규칙적인 운동) – 영양관리 프로그램(식재료 선택과 섭취관리) – 투약관리 프로그램(복용약 점검 및 조절) – 심리정서 프로그램(우울, 불안 등 스트레스관리)		
	관절 튼튼교실	**관절염 자기건강관리 실천교육** • 대상 : 관절염 참여어르신 15명 • 장소 : ㅇㅇ프로그램실 • 수행인력 : 전문강사, ㅇㅇㅇ 팀장 • 내용 : 관절염 이해 및 관리법 실천교육 – 기초교육 프로그램(관절염 이해와 생활관리) – 건강운동 프로그램(체중조절, 근력강화) – 영양관리 프로그램(식재료 선택과 섭취관리) – 투약관리 프로그램(복용약 점건 및 조절) – 심리정서 프로그램(우울, 불안 등 스트레스관리)	주1회/ 20회기	5월–12월
	혈당 튼튼교실	**당뇨병 자기건강관리 실천교육** • 대상 : 당뇨병 참여어르신 15명 • 장소 : ㅇㅇ프로그램실 • 수행인력 : 전문강사, ㅇㅇㅇ 팀장 • 내용 : 당뇨병 이해 및 관리법 실천교육 – 기초교육 프로그램(당뇨병 이해와 생활관리) – 건강운동 프로그램(체중조절, 규칙적인 운동) – 영양관리 프로그램(식재료 선택과 섭취관리) – 투약관리 프로그램(복용약 점검 및 조절) – 심리정서 프로그램(우울, 불안 등 스트레스관리)	주1회/ 20회기	5월–12월
가을산책		**마음 힐링 가을산책 프로그램** • 대상 : 참여어르신 45명 • 장소 : ㅇㅇ시내 유적지 • 수행인력 : ㅇㅇㅇ 팀장 • 내용 : 노인성 질환에 따른 스트레스 해소활동 – 서울시내 유적지를 선정하여 가울산책활동 진행	연1회	10월
건강관리서포터즈 통통봉사단		**건강관리서포터즈 통통봉사단 교육 및 간담회** • 대상 : 통통봉사단 24명 • 장소 : ㅇㅇ프로그램실 • 수행인력 : ㅇㅇㅇ 팀장 • 내용 : 통통봉사단 역할교육 및 간담회 – 전공분야(간호학과 · 사회복지학과 · 영양학과) 특성에 따른 통통봉사단 역할알기 – 어르신 특성 및 질환군 특성이해 재교육 – 어르신 상담 및 활동기록지 작성교육 – 건강관리서포터즈 활동 평가 및 개선 논의	연3회	6월 8월 10월
		건강관리서포터즈 통통봉사단 가정방문 매칭활동 • 대상 : 참여어르신 16명 • 장소 : 어르신가정 및 ㅇㅇ프로그램실 • 수행인력 : 통통봉사단 24명(3인1조 8개팀) • 내용 : 생활실천계획세우기, 생활모니터링 – 가정방문 매칭활동 희망어르신 선정 및 매칭	월2회/ 16회기	5월–12월

	– 참여어르신 생활실천계획 세우기 – 정기적인 생활모습 모니터링 – 나만의 건강수첩 기록관리 모니터링 – 활동기록지 작성		
전문가 슈퍼비전	**외부전문가 슈퍼비전** • 슈퍼바이저 :3명 – ㅇㅇ대학교 사회복지학과 ㅇㅇㅇ 교수 – ㅇㅇ대학교 간호학과 ㅇㅇㅇ 교수 – ㅇㅇ병원 ㅇㅇㅇ 원장 • 슈퍼바이지 : ㅇㅇㅇ 팀장 • 장소 : ㅇㅇ대학교, ㅇㅇ대학교, ㅇㅇ병원 • 내용 : 사업 초기 · 중기 · 말기 운영 슈퍼비전	연3회	5월 9월 12월
최종평가회	**참여어르신 최종평가회** • 대상 : 참여어르신 45명 • 장소 : ㅇㅇ프로그램실 • 수행인력 : ㅇㅇㅇ 팀장 • 내용 : 활동평가 및 사후척도검사 – 노인성 질환별 대상군 모임(고혈압 · 관절염 · 당뇨) – 건강관련 삶의 질(노년학 척도집) 사후검사 – 노인성 질환별 사후수치검사 – 활동평가 및 소감나누기	연1회	12월
	건강관리서포터즈 통통봉사단 최종평가회 • 대상 : 통통봉사단 24명 • 장소 : ㅇㅇ프로그램실 • 수행인력 : ㅇㅇㅇ 팀장 • 내용 : 활동평가 – 간호학과 · 사회복지학과 · 영양학과 전체모임 – 활동평가 및 소감나누기	연1회	12월
	연합평가회 • 대상 : 참여어르신 45명, 통통봉사단 24명 • 장소 : ㅇㅇ프로그램실 • 수행인력 : ㅇㅇㅇ 팀장 • 내용 : 전체참여자 활동평가 및 소감나누기	연1회	12월

3) 기관 연계협력 전략

협력기관	역할
ㅇㅇ기업	• ㅇㅇ구 내 대학교 MOU 체결 통해 협력관계 구축 • 건강관리서포터즈 통통봉사단 연계 모집 – ㅇㅇ대학교 · ㅇㅇ대학교 사회봉사센터 협조요청 – ㅇㅇ프로그램 및 대학생봉사단 역할소개
ㅇㅇ대학교	• 프로그램 슈퍼바이저 – 사업 초기 · 중기 · 말기 단계별 평가 및 슈퍼비전 • 건강관리서포터즈 통통봉사단 참여학생 파견 – ㅇㅇ대학교 사회복지학부 8명
ㅇㅇ대학교	• 프로그램 슈퍼바이저 – 사업 초기 · 중기 · 말기 단계별 평가 및 슈퍼비전 • 건강관리서포터즈 통통봉사단 참여학생 파견 – ㅇㅇ대학교 간호학과 8명, 식품공학부(식품영양전공) 8명
ㅇㅇ병원	• 프로그램 슈퍼바이저 – 사업 초기 · 중기 · 말기 단계별 평가 및 슈퍼비전 • 건강교육 강의 및 건강척도검사 실시 – 관절염 이해교육 및 실천방법 교육 – 질환별 사전사후 수치 측정검사비 감면
ㅇㅇ구 보건소	• 방문건강관리 대상 주 참여자 추천 • 노인성 질환의 이채 및 건강관리법 연계교육 – 방문간호사, 영양사, 운동처방사 파견 연계교육
ㅇㅇ협회	• 고혈압관리 프로그램 전문강의 강사 파견 – 고혈압 이해교육 및 실천방법 교육
ㅇㅇ학회 ㅇㅇ협회	• 당뇨관리 프로그램 전문강의 강사 파견 – 당뇨 이해교육 및 실천방법 교육
ㅇㅇ운동본부	• 의약품안전사용교육 전문강의 강사 파견 – 참여어르신 약물복용 현황점검 및 올바른 약사용법 지도

3 예산편성

(단위 : 원)

목	세목	세세목	계	산출근거	예산조달 계획				
					신청금액	비율(%)	자부담	비율(%)	자부담 재원
총계			20,000,000		20,000,000	100	-	-	-
인건비	(없음)								
	소계								
사업비	홍보비	현수막	30,000	30,000원×1개	30,000	0			
	오리엔테이션	현수막	90,000	30,000원×3개	90,000	0			
		간식비	207,000	3,000원×69명	207,000	1			
		건강수첩	450,000	10,000원×45명	450,000	2			
	자기건강관리 프로그램	골밀도 검사비	135,000	4,500원×2회×15명	135,000	1			
		혈당 검사비	150,000	5,000원×2회×15명	150,000	1			
		강사비	9,000,000	150,000원×60회	9,000,000	45			
		재료비	4,320,000	72,000원×60회	4,320,000	22			
		간식비	2,700,000	3,000원×20회×45명	2,700,000	14			
	가을산책	식사비	490,000	10,000원×49명	490,000	2			
		간식비	147,000	3,000원×49명	147,000	1			
		진행비	450,000	10,000원×45명	450,000	2			
	통통봉사단	교육 간담회	216,000	3,000원×3회×24명	216,000	1			
	전문가 슈퍼비전	자문비	900,000	100,000원×3회×3명	900,000	5			
	최종 평가회	진행비	300,000	100,000원×3회	300,000	2			
		잔식비	415,000	207,500원×2회(69명)	415,000	2			
	소계				20,000,000	100			
관리운영비	(없음)								
	소계								

4 문제 의식(사업 필요성)

1) 사업계획 배경

○○구 ○○동은 약 40,180명의 인구가 거주하고 있으며, ○○관이 위치하고 있는 ○○동 주공1단지아파트에는 기초생활수급자로 보호가 필요한 주민이 약 520세대 899명 정도 거주하고 있으며, 이는 전체 ○○구의 3.3%에 해당한다. 지역사회 인구 중에 어르신과 장애인세대의 비중이 높고, 영구임대단지와 중산층이 공존함으로 인한 지역격차 해소 및 통합을 필요로 하는 지역적 특성을 갖고 있다.

○○동 주공1단지아파트에 거주하는 다수의 주민은 고령과 장애로 인하여 만성적인 노인성질환에 노출되어 있어 약복용에 대한 의존도가 높고, ○○구 내 약 550개 의료기관이 존재하지만 고령의 어르신에 대한 건강교육 기회가 적고 자기관리능력이 현저히 낮아 신체적 건강문제에 따른 심리정서적 문제도 수반되는 경험을 한다. 따라서 노인성질환(고혈압・관절염・당뇨) 프로그램을 통해 어르신들의 자기건강관리 능력 향상을 돕고, 동년배 집단과 건강관리 서포터즈를 통해 심리정서적 스트레스 해소에 따른 건강한 삶의 질 향상을 돕고자 한다.

2) 기존 유사사업과의 차별성

○ 예방교육에서 실천교육으로 확대하여 자기건강관리능력 향상 기대

- 1차년도 사업은 3대 노인성 질환으로 고혈압・관절염・당뇨에 대한 예방적 측면에서 건강관리교육 프로그램을 운영하였으나, 2차년도 사업은 노인성 질환에 대한 이해와 관리법 실천교육 프로그램으로 확대하여 일상생활에서 어르신의 자기건강관리능력을 향상하고자 한다.

○ 신체적 건강관리에서 심리정서적 건강관리로 확대

- 2018년 12월에 1차년도 사업에 대한 외부전문가 슈퍼비전을 통해 노인성 질환에 따른 신체적 건강관리와 함께 나타나는 우울이나 불안 등 심리정서적 건강관리로 사업 내용을 확대하였고, 노인성 질환 프로그램에 참여하는 동년배 집단의 역동과 건강관리 서포터즈 통통봉사단을 활용한 프로그램을 지속하고자 한다.

○ 다양한 지역사회 자원과 네트워크

- 사업의 전문성과 효과성을 위해 ○○대학교 간호학과 교수, ○○대학교 사회복지학부 교수, ○○병원 원장을 외부 슈퍼바이저로 유지하며, 사업 계획-실행-평가과정에서 단계별 슈퍼비전을 통해 사업의 성과와 점층적인 발전을 기대한다.
- 2차년도 사업은 ○○기업 협력으로 ○○구 내 대학교 사회봉사센터를 통한 식품영양학과, 사회복지학부 등 다양한 분야의 대학생 서포터즈를 구축하여 보건-영양-복지적 측면에서 접근하고자 한다.

3) 신청기관의 강점

○ 노인성 질환 예방 프로그램 운영으로 건강관리 필요성 인식

- 2018년 노인성 질환 고위험군 어르신의 신체건강관리 활동을 통한 자립능력 향상 프로그램을 운영한 경험을 갖고 있으며, 지역주민의 노인성 질환 관리에 대한 예방적 접근 프로그램을 통해 건강관리에 대한 인식을 갖게 되었다.

○ 지역사회 내 다양한 협력체계 구축

- ○○대학교 간호학과 연계하여 건강관리 서포터즈 활동으로 독거어르신의 건강체크와 상담을 실시하여 지지체계로서 활동하고, ○○병원과 연계하여 골밀도검사를 통해 관절염 고위험군 어르신의 건강상태 확인하고 2019년 건강교육 및 투약관리 등 다양한 협력방안을 수립하였다.
- ○○대학교 간호학과 교수, ○○대학교 사회복지학과 교수, ○○병원 원장을 자문체계로 구축하여 다양한 분야의 전문가와 사업에 대한 평가 및 2019년 운영방향 수립하여 지속적인 협력 가능하다.

5 목표 및 평가

1) 산출목표

세부 사업명	산출목표	모니터링 방법
오리엔테이션	69명×1회=69명	참여어르신 사전척도검사 실시 통통봉사단 3인1조 8개조 활동계획
자기건강관리 프로그램	45명×20회=900명	3개 질환별 건강관리 실천방법 교육
가을산책	45명×1회=45명	심리정서측면 영향정도 만족도조사
건강관리서포터즈 통통봉사단	24명×3회=72명	서포터즈 교육 및 간담회 실시
	16명×16회=256명	가정방문 활동기록지 작성
전문가슈퍼비전	3명×3회=9명	프로그램 슈퍼비전 기록
최종평가회	69명×2회=138명	참여어르신 사추척도검사 실시

2) 성과목표 및 평가 방법

성과목표	평가 도구 및 방법	측정시기
참여어르신의 건강관련 삶의 질 비교시 90% 이상 향상	건강관련 삶의 질 척도/ 사전사후 검사결과 비교	4월-5월, 12월
참여어르신 자기건강관리능력 90% 이상 향상	노인성 질환별 수치검사/ 사전사후 검사결과 비교	5월, 12월

6 사업종료 후 지향점

1) 사업 수행으로 인한 기대 효과

○ 노인성 질환 어르신의 자기건강관리능력 향상

- 전문가 연계 건강관리 실천방법 습득, 건강수첩 기록관리, 대학생 서포터즈, 연계 생활 속 건강관리 모니터링 등 세부 프로그램을 통해 어르신의 자기건강관리능력 증진

○ 동년배 집단 및 통통봉사단 지지체계 통해 심리정서적 스트레스 완화

- 고혈압·관절염·당뇨 등 노인성 질환 분야별 프로그램에 참여하는 동년배 집단 내 역동을 통해 긍정적인 상호작용을 기대
- 건강관리 서포터즈 통통봉사단의 정기적인 가정방문 생활 속 건강관리 모니터링을 통해 어르신의 우울이나 불안 등 스트레스 완화

○ ○○구 내 기업과 ○○관 협력을 기반으로 한 건강한 지역사회 만들기

- ○○기업과 ○○관의 협력을 견고히 하고, 지역 내 병원, 대학교, 보건소 등 지역자원을 적극 활용하여 건강교육, 신체활동, 영양관리, 약물복용관리, 심리정서관리 등 어르신의 건강 관련 삶의 질 향상을 기대

2) 사업 결과의 활용 계획

○ 지역자원의 협력적 관계유지를 통한 사업의 연속성

- 다양한 지역사회 기관 간 협력체계를 구축하고, 기관의 강점을 활용한 전문적인 역할수행의 긍정적인 결과를 토대로 지속적인 협력관계를 유지하여 사업의 연속적 운영

○ 어르신의 자기건강관리능력 향상을 토대로 이웃어르신에게 지지체계로 역할수행

- 노인성 질환을 가진 어르신들이 프로그램 참여를 통해 습득한 자기관리방법의 노하우를 유사한 환경에 놓인 이웃어르신에게 멘토가 되어 지지체계로서 기능

〈프로포절 작성 단계별 자가 점검 리스트〉

작성 단계	점검 내용	예/아니오
1. 문제 확인 및 분석(프로그램명/사업의 필요성)	프로그램명이 눈에 띄고 이해하기 쉬운 매력적인 이름인가?	
	사업의 필요성이 사회문제의 관점에서 다루어졌는가?	
	사회문제의 원인을 파악하는 인과적 분석이 이루어졌는가?	
	결여되거나 불충분한 사회복지 서비스 및 자원이 무엇인지 확인했는가?	
	논의하고 있는 사회복지 서비스 및 자원이 결여되거나 불충분하다는 증거자료를 충분하게 수집하고 제시했는가?	
	사회복지 서비스 및 자원의 결여와 불충분에 대한 원인이 무엇인지 탐색했는가?	
2. 대상자 선정	일반집단, 위험집단, 표적집단, 클라이언트집단의 체계가 타당하게 설정되어 있는가?	
	수행기관의 인력과 재정여건을 고려하여 클라이언트 집단을 선정하였는가?	
	공평한 선정과 애로발생시 대처할 수 있는 선정기준과 방법을 서술하였는가?	
3. 프로그램 목적과 목표	목적과 목표의 개념과 위계를 올바르게 이해하고 기술하였는가?	
	산출목표와 성과목표의 개념과 위계를 올바르게 이해하고 기술하였는가?	
	목표설정을 위한 SMART 원칙을 지켰는가?	
4. 프로그램의 기반 수립과 내용 설계	프로그램 내용을 구성하는 과정에서 각 활동 간의 영향관계를 설명하고, 프로그램과 성과의 인과관계를 설명할 수 있는 이론적 근거를 확인하고 적용하였는가?	
	문제해결을 위한 대안들이 타당성, 즉 목표를 달성하기 위한 효과성, 효율성, 적정성, 형평성을 고려하여 선택되었는가?	
	문제해결을 위한 대안들이 기술적, 경제적, 이용자확보, 윤리정치적 측면에서 실행가능한가?	
5. 세부 프로그램별 실행 계획	계획된 세부활동들이 왜 들어가야 하는지 고민하였는가?	
	누가, 언제 어디서, 무엇을, 어떻게 하는가에 대한 설명이 구체적으로 제시되어 있는가?	
	각 성과목표를 달성하기에 적절한 성과지표를 사용하였는가?	
	성과지표를 측정해낼 수 있는 타당한 자료원이 선정되었는가?	
	적절한 자료수집방법과 구체적 시기를 계획하였는가?	
	사업목표와 사업량에 비해 적절한 규모의 인력이 배치되었는가?	
	담당인력은 전문성이 갖추어져 있는가?	
	활동의 과정과 순서는 효과적인 진행이 가능하도록 구성되었는가?	
	세부시간계획표의 작성 시 누락된 활동은 없는가?	
	프로그램의 목표와 대상자 집단을 고려하여 홍보방법, 횟수, 활용매체를 기술하였는가?	
	프로그램의 목표 달성에 도움이 되는 지역자원을 파악하고 이를 어떻게 활용할 것인가를 구체적으로 기입하였는가?	
6. 예산수립	예산계획이 목표의 수준, 대상자의 규모, 인력규모, 활동내용의 범위와 양 등과 비교하여 합리적으로 일치하는가?	
	관항목의 구분이 혼동 없이 제대로 이루어졌는가?	
	산출근거가 구체적인가?	
	신청금액과 자부담의 비율은 적정한가?	

02 사회복지공동모금회 '성과확산' 프로포절 사례

사회복지공동모금회법 제20조는 매년도 8월 31일까지 다음 회기의 배분사업에 대해서 공고하게 되어 있다. 이때 공동모금재원의 배분대상, 배분한도액, 배분신청기간 및 배분신청서 제출 장소, 배분심사기준, 배분재원의 과부족(過不足) 시 조정방법 배분신청 시 제출할 서류, 그 밖에 공동모금재원의 배분에 필요한 사항을 제시하게 되어 있다. 배분을 받고자 하는 기관을 프로그램사업과 기능보강사업에 신청을 할 수가 있고 연간 3,000만원 이내에서 배분을 받을 수가 있다. 물론 이 한도는 지회별로 배분한도 내에서 조정을 하게 된다. 동일기관이 프로그램사업과 기능보강사업을 중복하여 신청할 수는 없다.

프로그램사업은 지역사회 변화와 지역주민 삶의 질 향상을 중심으로 사회복지기관 등에서 계획하여 진행예정인 사업이 포함된다. 최초 지원을 포함하여 총 3회(3차년도)까지 연속지원이 가능하고, 배분신청금액 중 사업비는 신청예산의 50% 이상 책정하여야 한다. 프로그램사업은 성과중심형사업, 성과확산형사업, 산출중심형사업으로 구분된다.

성과확산형사업으로 배분을 신청하려면 성과확산형사업에 대한 이해가 필요하다. 성과확산형사업은 2년 이상 계획하는 다년도 사업으로 사업 참여자의 의미 있는 변화뿐만 아니라 지역사회, 나아가 우리 사회에 파급력(Impact)을 미치는 것을 지향하는 사업을 이른다. 다년도 계획이기에 성과중심형과 제출 자료가 다를 수밖에 없다. 3개년 사업계획서와 1차년도 사업계획서가 제출되어야 한다.

사례 3 돌봄가족 대상 돌봄지원 프로그램

1부 3개년 계획서

1 사업명 : 돌봄가족의 돌봄스트레스 완화와 지역돌봄체계 지원을 위한 사회적 돌봄지원사업[16]

2 사업 내용 및 추진 전략

1) 사업 참여 대상 및 인원

구분	1차년도	2차년도	3차년도
핵심 참여자	1) 가족중심 돌봄 제공 대상 가정 30가정 2) 소진우려가 있는 지역 내 돌봄사업 수행인력 50명 3) 쉼과 회복이 필요한 돌봄가족 40가정	1) 1차년도 참여자 + 장기요양 인정가정 중 추가 돌봄이 필요한 20가정 2) 긴급돌봄 요청가정 30가정	1) 2차년도 참여자 + 치매돌봄 가정 20가정
주변 참여자	1) OO 커뮤니티케어 추진단 2) 케어전담창구요원 3) 치매안심센터 4) OO노인복지센터 5) OO지역사회보장협의체 6) 건강가정지원센터 7) 사업자문위원	1차년도 참여자 + 1) 국민건강보험공단 OO지사 2) OO지역사회보장협의체 노인분과 3) OO지역자활센터 4) OO재가노인복지협회	2차년도 참여자 + 1) OO 자원봉사센터

16) 본 프로포절은 광주 서구노인종합복지관에서 사회복지공동모금회에 2019년 성과확산형 사업계획으로 프로포절하여 배분받은 사업이다. 1부는 3개년 계획을 담고 있다.

2) 연차별 사업내용

1차년도	
특징	• 돌봄가족, 돌봄인력 지원을 통한 돌봄 당사자의 돌봄 서비스 수준 향상 • 지역사회 사회적 돌봄 제공을 위한 기반 조성 • 수요자 중심의 돌봄 서비스 제공
핵심내용	• 가족 중심 돌봄 제공 사례 발굴 : 실태조사, 선정기준 셋업, 지역 네트워크 협업 • 지역사회 돌봄 수행인력 지원 사업 기반 마련 • 지역 돌봄 지원 시스템 구축 - 사업아이템 기획, 운영전략수립, 공동수행기관 선정, 자문위원회 구성 - 본 사업 안내 소책자 제작 및 지역사회 내 복지기관과 동 행정복지센터에 소개 · 배포 - 공동 수행기관 선정, MOU 체결 • 돌봄 인력 양성사업 운영 - 지역사회서비스투자사업 '가사 · 간병 방문도우미' 서비스 및 지역사회통합 돌봄 선도사업 연계 돌봄 인력 양성 시행 : 교육 커리큘럼, 양성 체계 마련, 활동 지원
2차년도	
특징	• 돌봄가족, 돌봄인력 지원체계 강화 및 확산 • 돌봄가족 역량 및 지지체계 강화 • 돌봄 지원 대상 가족의 지원 효과성 검증
핵심내용	• 장기요양대상 돌봄가정 추가 돌봄 지원체계 마련 • 돌봄인력 지원사업 확대 • 돌봄인력 역량강화 교육, 리프레쉬 프로그램 운영, 대체인력 파견 • 긴급 돌봄사업 개시 - 가정 내 돌봄 대상 긴급 돌봄 서비스 운영 시작 : 선정 기준, 지원 프로세스 구축
3차년도	
특징	• 지역사회 돌봄 가족 지원 시스템 확산 및 모델링
핵심내용	• 치매 돌봄 가정 대상 서비스 실시 - 치매안심센터 협업, 치매 노인 돌봄가정 서비스 실시, 전문가 솔루션 지원 • 지역사회 효과성 평가, 홍보 - 돌봄가정 지원사업의 성과평가 및 측정 결과 검증, 연구보고서, 우수 사례집 출간 • 돌봄인력 자원봉사자 양성 - OO자원봉사센터와 협업, 돌봄 자원봉사인력 양성

3) 기관 연계협력 전략

■ 1차년도

구분	협력기관명	연계기관 업무역할	신청기관 역할	협력체계
1	OO 커뮤니티케어 추진단	대상자 발굴, 돌봄의뢰, 공적지원조사	대상자 적합성 판단, 서비스제공	협약체계 (2019년)
2	OO치매안심센터	치매돌봄가족 기능강화 프로그램 운영, 가족 쉼 프로그램 운영	프로그램 운영지원, 사업수행 예산지원	협약체계 (2019년)
3	OO노인복지센터	대상자 발굴, 돌봄인력 관리, 서비스 제공	대상자 선정기준 관리, 사업수행 예산지원	복지관 부설기관
4	OO지역사회 보장협의체	유관기관 대상 사업 홍보	사업홍보자료 제작, 배부 서비스제공	MOU 체결예정
5	OO건강가정 지원센터	가족 기능강화 프로그램 자문, 가족 쉼 프로그램 운영	사업 수행 자문요청, 서비스 의뢰, 사업수행 예산지원	MOU 체결예정

■ 2차년도

구분	협력기관명	연계기관 업무역할	신청기관 역할	협력체계
1	국민건강보험공단 OO지사	가족상담 지원서비스 운영, 서비스 제공결과 공유	서비스 대상자 추천요청, 가족상담 프로그램 운영의뢰	MOU 체결예정
2	OO지역사회 보장협의체 노인분과	응급돌봄, 돌봄요청 대상 가정 추천, 서비스 제공 모니터링	서비스 대상자 추천요청, 서비스제공	
3	OO지역자활센터	돌봄자원봉사자 양성프로그램 운영	돌봄자원봉사자 양성 프로그램 기획, 사업수행 예산지원	
4	OO재가 노인복지협회	응급돌봄, 돌봄요청 대상 가정 추천, 서비스 제공 모니터링	서비스 대상자 추천요청, 서비스제공	

■ 3차년도

구분	협력기관명	연계기관 업무역할	신청기관 역할	협력체계
1	OO 자원봉사센터	가족지원 프로그램 기획, 운영 돌봄자원봉사자 양성	가족지원프로그램 운영요청, 돌봄자원봉사자 양성 프로그램 기획, 사업수행 예산지원	MOU 체결예정

3 예산 편성

(단위 : 천원)

구분	1차년도			2차년도			3차년도		
목	세목	신청금액	자부담	세목	신청금액	자부담	세목	신청금액	자부담
	총계	**164,213**	**0**	**총계**	**164,213**	**0**	**총계**	**264,213**	**0**
인건비	인건비	27,640	0	인건비	27,640	0	인건비	27,640	0
	소계	27,640	0	소계	27,640	0	소계	27,640	0
사업비	돌봄 사각지대 해소사업	27,000	0	돌봄 사각지대 해소사업	27,000	0	돌봄 사각지대 해소사업	27,000	0
	돌봄부담 완화사업	51,000	0	돌봄부담 완화사업	48,000	0	돌봄부담 완화사업	48,000	0
	돌봄가족기능 강화사업	48,000	0	돌봄가족기능 강화사업	51,000	0	돌봄가족기능 강화사업	51,000	0
	돌봄네트워크 구축사업	2,000	0	돌봄네트워크 강화사업	2,000	0	돌봄네트워크 강화사업	2,000	0
	자문단운영	2,000	0	자문단운영	2,000	0	자문단운영	2,000	0
	홍보물제작	4,213	0	홍보물제작	4,213	0	홍보물제작	4,213	0
	소계	134,213	0	소계	134,213	0	소계	134,213	0
관리운영비	관리운영비	2,360	0	관리운영비	2,360	0	관리운영비	2,360	0
	소계	2,360	0	소계	2,360	0	소계	2,360	0

4 문제 의식(사업의 필요성)

1) 사업 계획 배경

- 2018년 통계청이 발표한 고령자 통계를 보면 우리나라의 65세 이상 노인인구가 전체 인구의 14.3%인 738만 1천명으로 고령사회에 이미 진입했고, 2026년에 초고령사회로의 진입을 앞두고 있으며, 한국보건사회연구원의 노인실태조사에서 알 수 있듯이 의사의 진단을 받은 만성질병이 있다고 응답한 비율은 전체 노인의 89.5%이고, 전체 노인이 평균 2.7개의 만성질환을 갖고 있는 것으로 나타났다(한국보건사회연구원, 2017). 이러한 노인인구의 급속한 증가와 노화에 따른 만성질환의 증가는 돌봄이 필요한 노인의 수가 늘어남과 동시에 돌봄 기간 또한 장기화될 가능성이 크다는 것을 의미한다(정경희 외, 2005).
- 2008년 7월 도입된 노인장기요양보험제도의 수급자 비중은 현재 노인인구의 7% 수준으로, OECD 회원국 평균의 절반 정도이다. 공적 돌봄서비스를 이용하는 비율이 낮은 것은 노인 돌봄 공급 체계의 문제뿐만 아니라 가족요양에 대한 기대, 희망서비스 불일치, 재정 형편상의 이유로 장기요양서비스를 이용하지 못하는 것으로 조사되었다(국경남 외, 2014). 이러한 공공 서비스를 이용하지 않는 돌봄 대상이 있는 가정은 가족들에 상당한 돌봄 부담을 갖게 할 수밖에 없고, 한국보건사회연구원에서는 사회안전망이 부재한 상황에서 중장년층 가족의 지속적인 이중 부양 부담 구조는 빈곤과 해체를 야기해 많은 사회적 비용 부담을 초래할 것으로 예상된다고 지적하고 있다. 주변 자원의 지원이 없는 상황의 고립된 가족 돌봄 행동을 지속하는 과정에서 주돌봄자들은 직접 돌봄은 돌봄에 대한 부정적인 태도와 생각을 가질 수밖에 없다(김영란, 2010).
- 국가인권위원회의 '노노 돌봄 현황 실태조사' 보고서에 따르면 많은 노인들은 돌봄의 가장 큰 책임자를 배우자(39.1%)로 생각하고 있고, 자녀, 국가, 지역사회 순으로 생각하는 것으로 나타났으며, 노인 돌봄을 제공할 때의 어려움은 건강 악화(45.9%), 정서적 스트레스(25.6%), 생계활동 제약(20.8%) 순이었다. 실제 노인인 가족 구성원을 돌보는 중 건강상 문제가 생겼다는 비중이 28.2%로 조사되기도 했다(국가인권위원회, 2018). 2019년 통계청 장래인구특별추계에서는 노년 부양비가 2017년 37명에서 2067년 120명으로 3.3배가 증가할 것으로 추산되고, 유소년인구 100명당 고령인구를 나타내는 노령화 지수는 2017년부터 100명을 넘어, 2067년 574.5명으로 5.7배가 될 것으로 전망하고 있다. 노노 돌봄으로 인한 문제는 더욱 증가할 것이 명백하다
- 최근 언론 보도에서는 노인장기요양서비스의 수행 주체인 '요양보호사'의 실태에 대해 관한 많은 연구에서 요양보호사가 수발 부담을 느끼고 있음을 알 수 있다(이경희, 2003). 2018년 전라남도비정규직노동센터의 요양보호사 근무환경 및 만족도 조사에서는 응답자 305명 중 42.3%가 산재를 당했다는 경험이 있으며, 활동 시 어려움은 낮은 임금 31%, 낮은 사회적 인식 30%, 대상자 및 보호자의 관계(폭언, 폭행 등) 10%, 높은 노동 강도 6% 순으로

조사되었다. 또한 독거노인에 대한 효율적인 사회복지서비스 제공을 목적으로 2007년 '독거노인생활관리사 파견사업'이 시작되어 현재는 전국적으로 9천여 명의 돌봄종사자가 근무하고 있다. 독거노인생활관리사는 1인당 25명~30명의 독거노인이 매칭되어 활동하고 있으며, 업무량에 비해 독거노인생활관리사를 위한 근로환경 및 처우, 사회적 지지도는 매우 낮은 편이다. 돌봄종사자들은 육체적, 정신적으로 허약하고 도움이 필요한 노인들을 돌봐야 하기 때문에 돌봄 부담으로 인한 직무스트레스는 증가하고, 그로 인해 소진이 발생하기 쉬우며, 결과적으로 노인에 대한 서비스의 질이나 효과가 저하되어 결국 서비스의 중단까지도 초래할 수 있다(박계순, 2010).

- 돌봄 관련 서비스는 노인, 장애인 등에 대해 정부부처별로 개별법에 근거하여 제공하고 있으나, 연계성 부족 및 한정적인 지원범위 등으로 사각지대가 발생하고 있으며, 돌봄 대상이 있는 가족들의 다양한 수요를 충족시키지 못하고 있는 실정이다. 돌봄을 수행하는 가족원들은 돌봄 대상자의 특성에 대한 정보부족으로 어려움을 겪으며, 돌봄으로 인해 개인적으로 쉴 수 있는 시간이 제한적이기 때문에 이로 인한 스트레스와 가족갈등이 매우 심각한 실정이다. 그리고 가족 내 돌봄을 주로 여성이 담당하는 경우가 많은데, 이 경우 돌봄 부담으로 인한 신체적 어려움을 해소할 의료서비스를 충분히 제공받기 어려울 뿐 아니라 돌봄으로 인한 잠재적·실질적 경력단절을 경험하고 있다. 돌봄에 어려움을 가지고 있는 가족들의 돌봄 부담 완화를 위해 '긴급돌봄' 사업, 돌봄 환경 개선 등 다양한 서비스를 제공하여 돌봄 사각지대를 해소하여야 하며, 이와 더불어 맞춤형 정보 제공, 휴식 지원, 돌봄 교육 및 정서적 지지 등을 제공하여 돌봄 가족들의 스트레스 해소 및 소진을 예방하여야 할 필요가 있다.

■ **타 지역 및 타 기관의 대응사례**

- 서울시는 노인돌봄종사자 종합지원센터 운영 · 지정계획, 관련 조례를 바탕으로 어르신돌봄서비스 질을 향상시키고자 「어르신 돌봄종사자종합지원센터」를 운영하고 있고, 치매 및 노인성 질환 등으로 상시 돌봄이 필요한 어르신 돌봄 가족 구성원에게 정서적·신체적 소진에 따른 휴식 제공과 돌봄 부담 경감에 도움이 되고자 「어르신 돌봄가족지원센터」를 2019년 3월부터 운영하고 있으나, 사업 초기로 대상자 발굴, 사업 확산에 다소 어려움이 있다.
- 국민건강보험공단에서는 노인장기요양보험 도입으로 가족 수발자의 경제적 부담은 감소하였으나, 오랜 간병생활로 가족이 느끼는 부양부담감은 여전히 높아 가족 수발자의 스트레스, 우울, 부양부담감 등을 완화하고 사회안전망을 구축하고자 '가족상담 지원서비스'를 2015년부터 일부 지역에 한정하여 시행하고 있다.
- 치매국가책임제 시행에 따라 전국 시군구에 설치 운영되고 있는 치매안심센터에서는 치매환자 가족 상담을 통해 환자가족의 돌봄 부담 요인을 파악하고 부담경감에 적절한 서비스를 연계하기 위해 노력하고 있으나 성과를 이뤄내기 위해서는 상당한 기간이 소요될 것으

로 보인다.

2) 기존 유사사업과의 차별성

- **돌봄 사각지대에 있는 돌봄가족의 지원 체계 마련 (가족중심 돌봄가족 대상 서비스)**

1) 제도권 밖에 놓여 있어 서비스 제공을 받지 못하는 돌봄대상과 돌봄가족의 서비스 기획, 운영

(1) 국민건강보험공단의 '가족상담 지원서비스' 는 현재 노인장기요양보험 수급자의 가족이어야 하며, 서비스 신청일자 기준으로 어르신이 재가급여 이용(복지용구 포함)중이어야 하며, 수급자 어르신의 실거주지 기준의 관할 노인장기요양보험 운영센터에서만 이용이 가능하다는 등 제한이 발생하고 있다.

(2) 서울시복지재단에서 지원하는 어르신돌봄가족 휴가제는 장기요양등급 판정을 받은 등급인정자와 장기요양 등급외자(노인동봄종합서비스)를 돌보는 가족으로 제한하여 운영 중으로 본 사업 또한 지원자가 많은 경우 예산범위 내 부양부담이 높은 가족을 우선으로 선정하고 있다.

▶ 본 사업에서는 일부 시행되고 있는 가족돌봄 대상 가정의 지원사업을 기반으로 돌봄가족들의 돌봄 부담을 실제적으로 경감시킬 수 있는 돌봄 인력 지원, 돌봄 환경 및 생계 지원 등을 통해 직접적인 도움이 될 수 있도록 한다.

2) 기존 서비스를 받고 있으나, 긴급, 응급상황, 틈새 돌봄이 필요한 가족에 대한 지원 서비스 기획

(1) 노인장기요양보험 등급판정 이전 또는 탈락대상가정을 위한 인력 파견 및 시간제 돌봄서비스 제공

(2) 돌봄 종사자의 응급상황, 휴가 등으로 인한 대체 인력 파견

▶ 노인장기요양서비스 이용 대상자 및 등급 외자, 등급 판정 대기자, 긴급을 요하는 돌봄대상 등 돌봄서비스의 사각지대 해소를 위한 종합적인 돌봄 지원 시스템을 구축하는 것이다.

- **돌봄 수행인력의 소진예방을 위한 지원 체계 마련**

1) 돌봄 수행인력(요양보호사, 독거노인생활관리사, 의료사례관리사 등)을 위한 지원 서비스 수립

(1) 돌봄 수행인력의 서비스 질 향상을 위한 전문화 교육 프로그램 운영

(2) 돌봄 수행인력의 소진 예방을 위한 힐링 프로그램 운영

▶ 사회적 돌봄가족인 돌봄 수행인력을 대상으로 한 지원체계를 마련하여 돌봄 수준의 질

적 향상과 돌봄부담을 경감시키고자 한다.

3) 신청기관의 강점

■ 사전조사 내용

- 서울시는 어르신 돌봄가족지원센터 운영을 통해, 돌봄가족지원 기능을 추가하여 어르신돌봄가족의 부담 요인을 파악하고, 맞춤형 프로그램 지원 및 휴식 제공 등 어르신 돌봄가족을 지원하고 있다.
  주요 서비스 제공 대상으로는 재가장기요양서비스, 노인돌봄종합서비스 이용 어르신을 돌보는 가족, 서비스를 이용하지 않으나, 장기요양등급 어르신을 돌보는 가족을 대상으로 하고 있다.
  주요 사업은 돌봄가족의 심리·정서지원, 돌봄가족을 위한 프로그램 운영, 돌봄가족 돌봄방법 교육, 건강관리 지원, 돌봄가족 휴가제 운영, 돌봄가족 지원단 운영을 진행하고 있다.
- 어르신돌봄종사자종합지원센터는 어르신돌봄종사자들의 신체적·육체적 건강관리 및 교육, 상담 등의 지원을 통해 어르신돌봄종사자의 역량과 권익을 증진시키고 권역센터 간 협력체계 구축을 통한 좋은 돌봄의 사회적 인식 확산으로 어르신돌봄서비스 질을 향상시키고자 노력하고 있으며, 주요 서비스 제공대상은 돌봄종사자(요양보호사 등), 돌봄서비스 제공기관, 돌봄가족을 설정하고 있다.
- 주요 사업으로는 어르신 돌봄서비스 종사자 지원, 어르신돌봄서비스 제공기관 지원. 어르신돌봄서비스 사회적 인식개선, 관계기관 협력체계 구축을 추진하고 있다.

■ 관련분야 수행경험

- OO노인종합복지관은 2009년부터 현재까지 OO시 OO청으로부터 노인돌봄기본서비스를 위탁받아 운영 중에 있으며, 2019년 사업 기준으로 OO지역 약 1,500명의 독거노인의 사회안전망구축을 위해 54명의 독거노인생활관리사들이 독거노인 현황조사, 안전확인, 생활교육, 서비스 연계를 시행하고 있다.
- 2008년부터 2014년까지는 노인돌봄종합서비스 제공기관 지정, 운영되어 노인장기요양 등급 외 A, B, 장애1~3등급 또는 중증질환자를 대상으로 방문돌봄서비스와 단기가사서비스를 운영한 경험이 있으며, 2011~2014년까지 장기요양기관으로 OO지역 노인장기요양 수급자 약 60명의 대상자들에게 방문목욕, 방문요양 등의 전문적인 장기요양서비스를 수행한 경험이 있다. 특히 더 나은 서비스를 제공하기 위해 전문성과 역량을 가진 우수한 요양보호사를 선발, 교육, 파견하였으며, 돌봄인력의 인력 관리에 대한 역량을 키워왔다.
- 2013년부터 2014년까지 2년간은 OO시로부터 노인돌봄기본서비스 거점 수행기관 지정 운영되어 거점센터를 중심으로 한 OO시 5개 수행기관의 효율적이고 체계적인 서비스 전달

체계 개선을 위해 노력하였으며, 거점수행기관 실무자 교육 및 회의를 통한 실무자 역량강화 및 서비스 관리 능력 향상을 위해 다양한 사업을 진행하였다.

- OO노인종합복지관은 노인복지전문기관으로 2008년부터 OO OO지역의 노인 문제해결을 위해 재가지원서비스, 위기가정지원사업, 노인사회활동지원사업(노노케어) 등 다양한 분야의 사업 수행 경험과 정직하고 투명한 조직 운영으로 지역사회에서 신뢰받는 기관으로 역할을 수행해왔다.
- 신청기관에서 수행해야 하는 이유

1. 지역 내 취약 계층을 지원하는 다양한 사업 수행 경험을 가지고 있음

- 노인돌봄 서비스 수행기관 지정으로 다양한 노인복지 서비스 제공

– 노인돌봄기본 서비스, 노인돌봄종합 서비스, 장기요양 서비스, 응급안전알림 서비스
– 재가노인지원 서비스(부설 OO노인복지센터)
– OO 관내 독거노인 전수조사 후 구축된 DB를 바탕으로 맞춤형 서비스가 가능

2. 효과적인 사업 추진을 위한 지역 내 네트워크를 구축하고 있음

- 관내 소외계층 및 복지사각지대 가족 지원을 위한 다각적인 노력, 지역 내 네트워크를 구축 및 참여

연번	협력기관	협력 사업 내용
1	OO OO청	지역사회 통합돌봄 선도사업 참여기관 협약
2	OO사회복지협의회	취약가구 발굴 및 지원네트워크 '좋은이웃들'
3	OOOO보건소	치매예방관리사업 유관기관 업무협약
4	OO치매센터	치매예방관리사업 컨설팅 및 유관기관 업무협약
5	OO사회복지재단 외 3개소	홀몸어르신 안부확인사업
6	OO시 OO 화정1동 5개소	복지사각지대 발굴
7	OO 우체국	복지사각지대 발굴 및 홀몸어르신 행복나눔사업 추진
8	OO청 외 19개소	예방적 복지공동체 실현을 위한 돌봄 협약
9	OOOO정신건강센터	노인정신건강 문제 해결을 위한 열린마음상담센터 운영
10	OO치과 외 2개소	희망나눔 웃음찾기 프로젝트 운영
11	OO치과 외 2개소	취약계층 치과 진료를 위한 업무협약
12	OO지역사회보장협의체	노인분과 노인돌봄 수행기관 11개소 네트워크

3. 돌봄 가족의 지원을 위한 지원 시스템을 갖춤

- 관내 소외계층 및 복지사각지대 가족 지원 결정을 위한 다양한 사업 운영 경험

– 이랜드재단의 '인큐베이팅'사업 수행기관(위기 가정 발굴 지원)
– OO시사회복지협의회 '좋은이웃들' 거점기관

- 위기가정의 치료비, 생계비, 주거비, 교육비 지원을 위한 가정 실사 경험

4. OO OO 지역 내 예방적 노인복지 실천을 위한 Collective Impact 가치 수행가능함.

- OO시 OO '커뮤니티케어 선도지역 선정', 노인복지관은 주요 협력기관 역할 수행

– OO시 OO청 내 케어전담팀 구성, 직종간 협업, 서비스 데이터의 공유 시작
– 지역 케어회의, 돌봄서비스 제공계획 공동수립을 위한 OO청 – 병원 – 노인복지관 간의 협업
– 공동 문제 해결을 위한 컨소시엄 구축 및 참여네트워크 활성화

5 목표 및 평가

1) 성과평가

성과목표	평가도구 및 방법	측정시기
돌봄 사각지대 해소	• 성과내용 : 돌봄대상자에게 틈새돌봄 서비스 제공 유무에 대한 과정평가 • 평가도구 : 틈새 돌봄 제공 유무 및 횟수 • 평가방법 : 계산식에 의거한 제공 유무, 횟수 산출	• 서비스 제공 및 연계 시 수시 측정 • 연차평가 결과보고 시 계산식에 의한 성과 산출
돌봄가족의 돌봄부담 완화	• 성과내용 : 돌봄가족 대상 사업 참여 전-후의 돌봄스트레스 변화 정도 측정 • 평가도구 : 돌봄 스트레스 척도 • 평가방법 : 서비스 대상(돌봄가족) 자기보고식 사전-사후 설문조사	• 사전(개입시점) • 사후(사업종결 시점)
	• 성과내용 : 돌봄가족 대상 사업 참여 전-후의 우울 변화 정도 측정 • 성과지표 : 임상적 우울증을 판단하는 점수는 16점 0~15점 : 임상적 우울증 이전 수준 16~60점 : 임상적 우울증 수준 • 평가도구 : 우울 척도 • 평가방법 : 서비스 대상(돌봄가족) 자기보고식 사전-사후 설문조사	• 사전(개입시점) • 사후(사업종결 시점)
	• 성과내용 : 틈새돌봄 제공을 통해 돌봄가족이 실제 돌봄 외 시간의 증감 정도를 측정 • 평가도구 : 돌봄 외 시간 • 평가방법 : 계산식에 의거한 제공 유무, 횟수 산출	• 서비스 제공 및 연계 시 수시 측정 • 연차평가 결과보고 시 계산식에 의한 성과 산출
	• 성과내용 : 돌봄수행 종사자 대상 사업 참여 전-후의 돌봄 스트레스 변화 정도 측정 • 평가도구 : 돌봄 스트레스 척도 • 평가방법 : 서비스 대상(돌봄수행 종사자) 자기보고식 사전-사후 설문조사	• 사전(개입시점) • 사후(사업종결 시점)

2) 과정평가(선택)

평가대상 내용	평가방법	측정시기
컨소시엄 구축	• 평가내용 : 본 사업 수행을 위한 OO 지역 내 컨소시엄 기관 확보 정도 측정 • 평가도구 : 업무 협약서 • 평가방법 : 1차년도 사업 종료 후 업무협약서 수치산출	• 연차평가 결과보고 시 성과 산출

6 사업종료 후 지향점

1) 사업 수행으로 인한 기대 효과

- **돌봄가족들의 돌봄 부담감 경감**

  - 가족돌봄제공자의 일시적인 돌봄 부재를 해결할 수 있는 사회적 지원 서비스를 개발, 운영하여 제도화된 돌봄 서비스에서 가지고 있는 돌봄 사각지대의 요인을 해결할 수 있도록 하고, 이를 통해 돌봄가족들의 돌봄 부담감을 감소시킬 수 있다.

- **돌봄가족, 돌봄 수행인력에 대한 교육, 쉼, 정서적 지원을 통한 돌봄 기능강화 가능**

  - 본 사업을 통해 돌봄제공자의 쉼을 지원하기 위한 휴가지원세도(respite)의 확대와 신체적·정신적 건강지원, 문화 및 여가생활을 지원할 수 있는 프로그램을 통해 가족기능을 유지, 강화시킬 수 있다.
  - 기존의 장기요양 지원체계에서 발전된 돌봄체계를 지역사회 내에 제공할 수 있다.
  - 가족체계 지원을 통한 노인돌봄 및 대처 능력의 향상이 가능하다.
  - 소규모 장기요양시설이 난립한 상황에서 공공기관과 민간기관이 협력하여 정확한 노인돌봄 정보 제공을 함으로써 돌봄가족들의 심리적 안정이 기대된다.

- **살던 곳에서 존중받으며 품위를 유지하는 '독립적 삶' 추구 가능**

  - 노년의 삶을 자신의 집 혹은 자신이 살던 지역사회에서 안전하고 편안하게 살면서 사회구성원으로서 주체적으로 참여하는 삶을 제공할 수 있다.

2) 사업 결과의 활용 계획

- **사업의 효과성을 근거로 현행 제도 보완을 위한 사업 정책 제안**

  - 연차사업 종료 후 확인된 성과와 지역사회 내 노인돌봄체계의 지원을 위한 공적체계로의 전환을 위한 사업정책 제안보고서 적극 제안
  - 수행 인력들의 전문성과 경험을 후속 사업과 정책 연구에 기여할 수 있도록 자문 참여

- **지역사회의 사회적 돌봄 지원 사업에 대한 모델 제시**

  - 돌봄가족의 지원사례집 출간 및 배포, 성과 발표회 개최를 사업 모델 제시
  - 성과평가 데이터를 근거로 한 학술지논문 등재

- **사업 결과를 통해 유사기관이나 지역사회에 꼭 알리고 싶은 이야기가 있다면 무엇입니까?**

  - 돌봄 관련 문제는 지역사회가 함께 해결해야 할 공동의 과제로 인식해야 함.
  - 일본의 사례와 같이 중앙정부에서 시행하고 있는 각종 돌봄 관련 서비스가 지역에서 통합적으로 수행되지 못한다면 시너지 효과를 내야 함.
  - 자신이 살고 있는 곳에서 돌봄 서비스를 받으면서 나이 들어가기를 원하는 (Aging in place) 지역주민들의 욕구를 고려해 '지역'이라는 안에서 공동의 삶을 살아갈 수 있도록 끊임없는 관심과 지원이 필요함.
  - 단순히 우리기관 서비스 대상, 우리기관 서비스 계약자를 뛰어 넘어 지역포괄케어시스템(커뮤니티케어)이 작동할 수 있도록 하는 모두의 노력이 필요함.

3) 사업 지속 유지 전략

- **지역에서 추진하는 정책 사업 연계**

  - OO청이 추진하는 지역사회 통합 돌봄 선도사업과의 유기적 결합 추진으로 자치구 사업 모델로 제안

- **사업 재원 마련을 위한 다양한 모금 방식 개발**

  - 온라인 모금 플랫폼 활용
  - 지자체, 모금회, 복지관의 공동 모금 연계 시스템 시행

- **자원봉사 및 사회적 일자리 사업 개발**

  - 지역 주민들이 함께 기여할 수 있도록 돌봄 영역의 자원봉사 테마 구축
  - 노인사회활동지원사업 등 사회적 일자리 개발

- **후속사업 추진을 구현하기 위한 연도별 반영사항**

  - 1년차) 돌봄가족의 사회적 돌봄 제공의 실천 및 실증적 연구 단계, 지역사회기반 조성 단계로 지원사례 발굴과 협력기관 간 MOU 등 네트워크 확대, 지역자원 연계를 위한 노력에 집중
  - 2년차) 돌봄가족의 지지체계 확대와 긴급돌봄서비스 제공영역을 확대하고, 지역자활센터의 자활참여자의 돌봄사업유입을 위한 교육과정 개설을 목표로 본 사업의 확장 계획 수립
  - 3년차) 본 사업의 재정적 지원이 종료되기 전 지역사회보장협의체와 OO자원봉사센터의 자원봉사인력을 돌봄자원봉사자로의 양성할 수 있도록 프로그램을 기획, 운영하여 돌봄생태계가 지속될 수 지원

2부 연차별[1차년도] 사업계획서17)

1 사업명 : 돌봄가족의 돌봄 스트레스 완화와 돌봄 수준 향상을 위한 사회적 돌봄 지원사업

2 사업 내용 및 추진 전략

1) 사업 참여자 모집 전략

(1) 참여 대상 및 인원

핵심 참여자	1) 가족중심 돌봄제공 대상가정 30가정 2) 소진우려가 있는 지역 내 돌봄사업 수행인력 50명 3) 돌봄가족 돌봄휴가대상 40가정
주변 참여자	• 의료, 복지, 공공영역 종사자 80명 1) OO 커뮤니티케어 추진단 2) 케어전담창구요원 3) 치매안심센터 4) OO노인복지센터 5) OO지역사회보장협의체 6) 건강가정지원센터

(2) 참여자 선정 기준

- 가족중심 돌봄을 제공하고 있는 가정 중 돌봄부양 스트레스가 높은 가정 선정
  - Burnout Instrument(BI) 측정 결과 41점 이상 대상 가정 우선 선정
- 가족중심 돌봄을 제공하고 있는 가정 중 우울지수가 높은 가정 선정
  - CES-D(Center for Epidemiological Studies Depression Index) 측정결과 16점 이상 가정 우선 선정
- 5년 이상 돌봄을 수행하고 있는 수행인력을 대상으로 The Medical Outcomes Study Social Support Survey(MOS-SSS) 측정결과 40점 미만 대상자 우선 선정

(3) 참여자 모집 방안

- 지역사회 통합 돌봄 선도사업을 바탕으로 한 지역 협력 체계 구축 및 참여자 모집
  - 지역사회 통합 돌봄 선도사업을 통해 기능변화가 되는 동 단위 케어안내창구의 전담인력을 통해 대상자 추천 및 1차 스크리닝 시행 후 모집
  - OO시 OO가 지역사회 통합 돌봄선도사업 지역으로 선정되면서 동 단위에서 돌봄 어르신

17) 본 프로포절은 광주 서구노인종합복지관에서 사회복지공동모금회에 2019년 성과확산형 사업계획으로 프로포절하여 배분받은 사업이다. 2부는 1차년도 사업계획을 담고 있다. 따라서 여기에 제시된 것은 새로운 프로포절이 아니라 앞에서 3차년에 걸친 전체 계획에 대한 1차년도 계획이다.

파악과 사회자원의 발굴 기능이 이루어질 예정임
- 지역사회 통합 돌봄선도사업의 대상자와 중복이 이루어지지 않도록 접수창구부터 대상자의 분리, 선정이 될 수 있도록 추진하는 것이 가장 적합할 것으로 예상됨

2) 사업 내용 및 사업 집행 전략

○ 세부사업 내용

세부사업명	수행방법
돌봄사각지대 해소사업	• 가사 · 간병 방문도우미 서비스 운영(30가정 대상, 60시간 내 서비스 운영) – 가족중심 돌봄을 제공하고 있는 가정 중 돌봄부양 스트레스가 높은 가정 대상 가사간병 방문도우미 파견
돌봄가족 돌봄 부담완화 사업	• 복지용구 및 보장구 지원사업(20가정) – 경제적 어려움으로 인한 복지용구 미보유 가정 대상 보장구 지원사업 – 지역사회 통합돌봄 '지역 케어회의' 시 발굴 사례 가정방문, 심사, 선정 • 돌봄가족 생계비 지원사업(20가정) – 경제적 어려움으로 인해 주거, 식사, 돌봄지원이 불가한 가정 대상 선정, 지원 – 지역사회 통합돌봄 '지역 케어회의' 시 발굴 사례 가정방문, 심사, 선정 • 돌봄가족 주거환경 개선 지원사업(90가정) – 노후된 주거환경을 고령친화적으로 생활할 수 있도록 주거 개선서비스 제공 – 지역사회 통합돌봄 '지역 케어회의' 시 발굴 사례 가정방문, 심사, 선정
돌봄가족 기능강화사업	• 쉼과 회복이 필요한 돌봄가족 가족휴가 지원(40가정) – 경제적, 시간적인 어려움으로 가족 간 여가활동에 제한이 되는 가정에 돌봄휴가비 지원 – 지역사회 통합돌봄 '지역 케어회의' 시 발굴 사례 대상 CES-D 측정 후 선정 • 돌봄종사자 힐링캠프 운영(연 1회, 50명 이내) – 5년 이상 돌봄을 수행하고 있는 수행인력을 대상으로 돌봄수행기관의 추천을 받아 MOS-SSS 측정 후 대상자 선정 • 돌봄가족 집단상담 프로그램 및 개별상담 운영(30가정) – 건강가정지원센터 협업으로 돌봄가족의 스트레스 감소를 위한 집단 프로그램, 개별상담 프로그램 운영
돌봄 네트워크 구축사업	• OO 관내 돌봄 네트워크 구축(연중) – 1차년도 5개 채널의 돌봄 네트워크 구축, 공동수행기관 선정, 자문위원단 구성

○ **사업 진행 일정**

내용 \ 기간		6월	7월	8월	9월	10월	11월	12월	1월	2월	3월	4월	5월
사업수행인력 채용		■											
사업홍보(책자제작 및 배포)		■	■										
돌봄 사각지대 해소사업	유급봉사자선발	■											
	지역케어회의		■	■	■	■	■	■	■	■	■	■	■
	대상자신청		■	■	■	■	■	■	■	■	■		
	대상자선정		■	■	■	■	■	■	■	■	■		
	서비스제공		■	■	■	■	■	■	■	■	■		
	서비스평가		■								■		
돌봄가족 돌봄완화 사업	협력기관MOU체결		■										
	지역케어회의		■	■	■	■	■	■	■	■	■	■	■
	대상자신청		■	■	■	■	■	■	■	■	■		
	대상자선정		■	■	■	■	■	■	■	■	■		
	보장구지원				■	■	■	■	■	■	■	■	
	생계비지원				■	■	■	■	■	■	■	■	
	주거환경지원				■	■	■	■	■	■	■	■	
	서비스평가				■							■	
돌봄가족 기능강화 사업	지역케어회의		■	■	■	■	■	■	■	■	■	■	■
	가족신청			■	■								
	가족선정					■							
	가족휴가지원					■	■	■					
	돌봄종사자PG신청				■								
	돌봄종사자대상확정					■							
	돌봄종사자힐링캠프					■	■						
	가족집단상담PG운영				■	■			■	■			
	개인상담PG운영					■	■			■	■		
	서비스평가				■	■	■		■	■	■		
돌봄네트워크 구축사업	협력기관 MOU체결	■	■										
	협력기관 간담회	■					■					■	
잔문위원회 건설팅							■						
사업 성과측정			■										■

3) 기관 연계협력 전략

연계기관명	역할	비고
OO 커뮤니티케어 추진단	대상자 발굴, 돌봄의뢰, 공적지원조사	
OO 치매안심센터	치매돌봄가족 기능강화 프로그램 운영, 가족 쉼 프로그램 운영	
OO노인복지센터	대상자 발굴, 돌봄인력 관리, 서비스 제공	
OO지역사회보장협의체	유관기관 대상 사업 홍보	
OO건강가정지원센터	가족 기능강화 프로그램 자문, 가족 쉼 프로그램 운영	

- OO지역사회 통합 돌봄 선도사업 운영 체계 활용

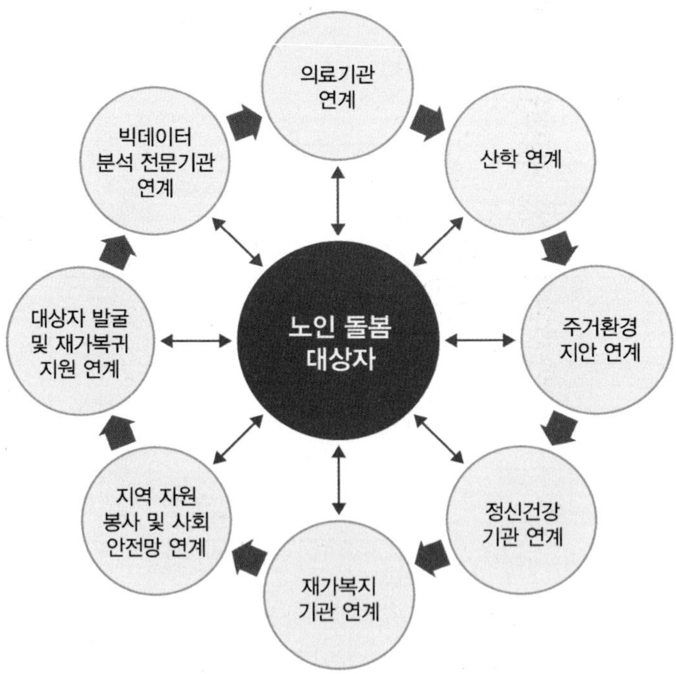

3 예산 편성

(단위 : 원)

목	세목	세세목	계	산출근거	예산조달 계획				
					신청금액	비율(%)	자부담	비율(%)	자부담 재원
총계			164,213,000		164,213,000	100	0		
인건비	인건비(사회복지사 3호봉)	기본급	22,924,800	1,910,400원×12월=22,924,800원	22,924,800	14.0	0		
	사회보험	사회보험	2,805,140	국민연금 24,835,800원×4.50%=1,117,584원 건강보험 24,835,800원×3.23%=802,177원 장기요양보험 802,177원×8.51%=68,265원 고용보험 24,835,800원×0.65%=161,429원 산재보험 24,835,800원×0.63%=156,462원	2,805,140	1.7	0		
	퇴직금	퇴직금	1,910,400	퇴직금 1,910,400원	1,910,400	1.2	0		
	소계		27,640,340		27,640,340	16.8	0		
사업비	돌봄사각지대 해소사업	돌보미파견	27,000,000	방문도우미 활동비 16,000원×30가정×60시간=27,000,000원	27,000,000	16.4	0		
	돌봄부담완화 사업	재활/안전장비 지원	4,000,000	돌봄보장구 지원 200,000원×20가정=4,000,000원	4,000,000	2.4	0		
		생계비지원	20,000,000	취약가정생계비지원200,000원×20가정×6개월=20,000,000원	20,000,000	12.2	0		
		돌봄환경 개선지원	27,000,000	돌봄가정 돌범환경개선 300,000원×90가정=27,000,000원	27,000,000	16.4	0		
	돌봄가족기능 강화사업	가족휴가제	16,000,000	돌봄가정 휴가지원 400,000원×40가정=16,000,000원	16,000,000	9.7	0		
		돌봄종사자 힐링캠프	24,000,000	돌봄종사자 힐링캠프 400,000원×60명=24,000,000원	24,000,000	14.6	0		
		가족상담(집단)	4,000,000	집단상담 프로그램 260,000원×8회기×2회=4,000,000원	4,000,000	2.4	0		
		가족상담(개인)	4,000,000	개인상담 프로그램 100,000원×20명×2회=4,000,000원	4,000,000	2.4	0		
	돌봄네트워크 구축사업	협약식	2,000,000	협약식 500,000원×1회=500,000원	2,000,000	1.2	0		
		유관기관 간담회		유관기관 간담회 500,000원×3회=1,500,000원					
	사업 자문비	사업자문비 중간평가	2,000,000	자문단 중간평가 위크샵 500,000원×1회=500,000원	2,000,000	1.2	0		

		워크숍		사업중간평가 자문비 150,000원×10명=1,500,000원					
	홍보제작비	홍보물제작	4,213,000	홍보물 3단 접지 1,100원 ×1,830매=4,213,000원	4,213,000	2.6	0		
	소계		134,213,000		134,213,000	81.7	0		
관리운영비	사무용품	사무용품	1,679,660	167,966원×10회= 1,679,660	1,679,660	1.0	0		
	출장비	출장비	200,000	40,000원×5회=200,000원	200,000	0.1	0		
	유류비	유류비	480,000	40,000원×12개월=480,000원	480,000	0.3	0		
	소계		2,359,660		2,359,660	1.4	0		

4 목표 및 평가

1) 산출목표

세부사업명	산출목표	모니터링 방법
돌봄사각지대 해소 사업	• 가족중심 돌봄 30가정 대상 가사 · 간병 방문도우미 서비스 운영	• 유급봉사자 활동일지 확인
돌봄가족 돌봄 부담완화 사업	• 지역케어회의 연간 11회 시행	• 지역케어회의 회의록 확인
	• 복지용구 및 보장구 지원사업 20가정	• 서비스 제공결과보고서 확인
	• 돌봄가족 생계비 지원사업 20가정	• 서비스 제공결과보고서 확인 • 협력기관 서비스제공 모니터링
	• 돌봄가족 주거환경 개선 지원사업 90가정	• 서비스 제공결과보고서 확인
돌봄가족 기능강화사업	• 돌봄가족 가족휴가 지원 40가정	• 계획서 / 결과보고서
	• 돌봄종사자 힐링캠프 운영 연 1회	• 계획서 / 결과보고서
	• 돌봄가족 집단상담 및 개별상담 운영 30가정	• 프로그램 일지 확인
돌봄 네트워크 구축사업	• 1차년도 5개 채널의 돌봄 네트워크 구축	• 업무협약서
	• 공동수행기관 3개소 MOU체결	• 업무협약서
	• 자문위원단 10명 구성	• 자문일지 작성

2) 성과목표 및 평가방법

성과목표	평가 도구 및 방법	측정시기
돌봄 사각지대 해소	• 성과내용 : 돌봄대상자에게 틈새돌봄서비스 제공 유무에 대한 과정평가 • 평가도구 : 틈새돌봄 제공 유무 및 횟수 • 평가방법 : 계산식에 의거한 제공 유무, 횟수 산출	• 서비스 제공 및 연계 시 수시 측정 • 연차평가 결과보고 시 계산식에 의한 성과 산출
돌봄 가족의 돌봄부담 완화	• 성과내용 : 돌봄가족 대상 사업 참여 전-후의 돌봄 스트레스 변화 정도 측정 • 평가도구 : 돌봄 스트레스 척도 • 평가방법 : 서비스 대상(돌봄가족) 자기보고식 사전-사후 설문조사	• 사전(개입시점) • 사후(사업종결 시점)
	• 성과내용 : 돌봄가족 대상 사업 참여 전-후의 우울변화 정도 측정 • 성과지표 : 임상적 우울증을 판단하는 점수는 16점 0~15점 : 임상적 우울증 이전 수준 16~60점 : 임상적 우울증 수준 • 평가도구 : 우울 척도 • 평가방법 : 서비스 대상(돌봄가족) 자기보고식 사전-사후 설문조사	• 사전(개입시점) • 사후(사업종결 시점)
	• 성과내용 : 틈새돌봄 제공을 통해 돌봄가족이 실제 돌봄외 시간의 증감 정도를 측정 • 평가도구 : 돌봄외 시간 • 평가방법 : 계산식에 의거한 제공 유무, 횟수 산출	• 서비스 제공 및 연계 시 수시 측정 • 연차평가 결과보고 시 계산식에 의한 성과 산출
	• 성과내용 : 돌봄수행 종사자 대상 사업 참여 전-후의 돌봄 스트레스 변화 정도 측정 • 평가도구 : 돌봄 스트레스 척도 • 평가방법 : 서비스 대상(돌봄수행종사자) 자기보고식 사전-사후 설문조사	• 사전(개입시점) • 사후(사업종결 시점)

3) 과정평가(선택)

평가대상 내용	평가방법	측정 시기
컨소시엄 구축	• 평가내용 : 본 사업 수행을 위한 OO 지역 내 컨소시엄 기관 확보 정도 측정 • 평가도구 : 업무 협약서 • 평가방법 : 1차년도 사업 종료 후 업무협약서 수치산출	• 연차평가 결과보고 시 성과 산출

〈프로포절 작성 단계별 자가 점검 리스트〉

작성 단계	점검 내용	예/아니오
1. 문제 확인 및 분석(프로그램명/사업의 필요성)	프로그램명이 눈에 띄고 이해하기 쉬운 매력적인 이름인가?	
	사업의 필요성이 사회문제의 관점에서 다루어졌는가?	
	사회문제의 원인을 파악하는 인과적 분석이 이루어졌는가?	
	결여되거나 불충분한 사회복지 서비스 및 자원이 무엇인지 확인했는가?	
	논의하고 있는 사회복지 서비스 및 자원이 결여되거나 불충분하다는 증거자료를 충분하게 수집하고 제시했는가?	
	사회복지 서비스 및 자원의 결여와 불충분에 대한 원인이 무엇인지 탐색했는가?	
2. 대상자 선정	일반집단, 위험집단, 표적집단, 클라이언트집단의 체계가 타당하게 설정되어 있는가?	
	수행기관의 인력과 재정여건을 고려하여 클라이언트집단을 선정하였는가?	
	공평한 선정과 애로발생 시 대처할 수 있는 선정기준과 방법을 서술하였는가?	
3. 프로그램 목적과 목표	목적과 목표의 개념과 위계를 올바르게 이해하고 기술하였는가?	
	산출목표와 성과목표의 개념과 위계를 올바르게 이해하고 기술하였는가?	
	목표설정을 위한 SMART 원칙을 지켰는가?	
4. 프로그램의 기반 수립과 내용 설계	프로그램 내용을 구성하는 과정에서 각 활동 간의 영향관계를 설명하고, 프로그램과 성과의 인과관계를 설명할 수 있는 이론적 근거를 확인하고 적용하였는가?	
	문제해결을 위한 대안들이 타당성, 즉 목표를 달성하기 위한 효과성, 효율성, 적정성, 형평성을 고려하여 선택되었는가?	
	문제해결을 위한 대안들이 기술적, 경제적, 이용자확보, 윤리정치적 측면에서 실행가능한가?	
5. 세부 프로그램별 실행 계획	계획된 세부활동들이 왜 들어가야 하는지 고민하였는가?	
	누가, 언제 어디서, 무엇을, 어떻게 하는가에 대한 설명이 구체적으로 제시되어 있는가?	
	각 성과목표를 달성하기에 적절한 성과지표를 사용하였는가?	
	성과지표를 측정해낼 수 있는 타당한 자료원이 선정되었는가?	
	적절한 자료수집방법과 구체적 시기를 계획하였는가?	
	사업목표와 사업량에 비해 적절한 규모의 인력이 배치되었는가?	
	담당인력은 전문성이 갖추어져 있는가?	
	활동의 과정과 순서는 효과적인 진행이 가능하도록 구성되었는가?	
	세부시간계획표의 작성 시 누락된 활동은 없는가?	
	프로그램의 목표와 대상자 집단을 고려하여 홍보방법, 횟수, 활용매체를 기술하였는가?	
	프로그램의 목표 달성에 도움이 되는 지역자원을 파악하고 이를 어떻게 활용할 것인가를 구체적으로 기입하였는가?	
6. 예산수립	예산계획이 목표의 수준, 대상자의 규모, 인력규모, 활동내용의 범위와 양 등과 비교하여 합리적으로 일치하는가?	
	관항목의 구분이 혼동 없이 제대로 이루어졌는가?	
	산출근거가 구체적인가?	
	신청금액과 자부담의 비율은 적정한가?	

03 사회복지공동모금회 '산출중심' 프로포절 사례

사회복지공동모급회법 제20조는 매년도 8월 31일까지 다음회기의 배분사업에 대해서 공고하게 되어 있다. 이때 공동모금재원의 배분대상, 배분한도액, 배분신청기간 및 배분신청서 제출 장소, 배분심사기준, 배분재원의 과부족(過不足) 시 조정방법, 배분신청 시 제출할 서류, 그 밖에 공동모금재원의 배분에 필요한 사항을 제시하게 되어 있다. 배분을 받고자 하는 기관을 프로그램사업과 기능보강사업에 신청을 할 수가 있고, 연간 3,000만원 이내에서 배분을 받을 수가 있다. 물론 이 한도는 지회별로 배분한도 내에서 조정을 하게 된다. 동일기관이 프로그램사업과 기능보강사업을 중복하여 신청할 수는 없다.

프로그램사업은 지역사회 변화와 지역주민 삶의 질 향상을 중심으로 사회복지기관 등에서 계획하여 진행예정인 사업이 포함된다. 최초 지원을 포함하여 총 3회(3차년도)까지 연속지원이 가능하고, 배분신청금액 중 사업비는 신청예산의 50% 이상 책정하여야 한다. 프로그램사업은 성과중심형사업, 성과확산형사업, 산출중심형사업으로 구분된다.

산출중심형사업으로 배분을 신청하려면 산출중심형사업에 대한 이해가 필요하다. 산출중심형사업은 성과를 직접적으로 나타내기보다는 사업수행 과정에 초점을 맞추는 사업에 해당한다. 즉, 현재 당면한 지역사회 이슈 및 개인/가족의 문제해결을 위한 사업으로 성과목표 달성보다는 사업수행 과정에 중점을 두는 사업이다.

사례 4 장애인 대상 정서/문화 프로그램

1 사업명 : 시설장애인 거주그룹의 유대감 향상을 위한 추억여행 "우리가 남이가" 시즌2[18)]

2 사업 필요성

1) 일반적인 사업의 필요성

(1) 현대적 가족의 개념과 중요성

① 가족의 개념

전통적인 가족은 혼인, 혈연 및 입양을 통해서 이루어진 관계자들의 집단이며, 의식주의 해결을 공동으로 하고 정신적 유대와 공동체적 생활방식을 갖는 집단이다. 그러나 현대적 가족의 개념은 전통적인 가족의 개념을 포함하여 서로 유대감을 나누고 일반적인 가족의 기능을 수행하며 살아가는 협조적인 생활공동체를 포함하는 광의의 개념이 현대적 가족의 개념을 이해하는 데 더욱 유용하다.

특히 현대사회의 가족의 개념 또는 형태를 이해하는데 가장 중요한 요소는 전통적인 가족에서 중요시하는 혼인과 혈연이 아닌 유대감을 나누고 가족의 기능을 수행하는 협조적인 생활공동체라는 것이다.

② 가족의 중요성

가족구성원의 기본적인 욕구를 충족시키고 가족구성원에게 정서적인 안정감을 준다. 또한 가족은 사회를 구성하는 가장 기본적인 집단의 단위로 가족의 기능이 안정적이 사회를 유지하고 발전시키는데 매우 밀접한 관계가 있으며, 무엇보다 개인의 완전한 사회화, 정서적 안정감을 위해 가족의 중요성은 매우 크다.

(2) 중증뇌변변장애인의 외부활동(외출)의 어려움

2017년 장애인실태조사를 살펴보면 외출하지 않는 주된 이유에 대해서 응답 장애인의 72.7%

---

18) 본 프로포절은 영락애니아의집에서 사회복지공동모금회에 2019년 산출중심형 사업계획으로 프로포절하여 배분받은 사업이다.

가 "장애 때문에 몸이 불편해서"라고 응답하였으며 12%는 "외출 도우미가 없어서"라고 응답하였다. 또한 외출하지 않는 장애인의 장애유형을 살펴보면 심장장애(100%), 뇌병변 장애인(90.6%), 지체장애(68.9%)의 순로 나타났다.

외출의 주된 목적은 통근, 통학이 37.8%, 산책, 운동이 29.9%, 병원진료가 12.1%로 조사되었으며 지역사회시설 이용 및 행사참여는 6.5%로 조사되었다.

위 결과를 살펴보면 장애로 인해 외부활동의 어려움이 있으며, 순수한 여가활동 및 지역사회행사 참여는 매우 부족함을 알 수 있었다.

(3) 외부활동에 대한 낮은 만족감

2017년 장애인실태조사를 살펴보면 외부활동에 대해 매우만족 4%, 약간만족 45.3%, 약간불만족 38.5%, 매우 불만족 12.2%로 만족스럽게 생각하는 장애인이 49.3%, 불만족스럽게 생각하는 장애인이 50.7%로 나타났다. 이유로는 29.4%가 "건강이나 체력의 부족", 28%가 "경제적 부담" 때문인 것으로 파악되었다.

2) ○○기관 이용인의 상황과 사업의 필요성

(1) 장애인거주시설의 이용인에게 거주그룹은 가족이다.

장애인거주시설에서 생활하는 장애인들에게 거주그룹은 단순한 모임을 뛰어 넘어 하루 일과 중 많은 부분을 함께 하고 함께 공유하고 있다. 대부분의 의식주 생활을 가정과 같은 공간에서 이루어지고 있다. 현대적 개념의 가족, "서로 유대감을 나누고 일반적인 가족의 기능을 수행하며 살아가는 협조적인 생활공동체" 바로 이용인에게 거주그룹은 가족인 것이다. 특히 중증뇌병변장애인들은 움직임이 자유롭지 못하기에 많은 시간을 같은 공간에서 함께 생활하는 장애인과 그들을 케어하는 담당교사는 가족과도 같은 존재라고 할 수 있다. 그리고 본 시설 이용인 중 70%(30명 중 21명)가 가족이 없는 무연고자인 점을 고려한다면 가족에게 가장 중요하다고 할 수 있는 구성원들 간의 유대감 형성을 위한 다양한 활동들이 필요하다.

또한 본 시설 이용인들의 하루 일과 중 학교생활, 개별 프로그램, 각종 치료 시간 등을 뺀 나머지 시간(하루 평균 18시간 이상)을 거주그룹원들과 함께 하고 있다. 더욱이 50%에 해당하는 이용인이 정규교육과정(고등학교)을 졸업하여 24시간 생활실에서 지내는 경우가 많다. 이는 거주그룹 구성원 간의 유대감이 행복한 일상생활을 누리는데 많은 영향을 줄 수밖에 없다는 것을 잘 보여주고 있다. 이러한 이유 때문에 7개로 나눠진 본 시설의 각 거주그룹별로 유대감을 높여줄 수 있는 프로그램개발에 대한 욕구가 높게 나타나고 있고, 담당교사들도 유대감 향상에 대한 많은 필요성을 느끼고 있다.

(2) 중증뇌변병장애인 거주시설의 각 거주그룹별 다양한 특성을 고려한 프로그램 필요

장애인거주시설 어느 곳이든지 각 거주그룹별로 다양한 특징이 존재하고 있지만, 중증뇌병변장애인 거주시설에서의 각각의 거주그룹은 더 다양한 특징을 가지고 있다. 이는 거주그룹을 배정할 때 이용인의 욕구, 성별, 나이 등의 기본적인 거주그룹배정 기준뿐만이 아닌, 개인의 건강상태, 개인별 특정 재활기구의 사용빈도, 일상생활의 대부분을 보조받아야 하는 각 거주 그룹원들의 케어에 대한 형평성 등 여러 가지 기준으로 거주그룹을 배정하고 있기 때문이다.

본 시설의 경우, 7개의 거주그룹 중 집중케어가 필요한 거주그룹, 성인남자 거주그룹과 더불어 나이가 어린 장애아동의 경우 재활의 가능성이 상대적으로 높기 때문에 재실치료가 수시로 이루어질 수 있도록 다양한 재활기구를 배치하고 있는 층, 그밖에도 복합적인 이유들과 이용인의 요구에 의하여 거주그룹이 배정되어 있기 때문에 각 층별, 거주그룹별로 다양한 특징들이 나타나고 있다.

3) 이용인 개인별, 나들이와 문화생활 지원에 대한 형평성 문제 해소

시설 내에서 여러 프로그램과 문화, 여가 생활을 지원하고 있고, 외부 나들이도 전 이용인이 최소 연 4회 이상 참여할 수 있도록 실시하고 있다. 하지만 외부 나들이에 대한 이용인들의 욕구가 높은 상황에서 나들이 빈도에 대한 형평성 문제는 이용인이나 담당교사들에게 민감한 사항이라 할 수 있다.

이러한 문제 때문에 이용인 전원이 질 높고 즐거운 나들이 기회를 공평하게 제공받을 수 있는 프로그램이 개발되어야 한다.

4) "우리가 남이가" 시즌1의 높은 만족도

2018년에 우리가 남이가 시즌1은 "서울 나들이", "개성만점" 나들이, "우리마음대로 나들이"로 구성되어 이용인이 다양한 체험과 여가활동을 즐길 수 있었다. 또한 거주그룹의 구성원과 종사자가 함께 준비한 거주그룹 홈파티를 통해 강한 유대감 형성과 즐거운 추억을 공유할 수 있었다. 아쉬운 점은 이용인의 컨디션과 기관 사정으로 인해 이용인의 욕구를 적극적으로 반영하는 데는 다소 한계가 있었다. 그럼에도 불구하고 우리가 남이가 시즌1을 통해 여가활동에 대한 이용인의 다양한 욕구를 확인할 수 있었으며, 다양한 체험 및 여가활동 참여의 증가로 우리가 남이가 시즌1의 높은 만족도를 확인할 수 있었다. 우리가 남이가 시즌2로 이용자인의 욕구를 기반으로 한 여가활동을 체계적이고 안정적으로 실시할 수 있을 것으로 기대된다.

3 사업 내용 및 추진방법

1) 사업 참여자 및 인원

본 시설 이용인 30명 전원

2) 사업내용 및 방법

세부 사업명	활동 내용(수행방법)	산출목표
추억공유 가족나들이	**① 테마 1 : 우리동네 나들이** • 기관과 안접해 있는 지역사회 및 서울의 다양한 명소 나들이 및 여가생활 실시 **② 테마 2 : 레인보우 나들이** • 무지개처럼 다양한 이용인들의 욕구를 반영한 거주그룹만의 개성이 넘치는 나들이(7그룹:빨,주,노,초,파,남,보) **③ 테마 3 : 도전! 땅끝 나들이** • 장거리 여행이 가능한 이용인과 함께 떠나는 도전! 땅끝 나들이 **※ 기타 프로그램 수행 방법** • 거주그룹별로 구성원 욕구, 건강, 특성(이동성, 식사관련)에 맞는 당일 프로그램 실시 • 2019년 8월 ~ 11월 / 2020년 3월 ~ 5월 실시 (혹한기 12월 중순 ~ 2월은 외부활동 중단)	총20회 연인원 80명
크리스마스 가족 홈파티	• 크리스마스를 맞이하여 거주 그룹별 홈 파티를 실시, 정성 가득한 선물과 즐거움이 있는 크리스마스 가족 홈 파티 • 12월 크리스마스 시즌에 실시 예정	그룹별 1회 30명

4 예산 편성

(단위 : 원)

목	세목	계	산출근거	예산조달 계획				
				신청금액	비율(%)	자부담	비율(%)	자부담재원
	총계	6,000,000		6,000,000	100	0	0	-
사업비	추억공유 가족 나들이	4,910,000	‣ 우리동네 나들이(1,850,000원) (이용인: 30명, 봉사자:30명) ①식사비용 10,000×60명 ②간식비용 5,000×60명 ③운영비 15,000×60명 (프로그램 및 교통비(유류비)) ④현수막 구입 50,000원	4,910,000	81	0	0	-
			‣ 레인보우 나들이(2,100,000원) (이용인: 30명, 봉사자:30명) ①식사비용 10,000×60명 ②간식비용 5,000×60명 ③운영비 20000×60명 (프로그램 및 교통비(유류비))					
			‣ 도전! 땅끝 나들이(1,850,000원) (이용인: 12명, 봉사자:12명) ①식사비용 10,000×24명 ②간식비용 5,000×24명 ③운영비 25,000×24명 (프로그램 및 교통비(유류비))					
	크리스마스 가족 홈파티	1,090,000	‣ 크리스마스 홈파티(1,090,000원) ①선물구입 15,000×30명 ②꾸미기 재료비 40,000×7숙소 ③간식 30,000×7숙소 ④진행비 150,000	1,090,000	19	0	0	-
	소계	6,000,000		6,000,000	100	0	0	-

〈프로포절 작성 단계별 자가 점검 리스트〉

작성 단계	점검 내용	예/아니오
1. 문제 확인 및 분석(프로그램명/사업의 필요성)	프로그램명이 눈에 띄고 이해하기 쉬운 매력적인 이름인가?	
	사업의 필요성이 사회문제의 관점에서 다루어졌는가?	
	사회문제의 원인을 파악하는 인과적 분석이 이루어졌는가?	
	결여되거나 불충분한 사회복지 서비스 및 자원이 무엇인지 확인했는가?	
	논의하고 있는 사회복지 서비스 및 자원이 결여되거나 불충분하다는 증거자료를 충분하게 수집하고 제시했는가?	
	사회복지 서비스 및 자원의 결여와 불충분에 대한 원인이 무엇인지 탐색했는가?	
2. 대상자 선정	일반집단, 위험집단, 표적집단, 클라이언트집단의 체계가 타당하게 설정되어 있는가?	
	수행기관의 인력과 재정여건을 고려하여 클라이언트집단을 선정하였는가?	
	공평한 선정과 애로발생 시 대처할 수 있는 선정기준과 방법을 서술하였는가?	
3. 프로그램 목적과 목표	목적과 목표의 개념과 위계를 올바르게 이해하고 기술하였는가?	
	산출목표와 성과목표의 개념과 위계를 올바르게 이해하고 기술하였는가?	
	목표설정을 위한 SMART 원칙을 지켰는가?	
4. 프로그램의 기반 수립과 내용 설계	프로그램 내용을 구성하는 과정에서 각 활동 간의 영향관계를 설명하고, 프로그램과 성과의 인과관계를 설명할 수 있는 이론적 근거를 확인하고 적용하였는가?	
	문제해결을 위한 대안들이 타당성, 즉 목표를 달성하기 위한 효과성, 효율성, 적정성, 형평성을 고려하여 선택되었는가?	
	문제해결을 위한 대안들이 기술적, 경제적, 이용자확보, 윤리정치적 측면에서 실행가능한가?	
5. 세부 프로그램별 실행 계획	계획된 세부활동들이 왜 들어가야 하는지 고민하였는가?	
	누가, 언제 어디서, 무엇을, 어떻게 하는가에 대한 설명이 구체적으로 제시되어 있는가?	
	각 성과목표를 달성하기에 적절한 성과지표를 사용하였는가?	
	성과지표를 측정해낼 수 있는 타당한 자료원이 선정되었는가?	
	적절한 자료수집방법과 구체적 시기를 계획하였는가?	
	사업목표와 사업량에 비해 적절한 규모의 인력이 배치되었는가?	
	담당인력은 전문성이 갖추어져 있는가?	
	활동의 과정과 순서는 효과적인 진행이 가능하도록 구성되었는가?	
	세부시간계획표의 작성 시 누락된 활동은 없는가?	
	프로그램의 목표와 대상자 집단을 고려하여 홍보방법, 횟수, 활용매체를 기술하였는가?	
	프로그램의 목표 달성에 도움이 되는 지역자원을 파악하고 이를 어떻게 활용할 것인가를 구체적으로 기입하였는가?	
6. 예산수립	예산계획이 목표의 수준, 대상자의 규모, 인력규모, 활동내용의 범위와 양 등과 비교하여 합리적으로 일치하는가?	
	관항목의 구분이 혼동 없이 제대로 이루어졌는가?	
	산출근거가 구체적인가?	
	신청금액과 자부담의 비율은 적정한가?	

Chapter 11

기타 재정지원처 프로포절의 실제

01 삼성복지재단「나눔과 꿈」프로포절 사례

삼성복지재단은 1991년 국내에서 처음으로 사회복지 지원이 단순 물품 후원에 그쳤던 방식에서 벗어나 사회복지 현장에서 꼭 필요한 다양한 프로그램을 개발, 시행할 수 있도록 프로그램 서술양식을 개발하여, 사업비를 지원하는 '사회복지 프로그램 개발지원' 사업을 시작했다. 단순히 자금을 후원하는 것에 그치지 않고 각 사업들이 성공적으로 수행되고 사회복지 현장의 실무자들이 사업을 수행함으로써 그 역량이 크게 성장할 수 있는 사후 지원 시스템을 개발해 실무자들의 역량 강화에 주력하였다. 2016년까지「작은나눔 큰사랑」으로 대별되는 사회복지프로그램 개발지원 사업은 26년간 1,934개 기관에 389억 원을 지원해 왔다.[1] 현재는 삼성복지재단에서 직접 운영하지 않고 사회복지공동모금회를 통하여「나눔과 꿈」사업을 운영하고 있다. 따라서 삼성재단에서 지원받기 위해서는 사회복지공동모금회를 통하여「나눔과 꿈」배분을 받으면 된다.

---

1) 삼성복지재단(2017.2.), '2016 사회복지 프로그램 개발지원 작은나눔 큰사랑 우수사례집'에서 발췌하여 정리하였다. 삼성복지재단의 지원은 재단의 정책에 따라 재단에서 직접 진행할 수도 또는 현재 방식대로 사회복지공동모금회를 통한 배분사업으로 진행할 수도 있다. 따라서 삼성복지재단에서 지원받기 위하여 프로포절을 할 때는 지원받고자 하는 시점에서 삼성복지재단의 프로그램 지원방식을 확인할 필요가 있다.

사례 5 노인 대상 건강관리 프로그램

1부 프로젝트 제안내용

1 사업명 : 웨어러블(wearable착용기술) 기반 어르신 건강관리혁신시스템[2]-스마트 헬스모니터링 '골든서클(학장형)'[3]

2 사업 내용 및 추진 전략

1) 사업 참여자 모집 전략

(1) 참여 대상 및 인원

핵심 참여자	건강관리에 관심이 높은 만60세 이상 어르신 300명 (ㅇㅇ센터 외 전국 노인종합복지관 중 참여 기관 3곳)
주변 참여자	연합사업 참여 노인종합복지관 담당자 12명 모델구축을 위한 의료, 간호, 재활, 여가, 복지 전문가 집단 5명 자동화 전산시스템 개발자 TF 3명

(2) 참여자 선정 기준

〈표, 질환수준에 따른 대상 분류 및 접근 방법〉

분류	대상
고위험군	• 암투병 등 개인의 재활의지와 사회적 관계망이 약한 어르신 • 3대 주요 질환 보유 어르신(고혈압, 고지혈, 당뇨)
위험군	• 만성질환을 가지고 있으며, 개인의지와 사회적 관계망이 약해 도움이 필요한 어르신 • 만성질환 약을 복용중이나 정상범위 내에 들지 않는 어르신
예비군	• 건강 상태를 유지하며 질병 예방에 의지가 있는 어르신 • 만성질환을 갖고 있으나 약 복용으로 관리가 잘 되는 어르신

(3) 참여자 모집 방안

2) ㈜인바디, N-COM(주), Demand 공동개발 - 별첨3 협약서 참조

3) 본 프로포절은 목동실버복지문화센터에서 사회복지공동모금회에 2019년 '나눔과 꿈' 사업계획으로 프로포절하여 배분받은 사업이다. '나눔과 꿈' 은 삼성복지재단이 지원하는 사업이다.

■ 연합사업 참여 노인종합복지관

○ 전문인력(간호사, 영양사, 사회복지사) TF팀 구축이 가능한 노인종합복지관
○ ONE-STOP건강검진을 위한 건강검진기기(인바디, 혈압, 혈당 등)가 구비된 노인종합복지관
○ 전국 대도시 중심에 위치한 노인종합복지관

■ 골든서클 참여 핵심 참여자 어르신

○ 참여 노인종합복지관별 ONE-STOP건강검진 서비스를 통해 조사된 노인성질환 보유자 정보를 토대로 참여자 선정
○ 기관별 전문인력(간호사, 영양사, 사회복지사)의 인테이크 및 건강검진 측정결과를 활용하여 개인별 기초건강 · 정신건강 · 건강관리실태 조사 후 검진결과를 공유하여 참여자 선정
○ 선정된 참여자에게는 사업 소개 후 참여 여부에 대한 참여 서약서 및 개인정보활용동의서 작성

2) 사업 내용 및 사업 집행 전략

(1) 사업내용

<table>
<tr><th colspan="2">세부사업명</th><th>활동내용(수행방법)</th><th>시행
시기</th><th>수행
인력</th><th>참여
인원</th><th>시행
횟수
시간</th></tr>
<tr><td rowspan="2">건강자가
관리능력
배양서비스</td><td>스마트
역량강화
코디네이션</td><td>□ 자가관리능력 향상을 위한 상담
개별 건강 맞춤형 코디네이션을 통해 어르신 스스로 건강습관을 기록하고, 건강한 생활습관을 만들 수 있도록 지지(감시)적, 지속적 상담
• 내용: 질환별 · 연령대별 맞춤형 개별사례관리, 스마트팔찌+앱 누적 검사결과 분석 & 상담

□ 스마트팔찌+앱 사용 지속적 교육
주 1회 팔찌 및 앱 사용 전화 상담</td><td>4월
~
11월</td><td>간호사
영양사
사회복
지사
TF3명

복지관
4곳 12명</td><td>복지관
4곳
300명</td><td>개별
월1회
1시간
(상시)</td></tr>
<tr><td>여가+건강
코디네이션</td><td>□ 앱을 통한 건강 프로그램
앱을 통한 심리정서 및 운동기능 향상 건강관리 프로그램을 보급하여 참여자 스스로 건강을 관리할 수 있는 능력을 향상시키고, 지속적인 모니터링을 통해 올바른 관리법을 교육
• 내용: 앱을 통한 신체건강운동, 트레이닝, 낙상예방, 스트레스관리, 명상호흡조절법, 수면관리, 회상요법프로그램 등
<table><tr><td>앱을 활용한
교육</td><td>트레이닝, 낙상예방,
스트레스관리, 명상호흡 등</td></tr></table></td><td>4월
~
11월</td><td>전문강사
4명</td><td>복지관
4곳
300명</td><td>프로
그램
4개
각 4회
복지관
4곳
64회</td></tr>
</table>

<table>
<tr><td rowspan="2"></td><td></td><td>□ 의도적 개입의 여가 프로그램
맞춤형 건강 사례관리 서비스계획을 바탕으로 예방적 건강을 더한 여가서비스를 진행하고 상호작용과 유대가 함께 일어나는 집단 프로그램 운영
• 내용: 복지관 평생교육 프로그램의 목적변화, 건강·문화·여가 프로그램 보급
(운동, 강좌, 요리 등 다양한 기획가능)
<table><tr><td>건강집합교육</td><td>질환별건겅정보, 조리법</td></tr><tr><td>여가교육연계</td><td>문화, 여가 강좌</td></tr></table></td><td></td><td></td><td></td><td></td></tr>
<tr><td>활용
모니터링을
통한 사회적
지지
체계구축</td><td>□ 스마트팔찌+앱 활용 보수교육
월 1회 스마트팔찌 및 앱 활용 보수교육

□ 목표달성 보상체계 이벤트 진행
어르신의 사회활동 촉진을 위해, 건강유지 활동목표 달성 시 쿠폰발행 등의 보상체계 이벤트 진행
• 내용: 참여자간 목표달성 랭킹전, 상점과 연계된 할인쿠폰 발송</td><td>4월
~
11월</td><td>기관별
사회복지
사 4명</td><td>복지관
4곳
300명</td><td>월1회
1시간
(수시)</td></tr>
<tr><td rowspan="5">성과평가
및
모델화</td><td>모델화
전문자문단
운영</td><td>□ 모델구축 자문
모델구축을 위한 전문가 집단을 선정하고, 지속적인 자문을 통해 모델화사업 추진
• 내용: 의료, 간호, 재활, 여가, 복지 전문가 집단을 통한 모델 구축 및 현장 방문
자문실시</td><td>2월
7월
11월</td><td>전문가
5명</td><td>–</td><td>4회</td></tr>
<tr><td>네트워크구축
및 수준평준화</td><td>□ 골든서클 연합 네트워크 구축을 위한 연합협약식 및 실무자 회의
연합 참여기관 담당자 간 원활한 사업운영 및 기관별 수준평준화를 위해 분기별, 정기적으로 진행
• 내용: 연합협약식, 골든서클 사업설명회, 워크숍, 실무자회의 등</td><td>1월
5월
9월
12월</td><td>참여노인
복지관
담당자
12명</td><td>20명</td><td>분기별
4회</td></tr>
<tr><td>정책세미나</td><td>□ 정착화 방안모색 및 자생방안 마련
지역사회 통합돌봄(커뮤니티케어) 정책과 연계하여 골든서클사업의 전국 노인종합복지관 보급을 통한, 정착화 방안모색 및 자생망안 마련을 위한 정책세미나
• 내용: 정책교육, 사례발표 등</td><td>7월</td><td>참여
노인복지
관 담당자
12명</td><td>200명</td><td>1회</td></tr>
<tr><td>성과발표회 및
모델 공유</td><td>□ 연합 성과발표회
건강을 더한 여가정보시스템의 성과분석을 통해 모델링 사업으로 확산하고자, 노인종합복지관에 공유하고 보급
• 내용: 성과발표회 및 패널토의, 성과 공유</td><td>12월</td><td>유관기관</td><td>200명</td><td>1회</td></tr>
</table>

(2) 사업진행 일정

주요내용 \ 기간		1월	2월	3월	4월	5월	6월	7월	8월	9월	10월	11월	12월
스마트자동화 건강관리 혁신시스템 확장	자동화 건강 모니터링 시스템 확장	■	■	■									
	자가관리능력 향상 프로그램 앱 도입	■	■	■									
	회원DB 연동시스템 확장	■	■	■									
여가에 건강을 더한 사례관리 모형구축	기관별 참여자 선정	■	■										
	오리엔테이션			■									
	맞춤형 개별 사례관리			■									
건강자가 관리능력 배양서비스	스마트 역량강화 코디네이션				■	■	■	■	■	■	■	■	
	여가+건강 코디네이션				■	■	■	■	■	■	■	■	
	활용 모니터링을 통한 사회적 지지 체계구축				■	■	■	■	■	■	■	■	
성과평가 및 모델화	모델화 전문자문단 운영		■					■				■	
	네트워크 구축 및 수준평준화	■				■				■			■
	정책 세미나							■					
	성과발표회 및 모델공유												■

3) 기관 연계협력 전략

세부 사업명	협력 기관명	특징	협력 계획	비고
자동화 건강모니터링 시스템 확장 / 회원DB 연동시스템 확장	㈜N-COM	전국 약200여개 노인종합복지관 회원전산관리 시스템 운용	• 자동화 전산시스템 공동개발 TF팀 구축 • 자동화 건강모니터링시스템 확장형 보급 - 스마트 팔찌 실시간 모니터링 - 회원관리시스템에 자동 연동 시스템 ※건강정보 보안체계 구축 • 웹기반 회원전산관리 연동시스템 확장형 개발 및 보급	협약 체결
자동화 건강모니터링 시스템 확장	㈜인바디	신뢰도 있는 건강 장비 및 프로그램 보유기업	• 전산시스템 공동개발 TF팀 구축 • 웨어러블 스마트건강팔찌 보급 - 자동화 검진장비에 의한 건강관리습관 정보수집 • 웨어러블 및 검진기기의 건강정보의 자동송수신 솔루션	협약 체결
자가관리능력 향상프로그램 앱 도입	Demand	선도적 노인복지 서비스 앱 개발	• 전산시스템 공동개발 TF팀 구축 • 심리정서 지원 앱 개발 및 보급 - 스트레스관리, 명상호흡조절법, 수면관리, 회상요법 프로그램 등 • 치매예방 및 자율운동 앱-게임 개발 및 보급 - 신체건강운동, 트레이닝, 낙상예방 등 프로그램	협약 체결
모델공유	연합사업 참여 노인종합복지관 3곳	노인 전문 복지서비스 지원	• 여가에 건강을 더한 사례관리 모형 구축 • 스마트 팔찌 & 앱을 활용한 건강자가 관리능력 배양서비스 제공 • 모델공유 및 발전방향 모색	-
지역보건 연계방안 모색	보건소	지역보건 담당 주무처	• 지역 보건정책과 연계한 개발 프로그램의 연동방안 모색	-
노인친화 디자인 개발	한국디자인 진흥원 KIDP	디자인을 통한 사업의 경쟁력 지원	• 개발된 시스템과 프로그램 앱의 노인 접근성 향상을 위한 디자인 자문 및 개발	-

• 본 사업을 수행하기 위해 컨소시엄을 구성했습니까? (☑ 있다 ☐ 없다)
- 컨소시엄을 구성하였다면, 기관명단 및 역할에 대해 기재해 주시기 바랍니다.

3 예산 편성

(단위 : 원)

목	세목	세세목	계	산출근거	예산조달 계획 신청금액	비율(%)	자부담	비율(%)	자부담 재원
총계			108,938,000		99,188,000	100.0	9,750,000	100.0	
인건비	전담인력		22,992,000	1,916,000원×12월×1명	22,992,000	23.3			
	사회보험		2,400,000	200,000원×12월×1명	1,200,000	1.2	1,200,000	12.3	
	퇴직금적립		1,916,000	1,916,000원×1명	1,916,000	1.9			
	소계		27,308,000		26,108,000	26.3	1,200,000	12.3	
사업비	스마트 자동화 건강관리 혁신 시스템 확장	자동화 건강모니터링 시스템 확장	12,000,000	스마트팔찌 50,000원×60명×4기관	12,000,000	12.2			
			1,020,000	건강정보 동기화프로그램 이용 85,000원×12개월	1,020,000	1.0			
			8,000,000	신규 체력검사시스템 도입 (순발력,민첩성,평형성 등) 8,000,000원×1회	8,000,000	8.1			
		자가관리능력 향상 프로그램 앱 도입	2,000,000	노인서비스 앱 개발비 1,000,000원×2개	2,000,000	2.0			
			3,000,000	노인서비스 앱 사용비 10,000원×300명	3,000,000	3.0			
		회원DB 연동시스템 확장	12,000,000	혁신시스템 도입 및 유지보수 250,000원×12월×4곳	12,000,000	12.1			
	여가에 건강을 더한 사례관리 모형구축	기관별 참여자 선정 (검사비)	3,000,000	글루코케어혈당계(혈당스트립) 헤모글로빈시험지(빈혈스트립) 의료소모품비(인바디용지 등) 5,000원X300명X2회(사전사후)			3,000,000	30.3	
		오리엔테이션	1,700,000	매뉴얼(인쇄비) 5,000원×340명	1,700,000	1.7			
			400,000	홍보현수막 100,000원×1회×4기관	400,000	0.4			
			900,000	참여자 다과 3,000원×300명			900,000	9.2	
	건강자가관리 능력 배양 서비스	여가+건강 코디네이션	9,600,000	3급강사비(특별프로그램) 150,000원×4명×4회×4기관	9,600,000	9.7			
			3,000,000	강의재료비 10,000원×300명	3,000,000	3.0			
		활용 모니터링을 통한 사회적 체계 구축	1,800,000	참여자 다과 3,000원×300명×2회			1,800,000	18.5	
			300,000	연합기관 출장-교통비 50,000원×3기관×2명			300,000	3.1	

			120,000	연합기관 출장-일비 20,000원×3기관×2명	120,000	0.1			
			60,000	연합기관 출장-식비 10,000원×3기관×2명	60,000	0.1			
	성과평가 및 모델화	모델화 전문자문단 운영	1,950,000	모델구축 자문비 130,000원(2시간초과)×3회×5명	1,950,000	2.0			
			650,000	현장방문 자문비 130,000원(2시간초과)×5명	650,000	0.7			
			300,000	현장방문-교통비 50,000원×3기관×2명			300,000	3.1	
			120,000	현장방문-일비 20,000원×3기관×2명	120,000	0.1			
			60,000	현장방문-식비 10,000원×3기관×2명	60,000	0.1			
		네트워크 구축 및 수주평준화 작업	3,600,000	회의참석비 100,000원×9명×4회	3,600,000	3.6			
			600,000	식사비 10,000원×15명×4회	600,000	0.6			
		정책 세미나	2,500,000	패널참가비 500,000원×5명×1회	2,500,000	2.5			
			1,000,000	장소대관 1,000,000원×1곳			1,000,000	10.3	
			1,000,000	책자 인쇄비 5,000원×200명×1회	1,000,000	1.0			
			600,000	다과비 3,000원×200명×1회	600,000	0.6			
		성과발표회 및 모델공유	2,500,000	패널참가비 500,000원×1회×5명	2,500,000	2.5			
			1,000,000	장소대관 1,000,000원×1곳			1,000,000	10.3	
			600,000	기념품비 3,000원×200명×1회	600,000	0.6			
			1,000,000	다과비 5,000원×200명×1회	1,000,000	1.0			
			5,000,000	결과보고서 인쇄비 20,000원×250권	5,000,000	5.0			
			250,000	문구류 및 우편발송 5,000원×50곳			250,000	2.6	
	소계		81,630,000		73,080,000	73.7	8,550,000	87.7	

2부 혁신성과 사회적 영향력

1 사업 계획 배경

■ 4차 산업혁명, AI의 돌봄시대를 여는 자동화 스마트케어4)(사람과 기계의 만남)

인구의 고령화, 만성질환 유병률 증가, 생활수준 향상으로 건강에 대한 관심은 의료수요의 지속적인 증가로 이어졌다. 더불어 4차 산업혁명 시대를 맞이하여 IT 융합 확대 및 예방과 관리 중심으로 전환된 의료 패러다임에 힘입어 경쟁이 치열한 모마일 시장에서 개인 맞춤형 '스마트케어' 사업이 급부상하고 있다.

또한 첨단과학기술의 진보는 보건의료 서비스와 전달체계를 변화시키고 있다. 자동화, 데이터 교류, 제조기술을 포함하여 인공지능(Artificial Intelligence, AI) 기술을 기반으로 하고 있다.

스마트케어 서비스란 개인 건강기기, 개인 건강 애플리케이션, 개인건강정보 플랫폼 및 이를 활용한 건강관리/의료 서비스로 구성된다. 스마트 자동화 건강 시스템으로 만성질환 어르신들의 건강상태 등을 체계적으로 관리・모니터링하고, 데이터분석을 통해 건강교육, 질환관리, 생활습관관리로 자가관리능력 배양을 통합한 신개념 의료 서비스 형태를 말한다.

■ 2019년 '지역사회 통합돌봄(커뮤니티케어)' 선도사업 시작

보건복지부는 2026년 커뮤니티케어 보편적 제공을 앞두고 지역실정에 맞는 다양한 모델을 발굴・검증하기 위한 '지역사회 통합돌봄(커뮤니티케어)' 선도사업을 추진하였다. 케어가 필요한 주민(노인, 장애인, 등)이 살던 곳(자기 집, 그룹홈 등)에서 개개인의 욕구에 맞는 서비스를 누리고 지역사회와 함께 어울려 살아갈 수 있도록 주거・보건의료・요양・돌봄・독립생활 지원이 통합적으로 확보되는 지역주도형 사회서비스 정책이다.

골든서클 사업을 연계한다면 스마트한 장비에서 자동으로 축적되는 자신의 건강관리데이터를 통해 커뮤니티케어를 제공하는 서비스 주체에 보다 적극적인 정보제공으로 개인별 맞춤형 케어 서비스를 받을 수 있게 될 것이다.

■ 앱을 적용한 노인의 자가관리능력 배양을 통한 독립적인 생활유지

보건복지부는 만성질환 위험군에게 관련 정보와 예방 관리 서비스를 제공하는 모바일 헬스케어 서비스의 대폭적인 확대 시행을 발표하며 모바일 앱의 활용을 주시하고 있다(Ministry of Health and Welfare, 2018). 모바일 앱을 통한 건강 증진은 만성 질환의 주요 위험군인 노인들에게 더욱 중요하며, 노인들의 건강관리능력 향상과 질병 예방을 위해 지속적이고 체계적인 관리가

---

4) IT기술이 접목된 의료서비스.

필요하다. 노인 건강 증진을 위해 적극적인 모바일 앱 활용이 주목되는 시점에 노인들이 건강 관련 모바일 앱을 어떻게 수용하고, 이를 촉진시킬 수 있는 방안에 대한 연구와 논의는 필수적이다.

또한 건강 지각상태를 유지하기 위해 스스로 자신의 건강관리현황을 체크하고 모니터링할 수 있는 어르신에게 편리한 앱 기반의 시스템이 확보되어야 한다.

■ 노인 서비스 앱 개발 및 도입을 통한 다양한 프로그램의 확대

정부와 IT기업들은 다양한 분야의 모바일 애플리케이션을 출시하고 있으며 특히 의료분야에 대한 관심이 집중되고 있다. 의료분야의 애플리케이션은 운동, 식습관, 안전 등의 분야로 범위가 점차 넓어지며 그 비중 또한 커지고 있지만 대부분 한정된 주제로 중복 개발되는 추세이다.

이에 노인의 자가관리능력 배양이 가능한 노인 서비스 앱이 필요하다. 심리정서 및 운동기능 향상을 위한 앱을 개발하여 집단 프로그램의 형태에서 개별 자가관리능력 향상을 위한 프로그램까지의 필요성을 확인하고 앱을 활용한 다양한 프로그램이 확대되어야 한다. 특히 노인 우울 및 불안 등 심리안정, 스트레스 감소 등을 위해서는 상시적인 관리와 개별적 접근이 필요하며, 이를 노인 서비스 앱을 통해 스트레스관리, 명상호흡조절법, 수면관리 등이 가능할 것으로 판단된다.

2 프로젝트의 혁신성

오늘날의 노인복지현장은 기존의 결핍된 여가에 대한 욕구를 충족시키거나 돌봄이 부족한 어르신을 대상으로 하는 다소 일방적이고 수혜적인 어르신복지 서비스의 한계를 안고 있다. 4차 산업혁명 시대에 적극적이고 능동적인 서비스를 통한 여가에 건강을 더한 맞춤형 사례관리 모델과 새로운 어르신 여가문화 개발이 절실히 필요하다.

이에 어르신들의 욕구를 가장 잘 반영하고 있으며, 사회적 비용 감소 등 사회적 가치를 실현할 수 있는 건강관리 프로그램은 그 대안적 가치가 높다.

100만의 어르신 데이터를 가진 전국 노인종합복지관의 주 회원관리시스템인 'N-COM'
대중에게 가장 인지도가 높고, 많이 사용되고 있는 건강검진시스템인 '인바디'
선도적으로 노인복지서비스 앱을 개발하고 있는 'Demand'
건강과 여가를 결합하여 노인 스스로 건강을 관리하는 역량향상에 노력해 온 '노인종합복지관'

이들이 만나 하나의 시스템을 이루는 것은 단발성의 건강관리 프로그램과는 확연히 다른 파급 효과를 기대하게 한다.

일방적인 서비스 제공
- 기관에서 준비한 서비스 제공
- 수동적 수혜
- 일시적인 제공과 종결

>

스마트 자기 모니터링과 자가관리능력배양
- 자신의 건강상태를 지속적으로 손쉽게 확인
- 스스로 관리하는 노하우를 습득(습관화)
- 자신의 건강관리를 위한 지지체계 확보

앱을 통한 정보제공과 참여에 초점
- 제공 프로그램의 효과, 고려사항 등의 정보 제공
- 계획과 수행과정, 평가에 직접 참여

종적 관리시스템
- 지속적인 데이터관리시스템
- 변화추이에 대한 추적과 종적 변화 연구 가능

기존 유사사업과의 차별성

3 사회적 영향력

■ 노인진료비, 건보진료비 총액 40% 첫 돌파… 노인보호 패러다임의 전환

65세 이상 노인이 사용한 건강보험 진료비가 지난해 처음으로 전체 진료비의 40%를 넘었다. 급속한 고령화의 여파로 풀이된다. 건강보험공단의 2018년 '건강보험 주요통계' 자료를 보면, 요양기관(의료기관과 약국, 보건소 등 포함)에서 진료를 받고 지급한 건강보험 진료비(건강보험 부담금과 환자 본인부담금 포함)는 2018년 77조 6,583억 원이었다. 이 중에서 65세 이상의 진료비는 31조 6,527억원으로 전체의 40.8%를 차지했다. 노인진료비가 전체의 40%를 처음으로 돌파한 것이다.

이제 우리 사회는 치료에서 예방으로 노인보호의 패러다임이 전환되어야 하며, 건강한 노년을 지향하는 노인종합복지관의 새로운 역할이 필요하다.

■ 노인종합복지관의 새로운 맞춤형 사례관리 모형 개발을 통한 예방적 복지실천 필요

100만의 어르신 데이터를 가진 전국 노인종합복지관의 주 회원관리시스템인 'N-COM', 대중에게 가장 인지도가 높고, 많이 사용되고 있는 건강검진시스템인 '인바디', 선도적으로 노인 서비스 앱을 개발하고 있는 '디맨드', 건강과 여가를 결합하여 노인 스스로 건강을 관리하는 역량향상에 노력해 온 '노인종합복지관'의 3자 협력사업은 시너지 효과가 대단히 높다.

추후 체계화된 모델화 과정을 통해 한국노인종합복지관협회에 소속된 300여 개의 노인종합복지관에 보급할 경우 전국적인 파급효과를 기대할 수 있다.

■ 시장경쟁 스마트노인의료시스템에 대응하는 복지 주도형 시스템의 개발

AI가 발달하면서 글로벌 차원에서의 경쟁은 치열해질 것이다. 기술이, 특히 IT기술이 승자독식을 가져온다. 따라서 양극화는 피할 수 없다. 스마트폰이 기존의 통신도구의 기능과 다른 핵심은 다양한 애플리케이션 사용에 있으며 현존하는 앱의 개수는 1,021억 개에 달하며, 총 267억 달러의 앱 마켓 수익에 달하는 거대 시장을 형성하고 있다.

치료 중심에서 예방 중심으로 변화되어 가는 의료 패러다임의 영향으로 인하여 다양한 건강정보를 제공하는 의료분야 관련 앱이 속속 등장하며 그 영역을 점차 넓히고 있다.

하지만 일부 건강 앱은 무분별한 상업적 문제를 갖고 있다. 실천 현장인 노인종합복지관에서 신뢰할 수 있는 노인서비스 앱을 선도적으로 개발・보급할 필요성이 있으며, 상업적인 시장경쟁에서 벗어나 복지 주도형 시스템의 개발을 통해 상업성과 공공성의 균형을 유지하는 영향을 기대한다.

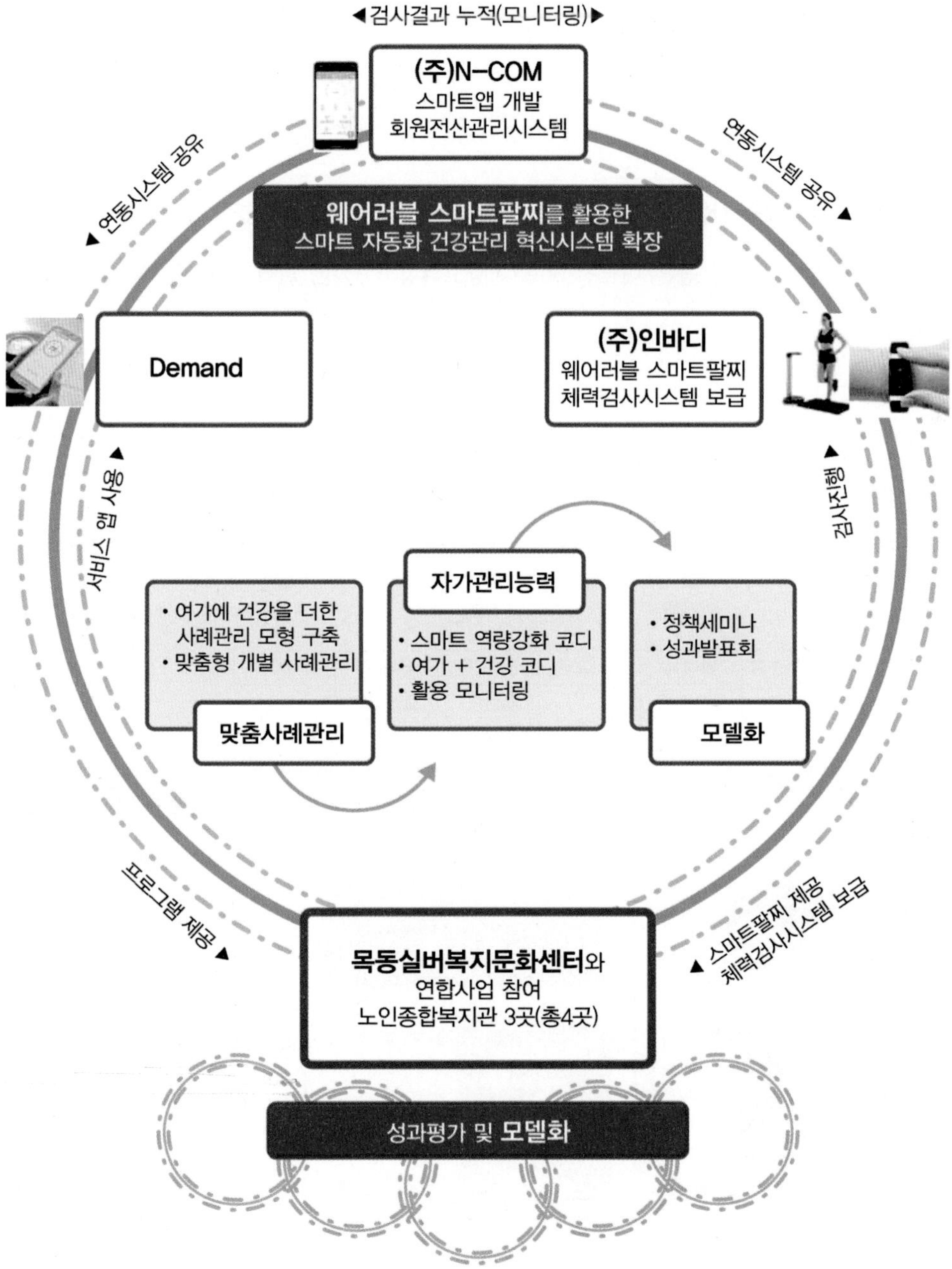

골든서클(확장형) 체계모델

3부 실현가능성

1 신청기관의 강점

■ 2019년 1차년도 사업을 통해 참여노인 효과와 적용기술 확장의 가능성을 확인

○ 건강관리에 관심이 높은 어르신 60명(건강고위험군 17명, 위험군 23명, 예비군 20명)을 선정 운영

○ 운영체계도

개발회의					패널섭외			
정보자동화	자문회의 1	pg연계체계			사례회의 2			
DB 개발	워치구매	사례회의 1	앱 개발	보상개발	자문회의 2	결과보고서	보고서제작	성과평가회

시스템개발	코디네이션	프로그램개입	결과평가	모델개발
	4~5월	5월	10월	11월

대상자선정	발대식	워치교육	앱교육	사후평가	워치반납
사전평가	워치교육		집단PG	보상지원	
			개별여가PG		

스마트 건강팔찌 보급	모니터링 앱 개발	회원DB연동시스템 개발
	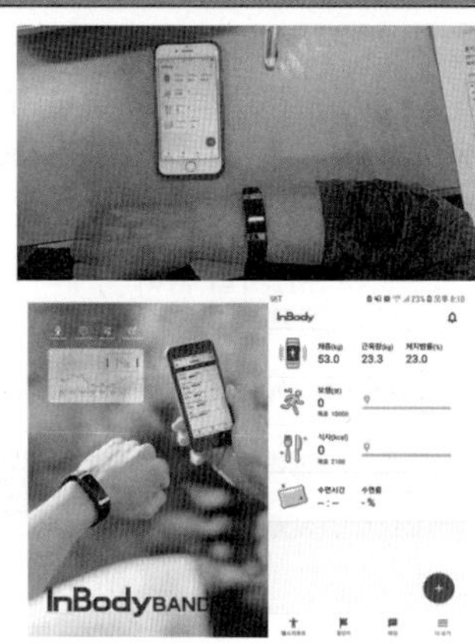	
Inbody BAND2 지방률, 심박수, 보행수, 보행시간, 소모칼로리, 보행거리, 어지트레이닝	Inbody 앱 인바디결과, 변화그래프, 랭킹보행, 식사, 수면시간, 이지트레이닝	건강관리참여자등록, 건강관리목표등록, 건강정보모니터링, 개인별건강상세정보초니건강,상담, 건강진단,측정정보,참여 프로그램현황, 치료제공 서비스 등

○ 골든서클 진행 결과 과정

2019.1.~6
웹기반 건강관리솔루션망 개발
건간정보 자동데이터 축적시스템 개발
실시간 모니터링앱 개발

(주)인바디, (주)N-COM 연합 DB 개발회의

2019.3.20
골든서클 협약식

목동실버복지문화센터, (주)인바디, (주)N-COM

2019.3.~4.
ONE-STOP 건강검진
1차) 유형화된 참여자 선정

고위험군, 위험군, 예비군 구분
ONE-STOP 건강검사 및 여가활동 참여율 기준

2019.4.
2차) 참여자선정 내부 사례회의

사회복지사, 간호사, 영양사 등 전문가 회의
어르신 개별 맞춤형 사례관리 모델 개발

2019.5.
웨어러블 기계 보급 - 인바디밴드2
건강정보 자동송신솔루션 개발

스마트필찌를 통해 자동으로 체크되는 나의 건강상태 데이터 축적 중

InBodyBAND2

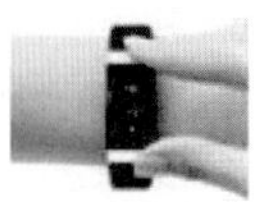

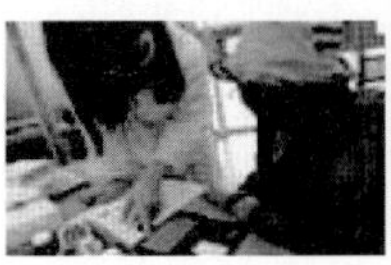
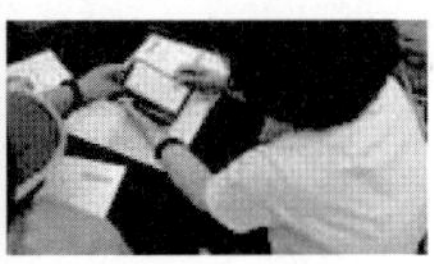

2019.5.~
웨어러블 및 앱 활용교육

스마트건강팔찌 보급(참여신청서 & 서약서)
매월 정기적 1:1 착용 교육

2019.5.~
맞춤형 건강관리플랜 및 서비스 제공

간호, 운동, 여가분야 전문가의 솔루션 제공

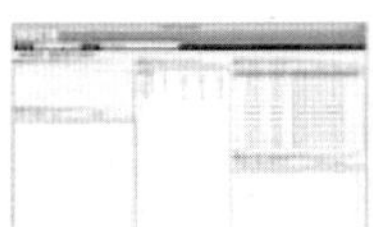

○ 골든서클 정보흐름도

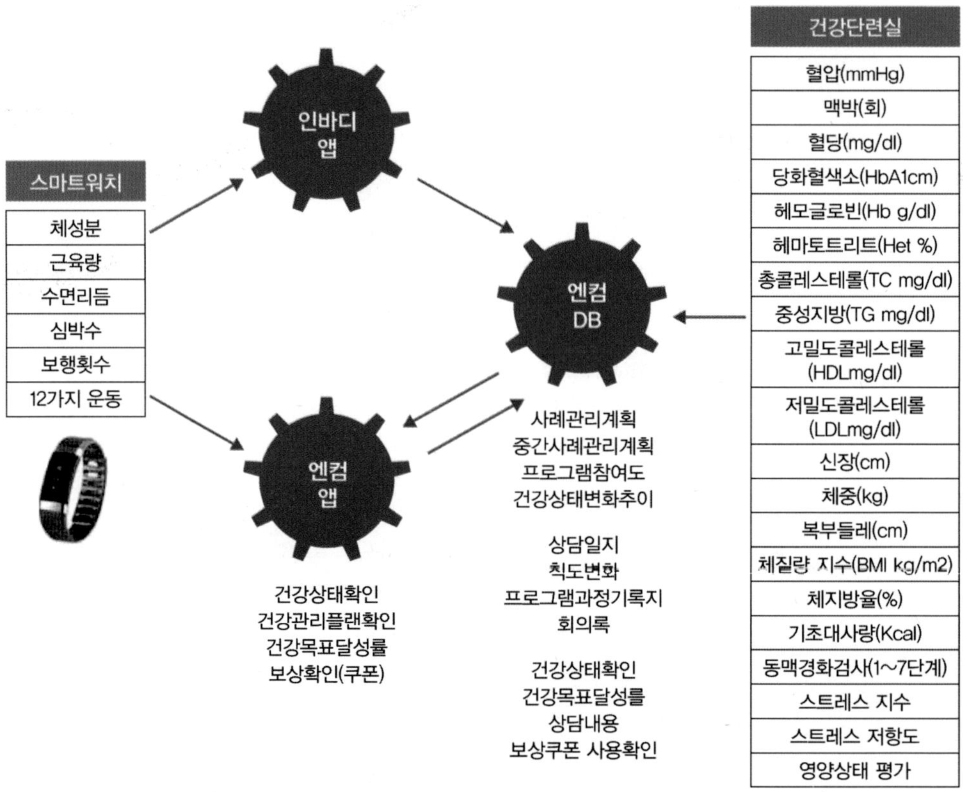

- **골든서클 상반기 평가결과**
  - 웨어러블 스마트팔찌 착용를 통해 자가건강검진 및 종적인 자가모니터링 가능에 대한 어르신들의 긍정적인 평가 확인
  - 골든서클TF팀(사회복지사, 간호사, 운동지도사, 영양사)의 통합사례관리를 통한 맞춤형 건강플랜에 대해 신뢰도가 높으며, 지지체계 구축을 통해 사회적 지지망 강화에 대한 어르신들의 긍정적인 평가 확인
  - 맞춤형 건강플랜에 따라 의도적인 여가 프로그램의 개입에 대한 기대감이 높음
  - 맞춤형 건강+여가관리 프로그램에 대한 높은 욕구를 확인하였고, 자가관리능력 배양의 가능성을 확인

- **골든서클 향후 보완사항**
  - 골든서클 사업의 신뢰도를 평가하는데 참여자 60명이 너무 적음
  - 현재 노인종합복지관에서 심리정서적 프로그램은 일시적인 제공과 종결의 상담사업이 대부분이며, 자가관리방안 및 모니터링 기능이 협소함
  - 현재 노인종합복지관 여가 프로그램은 유산소 운동과 근력 운동의 범위가 너무 협소함
  - 건강체력검사기기의 부재로 평형성, 유연성, 심폐지구력, 협응력, 순발력, 민첩성 등 체력구성요소의 정확한 추적 검사가 불가능함
  - 노인종합복지관의 필수인력에 포함되지 않은 운동지도사의 부재 시, 모든 체력구성요소를 고려한 운동처방의 역할 기능이 누락됨

■ '여가에 건강을 더한 종합사례관리서비스 실천'을 비전으로 실천해 온 복지관

노인의 주요 욕구 중 건강에 대한 욕구가 가장 큰 것에 주목하고, 이를 여가복지서비스와 연계된 체계를 구축하여 통합 서비스를 제공하는 One-stop건강관리를 중요 전략 중 하나로 추진해 왔다.

■ One-stop건강관리 프로그램 이용자 500case에 대한 연구조사 및 운동처방 등 건강관리능력의 확대와 관련 분야의 전문성 확보(사회복지사+간호사+운동지도사+영양사 협업 시스템)

노인복지의 환경의 변화 속에서 어르신들의 자가관리능력배양을 중심으로 하는 예방적 건강관리 프로그램을 개발하기 위해 2015년 9월부터 1대1 상담을 통해 관련 데이터베이스를 구축하였으며, 기초건강 및 건강관리습관 실태, 성별 및 연령대에 따른 기초건강실태현황의 차이 비교, 고혈압, 고지혈증, 당뇨 검사결과에 따른 각 유형군 간의 독립성 연구, 만성질환의 주요 원인인 비만, 콜레스테롤, 체지방, 기초대사량, 건강관리실천 간의 상관관계와 그 영향을 연구하였다.

또한 2019년 나눔과 꿈 '스마트헬스모니터링-골든서클' 사업을 통해 운동지도사를 신규 채용하여, 평형성, 유연성, 심폐지구력, 협응력, 순발력, 민첩성 등 모든 체력구성요소를 고려한 운동처방의 기능을 확대하였다.

■ 당뇨, 고지혈, 비만 등 질환별 자가관리능력 프로그램, 치매예방 프로그램, 심리정서 프로그램 등 건강관리 프로그램의 성과 노하우

2015년부터 지속적인 프로그램 개발과 연구를 통해 질환별 집단 프로그램을 정기적으로 진행하였으며, 특히 스스로 질병을 관리할 수 있는 역량개발을 목표로 프로그램을 운영하여 참여대상의 긍정적인 변화를 이끌어냈다. 또한 주요 질병요인인 비만에 대한 관리 프로그램 '비만타파 60대 · 70대' 제공을 위해 연령대별 여가 프로그램 정규과정으로 접목시켜 운영하고 있으며, 그 사전 사후 결과를 모니터링하고 이용자와 공유함으로써 본 사업의 성공가능성을 확인할 수 있었다.

또한 2019년 나눔과 꿈 '스마트헬스모니터링-골든서클' 사업을 통해 우울 및 심리정서 프로그램을 추가하여 다양한 건강관리 분야로 확대 시행하고 있다. 이제는 집단 프로그램의 형태에서 개별 자가관리능력 향상을 위한 프로그램 개발의 필요성을 확인하고, 개별 휴대폰을 활용한 앱을 도입하고자 논의하고 있다.

2 목표 및 평가

1) 산출목표

세부 사업명	산출목표	모니터링방법
스마트자동화 건강관리 혁신 시스템 확장	• 자동화 건강 모니터링 시스템 확장 • 선도적 노인 서비스 앱 도입 • 회원DB 연동시스템 개발	• 모니터링 시스템&앱 지속사용자(접속자) 현황조사 • 스마트팔찌&앱 활용만족도조사
여가에 건강을 더한 사례관리 모형구축	• 스마트팔찌&앱 보급 300개 • 건강검진 결과에 기초한 고위험군 · 위험군 · 예비군 유형별 그룹화 각 20명(00실버 120명 + 연합기관 180명 =전체 300명) 선정 • 사례관리 및 서비스계획 300건	• ONE-STOP건강검진 참여율 • 사례관리 참여율
건강자가관리능력 배양 서비스	• 출범식 및 오리엔테이션 기관별 1회 진행 • 스마트역량강화코디네이션 참여자 300명/개별 월1회 이상 • 여가+건강코디네이션 참여자 300명/프로그램 100회 • 활용보수교육 참여자 300명/월1회 이상 • 보상체계이벤트 참여자 50명	• 상담 및 프로그램 참여율 • 활용보수교육 참여율 • 보상체계 이벤트 참여율
성과평가 및 모델화	• 모델화전문전문가 자문 3회 • 네트워크구축 실무자회의 4회 • 정책세미나 1회 • 성과발표회 1회	• 연합기관 실무자 참여율 • 정책세미나 참석 기관명단 • 성과발표회 참석 기관명단

2) 성과목표 및 평가 방법

성과목표	평가 도구 및 방법	측정시기
웨어러블 기반 스마트자동화 건강관리 혁신시스템 확장 및 모델화	• 평가도구: 참여자 시스템 활용만족도 평가 - 전문가에 의한 시스템 평가 - 스마트자동화 건강관리 혁신시스템 성과발표 및 모델화 • 평가방법: 참여자 시스템 활용능력평가(활용 빈도 · 수준 측정) - 전문가에 의한 효용성 평가-모델화 가능성 • 평가지표: 참여자 사용만족도(활용능력) 평균 80점 이상 - 전문가에 의한 긍정적인 평가-모델화 가능성 평가	참여자평가 전문가평가 1월, 6월, 11월
여가에 건강을 더한 사례관리 모형을 통한 노인 생활만족도 향상	• 평가도구: 건강상태(웨어러블 및 ONE-STOP건강검진) 기록 - 자가효능감 척도 및 설문지 - 노인생활만족도 척도 및 설문지 • 평가방법: 참여자의 건강상태 사전-사후 변화 - 자기효능감 척도/생활만족도 척도 사전-사후 변화 • 평가지표: 건강상태 종합평가 결과가 향상 또는 유지 70% - 자기효능감 척도/생활만족도 척도 평균 상승	참여전후

스마트 시스템을 활용한 맞춤형 프로그램 보급으로 건강상태 유지와 자가관리능력 배양	• 평가도구: 전문가에 의한 맞춤형 프로그램 평가 – 참여자의 맞춤형 프로그램 만족도 평가 – 건강상태(스트레스, 우울, 사회적 지지 등)별 척도 및 설문지 • 평가방법: 전문가 평가회 – 참여자 만족도 조사 – 건강프로그램 별 사전-사후 • 평가지표: 전문가에 의한 긍정적인 평가-모델화 가능성 평가 – 참여자 만족도 평균 80점 이상	참여자평가 프로그램 전후 전문가평가 11월(사후)

3 사업종료 후 지향점

1) 사업 수행으로 인한 기대 효과

○ 어르신들의 지각된 건강상태 유지와 자가관리능력 향상을 통해 생활만족도 향상
○ 성공모델을 통해 노인종합복지관의 사례관리 실천패러다임 변화의 주요 사례
○ 어르신들의 건강유지를 통한 예방적 복지실천으로 사회적 비용 감소 기대

2) 사업 결과의 활용 계획

○ 지속운영을 통한 DB구축과 노인종합복지관 효과성 평가 종적 연구
○ 관련 사례를 전파 및 타 노인종합복지관 컨소시엄 구축을 통한 수행 사례 확대로 정책적 모델 개발
○ 국가 정책 도입을 위한 연구과정을 통해 시스템 정착과 발전을 위한 재원 마련
○ 관리 프로그램 실비 유료화를 통한 자생 모델 개발

4 기관의 윤리성

• 귀 기관은 최근 3년간 비윤리적인 조직 경영으로 행정처분, 언론보도, 내부고발 등이 발생한 적이 있습니까?
(☐ 있다 ☑ 없다)
• 관련 사항이 있을 시 그 내용은 무엇입니까?
: ____

※ 심사과정 또는 사업 선정 후 기관의 윤리경영과 관련한 문제 발생 시 배분을 취소할 수 있음을 안내드립니다.

〈프로포절 작성 단계별 자가 점검 리스트〉

작성 단계	점검 내용	예/아니오
1. 문제 확인 및 분석(프로그램명/사업의 필요성)	프로그램명이 눈에 띄고 이해하기 쉬운 매력적인 이름인가?	
	사업의 필요성이 사회문제의 관점에서 다루어졌는가?	
	사회문제의 원인을 파악하는 인과적 분석이 이루어졌는가?	
	결여되거나 불충분한 사회복지 서비스 및 자원이 무엇인지 확인했는가?	
	논의하고 있는 사회복지 서비스 및 자원이 결여되거나 불충분하다는 증거자료를 충분하게 수집하고 제시했는가?	
	사회복지 서비스 및 자원의 결여와 불충분에 대한 원인이 무엇인지 탐색했는가?	
2. 대상자 선정	일반집단, 위험집단, 표적집단, 클라이언트집단의 체계가 타당하게 설정되어 있는가?	
	수행기관의 인력과 재정여건을 고려하여 클라이언트집단을 선정하였는가?	
	공평한 선정과 애로발생시 대처할 수 있는 선정기준과 방법을 서술하였는가?	
3. 프로그램 목적과 목표	목적과 목표의 개념과 위계를 올바르게 이해하고 기술하였는가?	
	산출목표와 성과목표의 개념과 위계를 올바르게 이해하고 기술하였는가?	
	목표설정을 위한 SMART 원칙을 지켰는가?	
4. 프로그램의 기반 수립과 내용 설계	프로그램 내용을 구성하는 과정에서 각 활동 간이 영향관계를 설명하고, 프로그램과 성과의 인과관계를 설명할 수 있는 이론적 근거를 확인하고 적용하였는가?	
	문제해결을 위한 대안들이 타당성, 즉 목표를 달성하기 위한 효과성, 효율성, 적정성, 형평성을 고려하여 선택되었는가?	
	문제해결을 위한 대안들이 기술적, 경제적, 이용자확보, 윤리정치적 측면에서 실행가능한가?	
5. 세부 프로그램별 실행 계획	계획된 세부활동들이 왜 들어가야 하는지 고민하였는가?	
	누가, 언제 어디서, 무엇을, 어떻게 하는가에 대한 설명이 구체적으로 제시되어 있는가?	
	각 성과목표를 달성하기에 적절한 성과지표를 사용하였는가?	
	성과지표를 측정해낼 수 있는 타당한 자료원이 선정되었는가?	
	적절한 자료수집방법과 구체적 시기를 계획하였는가?	
	사업목표와 사업량에 비해 적절한 규모의 인력이 배치되었는가?	
	담당인력은 전문성이 갖추어져 있는가?	
	활동의 과정과 순서는 효과적인 진행이 가능하도록 구성되었는가?	
	세부시간계획표의 작성 시 누락된 활동은 없는가?	
	프로그램의 목표와 대상자 집단을 고려하여 홍보방법, 횟수, 활용매체를 기술하였는가?	
	프로그램의 목표 달성에 도움이 되는 지역자원을 파악하고 이를 어떻게 활용할 것인가를 구체적으로 기입하였는가?	
6. 예산수립	예산계획이 목표의 수준, 대상자의 규모, 인력규모, 활동내용의 범위와 양 등과 비교하여 합리적으로 일치하는가?	
	관항목의 구분이 혼동 없이 제대로 이루어졌는가?	
	산출근거가 구체적인가?	
	신청금액과 자부담의 비율은 적정한가?	

02 오렌지희망재단 프로포절 사례

오렌지희망재단은 오렌지라이프(구 ING라이프)에서 창사 30주년을 맞아 지속적이고 전문적인 사회공헌을 수행하기 위해 2018년 2월 설립한 비영리 공익재단이다. 재단에서는 미래사회를 이끌어 갈 아동과 청소년이 어려운 가정형편으로 꿈을 포기하지 않도록 오렌지재능클래스, 오렌지장학 프로그램 등 다양한 활동을 전개하고 있다. 오렌지재능클래스는 아동·청소년 이용시설 내에 연간 스포츠 교실을 운영해 아동들의 재능발견을 지원하는 프로그램이다. 다양한 스포츠 수업을 통해 취약계층 아동과 청소년이 자신의 꿈을 발견하고 미래를 향해 힘차게 나가도록 지원하는 프로그램이다. 또한 오렌지재능클래스에서 우수한 재능을 보인 아동·청소년을 대상으로 오렌지장학 프로그램인 '꿈 찾기 장학금' 대상자로 선발해 재능을 지속적으로 키워나갈 수 있도록 후원한다.

오렌지재능클래스는 초록우산어린이재단과 함께 프로그램을 운영한다. 프로포절 신청 등 행정적인 과정은 초록우산어린이재단을 통하여 하게 되어 있다. 참고로 초록우산어린이재단은 1948년 문을 열었으며 1950년 6.25전쟁 고아 구호사업에 집중한 이후 현재에 이르기까지 국내외 아동복지사업, 애드보커시, 모금사업, 연구조사 등을 폭넓게 실시하고 있는 아동옹호대표기관이다.

사례 6 아동대상 · 청소년 대상 여가 및 꿈 찾기 프로그램

ING생명 '오렌지재능클래스' 신청서

soccerING it's my LIFE [5)]

1 기본정보(오류마을의 기본정보가 들어 있어 생략함)

2 사업개요

프로그램명	soccerING it's my LIFE			종 목	축구
프로그램 목적	축구는 손과 팔 이외의 신체 부위를 사용하는 운동으로써 격렬한 신체접촉이 많고 활동 범위가 넓어 강인한 체력과 폭넓은 기술이 요구된다. 또한 단체 운동이기 때문에 개인이 공을 다루는 능력뿐만 아니라 모든 선수가 서로 잘 협동하여 공격과 수비가 이루어질 때 좋은 경기를 펼칠 수 있는 협동 운동이다. 이에 오류마을에서는 아래와 같은 목적으로 아동에게 축구를 교육하고자 한다. 첫째, 건전한 체육활동인 축구를 많은 아동이 쉽고 재미있게 즐길 수 있는 기회를 제공함으로써 아동의 기초 체력 향상을 도모하고자 한다. 둘째, 일련의 과정을 최선을 다해 참여함으로써 인내심을 기르고 성취감 얻을 수 있도록 지원하고자 한다. 셋째, 단체 생활 속에서 다양한 경험을 통해 남을 존중하고 배려하는 마음을 길러 바람직한 사회적 감수성 함양을 이루고자 한다.				
달성목표 및 기대효과	가	달성목표	축구활동을 통한 기술 습득 및 기초 체력 향상		
		기대효과	축구체험활동을 통하여 모든 신체 부위의 근육 발달을 도모하여 기초 체력을 향상할 수 있다.		
	나	달성목표	체계적인 훈련을 통한 인내심 및 성취감 함양		
		기대효과	축구체험활동 안에서 단계적으로 성공하기 위해 노력하는 과정을 통해 인내심을 느끼고 성취감을 얻을 수 있다.		
	다	달성목표	단체 생활을 통한 사회적 감수성(배려, 존중, 협동) 함양		
		기대효과	단체 생활 속에서 다양한 경험을 통해 서로 이해하고 배려하며, 존중하는 자세를 기르고 협동의 중요성을 깨달아 타인과의 좋은 관계를 만들고 유지할 수 있다.		
운영기간	2018.01~2018.10				
참여인원	* 미취학 0 명 * 초 10 명 * 중/고 10 명 * 기타 0 명				합계 20명

5) 본 프로그램은 오류마을에서 프로포절하여 진행한 사업이다. 본 사업은 첫해엔 오렌지희망재단에서 지원받아 프로그램을 진행하였으며, 이듬해엔 CJ나눔재단에서 지원받아 프로그램을 이어왔고, 현재는 다시 오렌지희망재단에서 지원받아 프로그램을 진행하고 있다. 아동청소년들은 본 프로그램으로 인하여 신체적 발달은 물론 사회성발달까지 효과를 보고 있으며, 무엇보다도 오류마을에서 지속적으로 후원을 받아 진행함으로써 아동청소년들에게 안정된 프로그램으로 자리매김하고 있다. 오류마을은 1951년 송석도 선생의 삼애정신인 '하나님을 경외하자, 사람을 사랑하자, 흙과 친하자'를 바탕으로 설립된 사회복지법인 삼농복지재단에서 설치 운영하는 아동양육시설이다.

3 세부내용

가. 프로그램 일정 및 내용

주차	훈련내용	장소	준비물품	비고
1주차	오리엔테이션	오류마을 강당	PPT, 필기도구	
2주차	축구 룰&용어 이해하기, 개인별 운동능력 테스트	근린○○공원	축구공, 팀조끼, 음료수 등	
3주차	기초훈련 1(리프팅, 인스텝, 인사이드)	근린○○공원	축구공, 팀조끼, 음료수 등	유연성과 기초체력향상 적응훈련
4주차	기초훈련 2(드리블, 리프팅, 헤딩)	근린○○공원	축구공, 팀조끼, 음료수 등	축구공에 대한 감각 기르기
5주차	기초훈련 3(드리블, 유연성 훈련)	근린○○공원	축구공, 팀조끼, 음료수 등	순발력 및 기초기술 기르기
6주차	기초훈련 4(팀별드리블릴레이, 축구게임)	근린○○공원	축구공, 팀조끼, 음료수 등	볼 드리블 감각 익히기
7주차	패스훈련 1(드리블, 인사이드패스, 2인 1조 패스, 복근 운동)	근린○○공원	축구공, 팀조끼, 음료수 등	패스감각훈련 상체강화훈련
8주차	패스훈련 2(드리블, 인스텝패스, 인사이드패스, 복근 운동)	근린○○공원	축구공, 팀조끼, 음료수 등	협동심 기르기
9주차	패스훈련 3(콘 드리블, 3인 1조 릴레이 패스, 핸드볼 축구게임)	근린○○공원	축구공, 팀조끼, 음료수 등	인내심과 협동심 기르기
10주차	패스훈련 4(1:1 패스 훈련, 축구 게임)	근린○○공원	축구공, 팀조끼, 음료수 등	드리블능력 기르기
11주차	축구관람 1	○○월드컵경기장	관람 티켓	실전감각 익히기
12주차	드로인 훈련 1(제자리 드로인,스텝 드로인, 기초 체력)	근린○○공원	축구공, 팀조끼, 음료수 등	드로인훈련
13주차	드로인 훈련 2(공중 볼 다툼 훈련, 싸이드 스텝, 기초 체력)	근린○○공원	축구공, 팀조끼, 음료수 등	순발력 기르기

14주차	드로인 훈련 3 (2:1드로인훈련(수비,공격), 싸이드 스텝, 하체 훈련)	근린○○공원	축구공, 팀조끼, 음료수 등	패스감각 훈련
15주차	드로인 훈련 4(순발력게임, 축구게임)	근린○○공원	축구공, 팀조끼, 음료수 등	게임능력 기르기
16주차	볼드리블 1(축구공 체조, 축구게임)	근린○○공원	축구공, 팀조끼, 음료수 등	게임능력 기르기
17주차	볼드리블 2(볼 트리핑, 축구게임)	근린○○공원	축구공, 팀조끼, 음료수 등	게임능력 기르기
18주차	볼드리블 3(1:1 패스, 볼 트리핑, 축구게임)	근린○○공원	축구공, 팀조끼, 음료수 등	패스력 기르기
19주차	볼드리블 4(2:2 롱패스, 드리블, 축구게임)	근린○○공원	축구공, 팀조끼, 음료수 등	민첩성훈련
20주차	협동심 1(삼각, 사각패스, 패스 훈련, 축구게임)	근린○○공원	축구공, 팀조끼, 음료수 등	집중력 기르기
21주차	협동심 2(부분 전술훈련, 2:2 축구게임)	근린○○공원	축구공, 팀조끼, 음료수 등	실전감각 익히기
22주차	축구관람 2	○○월드컵경기장	관람 티켓	실전감각 익히기
23주차	협동심 3(드리블 태크닉, 킥패스)	근린○○공원	축구공, 팀조끼, 음료수 등	순발력 향상
24주차	협동심 4(부분전술훈련 2대1-3대1)	근린○○공원	축구공, 팀조끼, 음료수 등	지구력 향상
25주차	친선경기	근린○○공원	축구공, 팀조끼, 음료수 등	실전감각 익히기
26주차	페어플레이 1(2인1조 신체적성운동, 2인1조 패스훈련)	근린○○공원	축구공, 팀조끼, 음료수 등	위치선정 익히기
27주차	페어플레이 2(2인1조 볼들고 패스, 인스텝패스훈련)	근린○○공원	축구공, 팀조끼, 음료수 등	감각 익히기

28주차	친선경기	근린○○공원	축구공, 팀조끼, 음료수 등	실전감각 익히기
29주차	페어플레이 4(1인 슈팅 훈련, 축구게임)	근린○○공원	축구공, 팀조끼, 음료수 등	체력 기르기
30주차	문전처리능력 1(2인1조 리턴슈팅, 지그재그 드리블슈팅)	근린○○공원	축구공, 팀조끼, 음료수 등	슈팅기르기
31주차	문전처리능력 2(터닝슛, 센터링슈팅, 5대5게임)	근린○○공원	축구공, 팀조끼, 음료수 등	문전처리 기르기
32주차	문전처리능력 3(1대1슈팅, 2대2슈팅, 7대7축구게임)	근린○○공원	축구공, 팀조끼, 음료수 등	골 감각 익히기
33주차	문전처리능력 4(축구게임)	근린○○공원	축구공, 팀조끼, 음료수 등	민첩성 기르기
34주차	축구 단합 캠프	강원도 홍천	버스, 숙박, 현수막등	단합 캠프
35주차	게임운영 1(2대1헤딩패스, 센터링헤딩슛, 드리블훈련, 축구게임)	근린○○공원	축구공, 팀조끼, 음료수 등	헤딩력 기르기
36주차	게임운영 2(포지션훈련, 부분전술, 백코스훈련)	근린○○공원	축구공, 팀조끼, 음료수 등	게임운영 기르기
37주차	게임운영 3(위치선정훈련, 리프팅훈련)	근린○○공원	축구공, 팀조끼, 음료수 등	집중력 기르기
38주차	게임운영 4(팀별드리블훈련, 헤딩훈련, 점프헤딩, 축구게임)	근린○○공원	축구공, 팀조끼, 음료수 등	협동심 기르기
39주차	친선경기	근린○○공원	축구공, 팀조끼, 음료수 등	실전감각 익히기
40주차	축구관람 3 및 종료	○○월드컵경기장	관람 티켓	실전감각 익히기

나. 강사(지도자) 프로필

강사명	약력
○○○	**약력** 06년 07월 ~ 08년 12월 대한축구협회 심판 12년 03월 ~ 15년 08월 ○○FC 유소년 축구단 코치 12년 03월 ~ 14년 08월 (겸직) ○○초등학교 축구 보조강사 14년 03월 ~ 15년 08월 (겸직) 대한축구협회 주운영관 14년 03월 ~ 15년 08월 (겸직) 한국유소년축구연합회 사무차장 **자격증취득** 07년 07월 축구심판 3급 자격증 취득 12년 07월 MBC꿈나무재단 코오버코칭 교육이수 15년 08월 축구지도자 D급 자격증 취득 15년 09월 사회복지사 2급 자격증 취득

다. 년 프로그램 담당자 인적사항

담당자명	○○○	E-mail	○○○@hanmail.net
소속/직책	오류마을 / 자립전담요원		
연 락 처	* 사무실: 02-****-*****	* 휴대폰: 010-****-*****	

라. 년 예산

구분	항목	세부내용	산출근거	금액(원)	참고
운영비	축구 단합 캠프	현수막	30,000*1개	30,000원	
		숙박비	1,000,000원 * 1박	1,000,000원	
		간식비	3,000*25명*2회	150,000원	
		식사비	10,000*25명*5회	1,250,000원	
		버스대여비	1,000,000*40인승 1대	1,000,000원	
		차량 운행비	60,000원	60,000원	톨 & 주차
		프로그램 진행비	200,000원	200,000원	
	물품구입	축구복 세트	135,000원*20명	2,700,000원	
		방한 조끼	60,000원*20개	1,200,000원	
		축구장갑	50,000원*2개	100,000원	
		신가드	15,000원*20개	300,000원	
		축구화	100,000원*20개	2,000,000원	
		접시콘	25,000원(10개입)*2set	50,000원	
		라바콘	30,000원(6개입)*4et	120,000원	
		팀구분 조끼	10,000원*22개	220,000원	
		간식비	1,500원*24명*40주	1,440,000원	
	체험 활동비	프로경기 관람	20,000원*24명*3회	1,440,000원	
		식사비	10,000*24명*3회	720,000원	
인건비	강사비	축구팀 전담 코치	50,000원(시간당)*3시간*40주	6,000,000원	축구협회 지도자 D급
예비비	예비비	예비비	20,000원	20,000원	
총 계				20,000,000원	

〈프로포절 작성 단계별 자가 점검 리스트〉

작성 단계	점검 내용	예/아니오
1. 문제 확인 및 분석(프로그램명/사업의 필요성)	프로그램명이 눈에 띄고 이해하기 쉬운 매력적인 이름인가?	
	사업의 필요성이 사회문제의 관점에서 다루어졌는가?	
	사회문제의 원인을 파악하는 인과적 분석이 이루어졌는가?	
	결여되거나 불충분한 사회복지 서비스 및 자원이 무엇인지 확인했는가?	
	논의하고 있는 사회복지 서비스 및 자원이 결여되거나 불충분하다는 증거자료를 충분하게 수집하고 제시했는가?	
	사회복지 서비스 및 자원의 결여와 불충분에 대한 원인이 무엇인지 탐색했는가?	
2. 대상자 선정	일반집단, 위험집단, 표적집단, 클라이언트집단의 체계가 타당하게 설정되어 있는가?	
	수행기관의 인력과 재정여건을 고려하여 클라이언트집단을 선정하였는가?	
	공평한 선정과 애로발생시 대처할 수 있는 선정기준과 방법을 서술하였는가?	
3. 프로그램 목적과 목표	목적과 목표의 개념과 위계를 올바르게 이해하고 기술하였는가?	
	산출목표와 성과목표의 개념과 위계를 올바르게 이해하고 기술하였는가?	
	목표설정을 위한 SMART 원칙을 지켰는가?	
4. 프로그램의 기반 수립과 내용 설계	프로그램 내용을 구성하는 과정에서 각 활동 간의 영향관계를 설명하고, 프로그램과 성과의 인과관계를 설명할 수 있는 이론적 근거를 확인하고 적용하였는가?	
	문제해결을 위한 대안들이 타당성, 즉 목표를 달성하기 위한 효과성, 효율성, 적정성, 형평성을 고려하여 선택되었는가?	
	문제해결을 위한 대안들이 기술적, 경제적, 이용자확보, 윤리정치적 측면에서 실행가능한가?	
5. 세부 프로그램별 실행 계획	계획된 세부활동들이 왜 들어가야 하는지 고민하였는가?	
	누가, 언제 어디서, 무엇을, 어떻게 하는가에 대한 설명이 구체적으로 제시되어 있는가?	
	각 성과목표를 달성하기에 적절한 성과지표를 사용하였는가?	
	성과지표를 측정해낼 수 있는 타당한 자료원이 선정되었는가?	
	적절한 자료수집방법과 구체적 시기를 계획하였는가?	
	사업목표와 사업량에 비해 적절한 규모의 인력이 배치되었는가?	
	담당인력은 전문성이 갖추어져 있는가?	
	활동의 과정과 순서는 효과적인 진행이 가능하도록 구성되었는가?	
	세부시간계획표의 작성 시 누락된 활동은 없는가?	
	프로그램의 목표와 대상자 집단을 고려하여 홍보방법, 횟수, 활용매체를 기술하였는가?	
	프로그램의 목표 달성에 도움이 되는 지역자원을 파악하고 이를 어떻게 활용할 것인가를 구체적으로 기입하였는가?	
6. 예산수립	예산계획이 목표의 수준, 대상자의 규모, 인력규모, 활동내용의 범위와 양 등과 비교하여 합리적으로 일치하는가?	
	관항목의 구분이 혼동 없이 제대로 이루어졌는가?	
	산출근거가 구체적인가?	
	신청금액과 자부담의 비율은 적정한가?	

03 공공기관 프로포절 사례

재정지원처는 현장에서 찾기 나름이다. 사회복지기관과 사회복지사들은 프로그램개발이라는 차원과 자원개발이라는 차원을 연결할 수 있어야 한다. 지역에서 서비스를 제공한 대상자들에게 그들의 욕구를 충족할 수 있는 프로그램을 개발해야 하고, 자원이 없으면 기획한 프로그램을 지원해 줄 수 있는 재정지원처를 찾아야 한다. 재정지원처는 지역에 따라 차이가 있다. 사회복지사들은 주로 이름 있는 사회복지지원재단을 찾는 경우가 많다. 잘 찾아보면 여러 복지지원재단들이 있는 것을 볼 수 있다. 특히 기업의 사회적 기여확산에 따라 각 기업이 복지 프로그램 지원에 나서고 있는 실정이기도 하다. 그런데 지방자치가 강화되면서 공공기관에서 지원하는 사업도 많이 나타나고 있다는 점을 간과해서는 안 된다. 지역에 있는 공공기관의 경우 지역사회와 밀접한 관련성이 있다는 점과 지역상황을 잘 알고 프로그램을 공모한다는 점에서 지역에 맞는 프로그램 개발에 유리한 측면이 있기도 하다. 대표적인 공공기관 재정지원처로는 지방자치단체와 지방교육(지원)청을 들 수 있다. 다만, 공공기관의 경우 요구하는 일정한 양식이 있으므로 이에 대해서 잘 파악하여 작성할 필요가 있다. 이 문제는 비단 공공기관에만 해당되는 것은 아니고 지역 내 기업에서 프로포절을 받는 경우에도 나름의 양식이 있기 마련이다. 따라서 재원지원처가 제시하는 양식을 잘 파악하고 프로포절을 작성하여야 한다. 여기서는 서울특별시서부교육지원청에서 공모하였던 지역기반형 교육복지 협력자 사업에 응모한 사업을 소개하고자 한다. 또한 민간단체이지만 공공성을 띤 사회복지관협회의 복지관 지원사업을 소개하고자 한다.

사례 7 지역기반형 교육복지 협력사업자 모집[6)]

1 사업명 : 두 세대 가족의 가족건강성 증진을 통한 가족관계 향상 프로그램 "울랄라~ 즐거운 우리집!"[7)]

2 사업목표

○ **'나'와 '서로'를 이해할 수 있는 프로그램을 바탕으로 가족의 가족건강성[8)]을 증진시킨다.**
- 가정별 상담 진행을 통해 가정에서 가지고 있는 가족관계 관련 욕구를 파악한다(초기 1회).
- 미술집단상담을 통해 부모와 자녀 각자 '나'와 '서로'를 이해할 수 있도록 한다(총 4회기).
- 가족 간의 의사소통 구조를 확장할 수 있도록 세대공감 교육 및 프로그램을 진행한다(총 2회기).

○ **가족건강성 증진을 바탕으로 프로그램을 통해 가족관계 향상에 기여한다.**
- 부모와 자녀가 협력하여 참여할 수 있는 프로그램을 진행한다(연 4회).
- 저소득 가정의 여가체험 기회부족을 해소할 수 있는 프로그램을 진행한다(연 2회).
- 사전/사후 척도검사 및 가정별 인터뷰를 통해 가족관계 향상 여부를 점검하고 평가한다.

○ **지역기반형 사업으로 지역 내 기관(단체)과의 네트워크를 통해 참여자 및 협력 학교가 지역의 다양한 자원을 이해하고 활용할 수 있도록 한다.**
- 지역 내 다양한 기관(단체)을 섭외하여 프로그램 진행에 연계할 수 있도록 한다(3개소 이상).
- 본 사업 외에 참여자/협력 학교가 이용할 수 있는 서비스에 대해 정보를 제공하거나 연계한다.

○ **지역 내 저소득층 아동·청소년에 대한 지원을 위한 지역교육복지공동체 구축에 기여한다.**
- 지역 내 편성된 학교 공동체 또는 각 학교별 참여자 사례회의를 통해 통합적 사례관리 기반을 마련하여 프로그램 이후에도 참여자들이 지속적으로 공동체 내에서 관리될 수 있도록 한다.
- 거점학교 지역사회전문가와 협력하여 간담회 등을 통해 일반학교와의 소통구조/자원망 구축을 마련하고, 거점학교 및 일반학교 모두 지역복지공동체를 구축할 수 있도록 한다.

---

6) 이 사업은 서울특별시서부교육지원청이 공모한 사업이다. 지역기반형 교육복지 협력자 사업은 지역사회기관이 학교와의 협력을 통해 학교에서 추진하기 어려운 지원을 수요자 욕구에 맞추어 다양한 영역에서 교육취약 아동·청소년을 지원하고자 추진하는 교육복지사업이다. 2020년 지정주제로는 고등학교 지원(학교부적응 학생 지원, 진로·진학 프로그램)과 두세대지원사업(교육취약계층 학생(유아)과 가족 지원 프로그램)이 있고, 특색주제로는 지역 특성과 학교 욕구에 맞는 맞춤형 지원사업이 있다.

7) 이 사업은 녹번복지관에서 2020년 서울시서부교육지원청 '지역기반형 교육복지 협력자' 공모사업에 지정주제 사업 중 취약계층 두세대 가족지원 프로그램에 프로포절하여 실시하는 사업이다.

8) 가족건강성: 가족구성원들 간의 상호작용을 통하여 사랑, 공감, 따뜻함, 수용, 편리함, 친밀감 등을 공유하게 된다. 이때 가장 핵심적인 영역은 '의사소통'으로 본 사업에서 가족건강성은 가족 간의 의사소통 정도와 상호작용으로 정의하고자 한다.

3 추진방침

○ 거점학교와 일반학교와의 협력을 통해 교육취약학생을 발굴하여 서비스를 제공한다.
- ○○구 내 초등학교 중 거점학교(4~5개교)와 일반학교(2~3개교)와 연계하여 사업을 실시한다.
- 거점학교(예정) ○○초, ○○초, ○○초, ○○초 / 일반학교는 모집 예정

○ 가정별 가족관계 관련 욕구를 파악하고 상이할 경우, 프로그램에 균등하게 반영하여 진행한다.

○ 구축된 지역교육복지공동체를 바탕으로 연속성 있는 사업 진행방향을 모색할 수 있도록 한다.

○ 안전 의식 고취를 위해 프로그램 진행 전 안전사고 예방교육을 진행하고, 예기치 못한 사고를 예방할 수 있도록 집단 여행자보험에 가입하여 안전에 유의하여 진행한다.

4 세부 추진계획

□ 사업기간 : 2020. 3. 2.부터 ~ 2020. 12. 31.까지

□ 사업대상 : ○○구 내 교육취약계층 학생 및 가족(두 세대)

□ 대상 선정기준 및 인원수

<table>
<tr><th rowspan="2">프로그램명</th><th rowspan="2">지원 대상</th><th colspan="8">지원 대상자</th></tr>
<tr><th>국민기초
생활수급자</th><th>법정한부모
학생</th><th>법정차상위
학생</th><th>기타저소득
학생</th><th>기타취약
학생</th><th>일반</th><th>그 외
(학교밖)</th><th>총계</th></tr>
<tr><td>울랄라 즐거운
우리집!</td><td rowspan="2">초등학교에
재학 중인 가족
(두 세대)</td><td colspan="5" rowspan="2">6가정
(20명)</td><td rowspan="2">2가정
(6명)</td><td rowspan="2">–</td><td rowspan="2">8가정
(26명)</td></tr>
<tr><td>사례관리</td></tr>
</table>

※ 가족구성원과 선정회의에 따라 인원은 변동될 수 있음.

□ 담당조직 및 인력

<table>
<tr><th>담당부서</th><th>직위</th><th>담당자</th><th>역할</th><th>비고</th></tr>
<tr><td rowspan="5">서비스
지원팀</td><td>팀 장</td><td>○ ○ ○</td><td>사업운영 슈퍼비전</td><td rowspan="5">내부</td></tr>
<tr><td>대 리</td><td>○ ○ ○</td><td>사업총괄(참여 가족/자원활동가/참여학교
관리 및 사업계획, 진행, 예산관리)</td></tr>
<tr><td>대 리</td><td>○ ○ ○</td><td rowspan="2">사업보조
(프로그램 운영 전반)</td></tr>
<tr><td>사회복지사</td><td>○ ○ ○</td></tr>
<tr><td>자원활동가</td><td>사회복지/아동복지
전공생 3명</td><td>프로그램 진행 보조(참여가정 관찰/기록)</td></tr>
<tr><td rowspan="4">협조기관 및
단체</td><td>○○구 건강가정
다문화가족 지원센터</td><td>–</td><td>집단 미술상담 자원 연계</td><td rowspan="4">외부</td></tr>
<tr><td>○○구 평생 학습관</td><td>–</td><td>부모–자녀 협력 프로그램 진행</td></tr>
<tr><td>CJ 프레시웨이</td><td>○ ○ ○</td><td>부모–자녀 협력 프로그램 진행</td></tr>
<tr><td>○○○인터넷중독예방</td><td>○ ○ ○</td><td>자녀 이해에 필요한 인터넷 게임/스마트폰 중독</td></tr>
</table>

	상담센터			교육 진행	
참여학교	거점	○○	○ ○ ○	사업참여자 추천, 가정방문 동행, 사례회의, 정기간담회 참석	외부
		○○	○ ○ ○		
		○○	○ ○ ○		
		○○	○ ○ ○		
	일반학교는 모집 예정				

□ 프로그램 개요(세부 내용은'7. 단위사업 세부 실행 계획서'에 작성합니다.)

프로그램 명	내용	연간활동 시간	담당자	비고
울랄라 즐거운 우리집	1회기 〈오리엔테이션〉 - 참여가족 소개 및 사전척도검사	2시간	○○○, 자원활동가	척도검사지준비
	2-5회기 〈내 마음이 보이니?〉 - 참여가족 그룹별 미술집단상담	회기별 2시간	○○○, 미술치료 전문가, 자원활동가	○○구건강가정다문화 가족 지원센터의 추천받을 예정
	6회기 〈세대공감1: 레크리에이션〉 - 참여가족 세대 공감 퀴즈 및 레크리에이션 진행	2시간	서비스 지원팀	-
	7회기 〈오늘은? 내가 요리사!〉 - 참여가족 쿠킹클래스 참여 - 요리경연대회	2시간	○○○, 자원활동가, CJ프레시웨 이	CJ프레시웨이 방문 혹은 복지관 내부 진행
	8회기 〈이런~ 꽃 같은 가족〉 - 부모-자녀가 함께 하는 꽃꽂이	2시간	○○○, 자원활동가, 플로리스트	지역 내 꽃집 확인 및 연계
	9회기 〈놀면 뭐하니?〉 - 참여가족 협력 프로그램 ※ 프로그램 내용은 협력 기관(단체) 섭외 및 참여가족 욕구조사 후 결정	2시간	○○○, 자원활동가, 외부단체	○○구 평생학습관의 추천받을 예정
	10회기 〈꿈과 희망의 나라로!〉 - 수도권 내 테마파크 방문 - 가족 간 자유시간	8시간	서비스 지원팀	롯데월드, 서울랜드 등 놀이공원
	11회기 〈세대공감2: 스마트폰은 어떤 존재일까?〉 - 부모-자녀 간 소통을 위해 올바른 미디어 사용 교육 진행 - 동일 주제로 그룹을 나눠 진행	4시간	○○○, 자원활동가, ○○○인터 넷 독예방 상담센터	부모/자녀 나누어 교육, 교육 미참여 그룹에겐 영화상영
	12회기 〈우리는 한 가족!〉 - 종결평가회 겸 가족캠프 - 사후척도검사	16시간	서비스 지원팀	1박 2일간 서울 근교 캠프진행 예정

<table>
<tr><td>사례관리</td><td>- 가정방문 혹은 내방 상담 수시 진행
- 외부자원 연계</td><td>16시간(8가정×2시간)</td><td>서비스 지원팀</td><td>욕구확인, 사업안내</td></tr>
<tr><td rowspan="3">네트워크</td><td>[참여학교 네트워크]
- 참여학교 선정 및 참여자 연계
- 정보공유
- 사례회의</td><td>0시간(사례회의 등 필요시 진행)</td><td>서비스 지원팀, 참여학교</td><td>-</td></tr>
<tr><td>[지역기관(단체) 네트워크]
- ○○구 지역기관(단체) 섭외를 통한 프로그램 진행 협조 요청사업 참여학교 및 참여자에게 지역자원 소개/공유</td><td>0시간 (프로그램 진행 전/후)</td><td>서비스 지원팀, 협조기관 및 단체</td><td>-</td></tr>
<tr><td>[자원활동가 간담회]
- 직무교육 진행
- 매 회기 평가회 진행
중간평가회/종결평가회 진행
지지 및 격려를 통한 소진 관리</td><td>10시간 (직무교육 2시간, 평기회 1시간 30분)</td><td>서비스 지원팀</td><td>-</td></tr>
</table>

5 자체 평가 계획

<table>
<tr><th>구분</th><th>일정</th><th>평가 방법</th><th>평가 내용</th></tr>
<tr><td rowspan="4">정량평가</td><td rowspan="4">2020. 3.
~2020. 12.</td><td>사전/사후 가족건강성 및 가족관계 관련 척도 검사를 통한 변화여부 확인</td><td>• 오리엔테이션, 평가회를 통한 사전/사후 척도비교를 통해 가족건강성/가족관계 향상
* 척도지 종류 미정으로 % 계산 추후 입력 필요</td></tr>
<tr><td>실시기안, 진행시트/과정기록을 통한 프로그램 진행여부 확인</td><td>• 사업계획에 따른 프로그램 진행(총 12회기)</td></tr>
<tr><td>회기/참여가족 별 출석률 확인</td><td>• 회기별/가정별 80% 이상 출석률 달성</td></tr>
<tr><td>만족도 조사를 통한 프로그램 만족도 파악</td><td>• 회기별 상황에 따른 5첨 척도 평가 혹은 구두평가 진행 예정
• 5점 척도의 경우 만족도 평균 3.5점 달성</td></tr>
<tr><td rowspan="3">정성평가</td><td rowspan="3">2020. 3.
~2020. 12.</td><td>가정방문/내방 등의 상담을 통한 참여가족 욕구확인</td><td>• 상담 시 '가족관계' 관련 욕구 파악(상담기록지 작성)</td></tr>
<tr><td>사례회의를 통한 참여자 모니터링, 변화사항 측정</td><td>• 공동체 또는 개별학교와의 사례회의 진행을 통한 가족지원방안 논의(연 5회 이상/회의록 작성)</td></tr>
<tr><td>프로그램 회기 별 참여가족 관찰 또는 FGI 실시</td><td>• 참여 가족의 표현방법, 행동변화, 참여도 등을 파악(과정기록지 내 '관찰사항' 기재)</td></tr>
</table>

6 소요예산

1) 개관

(금액단위: 원)

교육청지원금(A)	기관자부담금(B)	대응투자금(C) (자치구 및 외부기관 등의 투자금)	참가자 부담액(D)	총 예산액 (A+B+C+D)
11,000,000	1,000,000	–	–	12,000,000

2) 세부내역

(금액단위: 원)

항목			산출 근거	재원별				총예산액
				교육청 지원금	기관자 부담금	대응투자금(자치구 및 외부기관등의 투자금)	참가자 부담액	
사업비	1회기 오리엔테이션	간식비	3,000원 × 30명	90,000	0	0	0	90,000
		현수막 제작	25,000원 × 1식	25,000	0	0	0	25,000
		여행자보험 가입	130,000원 × 3회 (프로그램 전체 회기별로 사용할 여행자보험 가입 100명 기준 130,000원/사회복지공제회)	390,000	0	0	0	390,000
		소계	–	505,000	0	0	0	505,000
	2-5회기 내 마음이 보이니?	강사비	250,000원 × 2개 그룹 ×4회기 (일반강사1/2시간 기준)	2,000,000	0	0	0	2,000,000
		재료비	5,000원 × 26명 × 4회기	520,000	0	0	0	520,000
		간식비	3,000원 × 26명 × 4회기	312,000	0	0	0	312,000
		소계	–	2,832,000	0	0	0	2,832,000
	6회기 세대 공감1: 레크리에이션	식사비	8,000원 × 30명	240,000	0	0	0	240,000
		소계	–	240,000	0	0	0	240,000
	7회기 오늘은? 내가 요리사!	강사비	CJ프레시웨이 재능기부	0	0	0	0	0
		장소대관비	500,000원 (조리가능 장소)	0	500,000	0	0	0
		재료비	30,000원 × 8가정	0	240,000	0	0	0
		소계	–	0	740,000	0	0	740,000
	8회기 이런~ 꽃 같은 가족	강사비	지역 내 꽃집섭외, 재능기부	0	0	0	0	0

		재료비	70,000원 × 8가정 (바구니, 꽃, 기타 부속재료 전부 포함)	560,000	0	0	0	560,000
		간식비	3,000원 × 30명	90,000	0	0	0	90,000
		소계	–	650,000	0	0	0	650,000
	9회기 놀면 뭐하니?	강사비	지역 내 기관(단체) 섭외를 통한 재능기부	0	0	0	0	0
		체험비	20,000원 × 30명	600,000	0	0	0	600,000
		간식비	3,000원 × 30명	90,000	0	0	0	90,000
		소계	–	690,000	0	0	0	690,000
	10회기 꿈과 희망의 나라로!	체험비 (입장권/자유이용권)	35,000원 × 30명	1,050,000	0	0	0	1,050,000
		소계	–	1,050,000	0	0	0	1,050,000
	11회기 세대 공감2: 스마트폰은 어떤 존재 일까?	강사비	○○○인터넷 중독예방 상담센터 재능기부	0	0	0	0	0
		간식비	3,000원 × 30명	90,000	0	0	0	90,000
		영화대여/구입비 (가족관련)	10,000원	10,000	0	0	0	10,000
		소계	–	100,000	0	0	0	100,000
	12회기 우리는 한 가족	버스대절비	1박 2일 1,000,000	1,000,000	0	0	0	1,000,000
		숙박비(숙소)	80,000원 × 10개 (Staff 남/녀 1개씩 포함)	800,000	0	0	0	800,000
		식비1	8,000원 × 2회 × 30명 (당일 중식/이튿날 조식)	480,000	0	0	0	480,000
		식비2	35,000원 × 30명 (당일 석식/BBQ파티)	1,050,000	0	0	0	1,050,000
		체험비(팀빌딩)	50,000원 × 30명 (1인 4시간 기준)	1,500,000	0	0	0	1,500,000
		장소대관비(강의실)	중강의실 300,000원	103,000	197,000	0	0	300,000
		소계	–	4,933,000	197,000	0	0	5,130,000
	합계		–	11,000,000	937,000	0	0	11,937,000
운영비		업무추진비 (간담회)	3,000원 × 21명 (네트워크 회의비 참여학교/자원활동가 횟수 미정)	0	63,000	0	0	63,000
		합계	–	0	63,000	0	0	63,000
총 계			–	0	63,000	0	0	63,000

7 단위사업 세부 실행 계획서[9)]

사 업 명	오리엔테이션
사업목표	사업 담당자와 참여자들끼리 관계를 형성하고 사업의 목표를 알 수 있도록 한다.
추진방침	교육취약학생을 발굴하고 서비스를 제공한다. / 가정별로 가족관계 관련 욕구를 파악한다.
운영기간	2020. 3. 28.(토) / 3월 중 진행될 예정이나, 일정은 변경될 수 있음.

대상자	지원 대상 (유,초,중,고, 학부모 등)	지원대상자 수								비고
		국민기초 생활수급자	법정한부모 학생	법정차상위 학생	기타저소득 학생	기타 취약학생	일반	그 외 (학교밖)	총계	
	초등학교에 재학하고 있는 가족(두 세대)	6가정 (20명)					2가정 (6명)		8가정 (26명)	

담당자	소속	성명	직위	담당 역할
	서비스지원팀	○ ○ ○	대리	프로그램 진행(사전척도검사 포함)
		○ ○ ○	팀장	프로그램 협조
		–	자원활동가	참여자 관찰 및 기록

추진내용

1. 운영 절차
 : 참여자 접수 → 프로그램 및 담당자 소개 → 가족 소개 → 사전척도검사 → 만족도 조사

2. 운영 주체: 서비스지원팀

3. 운영 내용
 1) 일시: 2020. 3. 28.(토) 14:00~16:00 / 미정으로 상기 일정 변동가능
 2) 장소: 녹번종합사회복지관 2층 나눔교실
 3) 내용: 오리엔테이션을 통해 프로그램에 대해 소개하고 1년동안 함께 참여할 가족들을 서로 알아가는 시간을 갖는다. 가족 소개 시에는 '우리 가족이 원하는 가족관계는?' 이라는 항목이 반드시 들어가게끔 소개할 수 있도록 하고, 잡지나 신문/그림그리기 등을 통하여 가족을 표현할 수 있도록 한다.

소요예산	항목	산출 근거	예산(단위 : 원)		
			교육청 보조금	기타 (기관 자부담 등)	계
	사업비	간식비 1인 3,000원 × 30명	90,000	0	90,000
		현수막 제작 25,000원 (프로그램 기간 중 연속사용)	25,000	0	25,000
		여행자 보험 가입 390,000원 (프로그램 기간 중 전체 회기별 사용 보험 가입 130,000원 × 3회)	390,000	0	390,000
	계	–	505,000	0	505,000

평가	정량	정성
	– 사전 척도검사 – 실시기안, 진행시트/과정기록 – 회기/참여가족 별 출석률 확인 – 만족도 조사	– 참여가족 욕구확인 – 참여가족 관찰

9) 이후로 동일한 양식으로 단위사업 세부 실행계획서가 제시되어 있으나 본서에서는 지면관계로 생략하였다. 생략된 세부사업은 '내마음이 보이니?', '세대공감1: 레크리에이션', '오늘은 내가 요리사!', '이런~꽃같은 가족', '놀면 뭐하니?', '꿈과 희망의 나라로!', '세대공감2: 스마트폰은 어떤 존재일까?', '우리는 한가족', '사례관리', '네트워크' 등이다.

〈프로포절 작성 단계별 자가 점검 리스트〉

작성 단계	점검 내용	예/아니오
1. 문제 확인 및 분석(프로그램명/사업의 필요성)	프로그램명이 눈에 띄고 이해하기 쉬운 매력적인 이름인가?	
	사업의 필요성이 사회문제의 관점에서 다루어졌는가?	
	사회문제의 원인을 파악하는 인과적 분석이 이루어졌는가?	
	결여되거나 불충분한 사회복지 서비스 및 자원이 무엇인지 확인했는가?	
	논의하고 있는 사회복지 서비스 및 자원이 결여되거나 불충분하다는 증거자료를 충분하게 수집하고 제시했는가?	
	사회복지 서비스 및 자원의 결여와 불충분에 대한 원인이 무엇인지 탐색했는가?	
2. 대상자 선정	일반집단, 위험집단, 표적집단, 클라이언트집단의 체계가 타당하게 설정되어 있는가?	
	수행기관의 인력과 재정여건을 고려하여 클라이언트집단을 선정하였는가?	
	공평한 선정과 애로발생시 대처할 수 있는 선정기준과 방법을 서술하였는가?	
3. 프로그램 목적과 목표	목적과 목표의 개념과 위계를 올바르게 이해하고 기술하였는가?	
	산출목표와 성과목표의 개념과 위계를 올바르게 이해하고 기술하였는가?	
	목표설정을 위한 SMART 원칙을 지켰는가?	
4. 프로그램의 기반 수립과 내용 설계	프로그램 내용을 구성하는 과정에서 각 활동 간의 영향관계를 설명하고, 프로그램과 성과의 인과관계를 설명할 수 있는 이론적 근거를 확인하고 적용하였는가?	
	문제해결을 위한 대안들이 타당성, 즉 목표를 달성하기 위한 효과성, 효율성, 적정성, 형평성을 고려하여 선택되었는가?	
	문제해결을 위한 대안들이 기술적, 경제적, 이용자확보, 윤리정치적 측면에서 실행가능한가?	
5. 세부 프로그램별 실행 계획	계획된 세부활동들이 왜 들어가야 하는지 고민하였는가?	
	누가, 언제 어디서, 무엇을, 어떻게 하는가에 대한 설명이 구체적으로 제시되어 있는가?	
	각 성과목표를 달성하기에 적절한 성과지표를 사용하였는가?	
	성과지표를 측정해낼 수 있는 타당한 자료원이 선정되었는가?	
	적절한 자료수집방법과 구체적 시기를 계획하였는가?	
	사업목표와 사업량에 비해 적절한 규모의 인력이 배치되었는가?	
	담당인력은 전문성이 갖추어져 있는가?	
	활동의 과정과 순서는 효과적인 진행이 가능하도록 구성되었는가?	
	세부시간계획표의 작성 시 누락된 활동은 없는가?	
	프로그램의 목표와 대상자 집단을 고려하여 홍보방법, 횟수, 활용매체를 기술하였는가?	
	프로그램의 목표 달성에 도움이 되는 지역자원을 파악하고 이를 어떻게 활용할 것인가를 구체적으로 기입하였는가?	
6. 예산수립	예산계획이 목표의 수준, 대상자의 규모, 인력규모, 활동내용의 범위와 양 등과 비교하여 합리적으로 일치하는가?	
	관항목의 구분이 혼동 없이 제대로 이루어졌는가?	
	산출근거가 구체적인가?	
	신청금액과 자부담의 비율은 적정한가?	

사례 8 서울시 사회복지관 프로그램 지원사업[10)]

"가(家+加)인(人)이어라~" 홀로 생활하는 독거노인의 삶의 만족도 향상을 위한 이어주기(관계망형성) 프로그램[11)]

1부 사업의 필요성

번호	내 용
1	**1. 사회적 배경** 최근 의학의 발전 및 건강에 대한 관심 증가 등으로 인해 기대수명이 증가하면서 노인인구가 눈에 띄게 증가하였다. 특히 증가하는 노인인구 중 가구적 특성으로 구분했을 때 1인 가구, 독거노인 가구는 더욱 눈에 띄게 증가하고 있는데, 2015년 한국보건사회연구원이 발행한 인구 고령화와 독거노인의 증가추이(2005년~2035년)에서도 독거노인수가 증가할 것임을 예측할 수 있다.

〈표1. 인구 고령화와 독거노인의 증가추이(2005년~2035년) 예측표(2015)〉 (단위: 명, %)

	2005	2015	2025	2035
전체인구 수	48,138,077	50,617,045	51,972,363	51,888,486
독거인구 수	3,187,151	5,060,551	6,560,883	7,628,065
노인 수	4,366,642	6,624,120	10,331,075	14,750,787
독거노인 수	776,996	1,379,066	2,247,735	3,429,621
고령화율(인구 중 노인의 비율)	9.1	13.1	19.9	28.4
노인 중 독거노인의 비율[1)]	17.8	20.8	21.8	23.2
독거인구 중 노인의 비율	24.4	27.3	34.3	45.0

노인들은 은퇴 이후 사회적 지위와 역할 상실, 경제적 빈곤, 배우자 혹은 주변인들과의 사별, 노화로 인한 신체/정신적 기능의 저하, 사회적 배제, 우울감 등으로 다양한 문제를 겪고 있다. 이에 따라 앞으로 얼마나 긴 노년기를 보내게 되느냐의 문제가 아니라 노년기를 어떻게 행복하게, 잘 보낼 수 있는지가 매우 중요해지고 있다. 이러한 노인인구 증가에 따라 각종 노인문제를 해결하기 위해 정부(지자체)에서는 '노인돌봄'을 실천하고자 아래와 같은 정책들을 진행하고 있다.

10) 본 사업은 서울특별시사회복지관협회에서 외부기관 후원으로 지원하는 사업이다. 2020년 1월까지 접수받아 2020년 사업으로 진행하도록 하였다. 2020년 지원공모에서는 아동 대상 프로그램을 제외하고 지원받았다.

11) 이 프로그램은 녹번종합사회복지관에서 서울특별시사회복지관협회의 사회복지관지원사업에 프로포절하여 실시한 사업이다. 녹번복지관은 지역자원 개발차원에서 지역사회 재정지원처를 파악하여 다양한 사업을 개발 프로포절하여 사업진행을 하고 있다.

〈표2. 정부지원 노인 돌봄 지원 정책(2018)〉

사업명	실행주체	수혜대상	서비스 내용	기대효과
노인돌봄 기본서비스	보건복지부	65세 이상 독거노인	• 가정방문, 유선 등을 통한 생사 및 안전 확인 • 정기적인 안부전화, 방문, 후원금품 지원 • 무연고 독거노인의 장례지원 서비스	• 독거노인의 건강 및 안전 확보 • 경제적 도움 제공 및 심리적·안정감 제공
노인돌봄 종합서비스	보건복지부	차상위 계층 이하 65세 이상 노인	• 식사, 세면, 구강관리, 청소, 취사 등 방문서비스 • 단기 가사 지원 서비스 • 치매가족 휴가지원 서비스	• 저소득층의 기본 생활 영위를 통한 생활안전망 형성 • 치매가족의 경제적·심리적 지원을 통한 가정불화 완화
응급안전 알림서비스	행정안전부 보건복지부	독거노인 중증장애인	• 가스누출이나 화재 등 위험상황을 감지하여 구조지원 • 모니터링을 통해 활동량 감소 시 방문 및 유선 상태확인	• 응급사고 및 고독사 예방
홀몸노인 돌봄사업	한국야쿠르트 사회복지재단	독거노인	• 야쿠르트 무상지원 • 독거노인 신변 및 안전 확보 • 비상상황 시 119 및 주민센터 신고	• 독거노인 건강관리 및 고독감 해소
독거노인 공동생활제	충청남도	도내 12개 시·군 독거노인	• 빈 주택을 활용한 공동생활 공간마련 • 생필품, 난방비, 시설보수 등 지원 • 생활 체육 등 여가 프로그램지원	• 독거노인의 안전사고 예방, 생활비 부담, 고독감 완화

위의 〈표2〉에서 살펴본 바와 같이 현재 정부에서 계획하고 진행하는 사업들은 대부분 지방자치단체 내에서 주관하는 특화사업이다. 따라서 지자체장이 바뀌거나 정책방향이 변동되었을 경우 이를 지속해 나가기 어려울 수 있다. 또한 각 지자체마다 내용이 상이하여 지역별 복지 형평성의 문제를 야기할 수 있다(최지연, 2018). 특히 위의 사업들 대부분은 수급/차상위 등의 저소득 노인만을 대상으로 하고 있기 때문에 실질적인 저소득 계층, 즉 사각지대에 놓인 사각계층까지 지원하기에 어려움이 따른다.

2017년 노인실태조사에 의하면 노인(65세 이상)의 일반특성별 단독가구 생활상의 어려움은 아래 표와 같다.

〈표3. 노인(65세 이상)의 일반특성별 단독가구 상활상의 어려움(2017)〉 (단위: 명, %)

특성	없음	아플 때 간호	일상생활 문제처리	경제적 불안감	안전에 대한 불안감	심리적 불안감·외로움	계(명)
전체	44.5	19.0	7.5	17.3	1.5	10.3	100.0(7,324)
노인독거	19.6	34.6	9.5	13.4	1.6	21.4	100.0(2,416)
노인부부	56.9	11.2	6.5	19.2	1.4	4.8	100.0(4,908)

위의 실태조사 결과에서도 알 수 있듯이, 노인부부의 경우 생활상의 어려움으로 경제적 불안감, 아플 때 간호순으로 이야기한 반면, 독거노인의 경우 아플 때 간호, 심리적 불안감·외로움 순으로 어려움을 이야기하고 있다. 그러나 〈표2〉에서 살펴본 바와 같이 정부(지자체)에서는 '아플 때 간호'라는 측면에 맞춰 '돌봄' 영역을 우선적으로 사업을 진행하고 있기 때문에 민에서 사각지대를 발굴하고 그 사각지대에 놓인 노인에게 심리/정서적인 지원이 함께 이루어져 '행복한 노년, 안녕(安寧)을 추구하는 노년'이 될 수 있도록 민관협력이 필요한 때이다.

2

2. 이론적 배경

심리학자인 에릭슨은 발달적 특성에 따라 성격형성이 8단계로 이루어진다고 주장했다. 그중 마지막 단계에 해당하는 노년기의 주요 발달과업은 자아통합으로 이를 지혜와 통합의 개념으로 설명하였다. 이 시기에는 노인이 지나온 과거를 돌이켜보며 자신의 삶을 평가하게 되는데, 만족감이나 수용되었다는 느낌을 갖게 되거나 아무 얻은 것도 가진 것이 없다는 절망감을 갖게 되기도 한다. 이 시기에 절망감을 갖지 않게 하기 위해 과거와 현재/미래 간의 조화로운 견해를 가지며 죽음불안에 대한 공포가 완화된 심리적 안녕 상태로서 '자아통합감'을 제시하였다.

	보편적인 자아통합감의 정의는 노년기의 성공적인 노화를 위한 심리적, 정서적 안녕상태를 반영하는 기준으로서 사기, 행복감, 정신건강, 생활만족, 개인적 적응, 심리적 안녕 등 다양한 개념을 포함하는 상호교차적인 의미를 가진다(정남기, 2016). 자아통합감의 기준이 충족된다면 자연스럽게 삶의 만족도로 이어질 것이나, 삶의 만족도에는 다양한 요인들이 영향을 미친다. 또한 개인마다 행복을 느끼는 기준이 다르기 때문에, 객관적인 기준보다는 주관적인 기준이 더욱 영향을 미친다. 삶의 만족에 대한 기준은 개인마다 다르지만, 개인의 삶에 중요한 영향을 미친다. 특히 노인의 경우 신체적·정신적 문제로 인해 타인과의 교류가 감소하여 우울, 소외감 등의 문제를 겪어 삶의 만족도가 저하될 가능성이 높다. 최근에는 노인 우울, 고독사, 사회적 배제 등의 문제가 증가하면서 노인의 사회적 관계망이 노인의 삶의 만족도에 중요한 영향을 미친다고 할 수 있다(고아영, 2018).
3	**3. 경험적 근거 및 사업의 필요성** 위에서 살펴본 사회적인 배경, 이론적인 배경에 의하면 독거노인이 가장 어려움을 겪는 것 중 하나인 '아플 때 간호'를 위해 정책적으로 지원하는 사업은 많지만, 심리/정서적인 안정감과 안녕을 위해 지원하는 사업은 턱없이 부족하다는 것을 알 수 있다. 이에 녹번종합사회복지관에서는 관내 경로식당을 이용하는 노인 중 우울증세를 보이거나 우울증 진단경험이 있는 노인을 대상으로 '동고동락 어르신봉사단' 프로그램을 진행해왔다. 사업초창기에는 참여대상 대부분이 '자원활동'에 대한 개념이 없어 자원활동에 대한 설명과 실제 봉사활동을 진행할 수 있도록 진행하였고, 이후에는 욕구를 반영하여 원하는 봉사활동을 할 수 있도록 사업을 운영하였다. 손발마사지로 시작했던 봉사활동은 참여자 의견을 반영하여 연극을 배우고 연습을 통해 어린이집과 데이케어센터에 공연을 진행하는 등 다양한 봉사활동으로 확장하며 성취감과 만족감이 증가하였다. 사업참여 인원을 대상으로 인터뷰를 진행해본 결과, '봉사활동을 하는 하루를 위해 한 달을 살아갈 수 있었다.', '나도 남들에게 도움을 줄 수 있다는 사실이 행복했다.', '무료했던 생활에 즐거움이 생겼다.', '맨날 복지관에서 받기만 하다가 이렇게 무언가 할 수 있다고 생각하니 새 활력을 얻었다.' 등의 긍정적인 피드백을 얻을 수 있었다. 그러나 사업이 장기화(2015~2019)되면서 80세 이상의 참여자가 활동하기에 체력적으로 어려움이 증가하였다. 또한 경로식당에서 함께 식사하는 인원으로 운영되었기 때문에 식당 내에서 갈등이 있는 경우 사업 진행에도 영향을 끼쳐 프로그램 운영에 차질이 생기기도 하였다. 더불어 기존에 하던 것 중 비교적 쉬운 손발마사지로 봉사내용이 고착화되면서 초기에 심리/정서적인 지원을 바랬던 것이 봉사활동 진행으로 주객전도되었고 더 이상의 진행이 어려울 것으로 판단되어 사업 종결에 이르렀다. 동고동락 사업 운영을 통해 배운 점을 바탕으로 노인을 위한 새로운 사업을 모색하던 중 노인문제에 대해 관심을 더욱 갖게 되었고, 사회적 고립, 우울, 자기방임, 고독사 등의 노인문제는 단순하지 않고 다양한 문제가 복합적으로 얽혀있다는 것을 알게 되었다. 위의 사회적 배경/이론적 배경/경험적 근거를 통해 사각지대가 존재하는 한 국가의 정책/노력만으로는 해결하기 어려운 것이 현실이다. 이러한 문제 속에서도 사회적 관계망이 잘 형성된 사람은 같은 문제를 겪어도 주변의 지원/지지를 받으며 어려움을 극복할 수 있다. 하지만 노년기일수록 주변 사람들과의 사별/건강의 악화 등으로 사회적 관계망이 점점 위축되기 때문에 이를 형성하는 것이 매우 중요하다고 할 수 있다. 이에 녹번종합사회복지관에서는 관에서의 지원을 받지 못하는 사각지대에 놓인 독거노인들의 사회적 관계망을 형성시키고 이를 더 발전시키고자 한다. 이를 바탕으로 독거노인들의 자아통합감을 향상시켜 삶의 만족도를 향상시키기 위한 방안을 마련하고자 그 일환으로 본 사업에 대한 필요성을 느끼며, 이에 신청하고자 한다.

2부 사업 목적 및 목표

1 목적 : 저소득 독거노인의 정서적 문제(사회적 고립, 우울, 자기방임, 고독사 등)를 해결하기 위해 사회적 관계망 형성에 기여하고 삶의 만족도를 증가시킨다.

2 목표

번호	목 표	세부목표	평가도구
1	사각지대에 놓여있는 저소득 독거노인을 발굴하여 겪고 있는 정서적 어려움에 대해 파악한다.	외부 의뢰요청, Outreach, 기존 복지관 이용 대상 노인추천 등을 통해 사각지대 독거노인을 발굴한다.	• 사각지대에 놓인 독거노인 10명을 발굴한다(실인원수 대비 100%).
		개별상담을 통해 사업 참여자가 겪고 있는 정서적 어려움에 대해 파악한다.	• 참여자 10명에 대한 개별상담을 모두 진행한다(상담 후 상담기록지 작성).
2	교육 및 프로그램 진행을 통해 노인에게 심리/정서적 지지를 제공하고 노인 스스로 역할을 부여할 수 있도록 한다.	'나'에 대해 이해할 수 있는 교육 진행을 통해 자아통합감을 구축한다.	• '나'에 대한 이해 교육 1회 진행여부를 확인한다. • 각종 치료 프로그램 진행여부를 확인한다. • 개별상담을 통해 자아통합감 구축여부를 확인한다.
		문화 활동 지원을 통해 심리/정서적 지지를 제공한다.	• 나들이 및 문화활동(영화관람 등) 진행여부를 확인한다.
		역량 개발 및 강화할 수 있는 교육지원을 통해 내가 할 수 있는 역할에 대해 알아본다.	• 동화구연, 손발마사지, 정리정돈 등 이해 가능한 교육 진행여부를 확인한다.
3	노인의 사회적 관계망 형성을 통해 삶의 만족도를 증가시킨다.	교육 내용을 토대로 지역사회에 봉사할 수 있는 기회를 제공한다.	• 교육 진행 이후 각자 활동을 경험해 보고 싶은 것을 결정한다. • 결정된 내용에 대해 1~2회 실제 프로그램을 진행해본다.
		참여노인이 또 다른 복지사각지대를 발굴할 수 있도록 한다.	• 참여노인이 각자 알고 있는 복지사각지대 노인에 대해 소개한다(소개 자체에 의의).
		사회성 척도검사를 통해 사회적 관계망 형성여부를 확인한다.	• 사회성 척도 점수 향상여부를 점검한다.
		삶의 만족도 척도검사를 통해 삶의 만족 증가여부를 확인한다.	• 삶의 만족도 척도 점수 향상여부를 점검한다.

3부 세부 사업내용

1 프로그램

번호	세부 프로그램명[12)]	내 용
1	가인(家人)이여! 모여라! (1회기)	• 개별상담(면접)을 통해서 참여자 선발 이후 진행될 예정 • 사업에 대한 전반적인 오리엔테이션 진행 • 참여자들의 참여의지/동기 확인 및 사회성 척도/삶의 만족도 척도 검사 진행
2	단장(丹粧)의 미아리고개 (2~5회기)	• 그림을 곱게 그리는(단장하는) 미술치료 프로그램 진행 • 강사 섭외 후 총 4회기로 단계별 진행 예정
3	'나'는 누구일까? 나에 대한 이해교육 (6회기)	• '나'의 강점/약점 찾기 • 나의 버킷리스트 작성하기
4	아리랑 ○○! (아름다운 우리의 자랑) (7회기)	• 우리가 살고 있는 지역(○○구) 탐방 ＊ 탐방 내용은 참여자들과 논의 후 결정할 예정
5	아름다운 노래처럼 (8~11회기)	• 음악치료 프로그램 진행 • 강사 섭외 후 총 4회기로 단계별 진행 예정
6	즐겁게 호호호! 웃자웃자! (12회기)	• 강사섭외 후 웃음치료 프로그램 진행(1회성)
7	문화의 날! 영화관 나들이 (13회기)	• 문화활동을 위한 영화 관람 진행 ＊ 회기 진행 시, 개봉 영화 내용에 따라 회기 일정은 변동될 수 있음.
8	어떤 이야기를 해볼까? (14~15회기)	• '동화구연지도사' 직업 체험하기(교육 듣기) • 강사 섭외 후 2회기로 진행 예정
9	내 손은 네가, 네 손은 내가 (16회기)	• '손/발 마사지사' 직업 체험하기(교육 듣기)
10	오늘은 정리정돈 전문가! (17~18회기)	• '정리수납전문가' 직업 체험하기(교육 듣기) • 강사 섭외 후 2회기로 진행 예정
11	우리가 결정하는 우리의 봉사활동! (19~20회기)	• 각종 직업체험 후 봉사활동 내용 결정(토론) 및 봉사활동처 섭외(인근 어린이집, 데이케어센터, 경로당 등) • 봉사활동 진행(1회기 진행 후 욕구에 따라 추가될 수도 있음)
12	고생한 당신, 떠나자! (21회기)	• 문화활동을 위한 가을나들이 진행 ＊ 회기 진행 시, 미세먼지 등에 따라 회기 일정은 변동될 수 있음.
13	○○동 엘리지 (22회기)	• 노인장례지도사/웰다잉연구자 등 강사 섭외 • '슬픈 일, 특히 죽음을 애도하는 노래'를 뜻하는 앨리지에 대해 설명하기 • '내가 1주일 뒤에 갑자기 죽는다면?' 상상하며 하고 싶은 일 그리고 '유서' 작성해보기 • 유년시절부터 좋아했던 사진, 활동사진을 토대로 포토북 제작
14	안녕은 영원한 헤어짐은 아니겠지요 (23회기)	• 종결평가회 진행 및 복지사각지대 발굴 독려 • 참여자들의 사업만족도 조사에 따른 차년도(2021년) 사업 유지/확장/종결여부 결정 • 사회성 척도/삶의 만족도 척도 검사 진행

2 수행인력

번호	투여 인력	내/외부	인 원	담당 업무	투입시간	자격/경력
1	팀장 (슈퍼바이저)	내부	1명	사업 슈퍼비전 및 운영에 대한 총괄	20	사회복지사 1급/ 사회복지경력 9년, 녹번종합사회복지관 비스지원팀 업무 총괄(팀장)
2	대리/사회복지사 (사업담당자)	내부	1명	사업운영 및 진행	46	사회복지사 1급/ 사회복지경력 6년, 녹번종합사회복지관 서비스지원팀 대리
3	사회복지사	내부	1명	강의 등 프로그램 진행 협조	20	사회복지사 1급/ 사회복지경력 2년, 녹번종합사회복지관 서비스지원팀 사회복지사
4	강사	외부	7명	전문 프로그램 진행	30	미술치료/음악치료/ 웃음치료/동화구연/ 정리수납의 경우 2020년 배분사업 수행지침서 내 '3급'강사에 준함. 노인장례지도사/ 웰다잉연구자의 경우 2급'강사에 준함.
5	자원봉사자	외부	10명	업무 보조(행정업무 및 문화활동, 대상자 관리)	20	대학교 3학년 이상의 사회복지 실천/실천기술론 및 노인복지론 수강자 우대
6	외부 지역사회 기관 담당자	외부	2명	봉사활동처 제공	6	-
7	자문위원	외부	1명	사업운영 자문	4	사회복지 전공 후 대학교 전임교수로 근무하는 자(노인복지 전공자 우대하여 선발)

---

12) 모든 회기 작성(EX. 오리엔테이션 ~ 종결평가회)

3 사업 수행 일정

	내 용	2월	3월	4월	5월	6월	7월	8월	9월	10월	비 고
준비	1) 사업 계획서 점검										
	2) 사업 진행내용 확인 및 필요자료(PPT 등) 만들기										
	3) 참여자 모집/개별상담 진행										
실행	1) '나'에 대한 이해 교육 진행 - 사회성/삶의 만족도 사전검사 진행 - 미술치료, 음악치료 등 각종 치료 프로그램 포함										
	2) 나들이 및 문화활동 진행										
	3) 역할 가능 교육 진행 - 동화구연, 손발마사지, 정리정돈 교육 등 포함										
평가	1) 지역사회 봉사 기회 제공										
	2) 또 다른 복지사각지대 발굴										
	3) 사회성/삶의 만족도 사후검사 진행										
	4) 프로그램 만족도평가(개별 인터뷰 혹은 FGI 형식으로 진행)										

4부 사업평가 계획

번호	사업목표	평가도구	평가방법	시행시기	담당자
1	외부 의뢰요청, Outreach, 기존 복지관 이용 대상 노인 추천 등을 통해 사각지대 독거노인을 발굴한다.	추천서, 신청서, 상담기록지	사업 인원 10명 모집 (모집률 100%)	사업 시작 후 1개월 이내 (~3월)	사회복지사
1	개별상담을 통해 사업 참여자가 겪고 있는 정서적 어려움에 대해 파악한다.	상담기록지	참여자의 정서적 어려움 파악여부	사업 시작 후 1개월 이내 (~3월)	사회복지사
2	'나'에 대해 이해할 수 있는 교육 진행을 통해 자아통합감을 구축한다.	프로그램 진행시트/ 과정기록지	세부사업내용 내 프로그램 계획에 따른 진행여부확인	3월~10월	사회복지사, 강사, 자원봉사자
2	문화 활동 지원을 통해 심리/ 정서적 지지를 제공한다.				
2	역량 개발 및 강화할 수 있는 교육 지원을 통해 내가 할 수 있는 역할에 대해 알아본다.				
3	교육 내용을 토대로 지역사회에 봉사할 수 있는 기회를 제공한다.	프로그램 진행시트/ 과정기록지	세부사업내용 내 프로그램 계획에 따른 진행여부확인	8월~10월	사회복지사, 외부 지역사회기관 담당자, 자원봉사자
3	참여노인이 또 다른 복지사각지대를 발굴할 수 있도록 한다.	상담기록지	사각지대 연계여부	10월	사회복지사
3	사회성 척도검사를 통해 사회적 관계망 형성여부를 확인한다.	사회성 척도	사전/사후 척도검사 진행	3월, 10월	사회복지사
3	삶의 만족도 척도검사를 통해 삶의 만족 증가여부를 확인한다.	삶의 만족도 척도	사전/사후 척도검사 진행	3월, 10월	사회복지사

5부 사업홍보 및 자원 활용계획

	내 용
홍보, 소통전략	1. 지역사회 주민: 소식지 기사 작성 및 홈페이지/관내 홍보물 출력을 통한 홍보 진행 및 카카오톡 채널/페이스북 등 SNS를 통한 홍보/소통(수시) 2. 지자체: 은평구 신문 또는 방문(구청/주민센터 등)을 통한 홍보물 개시(연 2회 이상) 3. 은평구재가복지연합회 회원기관: 은재연 회의 참석을 통한 사업 소개 및 홍보 진행(연 2회 이상)
자원 확보 및 활용전략 (인적, 물적 등)	1. 인적자원 1) 내부직원의 경우 서비스지원팀 소속 사회복지사를 주 담당으로 배치하나, 필요에 따라 기관 내부 협조 요청을 통해 진행 2) 외부의 경우 기존 복지관 자체 프로그램 진행을 통해 알게 된 강사, 자원봉사자, 인근 기관 담당자들을 섭외하고 필요시 공문서 발송을 통해 섭외 2. 물적자원 1) 사업 진행 중 참여자들의 동기부여 등을 위해 필요시 외부 후원처에 후원물품 발송 등 요청 예정

6부 예산수립계획

관	사 업 비			
항	"가인이어라~" 사업비			
목	세 목	세세목	계	산출근거
사업비	가인이여!모여라 (1회기)	다과비	80,000원	5,000원 × 10명 × 1회기 = 50,000원
		현수막제작비		현수막제작 30,000원
	단장의 미아리고개 (총4회기)	강사비	2,580,000원	270,000원 X 4회기 = 1,080,000원(3급 강사, 1회기 2시간 기준)
		다과비		5,000원 × 10명 × 4회기 = 200,000원
		재료비		25,000원 X 10명 X 4회기 = 1,000,000원
		예비비		300,000원
	나는누구일까? '나'이해교육 (1회기)	강사비	320,000원	270,000원 X 1회기 = 270,000원(3급 강사, 1회기 2시간 기준)
		다과비		5,000원 × 10명 × 1회기 = 50,000원
	아리랑 ○○!	체험비	326,000원	10,000원 × 12명(실무자포함 금액) × 1회기

(지역탐방1회기)			= 120,000원
	식사비		13,000원 × 12명(실무자포함 금액) × 1회기 = 156,000원
	운영비		보험료, 사무용품 등 구입비 50,000원
아름다운 노래처럼 (총4회기)	강사비	1,580,000원	270,000원 X 4회기 = 1,080,000원(3급 강사, 1회기 2시간 기준)
	다과비		5,000원 × 10명 × 4회기 = 200,000원
	예비비		300,000원
즐겁게 호호호! 웃자웃자! (총1회기)	강사비	320,000원	270,000원 X 1회기 = 270,000원(3급 강사, 1회기 2시간 기준)
	다과비		5,000원 × 10명 × 1회기 = 50,000원
영화관나들이 (1회기)	체험비	326,000원	10,000원 × 12명(실무자포함 금액) × 1회기 = 120,000원
	식사비		13,000원 × 12명(실무자포함 금액) × 1회기 = 156,000원
	운영비		보험료, 사무용품 등 구입비 50,000원
어떤 이야기를 해볼까? (총2회기)	강사비	640,000원	270,000원 X 2회기 = 540,000원(3급 강사, 1회기 2시간 기준)
	다과비		5,000원 × 10명 × 2회기 = 100,000원
내 손은 네가, 네 손은 내가 (1회기)	강사비	320,000원	270,000원 X 1회기 = 270,000원(3급 강사, 1회기 2시간 기준)
	다과비		5,000원 × 10명 × 1회기 = 50,000원
오늘은 정리정돈 전문가! (총2회기)	강사비	640,000원	270,000원 X 2회기 = 540,000원(3급 강사, 1회기 2시간 기준)
	다과비		5,000원 × 10명 × 2회기 = 100,000원
우리가 결정하는 우리의 봉사활동 (총2회기)	식사비	432,000원	13,000원 × 12명(실무자포함 금액) × 2회기 = 312,000원
	운영비		(봉사활동)도구 구입비 100,000원 + 기관선물구입비 20,000원 = 120,000원
고생한 당신, 떠나자! (1회기)	버스대절비	942,000원	(성수기 고려) 450,000원 × 1회기 = 450,000원
	체험비		10,000원 × 14명(실무자/봉사자포함 금액) × 1회기 = 140,000원
	다과비		5,000원 × 14명 × 1회기 = 70,000원

		식사비		13,000원 × 14명(실무자/봉사자포함 금액) × 1회기 = 182,000원
		운영비		보험료, 사무용품 및 약품 등 구입비 100,000원
	○○동 엘리지 (1회기)	강사비	700,000원	350,000원 X 1회기 = 350,000원(2급 강사, 1회기 2시간 기준)
		재료비		사진인화 및 유서꾸미기 재료 300,000원
		다과비		5,000원 × 10명 × 1회기 = 50,000원
	안녕은 영원한 헤어짐은 아니겠지요 (1회기)	식사비	484,000원	13,000원 × 16명(실무자/봉사자포함 금액) × 1회기 = 208,000원
		선물제작비		27,600원 × 10명 = 276,000원
	사업운영	사업자문	310,000원	130,000원 X 1명 X 2회기 = 260,000원(2시간 초과 기준)
		홍보지제작		홍보지제작 50,000원
	소 계		10,000,000원	
	총 계		10,000,000원	

7부 기대효과

번호	내 용
1	정부지원의 사각지대에 놓여있는 실질적 저소득 독거노인을 발굴하고 독거노인이 가지고 있는 문제에 대해 파악할 수 있다.
2	각종 프로그램 및 교육 지원을 통해 독거노인이 겪는 어려움 중 하나인 심리적 불안감 · 외로움을 해소하는데 기여하고 노인 스스로 역량을 개발하고 강화할 수 있다.
3	사업 참여를 통해 궁극적인 사업의 목적인 사회적 관계망 형성을 통해 삶의 만족도를 증가시킬 수 있다.

〈프로포절 작성 단계별 자가 점검 리스트〉

작성 단계	점검 내용	예/아니오
1. 문제 확인 및 분석(프로그램명/사업의 필요성)	프로그램명이 눈에 띄고 이해하기 쉬운 매력적인 이름인가?	
	사업의 필요성이 사회문제의 관점에서 다루어졌는가?	
	사회문제의 원인을 파악하는 인과적 분석이 이루어졌는가?	
	결여되거나 불충분한 사회복지 서비스 및 자원이 무엇인지 확인했는가?	
	논의하고 있는 사회복지 서비스 및 자원이 결여되거나 불충분하다는 증거자료를 충분하게 수집하고 제시했는가?	
	사회복지 서비스 및 자원의 결여와 불충분에 대한 원인이 무엇인지 탐색했는가?	
2. 대상자 선정	일반집단, 위험집단, 표적집단, 클라이언트집단의 체계가 타당하게 설정되어 있는가?	
	수행기관의 인력과 재정여건을 고려하여 클라이언트 집단을 선정하였는가?	
	공평한 선정과 애로발생시 대처할 수 있는 선정기준과 방법을 서술하였는가?	
3. 프로그램 목적과 목표	목적과 목표의 개념과 위계를 올바르게 이해하고 기술하였는가?	
	산출목표와 성과목표의 개념과 위계를 올바르게 이해하고 기술하였는가?	
	목표설정을 위한 SMART 원칙을 지켰는가?	
4. 프로그램의 기반 수립과 내용 설계	프로그램 내용을 구성하는 과정에서 각 활동 간의 영향관계를 설명하고, 프로그램과 성과의 인과관계를 설명할 수 있는 이론적 근거를 확인하고 적용하였는가?	
	문제해결을 위한 대안들이 타당성, 즉 목표를 달성하기 위한 효과성, 효율성, 적정성, 형평성을 고려하여 선택되었는가?	
	문제해결을 위한 대안들이 기술적, 경제적, 이용자확보, 윤리정치적 측면에서 실행가능한가?	
5. 세부 프로그램별 실행 계획	계획된 세부활동들이 왜 들어가야 하는지 고민하였는가?	
	누가, 언제 어디서, 무엇을, 어떻게 하는가에 대한 설명이 구체적으로 제시되어 있는가?	
	각 성과목표를 달성하기에 적절한 성과지표를 사용하였는가?	
	성과지표를 측정해낼 수 있는 타당한 자료원이 선정되었는가?	
	적절한 자료수집방법과 구체적 시기를 계획하였는가?	
	사업목표와 사업량에 비해 적절한 규모의 인력이 배치되었는가?	
	담당인력은 전문성이 갖추어져 있는가?	
	활동의 과정과 순서는 효과적인 진행이 가능하도록 구성되었는가?	
	세부시간계획표의 작성 시 누락된 활동은 없는가?	
	프로그램의 목표와 대상자 집단을 고려하여 홍보방법, 횟수, 활용매체를 기술하였는가?	
	프로그램의 목표 달성에 도움이 되는 지역자원을 파악하고 이를 어떻게 활용할 것인가를 구체적으로 기입하였는가?	
6. 예산수립	예산계획이 목표의 수준, 대상자의 규모, 인력규모, 활동내용의 범위와 양 등과 비교하여 합리적으로 일치하는가?	
	관항목의 구분이 혼동 없이 제대로 이루어졌는가?	
	산출근거가 구체적인가?	
	신청금액과 자부담의 비율은 적정한가?	

Chapter 12

사회복지 프로그램 개발 관련 쟁점과 동향

사회복지 프로그램은 기본적으로 사회문제의 해결이나 클라이언트집단이 가지고 있는 욕구충족을 돕는 일련의 활동이다. 빠르게 진행되는 사회체계의 변화는 복합적이고 다양한 문제를 양산하기 때문에 사회복지사에게는 이러한 사회문제 해결을 위해 효과적이고 효율적인 프로그램 개발이 필수적인 과제라고 할 수 있다. 본서에서는 이러한 프로그램 개발의 중요성에도 불구하고 재정적 한계로 인해 많은 사회복지 관련 기관들이 겪고 있는 문제해결의 하나의 방법이 외부의 재정지원처 발굴이고, 재정지원처 발굴에 있어 중요한 역량이 프로포절 작성이라는 것을 설명하였고, 성공적인 프로포절 작성법과 실제 외부기관의 배분사업 공모에 당선되어 사업을 실행한 사회복지기관들의 프로포절 실제를 제시하였다. 그렇다면 향후 보다 질 높은 사회복지 프로그램을 개발하기 위해서는 어떤 방향성을 지향해야 할까? 이 장에서는 프로그램 개발과 관련된 쟁점들을 살펴보기 위해 과거로부터 현재까지 진행된 사회체계의 변화를 살펴보고, 공식적인 모금단체인 사회복지공동모금회의 배분 동향을 분석해 봄으로써 향후 사회복지 프로그램 개발을 위한 방향성을 제언해 보기로 한다.

01 사회복지체계의 변화

사회복지체계의 변화를 살펴보기 위해서는 먼저 사회체계의 변화를 살펴보아야 한다. 왜냐하면 사회복지는 사회체계 변화로 인해 야기되는 다양한 사회문제의 개입을 위해 이루어지기 때문이다. 사회체계의 변화는 사회, 기술, 경제, 환경과 자원 및 정치 영역으로 구분하였으며, 구체적인 내용은 <표 III-1>과 같다.

표 III-1 사회체계의 변화와 사회문제 양상

구분	사회체계의 변화	사회문제 양상
사회	• 평균수명 80세 이상 시대(2010년대) • 급속한 고령화, 저출산, 다문화 사회 도래 • 핵가족, 다양한 가족 형태 • 양극화 및 갈등의 다양화 • 가치관, 라이프스타일의 변화	• 노인단독가구, 조손가구 증가로 인한 보호/요양 문제 증가 • 다문화 사회에 대한 준비 부족으로 복합문제 발생 • 우울, 자살, 학대, 사회적 외톨이 등 심리사회적 문제 증가 • 이혼, 가정폭력 등으로 인한 가족 해체 • 세대 차이 및 동성애 등 성소수자 문제
기술	• 인터넷, 스마트폰 사회기반 양호 • 인터넷 기반 산업 증가 및 정보활용의 생활화 • 의료 기술 · 시설 발전 • 로봇 활용 수발서비스 제공 • 과학기술의 융합화 · 가속화	• 인터넷 문맹(컴맹) • 게임 중독 • 사회적 관계망의 축소→비인간화의 가속 • 정보보호의 문제→보호받지 못하는 사생활 • 낙태, 인공수정 등 윤리적 문제 증가 • 신체적 심리적 장애발생률 증가
경제	• 선진국 진입단계→저성장 시대로 • 산업구조의 딜레마 • 베이비부머 은퇴 시기 • 다국적 노동력의 유입	• 사회복지비용 증가로 사회복지시스템의 위기 • 빈부의 양극화로 사회적 갈등 야기 • 청년실업, 노인일자리 문제 • 노년부양비 증가로 청년세대와 노인세대 간의 갈등초래 • 이주노동자의 인권문제
환경과 자원	• 기구온난화와 기후변화 • 환경 호르몬 섭취 증가 • 자원고갈의 가속화→ 녹색문명으로의 진입	• 파괴된 자연환경→생태환경보호의 문제 • 지진, 수해, 가뭄 등 자연재해 발생 증가 • 환경 호르몬으로 인한 암, 기형아 발생 • 웰빙 욕구 증가→건강권 의식
정치	• 국제사회가 다극화 체제로 변화(중국 부상, EU 확대) • 시민사회의 성숙→ 정치, 행정과정 참여 증대 • 북한문제의 국내화, 내부화	• 전쟁, 핵문제 등 다국간 협력 필요 증가 • 빈곤, 에이즈 등 저개발국가 문제 공조 • 통일이 되는 경우 북한 낙후시설 보수 및 인구 증가로 사회복지비용 증가 • 탈북민 적응문제

1) 사회 분야에서의 변화 및 사회문제 양상

1950년대 우리나라의 평균수명은 60세 미만이었으며, 전통적인 대가족 제도가 유지됨으로 인해 가족에 의한 사회복지가 주류가 되었다. 2010년 현재 평균수명은 80세 이상으로 급격하게 증가하였다. 이와 같은 급속한 고령화와 아울러 심각한 저출산 현상이 중요한 사회문제가 되고 있다. 또한 농어촌 등에서 노총각들이 외국의 젊은 여성들을 신부로 데려오는 국제결혼이 많이 증가하였고, 국제화로 인한 국제결혼도 지속적으로 증가 추세에 있다. 가족형태는 부부와 자녀로 구성된 핵가족화가 일반화되었으며, 나아가서 일인가구, 노인가구, 조손가구, 싱글맘·싱글대디, 동성부부 등 다양한 가족형태가 생겨났다. 장례식장, 장애인복지관, 원자력 폐기물 보관시설 설치 등에 대한 지역주민의 반대가 극심하여 사회적 갈등비용이 증가하고 있다. 또한 국제화 및 경제발전으로 인해 가치관 및 라이프스타일이 급격하게 변화되고 있다.

이와 관련된 사회문제 양상으로는 노인단독가구, 조손가구 증가로 인해 보호와 요양의 문제가 증가하게 되고, 급격하게 도래하는 다문화 사회에 대한 사회적 준비 부족으로 그동안 겪어보지 못했던 복합적인 문제가 발생하게 될 것이다. 가족형태의 변화 및 인간관계의 단절 등으로 인해 우울, 자살, 학대, 사회적 외톨이 등 심리사회적 문제가 증가되고, 이혼율의 증가 및 가정폭력 등으로 인해 가족해체가 심각한 사회문제가 될 것으로 보인다. 또한 급격한 가치관의 차이로 인한 세대 간 괴리도 더 늘어나고 동성애 등 성소수자 문제도 점점 사회 문제화될 것이다.

2) 기술분야에서의 변화 및 사회문제 양상

기술분야에서는 과거에는 정보통신 기술이 거의 발달되지 않았으며, 정보 검색 및 확보가 용이하지 않았다. 또한 의료 기술 및 시설이 부족하여 적절한 예방조치와 사전진단 및 수술을 받기가 쉽지 않았다. 그러나 최근에는 인터넷과 스마트폰 보급이 포화상태에 도달하였으며, 인터넷 기반의 산업비중이 증가하고 있고 정보

활용이 생활화되고 있다. 우리나라의 의료기술 및 시설 또한 비약적으로 발전하였고, 국민건강보험제도가 뿌리를 내려 국민건강을 뒷받침하고 있다. 로봇 기술이 발달하면서 생활전반에 로봇 활용이 늘어나고 있는데 선진국의 경우에는 수발 서비스에 로봇이 활용되기 시작하였다. 무엇보다도 과학기술의 융복합화가 가속되고 있는데 정보기술(IT : Information Technology)과 통신기술(CT : Communication Technology)이 융합되어 정보통신기술(ICT : Information Communication Technology)이 대세가 되었으며 가정용 전자제품, 자동차, 선박 등에도 정보통신기술이 사용되고 있다.

이와 관련된 사회문제 양상으로는 정보의 중요성과 활용성이 증대되어 인터넷 문맹이나 컴맹이 되면 생활에 어려움이 심각해진다. 반면에 PC나 스마트폰을 사용하는 시간이 증가하면서 게임에 중독되는 사람들이 늘어나고 있으며, 인간관계 또한 직접 대면하는 방식에서 스마트폰을 통한 채팅과 모임 활동이 증가하면서 비인간화되는 경향이 늘어나고 있다.

업체마다 고객관리를 위해 고객정보를 컴퓨터에 저장하고 있는 경우가 많이 있는데, 인터넷에 연결된 컴퓨터가 해킹되는 경우 고객정보가 유출되는 사례가 증가하고 있으며, 개인 기록에 대해서도 본인의 동의 없이 인터넷 유포되어 사생활이 보호받지 못하는 경우도 증가하고 있다. 산부인과 기술이 발달하면서 낙태나 인공수정이 용이하여 인간생명에 대한 존엄성과 관련한 윤리적 문제가 주요한 관심을 받고 있으며, 산업현장에서의 산업재해나 자동차 사고 등으로 인한 신체적 장애발생과 기술만능주의가 팽배하여 인간관계가 소홀해짐으로 인해 심리적 장애도 증가하고 있어 사회문제화되고 있다.

3) 경제분야에서의 변화 및 사회문제 양상

경제분야를 살펴보면, 우리나라는 1945년 일본 식민지가 종식되었고, 1950년 6.25 전쟁으로 인해 빈약한 산업시설마저 모두 폐허가 되었다. 아직 전통적인 농업사회에서 벗어나지 못하고 있었으며, 극심한 가난으로 봄철의 보릿고개를 넘기가 쉽지 않아 외국의 원조를 받는 나라의 위치에 서게 되었다. 그러나 현재 우리나라 경제는 선진국 진입단계에 들어섰으며, 자동차, 조선, 전자, IT 등 주요 분야에서 국제 경쟁력을 갖는 기술을 갖추고 산업사회로 변모하였다. 이제 우리나라는 세계 최초로 원조를 받던 나라에서 원조를 주는 나라로 탈바꿈하게 되었다. 그동안 고성장을 통해 경제발전을 이룩하였으나, 선진국 진입단계에 접어들면서 저성장 시대로 접어들고 있다. 이로 인해 국내에 있던 제조업 공장이 인건비가 저렴한 해외로 나가고 있으며, 해고가 용이한 비정규직 직업이 늘어나서 고용 불안정이 문제화되고 있다. 또한 6.25 전쟁이 끝나고 많은 자녀를 출산하여 베이비부머세대(1955~1963년 출생자)가 형성되었는데, 2010년 현재 720만여 명으로 전체 인구의 15%를 차지한다. 베이비부머세대는 자녀 양육과 부모 부양의 책임을 동시에 지고 있는 마지막 세대로서 정작 본인들은 고령화 시대에 직면하여 노후를 준비하지 못한 경우가 많은데, 2010년이 되면서 55세에 이르러 퇴직하는 시기가 도래하여 우리 사회에 많은 새로운 문제가 발생할 것으로 보인다. 우리나라가 고학력화되면서 저임금 직종 분야에 노동력이 부족하여 해외에서 노동력을 수입하고 있는데, 이주노동자에 대한 임금체불, 불평등한 대우 등이 발생하고 있다.

이와 관련한 사회문제 양상으로 점점 사회복지에 대한 요구가 증가함으로 인해 사회복지비용이 급속하게 증가하게 되면 재원 마련에 어려움이 발생하여 사회복지시스템이 위기에 처할 수 있다. 또한 빈부격차가 심화되면 사회적 갈등이 심화되고, 노후생활에서도 양극화가 발생할 수 있다. 저성장 경제구조에서 일자리 창출이 어려워 청년실업이 심각한 사회문제가 되었으며, 평균수명이 늘어나고 신체 건강이 좋아짐에 따라 노인일자리 수요도 증가하고 있다. 노인 인구비율의 증가로 인해 사회 구성원들, 특히 젊은 세대의 사회복지 비용부담이 증가함으로 인해 세대 간 갈등이 발생할 수 있다. 또한 가족해체 및 고령화로 인해 노인을 부양할 자식이 없거나, 자식 노인이 부모 노인을 돌봐야 하는 상황이 발생하고, 가족복지가 점차 붕괴되면서 국가의 사회복지 부담이 급속도로 증가하게 될 것이다. 국내 체류하는 이주노동자 숫자가 증가하면서 이들에 대한 인권문제도 중요성이 증대할 것으로 보인다.

4) 환경과 자원분야에서의 변화 및 사회문제 양상

환경과 자원분야를 살펴보면, 1950년대에는 산림자원이 극도로 황폐하였으며,

그 이후에는 산업화로 인해 자연환경의 오염이 심화되었다. 우리나라는 천연자원이 빈곤하여 경제발전을 위한 여건이 열악한 상황이었다. 2000년대에 접어들면서 파괴된 자연환경을 복구하는 노력을 기울이고 있으며, 생활수준이 향상됨으로 인해 삶의 질 개선을 위해 친환경적인 공간마련에 많은 노력을 기울이고 있다. 그러나 지구온난화에 따라 북극과 남극의 빙하가 녹아내리기 시작하고 있으며 기상이변이 속출하고 있다. 생활 가운데 플라스틱 용기 등 화학제품 사용이 늘어나면서 환경 호르몬 섭취가 늘어나고 있으며, 지구적 차원에서 산업발전으로 인해 석유자원의 고갈이 가속됨에 따라 대체 에너지 개발에 모든 나라가 적극적인 노력을 기울이고 있다.

이와 관련한 사회문제 양상으로 파괴된 자연환경을 복구하기 위해 산업발전과 생태계환경 보호가 상호 대립하는 문제가 발생하고 있으며, 기후이변으로 세계 곳곳에 지진, 수해, 가뭄 등 자연재해의 발생이 증가하고 있다. 환경 호르몬 섭취가 증가함으로 인해 과거와는 다르게 암, 기형아 발생이 늘어나고 있으며, 웰빙 욕구가 증가하여 건강권을 자각하고 주장하는 문제가 증가하고 있다.

5) 정치분야에서의 변화 및 사회문제 양상

정치분야를 살펴보면, 1960년대부터 독재정치로 인해 사회적인 극심한 혼란을 겪게 되었다. 국제적으로는 미국과 구소련의 냉전체제가 지속되었으나 구소련의 붕괴 이후에는 미국이 국제사회에서 단일 패권 체제를 구축하게 되었다. 그러나 미국 경제의 침체와 중국의 부상 및 EU의 확대로 말미암아 이제 국제사회는 다극화되는 시대로 나가고 있다. 우리나라는 1993년 김영삼 정권이 들어서면서 문민정부가 시작되었고 평화로운 정권교체가 이루어지면서, 시민사회의 성숙과 민주사회의 정착이 이루어졌다. 또한 북한의 핵개발에 단호하게 대처하는 한편, 북한과 협력방안도 모색하고 있으나 북한의 빈번한 도발과 체제유지의 불안감으로 인해 남북한 간에 긴장감은 지속되고 있다.

이와 관련한 사회문제 양상으로는 세계 각 지역에서 패권을 차지하기 위해 전쟁이 빈번해지고 있으며, 군비 확충 및 핵개발 경쟁이 발생할 수 있다. 이에 반해 저개발국가의 빈곤, 종족 및 종교간 내분, 에이즈 등의 문제에 대해 국제적으로 공조하고 협력하는 사례가 증가하고 있다. 우리나라의 남북통일 여건이 성숙되어 어느 날 남북통일이 되면 북한의 낙후시설을 보수하고, 북한 주민의 생활여건을 개선하기 위해 천문학적인 예산을 투입해야 하므로 기존에 실시되어 온 국내 사회복지예산을 감축해야 하는 경우가 발생할 수 있다. 또한 북한 체제의 불안정으로 인해 탈북민이 증가하고 있으며, 조선족 및 고려인들의 입국이 늘어나고 있어 이들의 국내 적응과 이들에 대한 처우 개선문제가 중요해질 것으로 예상된다.

02 사회복지공동모금회 배분현황 분석

앞에서 살펴본 바와 같이 사회복지체계를 둘러싸고 있는 사회체계의 변화가 급격하게 이루어졌고, 이로 인해 사회복지 개입의 내용 또한 다양하게 변화되어 왔다. 이러한 사회복지 개입의 변화를 살펴보기 위해 대표적인 사회복지기금 배분처인 사회복지공동모금회의 기금 배분현황을 분석해보기로 한다. 사회복지공동모금회는 국민의 성금으로 조성된 재원을 효율적이고 공정하게 배분·관리·운용하는 사회복지법인이다. 1998년 12월 연말연시 이웃돕기성금 모금 실시를 시작으로 1999년 3월 사회복지공동모금회법으로 법률이 개정된 이후로 중앙 및 18개 지회체제를 확립하고 매년 공식적인 모금활동을 벌이고 있다. 모금된 재원은 사회복지사업 및 기타 사회복지활동을 행하는 법인·기관·단체 및 시설(개인신고 시설 포함)이나 사회복지 서비스를 필요로 하는 개인을 대상으로 배분해오고 있다. 프로포절 신청서에서 명시하고 있는 사업대상별과 서비스내용별 지원현황을 살펴보면 다음과 같다.

1) 사업대상별 지원 금액 현황

모금회가 지원하는 사업대상은 크게 아동/청소년, 장애인, 노인, 여성/다문화, 지역사회 및 해외지원/기타의 6개 영역으로 구분할 수 있다. 2003년부터 2013년까지 11년 동안 모금회가 지원한 영역별 현황은 <표 III-2>와 같다.

표 III-2 사회공동모금회 사업대상별 지원 금액 현황[1] 단위(억 원/%)

구분		2003	2004	2005	2006	2007	2008	2009	2010	2011	2012	2013
아동 청소년	금액	212	201	264	295	430	498	612	582	681	841	951
	비율	17.8	13.8	14.9	16.1	19.3	19.9	21.1	17.0	21.3	24.1	24.2
장애인	금액	142	177	234	223	272	278	252	284	252	315	427
	비율	11.9	12.2	13.2	12.1	12.2	11.1	8.7	8.3	7.9	9.0	10.9
노인	금액	147	147	217	243	268	290	331	286	290	282	525
	비율	12.4	10.1	12.3	13.2	12.0	11.6	11.4	8.4	9.1	8.1	13.3
여성 다문화	금액	26	35	54	78	109	81	104	121	109	171	283
	비율	2.2	2.4	3.0	4.2	4.9	3.2	3.6	3.5	3.4	4.9	7.2
지역	금액	665	893	1,003	824	962	1,103	1,328	1,440	1,623	1,771	1,557
	비율	55.8	61.5	56.6	44.9	43.2	44.1	45.8	42.1	50.8	50.7	39.6
해외 기타	금액				175	190	253	274	709	239	114	192
	비율				9.5	8.5	10.1	9.4	20.7	7.5	3.3	4.9
총액		1,192	1,453	1,772	1,837	2,230	2,503	2,901	3,422	3,194	3,494	3,935

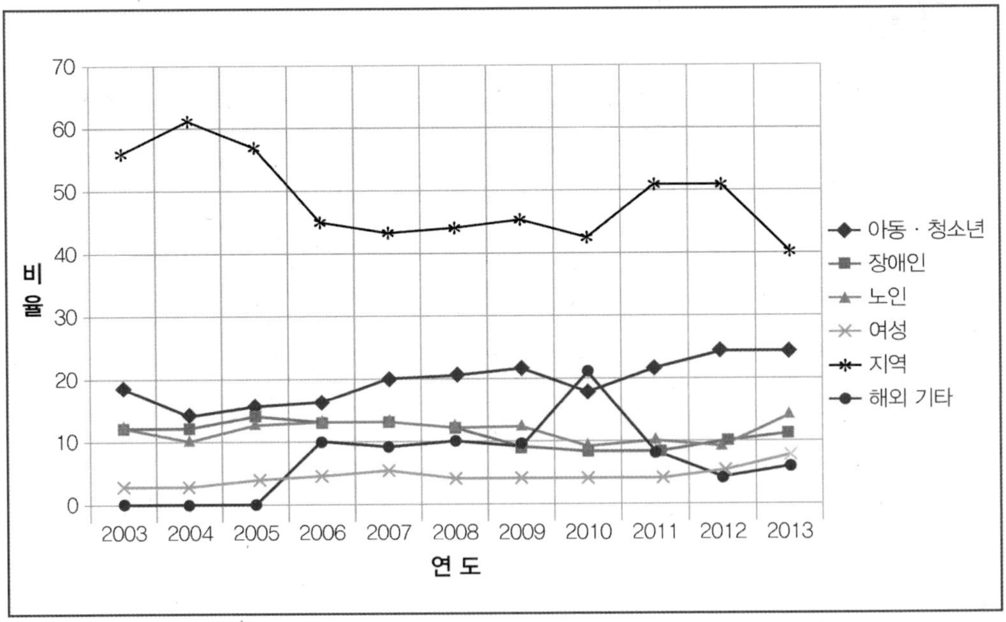

[그림 III-1] 사회복지공동모금회 사업대상별 배분금액 비율 변화

1) 사회복지공동모금회 홈페이지, 2003년도~2013년도 모금사업보고서에서 발췌한 내용을 재구성함.

총 배분액이 2003년에 1,192억 원이었던 것이 2012년에는 3,494억 원으로 약 3.4배 증가하였다. 2013년도의 경우 총 5,668억 원을 모금하여 이 중 3,935억 원을 배분하였으며, 총 배분액에서 차지하는 각 영역별 비율을 살펴보면 지역사회 영역이 가장 많고, 그 다음으로 아동/청소년, 노인, 장애인, 여성/다문화, 해외/기타의 순으로 나타났다. 지역사회 영역은 2005년까지는 해외지원 및 기타 항목을 포함하였으나, 2006년부터는 해외지원 및 기타항목이 늘어나 별도로 분류하면서 그 비율이 감소하였다. 아동/청소년 영역의 경우 기금사업 배분으로 인해 지속적으로 비율이 높아지고 있다.

최근에는 노인지원 영역이 장애인지원 영역을 앞지른 것으로 나타났는데, 이는 인구구조의 변화로 인한 노인인구의 비율이 높아졌기 때문이라 보인다. 여성/다문화 영역의 경우 2005년까지는 여성복지로 분류하였으나 2006년부터는 여성/가족으로 분류하고, 2012년부터는 여성/다문화로 재구분되었다. 이는 점차 증대되고 있는 가족복지의 필요성과 결혼이주여성이 많아짐으로 인한 다문화복지의 필요성 등이 반영된 결과라고 할 수 있다. 해외/기타 지원 영역의 비율이 2010년에 갑자기 상승한 이유는 아이티 지진으로 인한 피해복구를 위해 긴급지원사업비를 대량으로 지원했기 때문이다.

이상에서 살펴본 모금회의 배분사업 각 영역별 비율의 변화추이는 앞에서 살펴본 사회복지환경의 변화와 무관하지 않으며, 기업이나 비영리복지재단의 배분경향을 유추할 수 있다는 점에서 그 의의가 있다고 할 수 있다. 따라서 향후 사회복지 프로그램을 개발하고자 하는 사회복지사들은 모금회의 이와 같은 각 영역별 배분비율의 변화추이 반영하여야 할 것이다.

2) 서비스내용별 배분 현황[2)]

모금회의 배분사업을 서비스내용별로 살펴보면 ① 교육/훈련, ② 기초생활/생계/주거, ③ 보호/양육/안전, ④ 심리/정서/상담, ⑤ 여가/문화/예술, ⑥ 의료/건강, ⑦ 인식개선, ⑧ 편의/차별, ⑨ 지역사회역량, ⑩ 취업/자활, ⑪ 학대/폭력, ⑫ 자

2) 2013년도 지원사례집. 사회복지공동모금회 홈페이지.

원봉사, ⑬ 환경개선으로 구분되어 있다. 2013년도 배분현황을 사례로 살펴보면 다음과 같다.

(1) 아동/청소년

아동/청소년을 위한 지원 영역에서는 951억 원을 투입하여 총 14만 9,565건의 복지사업을 지원하였다. 이 중 교육/훈련이 32.7%로 가장 많았고, 기초생활/생계/주거 지원이 24.1%, 의료/건강지원이 16.1%, 여가/문화/예술 9.7%의 순이었다. 심리/정서/상담 지원은 3.5%로 나타나 청소년자살이나 우울 등의 문제가 심각함에도 불구하고 프로그램 개발은 비교적 낮은 것을 알 수 있다. 특히 학대/폭력은 0.6%, 편의/차별은 0.4%로 나타나 인권보호를 위한 프로그램 개발 지원이 확대되어야 함을 보여준다.

배분분야	지원금액(원)	지원금액 비율(%)	지원건수	기관(개소)
교육/훈련	31,055,608,053	32.7%	43,157	1,016
기초생활/생계/주거	22,931,298,393	24.1%	95,380	2,814
보호/양육/안전	6,410,904,760	6.7%	4,309	1,129
심리/정서/상담	3,314,992,700	3.5%	716	223
여가/문화/예술	9,237,606,812	9.7%	2,249	740
의료/건강	15,304,023,328	16.1%	2,674	182
인식개선	491,835,128	0.5%	39	23
편의/차별	371,415,450	0.4%	44	27
지역사회 역량	381,172,192	0.4%	82	41
취업/자활	154,017,020	0.2%	41	17
학대/폭력	606,380,000	0.6%	26	11
자원봉사	871,764,266	0.9%	31	29
환경개선	3,973,048,475	4.2%	817	741
합계	95,104,066,577	100.0%	149,565	6,993

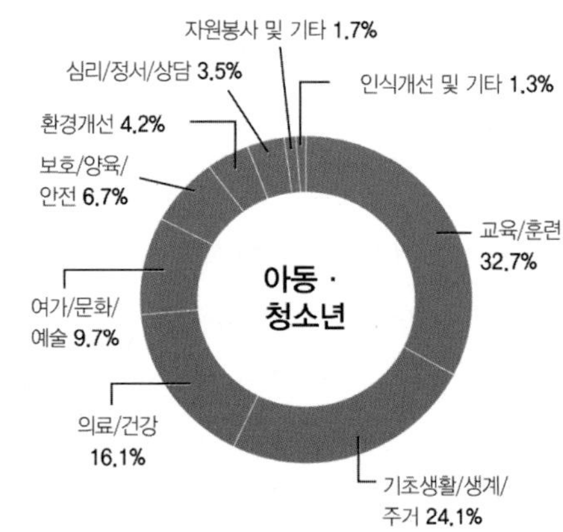

[그림 III-2] 아동/청소년 영역의 서비스 내용별 지원현황

(2) 장애인

장애인복지를 위한 지원은 427억 원의 예산이 12만 8,363건의 사업에 배분되었다. 이 중 기초생활/생계/주거가 36.7%로 가장 많았고, 환경개선 13.1%, 교육/훈련 12.9%, 의료/건강 9.4%, 여가문화/예술 9.3% 순으로 나타났다. 장애인의 경우, 이동권 확보를 위한 환경개선의 문제가 다른 대상자들에 비해 중요하게 지원되고 있는 것을 알 수 있다. 학대/폭력의 경우 지원건수가 단 2건만이 지원된 점은 최근 장애인시설에서의 성폭력이나 학대사례가 큰 이슈로 제기되고 있음에도 불구하고 장애인복지현장에서는 프로그램 개발을 위한 노력이 많이 부족한 현실을 엿볼 수 있다. 편의/차별의 경우는 5.0%로 비교적 장애인의 권익문제가 활발히 이루어지고 있는 점을 반영하고 있는 반면, 심리/정서/상담의 경우 3.0%로 낮게 나타나 향후 이 영역의 서비스 향상을 위한 프로그램 개발이 필요함을 알 수 있다.

배분분야	지원금액 (원)	지원금액 비율(%)	지원건수	기관 (개소)
교육/훈련	5,484,388,218	12.9%	2,688	384
기초생활/생계/주거	15,674,740,460	36.7%	117,303	1,482
보호/양육/안전	1,449,198,734	3.4%	1,220	180
심리/정서/상담	1,287,536,805	3.0%	292	158
여가/문화/예술	3,976,369,120	9.3%	2,654	507
의료/건강	3,998,375,232	9.4%	2,985	120
인식개선	1,084,546,513	2.5%	210	77
편의/차별	2,134,931,773	5.0%	144	107
지역사회 역량	803,779,043	1.9%	84	61
취업/자활	1,068,222,736	2.5%	123	92
학대/폭력	5,338,400	0.0%	2	2
자원봉사	122,966,282	0.3%	32	18
환경개선	5,570,866,365	13.1%	626	469
합계	42,661,259,681	100.0%	128,363	3,657

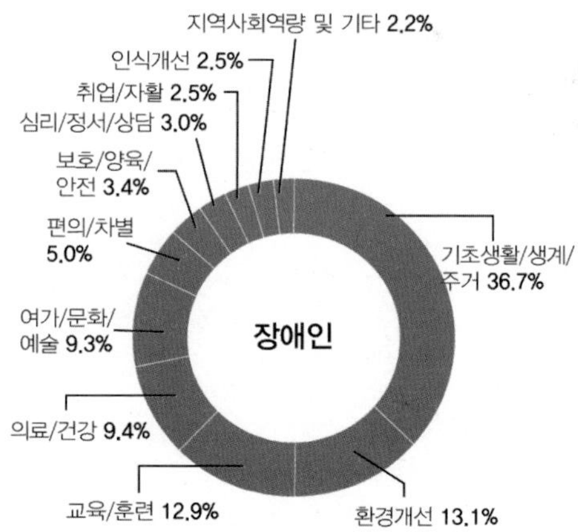

[그림 Ⅲ-3] 장애인 영역의 서비스 내용별 지원현황

(3) 노인

노인 영역 지원을 살펴보면 525억 원을 배정하여 24만 3,079건의 노인복지 관련 사업을 지원하였다. 이 중 64.3%가 노인의 기초생활/생계/주거 지원을 위해 배분된 것으로 나타나 노인빈곤율이 심각한 현실을 반영하고 있는 것을 알 수 있다. 또한 의료/건강이 15.7%로 다음을 차지하고 있어 노화로 인한 신체적 질병의 문제해결을 위한 개입이 많은 것을 보여준다. 주목할 만한 점은 취업/자활의 경우 2.5%로 상당히 낮은 비율을 차지하고 있는데, 이는 별도의 노인일자리사업을 시행하고 있는 현실을 감안한다 할지라도 사회복지기관들이 노인들의 소득창출욕구충족을 위한 프로그램 개발에 다소 소홀한 것을 알 수 있다. 심리/정서/상담의 경우 4.9%로 아동/청소년이나 장애인 영역에 비해 상대적으로 높은 것을 볼 수 있는데, 이는 고독이나 소외 등 심리 정서적 문제를 노인의 4고(苦)로 규정하고 대처하고자 하는 노인복지 흐름을 반영하고 있다고 할 수 있다.

배분분야	지원금액(원)	지원금액 비율(%)	지원건수	기관(개소)
교육/훈련	710,683,603	1.4%	494	86
기초생활/생계/주거	33,753,225,835	64.3%	233,027	7,434
보호/양육/안전	2,015,385,789	3.8%	824	470
심리/정서/상담	1,152,451,832	2.2%	313	187
여가/문화/예술	1,655,655,064	3.2%	887	414
의료/건강	8,268,364,731	15.7%	6,642	190
인식개선	308,644,054	0.6%	125	24
편의/차별	393,531,310	0.7%	66	57
지역사회 역량	448,548,972	0.9%	136	71
취업/자활	675,784,200	1.3%	24	17
학대/폭력	30,229,000	0.1%	4	3
자원봉사	315,134,641	0.6%	50	38
환경개선	2,793,886,117	5.3%	487	268
합계	52,521,525,148	100.0%	243,079	9,259

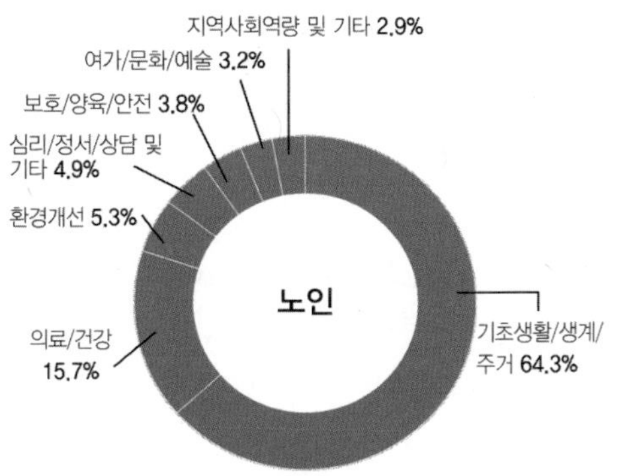

[그림 III-4] 노인 영역의 서비스 내용별 지원현황

(4) 여성/다문화

여성/다문화 영역은 283억 원의 예산을 배정하여 11만 1,907건의 사업을 지원하였다. 기초생활/생계/주거가 49.4%로 가장 많았으며, 그 다음이 의료·건강(16.0%), 교육/훈련(9.5%), 여가/문화/예술(7.1%)의 순이었다. 보호/양육/안전이 6.9%로 나타났는데, 이는 양육미혼모 가정이나 맞벌이 취업여성의 증가로 인한 보호의 문제 등에 대한 대안요구에 부응하고자 하는 노력의 일환이라고 볼 수 있다. 또한 다른 대상자 영역에 비해 인식개선이 3.1%로 높게 나타났는데, 이는 양성불평등의 문제나 다문화 가족에 대한 이해를 높이기 위한 프로그램 개발이 활발하게 확대되고 있는 것을 보여준다고 할 수 있다.

배분분야	지원금액(원)	지원금액 비율(%)	지원건수	기관(개소)
교육/훈련	2,701,709,636	9.5%	1,518	124
기초생활/생계/주거	14,000,774,637	49.4%	106,461	413
보호/양육/안전	1,951,282,283	6.9%	212	61
심리/정서/상담	711,568,094	2.5%	137	64
여가/문화/예술	2,011,708,435	7.1%	255	107
의료/건강	4,524,043,340	16.0%	3,004	32
인식개선	871,539,036	3.1%	59	28
편의/차별	131,064,049	0.5%	28	27
지역사회 역량	376,054,093	1.3%	35	16
취업/자활	480,312,315	1.7%	56	23
학대/폭력	48,966,820	0.2%	18	16
자원봉사	25,275,200	0.1%	10	4
환경개선	483,010,630	1.7%	114	48
합계	28,317,308,568	100.0%	111,907	963

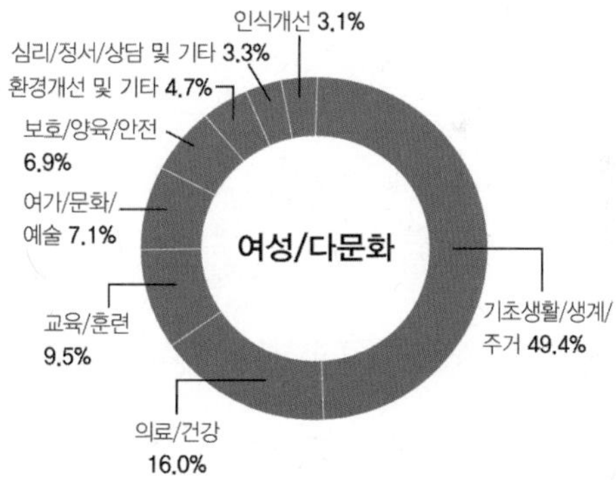

[그림 III-5] 여성/다문화 영역의 서비스 내용별 지원현황

(5) 지역사회

지역사회지원은 1,557억 원을 배정하여 2,495건의 사업을 진행하였다. 이 중 71.8%를 기초생활/생계/주거 사업에 배분하여 지역사회 내의 취약계층을 위해 중점적으로 쓰인 것을 알 수 있다. 다음으로는 지역사회역량사업이 6.2%를 차지하여 주민을 지역사회발전의 주역으로 성장하도록 돕는 역할을 한 것으로 나타났다. 그 다음으로는 치료/건강 5.1%, 취업/자활 4.4%, 환경개선 2.9%의 순이었다.

배분분야	지원금액 (원)	지원금액 비율(%)	지원건수	기관 (개소)
교육/훈련	3,772,489,014	2.4%	1,161	203
기초생활/생계/주거	111,692,478,546	71.8%	103,615	3,291
보호/양육/안전	1,256,240,145	0.8%	169	74
심리/정서/상담	684,744,455	0.4%	148	75
여가/문화/예술	4,344,737,603	2.8%	490	272
의료/건강	7,898,349,115	5.1%	4,477	130
인식개선	1,718,591,164	1.1%	54	26
편의/차별	627,875,279	0.4%	57	38
지역사회 역량	9,706,377,038	6.2%	358	205
취업/자활	6,898,597,792	4.4%	33	19
학대/폭력	86,129,000	0.1%	6	4
자원봉사	2,526,196,450	1.6%	1,526	73
환경개선	4,441,304,545	2.9%	401	277
합계	155,654,110,146	100.0%	112,495	4,687

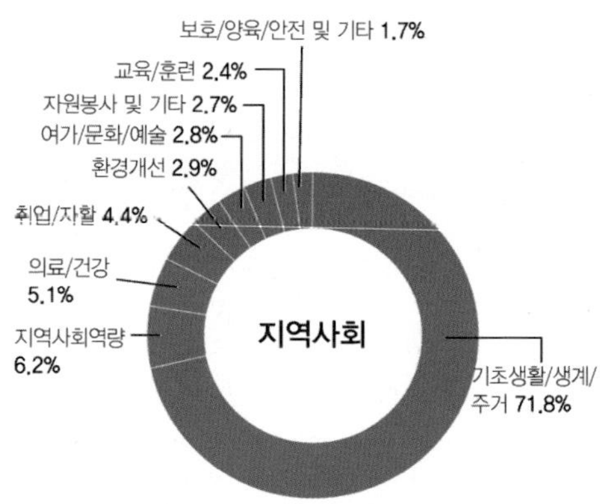

[그림 III-6] 지역사회 영역의 서비스 내용별 지원현황

(6) 해외지원/기타

192억 원, 179건의 해외복지사업을 지원하였다. 저개발국의 저소득 빈곤주민을 위한 기초생활/생계/주거 지원이 48.2%로 가장 높았으며, 의료/건강이 17.5%로 나타났다. 편의/차별이 8.3%로 나타났으며, 특히 환경개선의 경우 7.8%로 낙후된 보건환경을 개선하기 위한 위생개선 프로그램 등이 시행되었음을 짐작할 수 있다. 문맹퇴치, 직업훈련 등 교육/훈련을 위해 5.2%가 사용되었다.

배분분야	지원금액(원)	지원금액 비율(%)	지원건수	기관(개소)
교육/훈련	1,001,544,516	5.2%	23	20
기초생활/생계/주거	9,247,070,532	48.2%	80	34
보호/양육/안전	1,006,282,719	5.2%	10	8
심리/정서/상담	69,860,000	0.4%	1	1
여가/문화/예술	121,000,000	0.6%	2	2
의료/건강	3,371,455,323	17.5%	32	22
인식개선	6,820,000	0.0%	1	1
편의/차별	1,602,021,610	8.3%	0	0
지역사회 역량	781,594,369	4.1%	7	4
취업/자활	350,000,000	1.8%	3	1
학대/폭력	-	0.0%	0	0
자원봉사	155,440,858	0.8%	3	3
환경개선	1,491,314,149	7.8%	17	11
합계	19,214,404,076	100.0%	179	107

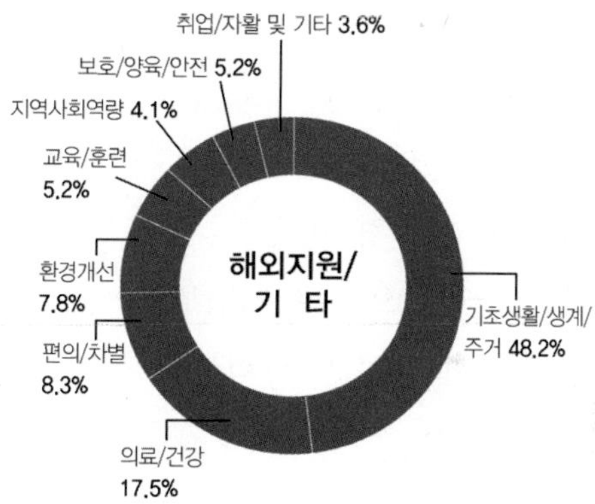

[그림 III-7] 해외지원/기타 영역의 서비스 내용별 지원현황

이상에서 살펴본 바를 정리하면 다음과 같다. 모금회의 배분사업은 첫째, 모든 영역에서 기초생활/생계/주거 지원 중심으로 이루어지고 있다. 둘째, 자원봉사의 경우 지역사회 1.6%를 제외하고는 모든 영역에서 최대 0.5% 이하의 수준이다. 이는 생산적 복지 패러다임을 구축할 수 있는 자원봉사 영역의 확대를 위한 프로그램 개발이 보다 적극적으로 이루어져야 할 필요성이 있음을 보여준다. 셋째, 학대/폭력, 편의/차별, 인식개선 등 서비스 대상자들의 인권과 관련된 배분비율이 상대적으로 낮다. 기존에 수혜자라는 의미의 클라이언트로 불리던 서비스 이용자들의 권리의식이 갈수록 높아질 것으로 예측되는 바, 이 영역에서의 프로그램 개발은 자연적으로 확대될 것으로 보인다.

03 향후 사회복지 프로그램 개발을 위한 방향성 제언

외부 재정지원을 확보해야 하는 사회복지사는 미래 사회복지 프로그램 개발을 위해 다음의 몇 가지 사항을 유의하여 준비할 필요가 있다. 첫째, 생태체계론적 관점에서 문제를 파악하기 위해 사회복지환경의 변화에 민감해야 한다. 사회복지 환경은 우리의 사회환경에 직접적인 영향을 받는다, 그러므로 사회문제와 사회발전 추세에 관심을 가지고 관련 정보를 지속적으로 확보해야 하며, 예상되는 사회문제와 향후 나아갈 방향에 대한 정보역량과 예측능력을 키워나가야 한다.

둘째, 사회환경 변화로 인해 초래되는 복합직이고 다양한 문제해결을 위해서 창의적인 시각으로 개입방법을 모색해야 한다. 우리 사회의 변화는 예전에 경험해보지 못한 새로운 사회문제를 만들어 내고 있으며, 그에 대한 사회복지적 문제 및 대응 또한 경험해보지 못한 새로운 차원의 개입 방안을 요구하고 있다. 창의적이고 적극적인 자세로 도전하면서 새로운 기회를 포착하도록 노력해야 한다.

셋째, 정부에서 제공하는 한정된 예산의 범위에 국한하지 않고 마음껏 프로그램을 개발하여 활용하기 위해서는 지속적으로 재정지원처를 발굴해야 한다. 사회복지의 중요성에 대한 인식이 확산되면서 기업 및 기관들에서 사회복지사업에 참여하는 경향이 증가하고 있다. 따라서 다양한 기업과 단체에서 시행하는 사회복지기금에 대한 정보를 확보하면 프로그램을 개발하고 실행할 수 있는 가능성이 더 많아 질 수 있다.

넷째, 재정지원자에 대한 이해가 있어야 한다. 기업 및 기관별로 사회복지사업에 참여하는 동기와 목적이 다양하다. 프로그램 개발의 목적이 재정지원자가 추구하는 방향을 일부 충족할 수 있어야 한다. 재정지원자와 사회복지 수혜자가 상호 이익을 추구하는 방향으로 프로그램을 개발하는 능력과 안목을 배양하는 노력이 요구된다.

다섯째, 무엇보다 프로포절을 숙련되게 작성할 수 있는 능력을 구비해야 한다.

프로그램의 목적과 내용이 좋다고 하더라도 이를 충분히 표현하지 못하여 재정지원자에게 그 의미가 전달되지 못하면 재정지원을 받기가 어렵게 된다. 따라서 프로포절 작성능력에 대해서는 아무리 강조해조 지나치지 않으므로 실무를 통해서 프로포절 작성 경험을 많이 쌓고, 기회가 된다면 전문적인 훈련을 받을 필요가 있다.

이와 더불어 미래 사회복지 프로그램 개발을 대비하면서 실무 차원에서 지금부터 가져야 할 업무태도와 자세를 제시하면 다음과 같다. 첫째, 다양한 사회문제 영역에 도전하고 실무에서 다양한 사회복지문제를 다루어 봐야 한다. 사회가 다양화하면서 사회복지 대상 및 문제 영역도 다양화하고 있다. 실무에서 다양한 사회복지사업에 도전하다 보면 다양한 사회문제에 대응할 수 있는 창의력이 개발되고 능력이 배양된다.

둘째, 변화의 프레임을 만들어 나가야 한다. 프레임은 창문이나 액자의 틀 또는 안경테를 말하는데, 여기서는 세상을 관찰하는데 사용되는 특정한 관점을 의미한다. 사회문제의 성격이 복합적이고 다양하게 변화되었으며, 이전에 경험해보지 못했던 많은 사회문제가 생겨나고 있다. 급격하고 끊임없는 사회변화는 이제 현대 사회의 특징이고 추세이다. 변화를 긍정적으로 받아들이고 적응하고 즐기는 자세를 가져야 한다.

셋째, 현재도 중요하지만 미래 예측과 준비도 중요하다. 우리 사회의 변화속도가 빠르고 사회문제 영역이 다양화되면서 미래를 예측하고 미리 준비하지 않으면 향후 업무수행에서 뒤쳐질 수도 있다. 또한 세계가 국제화되면서 한층 가까워졌고, 인터넷과 스마트폰을 통해 국제문제가 바로 우리의 관심과 관여의 대상이 되고 있다. 우리 사회의 나가는 방향을 꾸준히 예측하면서 사회복지사업은 어느 방향으로 나가고 있는지 관심을 가지고 준비해야 한다.

넷째, 혼자가 아닌 함께 하는 개입을 모색해야 한다. 경력이 늘어날수록 담당해야 하는 프로젝트가 대형화하고 복합화되는 경향이 있다. 규모가 작은 프로젝트는 혼자 또는 소수가 함께 수행하므로 협업 필요성이 크지 않으나, 대형 프로젝트 또는 복합된 문제에 개입해야 하는 경우에는 타 분야의 사람들과 협업을 통해 개입해야 한다.

다섯째, 기존의 개입방법을 고집하지 않아야 한다. 새로운 문제에 대해서는 새로운 개입방법을 모색할 필요가 있다. 변화된 사회환경과 새로운 사회문제에 대해 기존의 개입방법으로 접근하는 경우 기대의 성과를 만들기가 어렵다. 새로운 문제를 심도 있게 분석한 다음 기존의 문제와 다른 점이 무엇인지 파악하고, 그에 맞는 새로운 개입방법을 강구해야 한다.

PART 부록

부록

사회복지공동모금회 성과측정 척도집(2018) 축약본

■ 자아개념 및 개인 인식과 태도(8가지)

구분	척도명	설명
성인/ 자기효능감	자기효능감 척도 (GSE:The General Self-efficacy Scale)	• 주어진 환경 속에서 할 수 있다는 자신의 능력을 믿는 정도를 측정하기 위한 것임 • 총 10문항으로 구성됨 • 본 척도는 Jerusalem & Schwarzer가 독일에서 만들어 30개국 언어로 번역된 GSE(The General Self-efficacy Scale) 영문판 척도를 고광신(2011)이 번안하여 사용함 • 신뢰도(cronbach α) : 0.92 • 4점 리커트 척도(1점: 전혀 그렇지 않다 ~ 4점: 매우 그렇다) 점수가 높을수록 자기효능감 정도가 높은 것으로 해석
청소년/ 자아존중감	자아존중감 척도 (Self-Esteem Scale)	• 초등학생이나 중학생이 사회, 가정, 학교 등에서 느끼는 자신에 대한 존중이 어느 정도인지 측정하기 위한 것임 • 전체 32문항으로 총체적 자아존중감, 사회적 자아존중감, 가정에서의 자아존중감, 학교에서의 자아존중감 등 4개 하위 개념으로 구성됨 – 총체적 자아존중감(global self-esteem)(6문항): 자기 자신에 대한 일반적 평가이며 아동 자신의 모든 부분에 대한 전반적 평가에 근거 – 사회적 자아존중감(social-peer self-esteem)(9문항): 다른 사람에 대한 친구로서, 자기 자신에 대해 느끼는 감정을 포함 – 가정에서의 자아존중감(home-parents self-esteem)(9문항): – 학교에서의 자아존중감(school-academic self-esteem)(8문항): 학업적 평가는 물론 학교생활에서 자신이 느끼는 유능함을 포함, 즉 학생으로서 자신에 대한 평가 • Coopersmith(1967)와 Pope 등(1988)의 연구를 참조하여 최보가와 전귀연(1993)이 우리나라 아동의 자아존중감을 측정할 수 있는 도구를 개발했고, 김지연(1999), 김영진(2009)이 활용함 • 신뢰도(cronbach α) : 김영진(2009)의 연구에서 0.949로 나타남 • 5점 리커트 척도(1점: 전혀 그렇지 않다 ~ 5점: 정말로 내 경우와 같다) 점수가 높을수록 자아존중감이 높다고 해석

구분	척도명	설명
성인(아동청소년도 사용 가능)/ 자아존중감	자아존중감 척도 (Self-Esteem Scale)	• 성인 또는 아동 · 청소년의 자아존중감 수준을 측정하기 위한 척도임 • 자아존중감 척도는 총 10문항으로 이루어짐 • 본 척도는 Rosenberg(1979)가 개발한 척도로서 오랫동안 많은 연구에서 활용됐으며, 국내에서는 이상균(1999), 오승환(2001) 등의 연구에서 사용됨 • 신뢰도(cronbach α) : 오승환(2001)의 연구에서 0.76으로 나타남 • 4점 리커트 척도(1점: 매우 그렇지 않다 ~ 4점: 매우 그렇다) 점수가 높을수록 자아존중감이 높다고 해석
노인/ 자아통합감	자아통합감 척도	• 노인들이 느끼는 자아통합감을 측정하기 위한 것임 • 총 31개 문항으로 구성되었고 현재 생활에 대한 만족, 지혜로운 삶, 삶에 대한 태도, 지나온 일생에 대한 수용, 노령에 대한 수용, 죽음에 대한 수용 등 6개 하위 개념으로 구성됨 • 본 척도는 김정순(1988)이 개발하고 박형규(2009)가 활용한 척도를 정남기(2016)가 사용함 • 신뢰도(cronbach α) : 0.93 • 5점 리커트 척도(1점: 전혀 그렇지 않다 ~ 5점: 매우 그렇다) 점수가 높을수록 자아통합감이 높다고 해석
성인/ 성역할태도	성역할태도 척도	• 평소 본인이나 배우자가 가지고 있는 성역할에 관한 자세, 태도를 측정하기 위한 것임 • 성역할태도 척도는 총 7개 문항임 • 본 척도는 Mason & Bumpass(1970)의 척도와 Osmond & Martin(1975)의 척도를 기초로 이선미(1995)가 작성한 척도를 김오남(2006)이 사용함 • 신뢰도(cronbach α) : 0.82 • 5점 리커트 척도(1점: 전혀 그렇지 않다 ~ 5점: 매우 그렇다) • 설문 응답자 본인의 생각과 배우자의 생각을 모두 조사할 수 있음 • 점수가 높을수록 전통적이고 보수적인 성역할 태도를 가지고 있다고 해석
성인/ 삶의 만족	삶의 만족도 척도	• 의식주와 같은 기본적인 영역부터 삶의 철학에 이르는 추상적인 영역까지 10개 영역에 걸쳐 삶의 만족을 포괄적으로 측정하기 위한 것임 – 의식주 영역(5문항) / – 친구관계 영역(4문항) / – 가족 및 친척 관계 영역(3문항) / – 신체 및 정신건강 영역(5문항) / – 일(직업) 영역(2문항) / – 경제 영역(2문항) /– 대인관계 영역(2문항) / – 사회생활 및 여가활동 영역(4문항) / – 행복감 영역(3문항) / – 자율성 및 자아감 영역(3문항) • 본 척도는 양옥경(1994)이 개발하고 소개함 • 신뢰도(cronbach α) : 1차 검사 0.914, 2차 검사 0.932, 검사-재검사 간 상관계수 0.956 • 5점 리커트 척도(1점: 거의 혹은 전혀 그렇지 않다 ~ 5점: 거의 혹은 항상 그렇다) 점수가 높을수록 삶의 만족도가 높은 것으로 해석
노인/ 생활 만족	생활 만족도 척도 (Life Satisfaction Index: LSI-A)	• 노인이 느끼는 생에 대한 전반적인 만족도를 측정하기 위한 것임 • 생활 만족도 척도는 총 18개 문항으로 구성됨 • 본 척도는 Neugarten 등(1961)이 20문항으로 처음 개발한 척도를 최윤진(2009)이 18개 문항, 5점 리커트 척도로 재구성했고, 이것을 김용길(2013)이 사용함 • 신뢰도(cronbach α) : 0.923 • 5점 리커트 척도(1점: 전혀 그렇지 않다 ~ 5점: 매우 그렇다) 점수가 높을수록 생활만족도가 높은 것으로 해석

구분	척도명	설명
노인/ 생활 만족	노인 생활 만족도 척도 (Life Satisfaction Scale for Elderly)	• 노인이 삶의 전반적인 영역에 대해 느끼는 만족도를 측정하는 척도로서 객관적 조건에서 노인 개개인이 가지는 사회활동과 참여를 통하여 얻게 되는 경제적, 사회적, 심리적으로 개인이 느끼는 주관적 만족감을 측정하기 위한 것임 • 총 20개 문항으로 과거차원(6문항), 현재차원(8문항), 미래차원(6문항) 등 3개의 하위 개념으로 구성 • 최성재(1986)가 개발한 노인 생활만족도 척도를 최혜지 · 이영분(2006)이 검증하고 강은경(2013)이 연구에서 활용 • 신뢰도(cronbach α) : 0.858 • 3점 리커트 척도(0점: 그렇지 않다 ~ 2점: 그렇다) 점수가 높을수록 지나온 인생과 현재 및 미래의 생활에 만족하는 것으로 해석

■ 건강(14가지)

구분	척도명	설명
성인/ 스트레스	스트레스 척도 (한국판 GARS : Global Assessment of Recent Stress)	• 한국판은 최근 일주일간의 스트레스 지각을 측정하기 위한 것임 • 스트레스 척도: 한국판은 총 8문항으로 각 문항은 업무, 대인관계, 대인관계 변화, 병이나 상해, 금전적 문제, 범죄와 재해 등 사고, 일상생활 변화와 무변화, 일주일간 전반적 스트레스 등으로 구성됨 • 본 척도는 Linn(1985)이 개발하고, 고경봉 · 박중규(2000)에 의해 신뢰도와 타당도가 검증된 것을 박웅섭(2010)이 사용함 • 신뢰도(cronbach α) : 박웅섭(2010)의 연구에서 0.86 • 10점 리커트 척도(1점: 없다 ~ 10점: 극도로 심하다) 점수가 높을수록 스트레스 정도가 심하다고 해석
성인/ 스트레스	스트레스 척도	• 특별한 사건보다는 개인이 주관적으로 느끼는 일상의 스트레스를 측정하기 위한 것임 • 스트레스 척도는 총 25문항으로 구성됨 • 본 척도는 Abell(1991)이 개발한 ICS(Index of Clinical Stress)를 김희진(2013)이 사용함 • 신뢰도(cronbach α) : 0.981 • 5점 리커트 척도(1점: 전혀 없음 ~ 5점: 항상 있음) 점수가 높을수록 스트레스가 높다고 해석
성인/ 경제적 스트레스	경제적 스트레스 척도	• 일상생활에서 경험하는 경제적 스트레스 정도를 측정하기 위한 것임 • 경제적 스트레스 척도는 총 9문항으로 구성됨 • 본 척도는 Lempers 등(1989)과 김영희(1996)가 사용한 질문 문항을 참고하여 어주경(1998)이 개발한 척도를 남희수(2009)가 사용함 • 신뢰도(cronbach α) : 0.86 • 5점 리커트 척도(1점: 전혀 그렇지 않다 ~ 5점: 항상 그렇다) 점수가 높을수록 경제적 스트레스 정도가 높다고 해석

구분	척도명	설명
청소년/ 경제적 스트레스	경제적 스트레스 척도	• 주거비, 의복비, 각종 공과금, 교통비, 식료품비, 의료비, 취미 및 오락 활동비, 교육비 등 8가지 항목에 필요한 수입을 가지고 있는지를 측정하여 경제적 스트레스 정도를 알아보기 위한 것임 • 경제적 스트레스 척도는 총 8문항으로 구성됨 • 본 척도는 Conger 등(1992)이 개발하고, Simons 등(1993)의 연구에서 사용된 척도를 오승환(2001)이 번안, 수정해서 사용함 • 신뢰도(cronbach α) : 0.95 • 4점 리커트 척도(1점: 매우 충분하다 ~ 4점: 매우 부족하다) 점수가 높을수록 경제적 스트레스 정도가 높다고 해석
노인/ 무망감	한국어판 Beck의 무망감 척도	• 개인의 부정적 미래 기대를 측정하기 위한 것임 • 한국어판 Beck의 무망감 척도는 총 20개 문항으로 11개는 부정적(무망감을 나타내는) 문항, 9개 문항은 긍정적(희망감을 나타내는) 문항으로 구성됨 • 본 척도는 Beck 등(1974)이 개발한 Beck의 무망감 척도(Beck Hopelessness Scale: BHS)를 이영호(1993)가 신뢰도와 타당도를 검증했고, 이경순(2012)이 연구에서 활용함 • 신뢰도(cronbach α) : 이경순(2012)의 연구에서 0.88 • 예(0점), 아니오(1점)로 측정 • 점수 합계에 따라서 아래와 같이 해석 – 0~3점: 정상범위 – 4~8점: 경도의 무망감 – 9~14점: 중등도 무망감 – 15점 이상: 중도 무망감
성인/ 우울	우울 척도 (Beck Depression Inventory)	• 성인의 우울 정도를 측정하는 척도로서 국내외 많은 연구에서 사용됨 • 우울 척도는 총 21문항으로 우울증의 인지적, 정서적, 동기적, 신체적 증상 영역을 측정함 • 본 척도는 Beck(1967; 1978)이 개발하고, 이영호(1993)가 번안한 척도를 송향주(2012), 최은정(2014)이 사용함 • 신뢰도(cronbach α) : 최은정(2014) 0.944 • 자기보고식으로 각 문항에는 (0), (1), (2), (3)점이 배당된 4문장이 있음. 응답자는 각 문항의 4문장 중 자신과 지난주에 가장 일치하는 문장을 하나씩 선택함 • 합계 점수에 따라서 아래와 같이 해석 – 0~9점: 우울하지 않은 상태 – 10~15점: 가벼운 우울상태 – 16~23점: 중간 정도의 우울상태 – 24~63점: 심각한 우울상태
노인/ 우울	한국판 단축형 노인 우울 척도 (Geriatric Depression Scale Short Form Korea Version: GDSSF-K)	• 노인 우울을 측정하기 위한 것임 • 한국판 단축형 노인 우울 척도는 총 15문항임 • 본 척도는 Sheikh & Yesavage(1986)가 개발한 Geriatric Depression Scale Short Form을 기백석(1996)이 우리나라 노인에게 맞도록 수정한 한국판 단축형 노인 우울 척도(Geriatric Depression Scale Short Form Korea Version: GDSSF-K)를 박선애(2016)가 사용함 • 신뢰도(cronbach α) : 0.878 • 예(1점), 아니오(0점)으로 응답 점수가 높을수록 우울 정도가 높은 것으로 해석

구분	척도명	설명
아동청소년/ 우울	아동청소년 우울 척도	• 8세~17세에 해당하는 아동이나 청소년이 느끼는 우울을 측정하기 위한 것임 • 아동청소년 우울 척도는 총 7문항으로 우울감을 내적 우울감 3문항과 외적 우울감 4개 문항으로 구분함 • 본 척도는 Kovacs(1981)가 구성한 아동용 우울 척도(Children's Depression Inventory, CDI)를 한유진(1993)이 번역하여 사용했고, 이것을 김태형(2013)이 재사용한 척도를 성두현(2015)이 다시 사용함 • 신뢰도(cronbach α) : 내적 우울감 0.620, 외적 우울감 0.674 • 자기보고식으로 각 문항에는 (1), (2), (3)점이 배당된 3문장이 있음. 응답자는 각 문항의 3문장 중 자신과 지난 2주간 가장 일치하는 문장을 하나씩 선택함 점수가 높을수록 우울 정도가 높은 것으로 해석
청소년/ 자살 생각	청소년 자살 생각 척도	• 청소년의 자살 생각의 정도를 측정하기 위한 것임 • 청소년 자살 생각 척도는 총 4문항으로 구성됨 • 본 척도는 W. M. Reynolds(1987)이 개발한 Suicidal Ideation Questionnaire(SIQ)의 도구를 신민섭(1992)이 번역하여 사용했고, 이것을 성두현(2015)이 수정하여 사용함 – 원척도와 신민섭(1992)의 척도는 총 31개 문항이지만 성두현(2015)은 검증(탐색적, 확인적 요인분석)을 거쳐 4문항으로 재구성함 • 신뢰도(cronbach α) : 0.979 • 7점 리커트 척도(0점: 전혀 없다 ~ 6점: 매일) 점수가 높을수록 자살 생각이 자주 일어나는 것으로 해석
성인(청소년 가능)/ 정신건강	한국판 일반정신건강 척도 (KGHQ-30)	• 정신건강수준을 측정한 후 문제성이 높은 응답자들을 가려내어 관련 치료기관으로 연계하는 등 적절한 정신건강 서비스를 제공할 수 있도록 돕기 위한 척도임 • 본 척도(신선인, 2001)는 비정신의료전문가를 위한 정신건강 척도로 널리 쓰이는 GHQ(General Health Questionnaire)를 한국판으로 표준화하여 개발한 것임 – 신선인(2001)의 연구에서는 KGHQ-20(20개 문항)의 하위요인이 아래와 같이 4가지로 분류됨 · 불안요인(5문항) / · 우울요인(5문항) / · 사회적 부적응(9문항)/ · 외출빈도(1문항) • 신뢰도(cronbach α) : 0.85 • 점수가 높을수록 정신건강수준이 낮음을 의미함
일반/ 신체건강행동	신체건강행동 측정 척도 (Physical Health Behavior Scale)	• 사회복지실천 현장에서 보편적 서비스를 이용하는 일반 클라이언트의 일상생활에서의 신체건강행동을 측정하기 위한 것임 • 증진행동 척도(21문항) – 7요인(질병관리 3, 구강관리 3, 신체활동 4, 위생관리 4, 건강음식섭취 3, 수면관리 2, 식습관 2) / 저해행동척도(19문항) – 5요인(흡연 2, 저해음식섭취 6, 음주 3, IT기기사용 6, 저해식습관 2) • 본 척도는 양옥경 · 김학령(2015)이 개발함 • 신뢰도(cronbach α) : 0.86 • 5점 리커트 척도(1점: 전혀 아니다 ~ 5점: 매우 그렇다) 점수가 높을수록 신체건강행동이 높다고 해석

구분	척도명	설명
성인(아동청소년가능)/음주심각성	음주심각성 척도 (Family CAGE)	• 가족구성원의 알코올중독 문제의 심각성을 선별하기 위한 척도임 • 음주심각성 척도는 총 4문항으로 구성됨 • 본 척도는 배우자의 음주문제 수준을 측정하기 위해 Frank 등(1992)이 개발한 척도를 류지수(2012)가 사용했고, 이것을 이창원(2015)이 가족 수준에서 음주자의 음주문제를 선별할 수 있도록 수정하여 사용함 • 신뢰도(cronbach α) : 0.633 • 3점 리커트 척도(1점: 전혀 그렇지 않다 ~ 3점: 자주 그렇다) 점수가 높을수록 가족구성원의 음주문제가 심각하다고 해석
청소년/도박중독	한국판 청소년 도박중독 진단 척도 (K-DSM-Ⅳ-MR-J)	• 청소년의 도박 중독 수준을 측정하기 위한 것임 • 한국판 청소년 도박중독 진단 척도는 총 12문항, 1개 요인으로 구성되었고 각 문항은 다음과 같은 범주를 측정함(집착, 조절 실패, 회피/도피/탈출, 거짓말, 위법행위, 직업/교육/대인관계의 위태로움, 금단, 손실 추적, 내성 • 본 척도는 Fisher(2000)가 개발한 청소년 도박중독 진단 척도(DSM-Ⅳ-Multiple Response-Juvenile)를 김예나 등(2016)이 번안하고 검증함 • 신뢰도(cronbach α) : 0.727~0.791 • 측정방법에 따른 점수를 계산하고 아래와 같이 해석 – 0점: 비문제성 도박 상태 – 1~3점: 위험성 도박 상태 – 4점 이상: 문제성 도박 상태
성인/스마트폰중독	성인용 스마트폰 중독 척도	• 성인의 스마트폰 중독 수준을 측정하기 위한 것임 • 성인용 스마트폰 중독 척도는 총 18문항으로 현저성(3문항), 기분전환(3문항), 갈등(3문항), 내성(3문항), 금단(3문항), 재발(3문항) 등 6개의 하위 개념으로 구성됨 • 본 척도는 김교헌 등(2016)이 한국 성인에게 적용 가능하도록 개발함 • 신뢰도(cronbach α) : 0.894 • 4점 리커트 척도(0점: 전혀 그렇지 않다 ~ 3점: 매우 그렇다) 점수가 높을수록 스마트폰 중독성이 높은 것으로 해석

■ 사회적 기능(14가지)

구분	척도명	설명
성인/문제해결능력	문제해결능력 척도 (Problem-Solving Inventory: PSI)	• 문제해결 행동과 태도에 대한 응답자의 지각을 사정하기 위한 척도로서, 문제를 해결하는 태도와 행동에 대해 어떤 인식을 가지고 있는지를 측정하는 척도임 • 문제해결능력 척도는 총 20문항으로, 문제해결에 대한 확신, 문제에 직면하거나 회피하는 형태, 문제해결에 대한 자신의 정서적 통제에 대한 문항들로 구성 • 문제해결능력 척도는 Heppner & Petersen(1982)이 개발한 원척도를 김은희(1994)가 번안 후, 박은숙(2014)이 수정하여 활용 • 신뢰도(cronbach α): 0.938 • 5점 리커트 척도 (1점: 전혀 그렇지 않다 ~ 5점: 매우 그렇다) 문항 총점이 높을수록 문제해결능력 수준이 높다고 해석
아동/사회성	사회성 척도	• 사회성 수준을 측정하기 위한 척도임

구분	척도명	설명
	(Sociality Scale)	• 사회성 척도는 총 40문항의 5개 하위영역으로 구성: 근면성(8개), 책임감(8개), 협동성(8개), 준법성(8개), 자주성(8개) • 사회성이란 한 개인이 주어진 환경과 상호작용하면서 균형과 조화를 유지하는데 필요한 생활 적응 요소들로 구성되어 있는 구체적인 행동기술을 의미 • 본 척도는 김학수 · 이윤수(1975)가 만든 척도를 오경준(2000)이 수정하였고 정명숙(2009)이 사용 • 신뢰도(cronbach α): 0.78 • 4점 리커트 척도(1점: 전혀 그렇지 않다 ~ 4점: 정말 그렇다) 문항들의 총합 점수가 높을수록 사회성 수준이 높은 것으로 해석
청소년/ 사회적 책임감	사회적 책임감 척도 (Social Responsibility Scale: SRS)	• 사회적 책임감 수준을 측정하기 위한 척도임 • 사회적 책임감이란 더불어 사는 사회형성을 위한 참여로서, 곤경에 처해 있거나 도움이 필요한 사람을 도와야한다는 개념 • 사회적 책임감 척도는 총 10문항으로 구성 • 본 척도는 Harris(1957)와 Berkowitz & Lutterman(1968)이 만든 척도를 조학래(1996)가 번안하였으며, 김영진(2009)의 연구에서 활용되었음 • 신뢰도(cronbach α): 0.709 • 4점 리커트 척도(1: 전혀 그렇지 않다 ~ 4점: 매우 그렇다) 문항 총합 점수가 높을수록 사회적 책임감 수준이 높은 것으로 해석
청소년/ 사회적 유능성	한국판 사회적 유능성 척도 (K-Interpersonal Competence Questionnaire: K-ICQ)	• 대인관계적인 측면에서의 사회적 유능성에 초점을 맞추어서 작성된 척도임 • 사회적 유능성이란 개인이 환경적 상황 하에서 사회적으로 효과적인 반응방법을 사용하는 능력을 의미 • 한국판 사회적 유능성 척도는 총 40문항 5개 하위 요인으로 구성되었으며, 하위요인들은 개별적으로 활용할 수 있음: 상호관계의 개시(8문항), 자기개방(8문항), 권리나 불편함에 대한 주장(8문항), 정서적 지지(8문항), 갈등관리(8문항) • 본 척도는 Buhrmester 등(1988)이 개발한 척도를 한나리 · 이동귀(2010)가 번안하였으며, 조성희(2009)의 연구에서 활용되었음 • 신뢰도(cronbach α): 0.83 • 5점 리커트 척도(1점: 전혀 그렇지 않다 ~ 5점: 매우 그렇다) 문항 총합 점수가 높을수록 사회적 유능성 수준이 높은 것으로 해석
청소년/ 탄력성	청소년용 탄력성 척도 (Resilience Scale for Youth)	• 청소년의 탄력성 수준을 측정하기 위한 척도임 • 탄력성이란 한 개인이 의미 있는 불행한 사건과 역경을 겪게 되더라도 그것을 이겨내고 긍정적으로 적응하는 역동적인 과정을 의미 • 청소년용 탄력성 척도는 총 27문항, 4개 하위영역으로 구성: 자기와 타인에 대한 신뢰(11문항), 문제해결능력(6문항), 부정적 감정의 인내(6문항), 학업적 유능감(4문항) • 본 척도는 주소영 · 이양희(2011)가 개발 • 신뢰도(cronbach α): 0.87 • 5점 리커트 척도(1점: 전혀 그렇지 않다 ~ 5점: 매우 그렇다) 문항 평균이 높을수록 탄력성 수준이 높다고 해석
아동청소년/ 학교적응	학교 적응 유연성 척도 (School Resilience Scale)	• 학교 적응 유연성을 측정하기 위한 척도임 • 학교 적응 유연성 척도는 총 22문항, 3개 하위영역으로 구성: 학교에 대한 흥미(7문항), 성적이나 학업 관련(5문항), 학교규범 관련 사항(10문항) • 학교 적응 유연성이란 학업성취 정도가 높고, 또래와 잘 어울리며, 학교활동에서 긍정적인 행동을 유지할 수 있는 능력을 의미 • 본 척도는 박현선(1998)이 개발하였으며, 이상준(2015)의 연구에서 활용되었

구분	척도명	설명
		음 • 신뢰도(cronbach α): 0.83 • 응답범주: 4점 리커트 척도(1: 전혀 그렇지 않다 ~ 4점: 매우 그렇다) 문항 총점이 높을수록 학교적응유연성 수준이 높다고 해석
청소년(아동 가능)/ 학교생활 적응	학교생활 적응 척도 (School Adjustment Scale)	• 학교생활 적응 수준을 측정하기 위한 척도임 • 학교생활 적응 척도는 총 38문항, 4개 하위영역으로 구성: 학교공부(8문항), 학교친구(10문항), 학교교사(10문항), 학교생활(10문항) • 본 척도는 이규미 · 김명식(2008)이 개발한 척도로, 이태희(2015)의 연구에서 활용되었음 • 신뢰도(cronbach α): 0.97 • 5점 리커트 척도(1점: 전혀 그렇지 않다 ~ 5점: 매우 그렇다) 문항 총점이 높을수록 학교생활 적응 수준이 높다고 해석
청소년/충동적 공격성	충동적 공격성 척도 (Aggression Questionnaire: AQ)	• 개인의 충동적인 공격성 수준을 측정하기 위한 척도임 • 충동적 공격성 척도는 Buss & Perry(1992)가 개발한 척도를 박현선(1998)이 원척도 29개 항목 가운데 충동적 공격성과 관련된 5문항을 문화적 맥락을 고려하여 번안 • 신뢰도(cronbach α): 0.65 • 응답범주: 각 문항을 1, 2점으로 평가(그렇지 않다, 그렇다) 문항의 총점이 높을수록 충동적 공격성 수준이 높다고 해석
대학생 · 청소년/ 자기통제	한국판 단축형 자기통제 척도 (The Brief Self-Control Scale: BSCS)	• 자기통제력 수준을 측정하기 위한 척도임 • 자기통제력이란 순간의 만족과 충동을 조절하거나 분별력과 조심성이 있는지 등을 의미 • 한국판 단축형 자기통제는 총 11문항으로 구성 • 본 척도는 Tangney 등(2004)이 개발한 척도를 홍현기 등(2012)이 번안하였으며, 이동은(2016)의 연구에서 활용되었음 • 신뢰도(cronbach α): 0.859 • 5점 리커트 척도(1점: 전혀 아니다 ~ 5점: 매우 많이 그렇다) 각 문항 총점이 높을수록 자기통제력 수준이 높다고 해석
성인 · 대학생 / 자기조절	자기조절 척도 (Self-Control Rating Scale: SCRS)	• 자기조절 수준을 측정하기 위한 척도임 • 자기조절이란 불만족스러운 현실을 벗어나는 것을 목적으로 사고와 행동에서 긍정적인 변화를 이끌어 내기 위한 개인의 능력을 의미 • 자기조절 척도는 총 20문항, 3개 하위영역으로 구성: 자기평가(10문항), 자기반응(5문항), 자기관찰(5문항) • 본 척도는 Kendall & Wilcox(1979)가 개발한 원척도 33문항 중 김보람(2012)이 20문항을 선별하여 번안 및 수정함 • 신뢰도(cronbach α): 0.906 • 5점 리커트 척도(1점: 전혀 그렇지 않다 ~ 5점: 매우 그렇다) 각 문항 총점이 높을수록 자기통제력 수준이 높다고 해석
성인/ 사회불안	사회불안 척도 (Liebowitz Social Anxiety Scale: LSAS)	• 사회공포증을 야기하는 상황에 대한 두려움과 회피 수준을 평가하기 위한 척도임. 불안을 느끼는 상황에는 발표 상황, 공공장소의 상황, 낯선 사람과의 상호작용, 자기주장 상황, 다른 사람이 지켜보는 앞에서의 수행 상황을 포함 • 사회불안 척도는 총 20문항으로, 동일 문항에 대해 두려움과 회피 수준을 각각 측정 • 본 척도는 Liebowitz(1987)가 사회공포증 환자들이 가장 불안을 느끼는 상황들을 표집하여 개발한 척도를 유은승 등(2007)이 번안

구분	척도명	설명
		• 신뢰도(cronbach α): (두려움 척도) 0.93, (회피 척도) 0.90 • 응답범주: 4점 리커트 척도(1: 전혀 아니다 ~ 4점: 매우 많이 그렇다) 문항들의 총합 점수가 높을수록 사회적 불안 수준이 높은 것으로 해석
노인/ 일상생활 수행능력	한국형 일상생활 수행능력 척도 (Korean Activities of Daily Living: K-ADL)	• 기능상태를 측정하기 위한 척도임 • 일상생활 수행능력(ADL)이란 개인의 자기관리와 지역사회에서의 거주에 필요한 일상적 행동의 수행 정도를 의미하며, 주거 공간 내에서의 이동과 식사하기, 화장실 가기, 옷 갈아입기, 세수하기, 목욕하기 등 자신의 신변관리를 독립적으로 할 수 있는 정도를 포함 • 한국형 일상생활 수행능력 척도는 총 7문항으로 구성 • 본 척도는 Katz 등(1963)이 개발한 척도를 원장원(2002)이 번안하였으며, 박선애(2016)의 연구에서 활용되었음 • 신뢰도(cronbach α): 0.92 • 3점 리커트 척도(1점: 완전자립 ~ 3점: 완전의존) 각 문항 총점이 높을수록 의존성이 높다고 해석
노인/ 일상생활 수행능력	한국형 수단적 일상생활 수행능력 척도 (Korean Instrumental Activities of Daily Living: K-IADL)	• 기능상태를 측정하기 위한 척도 • 수단적 일상생활 수행능력(IADL)이란 개인의 주거 공간 내에서 간단한 가사일 수행과 전화걸기, 교통수단을 이용한 외출, 생활용품 구입 등 자신의 신변관리와 더불어 일상생활의 간단한 목적달성을 위한 행동까지 할 수 있는 정도를 의미 • 한국형 수단적 일상생활 수행능력 척도는 총 10문항으로 구성 • 본 척도는 Lawton & Brody(1969)가 개발한 척도를 원장원(2002)이 번안하였으며, 박선애(2016)의 연구에서 활용되었음 • 신뢰도(cronbach α): 0.969 • 응답범주: – 1, 2, 3, 4, 5, 8, 10번: 3점 리커트 척도(1점 완전자립, 2점 부분의존, 3점 완전의존) – 6, 7, 9번: 4점 리커트 척도(1점 완전자립, 2점~3점 부분의존, 4점 완전의존) • 각 문항 총점이 높을수록 의존성이 높다고 해석
성인/ 애도	성인용 애도 척도 (Mourning Scale for Adults)	• 성인을 대상으로 애도 수준을 측정하기 위한 척도임 • 애도란 사람이 살아가면서 관계를 맺었던 의미 있는 대상을 사별로 인해 상실을 경험하고, 그로 인해 나타나는 슬픔, 우울, 비탄 등의 반응을 외부로 표현하는 상태, 의식 또는 관습으로 이를 통해 개인의 새로운 환경 적응과 개인 내적인 성장을 도모하는 작업을 의미 • 성인용 애도 척도는 총 31문항 3개 하위영역으로 구성: 상실의 고통(12문항), 삶의 회복과 성장(10문항), 상실의 충격과 혼란(9문항) • 성인용 애도 척도는 황정윤 등(2014)이 개발 • 신뢰도(cronbach α): 0.919 • 5점 리커트 척도(1점: 전혀 아니다 ~ 5점: 매우 많이 그렇다) 문항 평균이 높을수록 현재 자신이 머무르고 있는 애도의 수준이 높다고 해석

■ 가족(22가지)

구분	척도명	설명
부부/ 가족의사소통	가족의사소통 척도 (Family Communication Scale: FCS-K)	• 가족 의사소통 즉, 한 가족 단위의 구성원들 사이에 정보, 생각, 사상, 감정 등을 알리는 행위를 측정하기 위한 척도임 • 총 10개 문항으로 구성됨 • 본 척도는 김영식 등(2012)이 Olson(2008)이 개발한 FACES Ⅳ의 가족의사소통(FCS)의 한국형 척도를 제시한 것임 • 신뢰도(cronbach α): 0.92 ~ 0.93 • 5점 리커트 척도(1점: 전혀 그렇지 않다 ~ 5점: 매우 그렇다) 점수가 높을수록 효과적인 가족의사소통을 하고 있다고 해석
저소득모자가정 가구주/ 가족적응성 응집성	가족적응성 및 응집성평가 척도 (Family Adaptability and Cohesion Evaluation Scale: FACES-Ⅲ)	• 가족 기능의 두 가지 주요 차원, 적응성(Adaptability)과 응집성(Cohesion)을 측정. '적응성'은 상황적으로 또는 발달 단계상 발생할 수 있는 스트레스에 대해 가족의 권력구조, 역할관계, 관계규칙을 변화시키는 능력, '응집성'은 가족구성원이 서로에게 느끼는 정서적 유대감을 의미함 • 총 20개 문항으로 2개 하위영역으로 구성됨: 적응성 항목(10문항), 응집성 항목(10문항) • 본 척도는 Olson 등(1985)이 개발, 한상분(1992)이 번안한 척도를 남희수(2009)가 사용 • 신뢰도(cronbach α) : 0.80(적응성), 0.83(응집성) • 5점 리커트 척도 측정 (1점: 거의 아니다 ~ 5점: 항상 그렇다) 홀수문항의 총점이 높을수록 가족응집성이 높고, 짝수문항의 총점이 높을수록 가족적응성이 높음
결손가족 청소년/ 가족사정	가족사정 척도 (Family Assessment Device)	• McMaster Model에 기반하여 가족기능을 측정하기 위한 척도임. 이 모델은 가족기능의 6가지 차원-문제해결, 의사소통, 역할, 정서적 반응성, 정서적 관여, 행동통제-을 확인하며, 가족사정 척도는 이와 더불어 일반적인 기능을 다루기 위한 척도가 추가됨 • 총 60문항으로, 7개 하위 척도로 구성: 문제해결(6문항), 의사소통(7문항), 역할(9문항), 정서적 반응성(7문항), 정서적 관여(8문항), 행동통제(10문항), 일반적 기능(13문항) • 본 척도는 Epstein 등(1983)이 개발한 가족사정 도구(Family Assessment Device)를 오승환(2001)이 활용 • 신뢰도(cronbach α): 0.94 • 4점 리커트 척도(1점: 매우 그렇다 ~ 4점: 전혀 그렇지 않다) 점수가 높을수록 가족기능이 좋다고 해석
결혼이주여성/ 가족자원	가족자원 척도 (The Family Inventory of Resources for Management: FIRM)	• 일을 수행함에 있어 가족들의 도움이나 격려 등의 가족 내적 · 외적 환경자원을 얼마나 잘 조직하고 잘 활용하는가에 관한 내용을 측정 • 총 20문항으로 구성됨 • 본 척도는 McCubbin 등(1996)이 개발하고 김미옥(2001)이 수정보완한 것을 김인아(2015)가 사용 • 신뢰도(cronbach α) : 0.776 • 4점 리커트 척도 (1점: 전혀 그렇지 않다 ~ 4점: 매우 그렇다) 점수가 높을수록 가족자원의 규모가 큼
대학생/ 가족관계	축약형 가족관계 척도 (Family Relations Scale-Brief Form)	• 가족기능의 핵심 측면인 가족관계를 측정하기 위한 척도임 • 총 15문항으로 하위요인으로 가족관계 내 정서적 친밀성(10문항)과 가족원들 간 수용 · 존중능력(5문항)을 측정함 • 본 척도는 양옥경(2001)이 개발한 가족관계 척도를 양옥경 · 김연수(2007)가

구분	척도명	설명
		축약형 척도로 구성 및 타당화한 것임 • 신뢰도(cronbach α) : 0.928 • 5점 리커트 척도(1점: 전혀 그렇지 않다 ~ 5점 : 항상 그렇다) 점수가 높을수록 가족관계가 긍정적이라고 해석
알코올중독자 성인 자녀/ 부부 적응	부부 적응 척도 (Dyadic Adjustment Scale: DAS)	• 부부관계 혹은 그에 준하는 이인 관계의 질을 평가하기 위한 척도임 • 총 32문항으로, 4개의 하위개념으로 구성: 부부 간의 일치성(13문항), 부부 간의 응집력(5문항), 부부 간의 만족도(10문항), 애정표현(4문항) • 본 척도는 Spanier(1976)가 개발하고 최현미(1997)가 번안한 척도를 김한나(2011)가 사용 • 신뢰도(cronbach α) : 0.94 • 항목마다 상이하게 측정(2-7점 척도) 점수가 높을수록 부부관계가 긍정적이라고 해석
노인부부/ 부부 친밀감	부부 친밀감 척도	• 부부 사이의 친밀감을 측정하는 척도로 인지적 친밀감, 정서적 친밀감, 성적 친밀감 측면으로 구분할 수 있음 • 인지적 친밀감은 부부가 상대방에 관해 독립적이며 자율적인 존재로 인정하는 정도를, 정서적 친밀감은 상대방과 함께 느끼는 정서적 밀접함의 정도를, 성적 친밀감은 성을 두 사람의 관계 증진을 위한 개방적인 한 측면으로 받아들이는 정도를 의미함 • 총 13문항으로, 3개의 하위개념으로 구성: 인지적 친밀감(5문항), 정서적 친밀감(5문항), 성적 친밀감(3문항) • 본 척도는 이경희(1998)가 개발, 오명선(2010)이 사용한 척도를 박연옥(2012)이 활용 • 신뢰도(cronbach α) : 0.88 • 5점 리커트 척도(1점: 전혀 그렇지 않다 ~ 5점: 매우 그렇다) 점수가 높을수록 부부 친밀감 수준이 높은 것으로 해석
기혼자/ 결혼 만족	결혼 만족도 척도 (Kansas Marital Satisfaction: KMS)	• 결혼생활, 배우자의 특성 및 관계에 대한 종합적인 만족도를 측정함 • 총 3문항으로 구성 • 본 척도는 Schumm 등(1986)이 개발한 척도를 김상용(2009)이 활용 • 신뢰도(cronbach α) : 0.933 • 7점 리커트 척도(1점: 대단히 불만족한다 ~ 7점 : 대단히 만족한다) 점수가 높을수록 결혼 만족도가 높은 것으로 해석
이혼가족 청소년/ 부모자녀관계	자녀용 부모자녀 관계 척도 (Parent-Child Interaction Questionnaire: PACHIQ-R-CH)	• 자녀가 인식하고 있는 부모와 자녀 간의 관계에 대해 측정하는 척도임 • 총 25문항으로 갈등해결(conflict resolution, 17문항)과 수용(acceptance, 8문항)의 하위척도로 구성됨 • 본 척도는 Lange 등(1998, 2002)이 개발 · 수정한 부모자녀 관계 척도에서 조성희(2011)가 자녀용 측정도구(PACHIQ-R-CH)를 사용하여 비양육부모와의 관계를 측정 • 신뢰도(cronbach α) : 0.87 • 5점 리커트 척도(1점: 전혀 그렇지 않다 ~ 5점 : 매우 그렇다) 점수가 높을수록 부모와의 관계가 긍정적이라고 해석
학교 청소년/ 갈등 전술	갈등 전술 척도 (Conflicts Tactics Scales: CTS)	• 가족 구성원들 간의 갈등을 해결하는 세 가지 유형의 전술들-이성적 방법, 언어적 공격, 폭력-을 측정함. 척도의 항목들은 한 사람이 가족 구성원과의 갈등 상황에서 취할 수 있는 행동들로 구성 • 총 19문항으로 2개의 하위개념으로 구성: 정서폭력(7문항), 신체폭력(12문항)

구분	척도명	설명
		• 본 척도는 Straus 등(1996)이 개발한 척도를 이상준(2006)이 번안하여 사용 • 신뢰도(cronbach α) : 0.90 ~ 0.97 • 5점 리커트 척도(0점 : 전혀 없다 ~ 4점: 일주일에 1번 이상) 점수가 높을수록 가족 폭력 경험 수준이 심각하다고 해석
지체장애여성 / 부모역할 만족	부모역할 만족도 척도 (Parent Satisfaction Scale: PSS)	• 개인이 자신의 부모역할에 얼마나 만족하는지를 측정함 • 총 11개 문항으로 구성 • 본 척도는 Duke 등(1997)이 개발하고 서혜영 · 이숙현(2002)이 번안 및 재구성한 척도를 임은자(2011)가 사용한 것임 • 신뢰도(cronbach α) : 0.933 • 5점 리커트 척도(1점: 전혀 아니다 ~ 5점: 매우 그렇다) 총점수가 높을수록 부모역할에 대한 만족도가 높다고 해석
아동기 자녀 아버지/ 아버지 역할	아버지 역할 척도 (Paternal Role Inventory)	• 자녀를 둔 아버지가 자신의 역할에 대해서 어떻게 인식하고 있는지를 측정하는 것임 • 총 32개 문항으로 역할정체감(role identity)과 역할수행(role practice)의 두 차원과 7가지 하위요인으로 구성됨 • 본 척도는 박은주 · 김영희(2015)가 문헌연구, 심층면접, 내용타당도 검증을 통해 아버지 역할 척도를 개발하였으며, 탐색적 요인분석과 확인적 요인분석을 실시하여 측정도구를 타당화함 • 신뢰도(cronbach α) : 0.76~0.87 • 6점 리커트 척도(1점: 전혀 그렇지 않다 ~ 6점 : 매우 그렇다) 점수가 높을수록 각 영역의 특징이 높다고 해석
청소년/ 부모양육태도	부모양육태도 척도	• 부모가 자녀를 양육함에 있어 보이는 정서적, 행동적 태도를 측정하기 위한 척도임 • 총 10문항으로, 자율/통제(5문항)와 수용/거부(5문항) 두 가지의 하위요인으로 구성 • 본 척도는 이승국(1999)이 개발하고 최효순(2002)이 수정 · 보완한 척도를 전호선(2016)이 사용한 것임 • 신뢰도(cronbach α) : 0.80~0.82 • 5점 리커트 척도(1점: 전혀 그렇지 않다 ~ 5점 : 항상 그렇다) 점수가 높을수록 자녀가 지각하는 부모양육태도가 자율적, 수용적이며, 점수가 낮을수록 통제적, 거부적인 것으로 해석
중학생/ 부모양육태도	한국판 청소년용 부모양육태도 (Parents as Social Context Questionnaire: PSCQ-KA)	• 청소년이 부모의 양육태도에 대한 인식수준을 측정하는 척도임 • 총 24문항으로 따스함(4문항), 거부(4문항), 자율성지지(4문항), 강요(4문항), 구조제공(4문항), 비일관성(4문항)의 6가지 하위요인으로 구성 • 본 척도는 Skinner 등(2005)이 개발한 청소년용 부모양육태도 척도(PSCQ_A)를 김태명 · 이은주(2017)가 한국판 척도로 타당화한 것임 • 신뢰도(cronbach α) : 0.752~0.882 • 5점 리커트 척도(1점: 전혀 그렇지 않다 ~ 5점 : 매우 그렇다) 따스함, 자율지지, 구조제공의 요인에서는 점수가 높을수록 긍정적 양육행동을 더 많이 하는 것을 의미하며, 거부, 강요, 비일관성의 요인에서는 점수가 높을수록 부정적 양육행동을 더 많이 하는 것으로 해석
초등학생 자녀부모/ 양육행동	양육행동 척도 (Parenting Behavior Scale)	• 부모의 자녀에 대한 양육행동을 측정하기 위한 척도임 • 본 척도는 이선희 · 도현심(2014)이 국내외 부모양육행동 척도를 기초로 학령초기 자녀를 대상으로 하는 부모용 양육행동 척도를 개발 및 타당화한 것임

구분	척도명	설명
		• 총 45문항으로 긍정적 양육행동을 의미하는 온정(9문항), 논리적 설명(10문항) 요인과 부정적 양육행동을 의미하는 개입(9문항), 강압(7문항), 방임(10문항) 요인으로 구성됨 • 신뢰도(cronbach α) : 0.82~0.86 • 4점 리커트 척도(1점: 거의 그렇지 않다 ~ 4점: 매우 그렇다) 온정, 논리적 설명 요인의 점수가 높을수록 긍정적 양육행동을 더 많이 하고, 개입, 강압, 방임 요인의 점수가 높을수록 부정적 양육행동을 더 많이 하는 것으로 해석
학령기 자녀 둔 지체장애여성 / 양육행동	어머니 양육행동 척도	• 어머니의 양육행동을 측정하기 위한 척도임 • 양육행동이란 부모 또는 양육자가 자녀를 양육함에 있어 보편적으로 나타나는 태도 및 행동을 의미함 • 총 18문항으로, 세 가지 하위차원으로 구성: 온정/수용(7문항), 거부/제재(5문항), 허용/방임(6문항) • 본 척도는 박영애(1995)가 개발, 이용준(2004)과 백종화(2009)가 재구성한 척도를 임은자(2011)가 활용한 것임 • 신뢰도(cronbach α) : 0.839 • 5점 리커트 척도(1점: 전혀 그렇지 않다 ~ 5점 : 매우 그렇다) 점수가 높을수록 각각의 양육행동을 많이 하는 것을 의미함. 온정/수용의 점수가 높고, 거부/제재 및 허용/방임의 점수가 낮을수록 긍정적인 양육행동으로 해석
다문화가정 어머니/	양육협력 척도 (Parenting Alliance Inventory)	• 남편의 양육협력을 측정하는 척도임 • 총 13문항으로 구성 • 본 척도는 Abidin(1988)이 개발하고 신숙재(1997)가 검증한 척도를 박종인(2010)이 활용한 것임 • 신뢰도(cronbach α) : 0.859 • 5점 리커트 척도(1점: 전혀 아니다 ~ 5점 : 매우 그렇다) 점수가 높을수록 남편이 자녀의 양육을 잘 도와준다고 지각하는 것으로 해석
청소년/ 부모동료 애착	부모동료애착 척도 (Inventory of Parent and Peer Attachment: IPPA-R)	• 부모 및 또래 애착 안정성을 측정하기 위한 것임 • 애착이란 한 개인의 전반적인 애착상태를 일컫는 용어로, 애착대상에게 편안함과 안정감을 느낄 때 안정 애착으로, 강렬한 애정과 의존성, 거절에 대한 두려움, 과민성, 경계 등의 혼합된 감정을 느낄 때 불안정 애착으로 분류함 • 이 중 부모와의 애착을 측정하는 부모 애착 척도는 총 25개 문항으로, 3개의 하위척도로 구성: 신뢰(10문항), 의사소통(9문항), 소외(6문항) • 본 척도는 Armsden & Greenberg(1987)가 개발한 척도를 옥정(1998)이 번안한 것임 • 신뢰도(cronbach α) : 0.87~0.89 • 5점 리커트 척도(1점: 전혀 그렇지 않다 ~ 5점 : 항상 그렇다) 하위차원별로 총점이 높을수록 신뢰 수준, 의사소통 수준이 높고, 소외수준이 낮은 것을 의미함. 모든 하위차원의 합산 점수가 높을수록 애착수준이 높다고 해석
ADHD 자녀어머니/ 양육 스트레스	양육 스트레스 척도 (Parenting Stress Index)	• 양육자의 양육에 대한 스트레스를 측정함 • 총 20문항으로 세 하위개념으로 구성: 자녀의 기질과 관련된 스트레스(8문항), 자녀와의 관계로 (9문항), 학습기대와 관련된 스트레스(3문항) • 본 척도는 Abidin(1983)이 개발하고 신숙재(1997)가 번안 및 수정한 척도를 이종하(2012)가 사용한 것임 • 신뢰도(cronbach α) : 0.81

구분	척도명	설명
		• 5점 리커트 척도(1점: 전혀 그렇지 않다 ~ 5점 : 매우 그렇다) 점수가 높을수록 양육 스트레스를 많이 받는다고 해석
유치원, 초등학생 자녀 어머니/ 양육불안	양육불안 척도 (Parenting Anxiety Scale)	• 부모가 자녀를 양육하면서 느끼는 불안을 측정하기 위한 것임 • 본 척도는 위지희 · 채규만(2015)이 양육불안 척도를 개발 및 타당화하였음 • 총 26문항으로 5개의 하위개념으로 구성: 부모 역할 효능감으로 인한 불안(6문항), 자녀와의 애착에 대한 불안(5문항), 자녀에 대한 염려(5문항), 사회적 지지에 대한 염려(4문항), 완벽주의로 인한 불안(6문항) • 신뢰도(cronbach α) : 0.94 • 5점 리커트(1점: 전혀 그렇지 않다 ~ 5점: 매우 그렇다) 총점이 높을수록 양육불안 수준이 높다고 해석
학교청소년/ 방임	방임 척도	• 가정폭력 중 방임을 경험한 수준을 측정함 • 총 10개 문항으로 구성 • 본 척도는 장화정(1998)이 개발한 척도를 이상준(2006)이 사용한 것임 • 신뢰도(cronbach α) : 0.90 • 5점 리커트 척도(0점 : 전혀 없다 ~ 4점: 일주일에 1번 이상) 점수가 높을수록 방임 수준이 심각하다고 해석
노인 부양자/ 부양부담	부양부담 척도 (Caregiver Burden Inventory)	• 주 부양자가 노인을 부양하면서 경험하는 부정적 영향으로서의 주관적 부양부담(caregiving burden)을 측정하는 척도임 • 총 12문항으로, 4개의 하위개념으로 구성됨: 신체적 부담(3문항), 정서적 부담(3문항), 경제적 부담(3문항), 사회활동 부담(3문항) • 본 척도는 Novak & Guest(1989), Stommel 등(1990), 권중돈(1994)이 개발한 척도를 이혜자(2006)가 재구성하여 사용하였으며 이를 송인욱(2009)이 연구에서 활용함 • 신뢰도(cronbach α) : 0.942 • 4점 리커트 척도(1점: 전혀 그렇지 않다 ~ 4점: 매우 그렇다) 총 점수가 높을수록 부양부담 수준이 높다고 해석

■ 사회적 관계망(16가지)

구분	척도명	설명
일반/ 사회적 지지	사회적 지지 척도	• 한 개인이 가족, 친척, 친구 및 이웃사람들로부터 받고 있다고 스스로 느끼는 도움의 정도(비공식적 지지)를 측정하기 위한 것임 • 총 25개 문항 4개 하위영역으로 구성됨: 정서적 지지(7문항), 평가적 지지(6문항), 정보적 지지(6문항), 물질적 지지(6문항) • 본 척도는 Caplan(1974), Cobb(1976), House(1981)에 의해 단계적으로 개발된 것을 기반하여 박지원(1985)이 개발한 척도를 강호성(2012)이 사용한 척도 • 신뢰도(cronbach α) : 0.9339 • 4점 리커트 척도(1점: 전혀 그렇지 않다 ~ 4점: 매우 그렇다) 점수가 높을수록 사회적 지지 수준이 높다고 해석

구분	척도명	설명
아동청소년/ 사회적 지지	사회적 지지 척도 (Social Support Appraisal Scale: SSAS)	• 아동청소년이 주요 사회적 관계망에서 지각하는 사회적 지지 정도를 측정하기 위한 것임 • 총 24개 문항 43개 하위영역으로 구성됨: 친구 지지(8문항), 가족 지지(8문항), 교사 지지(8문항) • 본 척도는 Dubow & Ulman(1989)이 개발한 SSAS & SAB, Cohen & Hoberman(1983)이 제작한 ISEL, 그리고 Lemper 등(1989)이 개발한 PQ를 한미현(1996)이 번안한 척도를 최윤석(2014)이 사용한 척도 • 신뢰도(cronbach α) : 0.91 • 5점 리커트 척도(1점: 전혀 그렇지 않다 ~ 5점: 매우 그렇다) 점수가 높을수록 아동청소년이 지각하는 사회적 지지 수준이 높다고 해석
빈곤층/ 사회적 지지	사회적 지지 척도 (Multidimensional Scale of Perceived Social Support: MSPSS)	• 성인들이 자신의 가족, 친구, 의미 있는 주변 사람들로부터 적절한 사회적 지지를 받고 있다고 인식하는 정도를 측정하기 위한 것임 • 총 12개 문항 3개 하위영역으로 구성됨: 가족 지지(4문항), 친구 지지(4문항), 의미 있는 타자의 지지(4문항) • Zimet 등(1988)이 개발한 척도를 김소임(1998)이 번안하여 사용한 척도를 박웅섭(2010)이 사용한 척도 • 신뢰도(cronbach α) : 0.88 • 5점 리커트 척도(1점: 전혀 그렇지 않다 ~ 5점: 매우 그렇다) 점수가 높을수록 지각된 사회적 지지의 정도가 높다고 해석
청소년/ 사회적 지지	사회적 지지 척도	• 학업관련 사회적 지지 정도를 측정하기 위한 것임 • 총 7개 문항 3개 하위영역으로 각각 구성됨: 가족 지지(7문항), 친구 지지(7문항), 교사 지지(7문항) • Hernandez(1993)의 연구를 토대로 박현선(1998)이 재구성하여 타당화한 척도를 안윤정(2016)이 사용한 척도 • 신뢰도(cronbach α) : 0.87 • 4점 리커트 척도(1점: 전혀 그렇지 않다 ~ 4점: 매우 그렇다) 점수가 높을수록 대상별 지지정도가 높다고 해석
노인/ 사회참여	사회참여 척도	• 사회적 관계로 구성되는 여러 사회활동에 참여하는 정도를 측정하기 위한 것임. • 총 10개 문항으로 구성됨. • Weiss(1974)가 개발한 사회참여 척도를 김수연(1988)이 번안하여 만든 도구를 김재중(2008)이 사용한 척도 • 신뢰도(cronbach α) : 0.914 • 5점 리커트 척도(1점: 전혀 그렇지 않다 ~ 5점: 매우 그렇다) 점수가 높을수록 사회참여의 정도가 높다고 해석
노인/ 사회참여태도	사회참여태도 척도 (Social Participation)	• 공식 및 비공식적 사회활동 등에 자신이 주체가 되어 자발적으로 참여하는 것에 대한 느낌이나 생각을 측정하기 위한 것임 • 총 6개 문항으로 구성됨 • Mangen & Peterson(1982)이 개발한 사회참여태도 및 만족도 척도 중에서 권중돈 · 손의성(2010)이 11개 항목을 추출하였으나, 여미옥(2013)은 이 중 사회참여 태도를 측정하는 6개 항목을 추출하여 구성한 척도를 사용함 • 신뢰도(cronbach α) : 0.861 • 5점 리커트 척도(1점: 전혀 그렇지 않다 ~ 5점: 매우 그렇다) 점수가 높을수록 사회참여 태도가 긍정적인 것으로 해석

구분	척도명	설명
지역주민/ 사회적 안녕감	사회적 안녕감 척도 (Social Well-being)	• 타인을 인정하는 긍정적 태도를 가지고 사회에 기여하고자 하며 공동체의 일부분이라고 느끼는 정도를 측정하기 위한 것임 • 총 12개 문항 4개 하위영역으로 구성됨: 사회적 일관성(3문항), 사회적 통합(3문항), 사회적 기여(3문항), 사회적 실현(3문항) • Keyes(1998)가 개발한 척도를 현대사회에 맞게 재구성한 Shapiro & Keyes(2008)의 척도를 김은아(2016)가 번안하여 사용한 척도 • 신뢰도(cronbach α) : 0.709~0.868 • 5점 리커트 척도(1점: 전혀 그렇지 않다 ~ 5점: 매우 그렇다) 점수가 높을수록 사회적 안녕감을 높게 인식하는 것으로 해석
고려인/ 사회적 차별	사회적 차별 척도 (Daily Life Experience: DLE)	• 개인이나 집단이 사회생활에서 불평등한 대우를 받는 차별에 대한 괴롭힘이 얼마나 되는지 측정하기 위한 것임 • 총 9개 문항 2개 하위영역으로 구성됨: 개인비전(4문항), 성취욕구(5문항) • Harrell(1994)이 개발한 DLE 척도를 고광신(2010)이 번안하여 사용한 척도 • 신뢰도(cronbach α) : 0.87 • 5점 리커트 척도(1점: 전혀 그렇지 않다 ~ 5점: 항상 그렇다) 점수가 높을수록 차별 경험이 높은 것으로 해석
청소년/ 사회불안	사회불안 척도 (Social Interaction Anxiety)	• 대인관계에서 대인 간 상호작용 과정에서 겪는 불안의 정도를 측정하기 위한 것임(낯선 사람들이나 다른 사람에 의해 주목받는 상황에 대한 긴장과 두려움) • 총 20개 문항으로 구성됨 • Mattick & Clarke(1998)이 개발한 척도를 전호선(2016)이 번안하여 사용 • 신뢰도(cronbach α) : 0.920 • 5점 리커트 척도(1점: 전혀 그렇지 않다 ~ 5점: 매우 그렇다) 점수가 높을수록 사회적 상호작용에서 불안을 많이 느끼는 것으로 해석
일반성인/ 대인관계 유능성	대인관계 유능성 척도 (Interpersonal Competence Questionnaire)	• 타인과 관계를 형성하고 효과적으로 유지하는 능력을 측정하기 위한 것임 • 총 16개 문항 4개 하위영역으로 구성됨: 타인에 대한 이해와 배려(5문항), 자기개방(3문항), 권리나 거부에 대한 의사표현(4문항), 관계형성(4문항) • 배성만(2015)이 기준 문헌과 척도를 참고하여 한국 성인의 대인관계 유능성 척도를 개발함 • 신뢰도(cronbach α) : 0.93 • 4점 리커트 척도(1점: 전혀 그렇지 않다 ~ 4점: 매우 그렇다) 점수가 높을수록 대인관계 형성 및 유지능력이 높다고 해석
청소년/ 또래관계	또래관계 척도 (Friendship Quality Questionnaire)	• 청소년이 스스로 생각하는 친구들과의 관계에 있어 다양한 질적 측면을 측정하기 위한 것임 • 총 10개 문항 3개 하위영역으로 구성됨: 동반(4문항), 갈등해결(3문항), 친밀한 교환(3문항) • Parker & Asher(1993)가 개발하고 윤미경(1998)이 수정 보완한 척도를 전호선(2016)이 사용한 척도 • 신뢰도(cronbach α) : 0.925 • 5점 리커트 척도(1점: 전혀 그렇지 않다 ~ 5점: 매우 그렇다) 점수가 높을수록 또래관계가 긍정적인 것으로 해석

구분	척도명	설명
청소년/ 또래관계	또래관계 질 척도 (Peer Relationship Quality Scale)	• 또래 간의 관계가 평등하고 호혜적이면서 가까운 관계인지와 대립 및 갈등이 낮은지 평가하는 도구 • 총 13개 문항 2개 하위영역으로 구성됨: 긍정적 관계(8문항), 부정적 관계(5문항) • Furman & Buhrmester(1985)의 Network of Relationships Inventory(NRI), Parker & Asher(1993)의 Friendship Quality Questionnaire(FQQ), 김진경 · 유안진(2002)의 척도를 참고하여 배성만 등(2015)이 개발한 척도 • 신뢰도(cronbach α) : 0.925 • 4점 리커트 척도(1점: 전혀 그렇지 않다 ~ 4점: 매우 그렇다) 점수가 높을수록 또래관계의 질이 높은 것으로 해석
중학생/ 대인관계	대인관계 조화 척도 (Interpersonal Relation Harmony Scale)	• 청소년이 대인관계 상황에서 개인 내 인지, 정서, 행동 간의 조화 정도를 객관적으로 측정하기 위한 것임 • 총 20개 문항 3개 하위영역으로 구성됨: 조화정서 요인(6문항), 조화행동 요인(8문항), 조화인지 요인(6문항) • 정경희 · 김성회(2013)가 개발 • 신뢰도(cronbach α) : 0.751 • 5점 리커트 척도(1점: 전혀 그렇지 않다 ~ 5점: 매우 그렇다) 점수가 높을수록 대인관계 상황에서 개인의 인지, 정서, 행동 측면에 조화를 바탕으로 효율적이고 만족스러운 대인관계를 형성해 나가는 것으로 해석
청소년/ 외로움	청소년 외로움 척도 (Loneliness Scale for Adolescents : LSA)	• 청소년을 둘러싼 가족, 친구, 공동체에서 인식하는 외로움의 정도를 측정하기 위한 것임 • 총 24개 문항 3개 하위영역으로 구성됨: 가족관계(8문항), 친구관계(8문항), 공동체관계(8문항) • 허정화 · 김진숙(2014)이 선행연구와 기존척도를 고찰하여 개발한 척도 • 신뢰도(cronbach α) : 0.93 • 4점 리커트 척도(1점: 전혀 그렇지 않다 ~ 4점: 매우 그렇다) 점수가 높을수록 외로움을 인식하는 정도가 높다고 해석
청소년/ 또래괴롭힘	또래괴롭힘 척도	• 청소년 또래에 의한 괴롭힘을 측정하기 위한 것임 • 총 15개 문항 3개 하위영역으로 구성됨: 관계적 괴롭힘(5문항), 명백한 괴롭힘(5문항), 친사회적 행동 소외경험(5문항) • Crick & Grotpeter(1996)의 Social Experiences Questionnaire(SEQ)를 수정하고 번안한 임지영(1997)의 또래괴롭힘 척도를 성두현(2015)이 재구성하여 김지혜(2017)가 사용한 척도 • 신뢰도(cronbach α) : 0.751 • 5점 리커트 척도(1점: 전혀 그렇지 않다 ~ 5점: 항상 그렇다) 점수가 높을수록 또래 괴롭힘의 피해정도가 높다고 해석
청소년/ 폭력 가해	학교폭력 가해행동 척도	• 학교폭력의 가해행동 정도를 측정하기 위한 것임 • 총 30개 문항 5개 하위영역으로 구성됨: 신체적 폭력(8문항), 심리적 폭력(6문항), 언어적 폭력(6문항), 괴롭힘(5문항), 금품갈취(5문항) • 이상균(1999)과 이문자(2003)가 개발한 척도를 도기봉(2007)이 수정보완한 척도 • 신뢰도(cronbach α) : 0.926 • 5점 리커트 척도(1점: 전혀 없다 ~ 5점: 7번 이상) 점수가 높을수록 학교폭력 가해행동 경험이 높은 것으로 해석

■ 커뮤니티 임팩트(21가지)

구분	척도명	설명
사회복관 종사자/ 내트워크 필요성	네트워크 필요성 인식 척도	• 조사대상자가 사회복지기관의 네트워크 활동의 필요성에 대해 평소에 어떻게 생각하고 있었는지를 파악하는 척도임 • 네트워크 필요성 인식 척도는 총 12문항으로 구성됨 • 본 척도는 유혜자(2002), 김영숙(2005) 등의 연구에서 사용된 척도를 이우영(2013)이 수정 · 보완하여 사용 • 신뢰도(cronbach α) : 0.91 • 5점 리커트 척도(1점: 전혀 필요 없다 ~ 5점: 매우 필요하다) 점수가 높을수록 네트워크 활동이 필요하다고 생각하는 것으로 해석
사회복지기관 종사자/ 네트워크 체계적 요인	네트워크 체계적 요인 척도	• 조직 내, 타 조직과의 관계, 네트워크를 둘러싼 외적 조건과 환경 등 체계적 관점에서 네트워크의 활동 정도를 평가함 • 네트워크 체계적 요인 척도는 총 18문항의 3개 하위영역으로 구성: 조직내 요인(7문항), 타 조직과의 관계요인(6문항), 네트워크를 둘러싼 외적 조건과 환경에 대한 인식 요인(5문항) • 본 척도는 Cross & Parker(2001)의 연구를 바탕으로 이혜원 · 우수명(2005)이 보완한 척도를 우수명(2008)의 연구에서 사용 • 신뢰도(cronbach α) : 조직 내 차원 0.835, 타조직과 관계 차원 0.741, 네트워크 외적 조건 0.732, 0.896 • 4점 리커트 척도(1점: 매우 아니다 ~ 4점: 매우 그렇다) 점수가 높을수록 기관의 네트워크 활동 수준이 높다고 해석
사회복지기관 종사자/ 네트워크 지원수준	네트워크 지원수준 척도	• 조사대상자가 소속된 사회복지기관의 네트워크 지원수준을 측정함 • 네트워크 지원수준 척도는 총 7문항으로 구성됨 • 본 척도는 김재엽 · 박수경(2001)의 척도를 정은하(2003)와 이우영(2013)의 연구에서 사용 • 신뢰도(cronbach α) : 0.89 • 5점 리커트 척도(1점: 전혀 아니다 ~ 5점: 매우 그렇다) 점수가 높을수록 기관의 네트워크 지원수준이 높다고 해석
사회복지기관 종사자/ 네트워크 효과성인식	네트워크 효과성 인식 척도	• 조사대상자가 사회복지기관의 네트워크 활동의 효과성에 대해 평소에 어떻게 생각하고 있었는지를 파악하는 척도임 • 네트워크 효과성 인식 척도는 총 10문항으로 구성됨 • 본 척도는 유혜자(2002), 김영숙(2005) 등의 연구에서 사용된 척도를 이우영(2013)이 수정 · 보완하여 사용 • 신뢰도(cronbach α) : 0.85 • 5점 리커트 척도(1점: 전혀 도움 안 됨 ~ 5점: 매우 도움 됨) 점수가 높을수록 네트워크 활동이 효과적이라고 생각하는 것으로 해석
성인, 청소년/ 지역사회 자본	지역사회 자본 척도	• 사회적으로 유용한 자원을 얻기 위한 노력의 과정에서 동원할 수 있는 상호면식과 인식을 통한 직 · 간접적 인맥의 총합을 의미하는 지역사회 자본의 수준을 측정함 • 지역사회 자본 척도는 총 30문항의 3개 하위영역으로 구성됨: 네트워크(16문항), 신뢰(9문항), 호혜성(5문항) • 본 척도를 구성하는 하위척도들의 출처는 다음과 같음 – 네트워크 척도는 Williams(2006)가 개발하고 양소은(2013)이 재구성한 척도를 박주현(2017)의 연구에서 사용 – 신뢰 척도는 김영옥(2011)과 김태룡(2006)의 척도를 박주현(2017)의 연구에서 사용 – 호혜성 척도는 홍영란 등(2008)의 사회적 자본 측정지표를 재구성한 김미혜

구분	척도명	설명
		(2012)의 척도를 박주현(2017)의 연구에서 사용 • 신뢰도(cronbach α) : 0.895 • 5점 리커트 척도(1점: 전혀 그렇지 않다 ~ 5점: 매우 그렇다) 점수가 높을수록 지역사회자본 수준이 높은 것으로 해석
사회복지사/ 사회적 자본	사회적 자본 척도	• 지역사회의 사회적 자본 수준을 측정하기 위한 척도임 • 사회적 자본이란 개인이나 집단들 사이의 상호행동을 지배하는 제도, 네트워크, 협력 그리고 태도와 가치를 포함함. 사회적 자본이 형성되어 축적되는 사회는 개인의 능력과 함께 사회공동체 역량의 향상을 가져오게 된다고 보며, 사회적 자본은 국가와 지역발전의 중요한 척도로 인식되고 있음 • 본 척도는 총 17문항의 4개 하위영역으로 구성: 신뢰(5문항), 공유된 규범과 가치(5문항), 사회참여(4문항), 네트워크(3문항): 14~16번 • 본 척도는 OECD(2001)와 영국의 ONS(2003)가 사용한 사회적 자본 구성요소와 Putnam(1995), Forrest & Kearns(2001), Rodriguez & Berlepsch(2012) 그리고 국내 연구로는 소진광(2004), 박희봉(2002), 김남숙(2007), 한상미(2007), 최종혁 등(2010)의 연구를 참고하여 지은구 등(2015)이 개발 • 신뢰도(cronbach α) : 신뢰(0.846), 공유된 규범과 가치(0.836), 사회참여(0.737), 네트워크(0.748) • 5점 리커트 척도(1점: 전혀 그렇지 않다 ~ 5점: 매우 그렇다) 점수가 높을수록 사회적 자본 수준이 높다고 해석
지역주민/ 사회자본	사회자본 척도	• 지역사회실천 활성화를 위한 사회자본을 측정하기 위한 척도임 • 사회자본 척도는 총 27문항의 3요인 7개 하위영역으로 구성: 신뢰(12문항), 규범(8문항), 네트워크(7문항) • 본 척도는 최종혁 등(2010)이 문헌연구 검토를 통해 개발 • 신뢰도(cronbach α) : 0.858 • 5점 리커트 척도(1점: 전혀 그렇지 않다 ~ 5점: 매우 그렇다) 점수가 높을수록 사회자본 수준이 높다고 해석
지역사회/ 지역사회 문제해결	지역사회 문제해결 척도	• 지역사회 주민들이 가지는 문제해결능력과 재능 그리고 지역사회 활동들 안에 존재하는 재능의 바람직한 발현을 지역사회 내외부에 드러내 줄 수 있는 사회환경적 조건과 결합 정도를 측정하는 도구 • 지역사회 문제해결능력 척도는 총 10문항으로 구성됨 • 본 척도는 Suzanne 등(2003)이 개발한 도구를 월드비전(2009)이 번안하고 수정 보완한 척도 • 신뢰도(cronbach α) : 0.848 • 4점 리커트 척도(1점: 전혀 그렇지 않다 ~ 4점: 매우 그렇다) 점수가 높을수록 지역사회 문제해결능력이 높다고 해석
성인/ 이웃유대	이웃유대 척도	• 이웃 간 일상적 교류와 사회적 교류의 정도를 측정함 • 이웃유대 척도는 총 7문항으로 구성됨 • 본 척도는 Woldoff(2002)의 척도를 김영미(2014)의 연구에서 사용 • 신뢰도(cronbach α) : 0.9526 • 5점 리커트 척도(1점: 전혀 그렇지 않다 ~ 5점: 매우 그렇다) 점수가 높을수록 이웃유대 정도가 높은 것으로 해석
마을만들기 참여활동가/ 마을만들기 참여	마을만들기 참여 척도	• 마을만들기 활동에 참여하고 있는 대상자들의 참여 유형 및 정도를 확인하기 위한 척도임 • 정보제공형 참여, 주민주도적 참여, 협력적 참여로 구성되며, 구체적으로 정보제공형 참여의 경우 정부가 주도적인 역할을 하는 공청회, 설명회 등에 대

구분	척도명	설명
		한 참여를 의미하며, 주민주도적 참여는 주민들이 능동적으로 참여하는 경우, 협력적 참여의 경우에는 주민과 관련 기관, 공무원들이 협의함으로써 참여가 이루어지는 유형을 의미 • 마을만들기 참여 척도는 총 12문항의 3개 하위영역으로 구성: 정보제공형 참여(4문항), 주민주도적 참여(5문항), 협력적 참여(3문항) • 본 척도는 임승빈(2005), 한국지방행정연구원(2006), 박종관(2011) 등의 연구를 바탕으로 최문형(2013)의 연구에서 제시한 주민참여 척도 가운데 마을만들기 활동에 적용 가능한 내용을 중심으로 김은아(2016)가 수정하여 사용 • 신뢰도(cronbach α) : 정보제공형 참여 0.879, 주민주도적 참여 0.932, 협력적 참여 0.932 • 5점 리커트 척도(1점: 전혀 그렇지 않다 ~ 5점: 매우 그렇다) 점수가 높을수록 마을만들기 활동 참여 정도가 높은 것으로 해석
성인/ 지역공동체 의식	지역공동체의식 척도	• 같은 지역성을 토대로 하여 일상적인 생활을 함께 공유하는 집단 속에서 구성원 간 상호작용이 이루어지는 과정을 통해 나타나는 장소애착, 욕구 충족, 상호 영향, 유대감, 연대감 등을 의미하며 지역공동체의식 척도를 통해 이를 측정할 수 있음 • 지역공동체의식 척도는 총 15문항의 3개 하위영역으로 구성: 장소애착(6문항), 욕구충족 및 상호영향의식(3문항), 사회적 유대(6문항) • 본 척도는 Tartaglia(2006)가 개발하였으며, 김은아(2016)의 연구에서 사용 • 신뢰도(cronbach α) : 장소애착 0.900, 욕구충족 및 상호영향의식 0.844, 협력적 참여 0.868 • 5점 리커트 척도(1점: 전혀 그렇지 않다 ~ 5점: 매우 그렇다) 점수가 높을수록 지역공동체의식 수준이 높은 것으로 해석
성인/ 공동체의식	공동체의식 척도	• 집단 구성원들의 공동체 의식을 측정하는 척도로서 소속감, 구성원들이 집단의 영향을 받으면서 일정한 영향력을 행사한다는 느낌, 구성원들의 욕구가 헌신적 노력으로 충족된다는 믿음을 측정함 • 공동체의식 척도는 총 16개 문항의 4개 하위개념으로 구성됨: 충족감(5문항), 연대감(4문항), 소속감(4문항), 정서적 친밀감(3문항) • 본 척도는 김명준 · 김은식(2006), 양덕순 · 강영순(2008), 엄대영 등(2010), 강애양(2011), 최춘삼 · 김범식(2011)의 연구를 토대로 강순화(2015)가 수정, 보완하여 사용함 • 신뢰도(cronbach α) : 충족감 0.911, 연대감 0.912, 소속감 0.912, 정서적 친밀감 0.913 • 5점 리커트 척도(1점: 전혀 그렇지 않다 ~ 5점: 매우 그렇다) 점수가 높을수록 공동체 의식이 높다고 해석
장애인/ 사회통합	사회통합 척도	• 장애인이 비장애인들의 생활방식으로 사회참여와 활동을 하는 정도를 의미하는 사회통합 정도를 측정하기 위한 척도로, 구체적으로 지역사회에서 생활하면서 소비, 참여 및 접근 등의 지역사회와 연관된 참여와 활동을 수행하는 정도를 측정 • 사회통합 척도는 총 21문항의 3개 하위영역으로 구성: 소비성(4문항), 접근성(9문항), 참여성(8문항) • 본 척도는 Segal & Aviram(1978)이 개발한 척도를 황보옥(2011)이 수정하여 사용 • 신뢰도(cronbach α) : 0.925(소비성 0.827, 접근성 0.895, 참여성 0.849) • 5점 리커트 척도(1점: 전혀 안함/ 매우 어렵다 ~ 5점: 매우 자주/ 매우 쉽다) 점수가 높을수록 사회통합 정도가 높은 것으로 해석

구분	척도명	설명
정신장애인/ 지역사회 통합	정신장애인 지역사회 통합 척도	• 정신장애인들의 지역사회 내 물리적 존재 및 다른 지역사회 구성원들과의 사회적 관계 유지, 소속감의 발달을 측정함 • 정신장애인 지역사회통합 척도는 총 27문항의 5개 하위영역으로 구성: 심리적 통합(6문항), 물리적 통합(9문항), 사회적 지지(6문항), 사회적 통합(3문항), 독립 · 자아실현(3문항) • 본 척도는 Wong & Solomon(2002)이 개발한 척도를 최윤정(2010)이 번안하였으며, 이후 강석임(2013)의 연구에서 사용됨 • 신뢰도(cronbach α) : 0.922 • 5점 리커트 척도(1점: 전혀 그렇지 않다 ~ 5점: 매우 그렇다) 점수가 높을수록 지역사회통합의 정도가 높은 것으로 해석
성인/ 동네애착	동네애착 척도 (Neighborhood Attachment Scale)	• 지역사회에 대한 감성적 연대와 동네환경에 대한 일반적인 인지적 만족을 측정함 • 동네애착 척도는 총 8문항으로 구성됨 • 본 척도는 Woldoff(2002)가 개발한 척도를 김영미(2014)의 연구에서 사용 • 신뢰도(cronbach α) : 0.919 • 5점 리커트 척도(1점: 전혀 그렇지 않다 ~ 5점: 매우 그렇다) 점수가 높을수록 동네애착 정도가 높은 것으로 해석
지역주민/ 동네응집력	동네응집력 척도 (Neighborhood Cohesion Instrument)	• 거주 동네에 대한 만족 정도, 이웃과 관계 교류 정도, 동네 주민과 상호 신뢰와 편안함을 갖는 정도를 측정하는 도구임 • 동네응집력 척도는 총 18문항의 3개 하위영역으로 구성: 이웃호감도(3문항), 이웃화(5문항), 심리적 지역사회 소속감(10문항) • 본 척도는 Buckner(1998)가 개발한 도구를 월드비전(2009)이 번안하여 수정 보완한 척도 • 신뢰도(cronbach α) : 0.926 • 4점 리커트 척도(1점: 전혀 그렇지 않다 ~ 4점: 매우 그렇다) 점수가 높을수록 동네응집력이 높다고 해석
지역주민/ 집합적 효능감	집합적 효능감 척도 (Collective Efficacy Scale)	• 동네주민들이 이웃의 문제행동과 상황에 관심과 도움을 주고 있다고 인식하는 정도를 측정하는 도구 • 집합적 효능감 척도는 총 12문항의 4개 하위영역으로 구성: 비공식적 사회통제(5문항), 사회적 애착과 신뢰(7문항) • 본 척도는 Robert(1997)가 개발한 도구를 월드비전(2009)이 번안하여 수정 보완함 • 신뢰도(cronbach α) : 0.841~0.930 • 4점 리커트 척도(1점: 전혀 그렇지 않다 ~ 4점: 매우 그렇다) 점수가 높을수록 집합적 효능감이 높다고 해석
지역주민/ 지역주민 역량강화	지역사회 역량강화 척도 (Community Empowerment Indicator)	• 지역사회 문제를 지역주민들이 주체적으로 인지하여 참여하고 해결할 수 있는 능력을 측정하는 도구 • 지역사회 역량강화 척도는 총 5문항으로 구성됨 • 본 척도는 Marshman(2006)이 개발한 도구를 월드비전(2009)이 번안하여 수정 보완함 • 신뢰도(cronbach α) : 0.824 • 4점 리커트 척도(1점: 전혀 그렇지 않다 ~ 4점: 매우 그렇다) 점수가 높을수록 지역사회 역량이 높다고 해석
청소년~노인 개인/ 동네무질서	동네무질서 척도 (Scale of Perceived Neighborhood Disorder)	• 물리적, 사회적 질서 및 통제가 붕괴되었음을 드러내는 동네의 외양적, 가시적 특징에 대하여 주민들이 묘사하는 바를 측정하며, 소속 동네의 물리적 외향 및 사회적 이웃환경에 대한 평가수준을 의미함

구분	척도명	설명
		• 동네무질서 척도는 총 6문항의 2개 하위영역으로 구성: 물리적 무질서(3문항), 사회적 무질서(3문항) • 본 척도는 Ross & Mirowsky(1999)가 개발한 척도를 김영미(2014)가 수정보완함 • 신뢰도(cronbach α) : 0.896 • 5점 리커트 척도(1점: 전혀 그렇지 않다 ~ 5점: 매우 그렇다) 점수가 높을수록 주민들이 인식하는 동네무질서 정도가 높다고 해석
지역사회조직 사회복지사/ 지역사회조직 역할수행	사회복지사 지역사회 조직사업 역할수행 척도	• 지역사회를 이해하고, 주민들을 지지 · 격려하며 정보를 제공하고 교육을 지원하는 등 마을 만들기를 실천하는 사회복지사의 역할수행이 어떠한지를 측정함 • 사회복지사 지역사회조직사업 역할수행 척도는 총 25문항으로, '우호적인 관계 속에서 마을의 작은 일에도 상호 협력하고 지지하도록 권유하기(제 1요인)'와 '지역사회의 어려움을 찾고 논의할 수 있도록 리더십 등 교육과 훈련 제공하기(제 2요인)'로 구성 • 본 척도는 최종복(2017)이 개발함 • 신뢰도(cronbach α) : 0.917(제 1요인 0.910, 제 2요인 0.843) • 5점 리커트 척도(1점: 전혀 그렇지 않다 ~ 5점: 매우 그렇다) 점수가 높을수록 지역사회조직사업 역할수행 정도가 높다고 해석
기업 사회공헌도 담당자/ 기업사회공헌도활동	기업사회 공헌활동 척도 (Corporate Philanthropy Scale)	• 사회책임에 대한 국제표준인 ISO26000의 지침을 기업사회공헌 활동에 적용하여 기업사회공헌 활동을 측정함 • 기업사회공헌활동 척도는 총 27문항의 6개 하위영역으로 구성됨: 조직 내 사회공헌 통합을 위한 실천(7문항), 사회공헌활동 관련 조직행동과 관행의 검토 및 개선(5문항), 조직의 사회공헌활동에 대한 이해(4문항), 사회공헌활동에 대한 의사소통(5문항), 조직특성과 사회공헌활동의 연관성(3문항), 사회공헌 활동에 대한 신뢰성 증진(3문항) • 본 척도는 김지혜(2015)가 개발함 • 신뢰도(cronbach α) : 0.940(하위요인별 0.727~ 0.905) • 5점 리커트 척도(1점: 전혀 그렇지 않다 ~ 5점: 매우 그렇다) 점수가 높을수록 기업사회공헌 활동 수준이 높다고 해석

■ 그 밖의 척도들: 다문화, 노인, 자활, 장애, 직무 등(19가지)

구분	척도명	설명
다문화가정 이주여성/ 문화적응 스트레스	문화적응 스트레스 척도 (Acculturative Stress Scale for International Student: ASSIS)	• 다문화가정 이주여성이 느끼는 문화적응 스트레스를 측정함 • 문화적응 스트레스 척도는 총 35문항의 7개 하위영역으로 구성됨: 지각된 차별감(8문항), 향수병(4문항), 지각된 적대감(5문항), 두려움(2문항), 문화충격(3문항), 죄책감(2문항), 기타(사회적 고립/열등감/불신 11문항) • 본 척도는 Sandhu & Asrabadi(1994)가 개발한 Acculturative Stress Scale for International Student(ASSIS)를 이승종(1996)이 번안하고, 홍미기(2009)의 연구에서 결혼이주여성에 맞도록 일부 수정의 단계를 거쳤으며 김인아(2015)가 사용함 • 신뢰도(cronbach α) : 0.951(하위요인별 0.636~ 0.873) • 5점 리커트 척도(1점: 전혀 그렇지 않다 ~ 5점: 매우 그렇다) 점수가 높을수록 문화적응스트레스 수준이 높다고 해석

구분	척도명	설명
초등학생/ 학교 다문화분위기	학교 다문화분위기 척도 (School Multicultural Climate Scale: SMCS)	• 국내 초등학교에서의 다문화적 학교분위기를 측정하는 척도임 • 학교 다문화분위기 척도는 총 24문항의 4개 하위영역으로 구성됨: 동등한 지위(8문항), 상호협력(6문항), 지지적 규범(6문항), 친밀한 교류(4문항) • 본 척도는 고경은(2010)이 개발함 • 신뢰도(cronbach α) : 0.882 • 5점 리커트 척도(1점: 전혀 아니다 ~ 5점: 매우 그렇다) 점수가 높을수록 초등학교 내 다문화 분위기가 긍정적이라고 해석
청소년/ 다문화인식	청소년 다문화인식 척도 (Multicultural Cognition Scale: MCS)	• 청소년이 다문화에 대해 어떻게 인식하고 있는지를 측정하기 위한 척도임 • 청소년 다문화인식 척도는 총 13문항의 3개 하위영역으로 구성됨: 문화 다양성 인식(4문항), 다문화가치 인식(4문항), 다문화공생 인식(5문항) • 본 척도는 선곡유화 등(2017)이 개발 및 타당화 • 신뢰도(cronbach α) : 0.893 • 6점 리커트 척도(1점: 전혀 아니다 ~ 6점: 매우 그렇다) 점수가 높을수록 청소년의 다문화 인식 수준이 높은 것으로 해석
노인/ 성공적 노화	성공적 노화 척도 (The Korean Elderly's Successful Aging Scale: KESAS)	• 한국 노인의 성공적인 노화를 측정하는 척도 • 성공적 노화 척도는 총 31문항의 6개 하위영역으로 구성됨: 자율적인 삶(9문항), 자기완성지향(6문항), 적극적 인생참여(5문항), 자녀에 대한 만족(5문항), 자기수용(3문항), 타인수용(3문항) • 본 척도는 김동배(2008)가 개발하고 이민주(2014)의 연구에서 사용 • 신뢰도(cronbach α) : 0.903 • 5점 리커트 척도(1점: 전혀 아니다 ~ 5점: 매우 그렇다) 점수가 높을수록 성공적 노화 수준이 높은 것으로 해석
노인/ 노화태도	노화태도 척도 (The Attitudes to Ageing Questionnaire: AAQ)	• 노화의 다차원적 측면에 대한 태도를 측정하고자 하는 척도로, 신체적 노화, 심리적 노화 및 사회적 노화에 대한 태도를 포함함 • 노화태도 척도는 총 21문항의 3개 하위영역으로 구성됨: 심리적 상실(5문항), 사회적 상실(4문항), 심신의 변화와 성장(12문항) • 본 척도는 Laidlaw 등(2006)의 노화태도 척도(AAQ)에 대해 김정현 · 김욱(2012)이 한국 노인에 대해 타당화 작업을 한 척도임 • 신뢰도(cronbach α) : 하위요인별 0.59~0.77 • 5점 리커트 척도(1점: 전혀 아니다 ~ 5점: 매우 그렇다) 점수가 높을수록 노화태도가 부정적인 것으로 해석
성인/ 노인이 사회적 가치	노인의 사회적 가치평가 척도 (Measurement for Evaluating Social Values of Older Adults: SVOA)	• '노인의 사회적 가치'는 노인이 가진 지식, 경험, 가치, 자원 등을 활용하여 가족, 친구, 이웃, 젊은 세대, 지역사회, 국가에 제공할 수 있는 기여를 의미하는 것으로, 노인의 사회적 가치평가 척도란 이를 다른 이들이 어떻게 인식하고 있는지 평가하는 척도임 • 노인의 사회적 가치 평가 척도는 총 30문항의 6개 하위영역으로 구성됨: 가족(3문항), 친구(6문항), 이웃(5문항), 세대 간 기여(5문항), 지역사회(7문항), 국가(4문항) • 본 척도는 이민홍 · 이재정(2010)이 개발 • 신뢰도(cronbach α) : 0.918 • 5점 리커트 척도(1점: 전혀 아니다 ~ 5점: 매우 그렇다) 점수가 높을수록 노인의 사회적 가치가 높은 것으로 해석

구분	척도명	설명
성인/ 노인낙인	지각된 노인낙인 척도 (Perceived Elderly Stigma Scale)	• 노인집단에 대한 타 세대의 부정적 고정관념을 측정하기 위한 척도임 • 지각된 노인낙인 척도는 총 27문항의 5개 하위영역으로 구성됨: 능력 낙인(7문항), 기질 낙인(8문항), 외모 낙인(4문항), 권위주의적 의존 낙인(4문항), 자식집착 낙인(4문항) • 본 척도는 안순태 등(2017)이 개발 • 신뢰도(cronbach α) : 0.94 • 5점 리커트 척도(1점: 전혀 아니다 ~ 5점: 매우 그렇다) 점수가 높을수록 노인에 대한 부정적 고정관념이 심하다고 해석
노인 부양 성인/ 노인학대	노인학대 척도 (Control Maintenance Techniques: CMT)	• 노인의 주부양자의 노인학대를 측정하기 위한 척도로, 노인부양 시 갈등 상황에 처해있을 때 노인의 행동을 통제하기 위해 사용하는 학대행동(신체적 학대, 언어정서적 학대 및 방임 등의 부정적 통제 방법)을 측정 • 노인학대 척도는 총 10문항으로 구성됨 • 본 척도는 Steinmetz(1988)가 개발하고 이은희(2003)가 번안 및 검증하였으며, 송인욱(2009)의 연구에서 긍정적 행동 통제 2문항을 제외하고 수정하여 사용 • 신뢰도(cronbach α) : 0.834 • 4점 리커트 척도(1점: 전혀 그렇지 않다 ~ 4점: 항상 그렇다) 점수가 높을수록 학대의 정도가 심한 것으로 해석
장애인/ 장애 정체감	장애 정체감 척도 (Disability Identity Scale)	• 장애 정체감은 장애인 본인이 자신과 자신의 장애에 대해 가지는 정체감으로, 자신이 가치 있는 인간이라는 믿음을 의미하는 '인간으로서의 가치', 장애에 대한 차별과 사회적 장벽에 대한 자신의 적극적 태도를 말하는 '시민적 권리', 장애라는 경험이 특정 개인만이 느끼는 독특한 것이 아니라 유사한 상태에 있는 사람들이 경험을 공유하는 것이라는 '공통근거', 장애가 사회적/문화적/물리적 환경 속에 존재하며, 이는 제거될 수 있다는 인식을 의미하는 '외적 장애물에 관한 인식'의 하위요인으로 구성됨 • 장애정체감 척도는 총 20문항의 4개 하위영역으로 구성됨: 인간으로서의 가치(9문항), 시민적 권리(4문항), 공통근거(3문항), 외적 장애물에 관한 인식(4문항) • 본 척도는 이익섭 · 신은경(2006)이 개발하고 이익섭 등(2007)이 수정함 • 신뢰도(cronbach α) : 0.867 • 4점 리커트 척도(1점: 전혀 아니다 ~ 4점: 매우 그렇다) 점수가 높을수록 장애정체감이 긍정적인 것으로 해석
장애인/ 장애 수용	장애 수용 척도	• 자신의 장애에 대한 인식 정도를 의미하는 장애수용 정도를 측정하는 척도임 • 장애수용 척도는 총 9문항으로 구성됨 • 본 척도는 Kaiser 등(1987)이 구성, 노승현(2007)이 활용한 것을 황보옥(2010)의 연구에서 사용 • 신뢰도(cronbach α) : 0.867 • 5점 리커트 척도(1점: 전혀 아님 ~ 5점: 매우 그렇다) 점수가 높을수록 장애수용 정도가 높다고 해석

구분	척도명	설명
정신장애인/ 전반적 사회기능	정신장애인 전반적 사회기능 척도 (General Social Functioning Scale for Persons with Psychiatric Disabilities)	• 정신장애인의 전반적 기능을 측정하는 척도로, 일상생활, 대인관계, 가족관계, 사회활동, 직업 차원에서의 사회기능 수준을 평가 • 정신장애인 전반적 사회기능 척도는 총 25문항의 5개 하위영역으로 구성됨: 일상생활(5문항), 대인관계(5문항), 가족관계(5문항), 사회활동(4문항), 직업(6문항) • 본 척도는 박병선 등(2014)이 개발 • 신뢰도(cronbach α) : 0.910(하위요인별 0.716~ 0.870) • 5점 리커트 척도(1점: 전혀 그렇지 않다 ~ 5점: 매우 그렇다) 점수가 높을수록 전반적 사회기능 수준이 높다고 해석
자활사업 참여자/ 자활의지	자활의지 척도	• 자활의지는 생계유지에 어려움을 겪고 있는 사람들이 생계보호에 안주하지 않고 근로를 통해 스스로 자활·자립에 이르려는 동기, 열망을 포함하는 심리적 능력을 의미하며, 본 척도는 자활사업에 참여한 이후의 변화를 평가 • 자활의지 척도는 총 15문항으로 구성됨 • 본 척도는 Mossholder(1980)가 개발한 것으로 이를 김세원(2005), 김승의(2006), 권용신(2009) 등에서 사용 • 신뢰도(cronbach α) : 0.945 • 5점 리커트 척도(1점: 전혀 그렇지 않다 ~ 5점: 항상 그렇다) 점수가 높을수록 자활의지가 높은 것으로 해석
자활사업 참여자/ 고용희망	한국형 고용희망 척도 (Korean Employment Hope Scale: K-EHS)	• 자활사업 참여자들의 정서적 변화를 측정함 • 한국형 고용희망 척도는 총 17문항의 4개 하위영역으로 구성됨: 자신의 가치와 역량에 대한 인지(6문항), 미래의 나의 모습에 대한 동기 부여(4문항), 기술과 자원의 사용(3문항), 목적지향성(4문항) • 본 척도는 Hong 등(2009)이 개발하고 최상미(2017)가 한국 자활사업 참여자를 대상으로 타당화 작업을 거친 척도임 • 신뢰도(cronbach α) : 0.943 (하위요인 별 0.869~0.884) • 5점 리커트 척도(1점: 전혀 아니다 ~ 5점: 매우 그렇다) 점수가 높을수록 자활사업 이후의 정서변화가 긍정적인 것으로 해석
기업 임직원, 청소년/ 자원봉사 만족	자원봉사활동 만족도 척도	• 자원원봉사활동의 만족 정도를 측정하기 위한 것임 • 자원봉사활동 만족도 척도는 총 20개 문항으로 구성됨 • 본 척도는 Francies(1982)가 개발하고, 이재민·황선영(2004)이 타당성을 높이기 위해 한국 실정에 맞게 이를 수정하여 활용한 척도로, 양용희(2012)가 사용함 • 신뢰도(cronbach α) : 0.913 • 5점 리커트 척도(1점: 전혀 그렇지 않다 ~ 5점: 매우 그렇다) 점수가 높을수록 자원봉사 만족도가 높다고 해석
청소년/ 자원봉사 참여동기	자원봉사활동 참여동기 척도	• 자원봉사활동의 참여동기 수준을 측정하기 위한 것임 • 자원봉사활동 참여동기 척도는 총 8개 문항으로 구성됨 • 본 척도는 최경주(2006)가 신뢰도와 타당도를 입증한 척도로, 김영진(2009)이 사용함 • 신뢰도(cronbach α) : 0.804 • 3점 리커트 척도(1점: 중요하지 않다 ~ 3점: 아주 중요하다) 점수가 높을수록 자원봉사 참여동기가 높다고 해석

구분	척도명	설명
사회복지관 이용자/ 만족도	사회복지 서비스 이용자 만족도 척도 (Korean version of the Client Satisfaction Inventory : CSI-K)	• 한국어판 사회복지 서비스 이용자 만족도를 측정하기 위한 것임 • 사회복지 서비스 이용자 만족도 척도는 총 20개 문항 2개 하위영역으로 구성됨: 서비스 공급자에 대한 만족(13문항), 서비스 결과에 대한 만족(7문항) • 본 척도는 McMurtry와 Hudson(2000)에 의해서 개발된 Client Satisfaction Inventory(CSI)를 김용석 등(2007)이 한국형으로 검증한 도구 • 신뢰도(cronbach α) : 0.855 ~ 0.964 • 7점 리커트 척도(1점: 전혀 그렇지 않다 ~ 7점: 매우 그렇다) 점수가 높을수록 사회복지서비스 이용자 만족도가 높다고 해석
지역사회 복지관/ 서비스 품질관리	지역사회복지관 서비스 품질관리 척도	• 지역사회복지관이 스스로 서비스 품질을 관리할 수 있도록 제공하는 서비스의 품질수준을 측정하기 위한 것임 • 지역사회복지관 서비스 품질관리 척도는 총 18개 문항 7개 하위영역으로 구성됨: 권리성(3문항), 확신성(3문항), 공감성(3문항), 접근성(3문항), 유형성(2문항), 신뢰성(2문항), 응답성(2문항) : 17~18번 • 본 척도는 지은구 등(2013)이 서비스 품질에 대한 SERVQUAL과 SERVPERF 등의 한계를 고려하여 개발함 • 신뢰도(cronbach α) : 0.855 • 5점 리커트 척도(1점: 전혀 그렇지 않다 ~ 5점: 매우 그렇다) 점수가 높을수록 제공 서비스품질수준이 높다고 해석
정신장애인/ 재활 서비스 사정 및 성과	정신사회 재활 서비스 사정 및 성과평가 척도 (Psychosocial Rehabilitation Service Assessment and Outcome Measure Scale)	• 정신장애인에게 필요한 정신사회재활 서비스 유형을 정신사회재활 모델의 각 하위영역별로 신속하게 사정할 수 있고 동시에 사정의 결과를 토대로 정신장애인에게 제공된 재활 서비스의 장단기 성과를 측정하기 위한 것임 • 정신사회재활 서비스 사정 및 성과평가 척도는 총 50개 문항 4개 하위영역으로 구성됨: 임상관리영역(10문항), 기능영역(15문항), 역할수행영역(15문항), 자기옹호영역(10문항) • 본 척도는 박병선(2013)이 개발함 • 신뢰도(cronbach α) : 0.936 • 5점 리커트 척도(1점: 전혀 그렇지 않다 ~ 5점: 매우 그렇다) 사정 시 → 각 영역별 사회재활 서비스 수준 정도로 해석 성과평가 시 → 점수가 높을수록 각 영역별 서비스 제공 성과가 높다고 해석
전담공무원/ 감정노동	감정노동 척도 (ELS : Emotional Labour Scale)	• 업무상(조직 내에서) 요구되는 친절하고 수용적이고, 우호적인 표정과 태도를 유지하기 위해 억지로 감정을 조절하고 표정을 관리하는 등의 노력 정도를 측정하기 위한 것임 • 감정노동 척도는 총 12개 문항 2개 하위영역으로 구성됨: 표면행위(6문항), 내면행위(6문항) • 본 척도는 Brotheridge & Lee(1998)가 개발한 ELS(Emotional Labour Scale)를 Brotheridge & Grandey(2002)와 Chu & Murrmann(2006) 그리고 이환정(2014)이 수정하였으며, 이를 전보경(2017)이 사용함 • 신뢰도(cronbach α) : 0.797 ~ 0.841 • 5점 리커트 척도(1점: 전혀 그렇지 않다 ~ 5점: 매우 그렇다) 점수가 높을수록 감정노동의 정도가 심한 것으로 해석

부록

사회복지공동모금회 배분시장 신청양식1)

배분신청서

기관명			고유번호 (사업자등록번호)	
사업명	<대상+목적+방법 : 부제>			
사업 기본 정보	연차	___①1년차 ___②2년차 ___③3년차 ___④기타(　　)		
	대상 지역		사업수행 인력	명
	사업 기간	년 월 일 ~ 년 월 일 (총 개월)		
사업 참여자	참여자 구분	___①아동/청소년 ___②노인 ___③장애인 ___④여성/다문화 ___⑤위기가정 ___⑥지역사회 ___⑦북한/해외/기타		
	핵심 참여자		인원수	명

사업구분	모금회 지속가능발전목표(C-SDGs)
□ 기초생계 지원	□ 경제적 빈곤 퇴치 □ 영양 및 급식지원/기아종식
□ 교육/자립 지원	□ 교육 및 자립역량 강화 □ 양질의 일자리 만들기 □ 적정기술과 정보기술격차 해소 지원
□ 주거/환경 개선	□ 모두를 위한 깨끗한 에너지 □ 지속가능한 지역사회 인프라 구축 □ 지속가능한 생산과 소비 □ 기후변화와 대응 □ 해양생태계 보존 □ 육상생태계 보호
□ 보건/의료 지원	□ 신체·정서적 건강과 회복 □ 깨끗한 물과 위생
□ 심리/정서 지원	□ 신체·정서적 건강과 회복
□ 사회적 돌봄 강화	□ 사회적 배제 감소와 불평등 완화
□ 소통과 참여 확대	□성평등 □ 지속가능한 지역사회 인프라 구축 □ 사회적 약자의 권리증진
□ 문화 격차 해소	□ 사회적 배제 감소와 불평등 완화

성과 목표	해당사항이 없을 경우에는 공란으로 표기				
주요 사업 내용	세부 사업명	주요 내용			
사업비	총 사업비	원	신청금액	원	
신청 금액 세부 내역	사업비	원 %	인건비	원 %	관리 운영비	원 %
담당자	성명		직통전화		E-mail	@
	직위		휴대폰		FAX	

위와 같이 2020년도 사업을 신청합니다.

2019년 　월 　일

기관대표자 : 　　　(인)

사회복지공동모금회장 귀하

1) 성과사업 프로포절이 가장 일반적이어서 성과사업만 제시함. 성과확장형과 산출형은 사회복지공동모금회 배분사례집 참고.

신청기관 현황

기 관 명		대 표 자	
고유번호 (사업자등록번호)		전화번호	
E-mail		FAX	
홈페이지		설립연월일	년 월 일
주 소	□□□□□		

직원 현황	총 명 (①+②)	상근 (①)	비상근 (②)
		명	명

기관 주요 사업		
	구분	__① 노인복지 __② 영유아/아동복지 __③ 장애인복지 __④ 노숙인복지 __⑤ 지역복지 __⑥ 정신보건 __⑦ 여성복지 __⑧ 가족복지 __⑨ 청소년복지 __⑩ 다문화지원 __⑪ 북한/해외지원 __⑫ 기타( )
	내용	

결산	세입	총 계	보조금수입	전입금	후원금수입	사업수입	기타수입
		천원	천원	천원	천원	천원	천원
	세출	총 계	인건비	관리운영비	사업비	재산조성비	기타지출
		천원	천원	천원	천원	천원	천원
예산	세입	총 계	보조금수입	전입금	후원금수입	사업수입	기타수입
		천원	천원	천원	천원	천원	천원
	세출	총 계	인건비	관리운영비	사업비	재산조성비	기타지출
		천원	천원	천원	천원	천원	천원

운영법인 또는 단체				
	운영주체 성격	__① 사회복지법인 __② 사단법인 __③ 종교법인 __④ 학교법인 __⑤ 재단법인 __⑥ 국가지방자치단체 __⑦ 임의단체 __⑧ 개인(신고) __⑨ 법인(기타) __⑩ 단체(기타)( ) __⑪ 개인(기타) ( )		
	법인 (단체)명		대 표 명	
	고유번호 (사업자번호)		전화번호	
	홈페이지		설립연월일	년 월 일
	주소	□□□□□		

※ 신청기관 조직도, 운영위원회 및 운영법인 이사회 명단은 별첨자료로 첨부 요망

〈성과중심형〉 사업계획서

1. 사업명 : ____대상____ ____목적____ ____방법____

• 대상, 목적, 방법과 관련된 정보를 담은 사업명을 적어주십시오.(슬로건은 부제(副題)로 병기해주세요)

2. 사업 내용 및 추진 전략

1) 사업 참여자 모집 전략

(1) 참여 대상 및 인원

핵심 참여자	
주변 참여자	

• 누가 이 사업에 참여합니까?

- **(핵심 참여자)** 성과를 측정하게 되는 대상은 누구이며, 인원은 몇 명입니까?
(이 사업에 참여하게 함으로써 누구의 변화를 이끌어내려고 하는 것입니까?)
- **(주변 참여자)** 성과측정 대상은 아니지만 핵심 참여자의 변화를 이끌어내는데 중요한 역할을 하는 사람은 누구이며, 인원은 몇 명입니까?

(2) 참여자 선정 기준

• 어떤 기준을 세워서 참여자를 모집하게 됩니까?

(3) 참여자 모집 방안

• 기준에 적합한 참여자를 어떻게 모집할 예정입니까?

2) 사업 내용 및 사업 집행 전략

• 아래 내용을 모두 포괄하되, 자유롭게 (질문순서에 상관없이) 표현해 주시기 바랍니다.

- 전체 사업을 몇 개의 세부 사업으로 분류한다면 어떻게 구성될 수 있습니까?
- 사업을 어떻게 추진할 것인지에 대하여 세부 사업별 시행방법, 시행 시기 및 횟수, 사업 진행 일정 등 구체적인 정보를 담아서 기술해 주시기 바랍니다.

3) 기관 연계협력 전략

• 위의 사업 집행 전략과 관련하여, 지역사회 내(또는 그 범위를 넘어서) 어떤 기관들과 유기적인 협조관계를 가질 것인지에 대하여 아래 내용을 포함하여 기술해 주시기 바랍니다.

- 협력 기관이 세부 사업에서 어떤 역할을 담당하게 되는지, 그 때 신청기관의 역할은 무엇인지, 이러한 협력 체계는 어떤 절차를 통해 진행되는지 등

3. 예산 편성

(단위 : 원)

목	세목	세세목	계	산출근거	예산조달 계획				
					신청금액	비율 (%)	자부담	비율 (%)	자부담 재원
총 계									
인건비									
	소 계								
사업비									
	소 계								
관리운영비									
	소 계								

- 사업에 직접 투입되는 비용을 인건비, 사업비, 관리운영비로 구분하여 작성해주시기 바랍니다.
  - **(인건비)** 해당사업을 직접적으로 수행하는 인력에게 투입되는 비용
  - **(사업비)** 프로그램 수행에 필요한 직접비용
  - **(관리운영비)** 프로그램의 수행에 필요한 간접비용(사업관리에 필요한 비용)
  - 예산 수립 시 예산편성기준표를 참고하여 주시기 바랍니다.
- 세목은 세부 사업별로 구분하고 단위가 큰 경우 세세목으로 구분하여 작성하시기 바랍니다.
- 산출근거는 실제 단가, 수량, 인원수, 건수, 횟수 등을 구체적으로 기록해 주시기 바랍니다.

4. 문제 의식(사업 필요성)

1) 사업 계획 배경

- 왜 이 사업을 기획하게 되었습니까?
  - 귀 기관이 관심을 가지기 전에는 어떤 상태에 있었는지, 인근 다른 지역에도 유사한 상황이 있다면 어떻게 대응하고 있는지에 대해서도 서술해 주시기 바랍니다.

2) 기존 유사사업과의 차별성

- 기존의 시각이나 접근방식과 다른 점은 무엇입니까?

3) 신청기관의 강점

- 이 사업을 신청기관에서 수행해야 하는 이유에 대해 사전조사 내용, 관련 분야 수행 경험 등을 포함하여 기재해주시기 바랍니다.

5. 목표 및 평가

1) 산출목표

세부 사업명	산출목표	모니터링 방법

• 성과목표를 달성하기 위해 이끌어내야 하고 모니터링 해야 하는 산출목표는 무엇입니까?

2) 성과목표 및 평가 방법

성과목표	평가 도구 및 방법	측정 시기

- **(성과목표)** 성과목표와 관련하여 아래 내용들에 대해 작성해 주시기 바랍니다.
  - 핵심 참여자의 어떤 부분을 어느 수준까지 변화시키는 것입니까?
  - 작성하고자 하는 성과목표가 이후에 기술되는 평가 방법을 통해 달성여부를 알 수 있게 됩니까?
  - (성과라고 강조하고 싶은데) 양적으로 드러내기(수치화하기) 어려운 성과목표가 있다면 무엇입니까?
  - 앞서 기술하신 사업내용과 성과목표를 논리적으로 연결하여 작성해 주십시오.
- **(평가 도구 및 방법 / 측정 시기)** 성과목표 달성 여부와 정도를 어떻게 평가하실 건가요?
  - 성과목표 달성 여부와 정도를 판단하기 위해 어떤 성과지표를 설정하실 건가요?
  - 제시된 성과목표에 대한 평가계획(자료수집방법, 측정시기 등)은 어떠한가요?
  - 수치화하기 어려운 성과목표가 있다면 어떤 평가방법을 통해 변화의 수준과 의미를 드러내실 건가요?

6. 사업종료 후 지향점

1) 사업 수행으로 인한 기대 효과

• 이 사업이 성공적으로 수행된다면 기대되는 효과는 무엇입니까?

2) 사업 결과의 활용 계획

• 사업의 효과로 나타난 결과를 어떻게 활용할 계획입니까?
• 사업 결과를 통해 유사기관이나 지역사회에 꼭 알리고 싶은 이야기가 있다면 무엇입니까?

고명석, 이수천(2017), **사회복지조사론**. 서울: 동문사.

고정아 역(2010). **골드포인트-숨어있는 치명적 문제를 발견하는 힘**. 우치다 카즈나리(内田和成) 저. 서울: 비즈니스맵.

권영옥, 이정덕(1997). 자녀가 지각한 부부갈등척도(CPIC)의 타당화 연구. **아동학회지, 18**(1), 65-80.

김상곤(2006). **학교사회복지실천에서 활용 가능한 다체계 사정도구 개발: 생태학적 관점을 기반으로**. 숭실대학교 대학원 박사학위논문.

김용석, 이은영, 고경은, 민은희(2007). 한국어판 사회복지서비스 이용자 만족도 척도(Client Satisfaction Inventory)의 신뢰도와 타당도 평가: 종합사회복지관을 중심으로. **한국사회복지학, 59**(4), 83-109.

김종명, 구재관, 김성철, 김명근, 김재원, 신기원, 이순호, 현영렬(2014). **사회복지 프로그램 개발과 평가**. 경기: 양서원.

김지은(1998). **청소년의 재비행에 영향을 미치는 요인**. 서울대학교 대학원 석사학위논문.

김통원(2009). **사회복지 프로그램 기획과 평가**. 서울: 신정.

김형태, 이수천(2009). 그룹홈 역량강화사업 효과성 검증. (사)한국아동청소년그룹홈협의회, **2009 아동청소년그룹홈 역량강화사업**(사업보고서), 18-52

김형태, 이수천(2010). 2010 그룹홈 역량강화사업 효과성 검증. (사)한국아동청소년그룹홈협의회, **2010 아동청소년그룹홈 역량강화사업**(사업보고서), 20-58

김희성(2009). **사회복지 프로포절 작성법**. 경기: 공동체.

박현선(1998). **빈곤청소년의 학교 적응유연성**. 서울대학교 대학원 박사학위논문.

배을규(2012). **HRD실무자를 위한 교육훈련 프로그램 평가**. 서울: 학이시습.

보건복지부, 중앙자살예방센터(2020). 2020자살예방백서.

사회복지공동모금회(2010). **2011 배분사업 안내**.

사회복지공동모금회(2017). **변화를 위한 나눔**. 2017 사회복지공동모금회 배분사례집.

사회복지공동모금회(2018). **변화를 위한 나눔**. 2018 사회복지공동모금회 배분사례집.

사회복지공동모금회(2018). **공동모금회 배분사업 성과측정을 위한 척도집.**

사회복지공동모금회(2020). 2020 **배분사업 안내**.

삼성복지재단(2012). **작은나눔 큰사랑 프로그램 기획 매뉴얼**. 서울: 삼성복지재단.

서인해, 공계순(2008). 사회복지 프로그램 제안서에 나타난 프로그램 디자인 활동의 특성에 대한 연구. **한국사회복지학, 60**(1), 103-125.

서인해.(2003). 종합사치복지관의 프로그램개발을 위한 정보수집에 영향을 미치는 요인에 관한 연구-청소년복지 프로그램 담당자들을 중심으로. **한국사회복지학, 54**, 245-272.

성규탁(1998). **사회복지행정론**. 경기: 법문사.

신선인(2001). 한국판 일반정신건강 척도(KGHQ)의 개발에 관한 연구 Ⅰ: KGHQ-20과 KGHQ-30을 중심으로. **한국사회복지학, 46**, 210-235.

신영화(1999). **학대받는 아내의 능력고취를 위한 집단사회사업실천의 효과성**. 서울대학교 대학원 박사학위논문.

신원식, 김민주(2009). **사회복지 프로그램 개발과 평가-프로포절 작성의 실제**. 경기: 공동체.

양옥경(1994). 삶의 만족측정을 위한 척도 개발. **한국사회복지학, 24**, 157-198.

양옥경(2001). 가족관계 측정을 위한 척도 개발 연구. **한국가족사회복지학, 8**, 119-147.

양후영, 김교성, 이현옥, 김윤민, 이보라(2014). **공동모금회 배분사업 현황분석 및 재구조화 연구**. 사회복지공동모금회 연구보고서.

오승환(2001). **저소득 결손가족 청소년의 적응 결정요인**. 서울대학교 대학원 박사학위논문.

오헌석(2006). 전문성 개발과정 및 핵심요인에 관한 연구. **직업능력개발연구, 9**(2), 193-216.

윤명숙(1997). **알코올 중독 남편의 단주가 부부관계에 미치는 영향에 관한 연구**. 이화여자대학교 대학원 박사학위논문.

이봉주, 김기덕(2008). **사회복지 프로그램 기획의 이해와 적용**. 서울: 신정.

이봉주, 김기덕(2011). **사회복지 프로그램 기획의 이해와 적용**. 서울: 신정.

이지수(2002). **장애아동의 학교적응을 위한 지지적 학교 프로그램의 개발과 효과**. 서울대학교 대학원 박사학위논문.

이현청(1993). **학습하는 사회**. 서울: 배영사.

임걸(2007). **사회복지 프로포절 작성의 실제**. 2007 사회복지행정실무교육. 전남 사회복지협의회.

장애인개발원(2012). **장애인서비스지원체계 구축 및 제도개선방안 연구**.

전석균(1994). **정신분열증 환자의 재활을 위한 사회기술훈련 프로그램의 효과성에 관한 연구**. 숭실대학교 대학원 박사학위논문.

정무성(2006). **사회복지 프로포절 작성법**. 서울: 푸른북.

정무성, 정진모(2001). **사회복지 프로그램 개발과 평가**. 경기: 양서원.

정선욱(2002). **시설보호 청소년의 심리사회적 적응에 영향을 미치는 요인**. 서울대학교 대학원 박사학위논문.

정인과, 곽동일, 조숙행, 이현수(1997). 노인우울척도(GDS)의 신뢰도, 타당도 연구. **신경정신의학, 37**(2), 340-351.

조성우(2003). **청소년 자원봉사 만족도 척도개발에 관한 연구**. 성균관대학교 대학원 석사학위논문.

조성우, 노재현(2009). **알기 쉽고 바로 활용하는 사회복지 성과측정 자료집**. 사회복지공동모금회.

조성희(1999). **실직자 가족의 해체가능성에 관한 연구-실직 가장의 인식을 중심으로**. 서울대학교 대학원 박사학위논문.

조학래(1996). **자원봉사활동이 청소년의 자아정체성과 도덕성 발달에 미치는 영향 연구**. 연세대학교 대학원 박사학위논문.

최보가, 전귀연(1993). 자아존중감 척도 개발에 관한 연구(Ⅰ). **대한가정학회지, 31**(2), 41-54.

최형성(2002). **어머니의 사회적 지원 및 스트레스와 아동의 기질이 어머니의 양육효능감에 미치는 영향**. 고려대학교 대학원 박사학위논문.

한미현(1996). **아동의 스트레스 및 사회적 지지 지각과 행동문제**. 서울대학교 대학원 박사학위논문.

한미현, 유안진(1995). 한국아동의 일상적 스트레스 척도의 개발. **대한가정학회지, 33**(4), 49-64.

황성철(2005). **사회복지 프로그램 개발과 평가**. 경기: 공동체.

황성철(2006). **사회복지 프로그램 개발과 평가**. 경기: 공동체.

단비뉴스(2020.05.26.) http://www.danbinews.com/news/artideview.htim/?idxmo=13151 검색일자 2020.7.16.

프레시안(2020.06.30.) http://www.pressian.com/pages/articles/2020062918573357954?utm_source=daum&uim.medium=search 검색일자 2020.7.16.

Alter, C., & Evens, W.(1990). *Evaluating your practice: A guide to self-assessment.*

Springer Publishing Company.

Andrews, F. M., & Withey, S. B.(1976). *Social indicators of well-being: Americans' perceptions of life quality*. New York: Plenum Press.

Armsden, G. C., & Greenberg, M. T.(1987). The inventory of parent and peer attachment: Individual differences and their relationship to psychological well-being in adolescence. *Journal of Youth and Adolescence, 16*(5), 427-454.

Carver, C. S., Weintraub, J. K., & Scheier, M. F.(1989). Assessing coping stratigies: A theoretically based approach. *Journal of Personality and Social Psychology, 26*, 267-283.

Chambers, D. E.(2000). *Social policy and social programs: A method for the practical public policy analyst.* Needham Heights, MA: Allyn & Bacon.

Conger, R. D., Conger, K. J., Elder, G. H., Lorenz, F. O., Simons, R. L., & Whitebeck, L. B.(1992). A family process model of economic hardship and influences on adjustment of early adolescent boys. *Child Development, 63*, 526-541.

Coopersmith, S.(1967). *The antecedents of self-esteem*. San Francisco: W. H. Freeman.

DiNitto, D. M.(2000). *Social welfare: Politics and public policy*. Needham Heights, MA: Allyn & Bacon.

Edwards, J. N., Johnson, D. R., & BoHudson, oth, A.(1987). Coming apart: A prognostic instrument of marital breakup. *Family Relation, 36*, 168-170.

Ericsson, K. A., & Lehmann, A. C.(1996). Expert and exceptional performance: Evidence on maximal adaptations on task constraints. *Annual Review of Psychology, 47*, 273-305.

Ericsson, K. A., & Smith, J.(1991). *Toward a general theory of expertise*. Cambridge: Cambridge University Press.

Gibson, D. L., Weiss, D. J., Dawis, R. V., & Lofquist, L. H.(1970). *Manual for the Minnesota satisfactoriness scales*(Vol. 53). Work Adjustment Project, Industrial Relations Center, University of Minnesota.

Gordon, W. A., Brown, M., & Diller, L.(1986). *Childhood disability and quality of life: The children, their parents and siblings*(Report submitted to the William T. Grant Foundation, New York).

Griffiths, W. T.(1975). Characterization of the terminal stages of chlorophyll(ide) synthesis in etioplast membrane preparations. *Biochem. J, 152*, 623-655.

Grych J. H., & Fincham, F. D.(1992). Assessing marital conflict from the child's perspective: The children's perception of interparental conflict scale. *Child Development, 63*, 558-572.

Harlow, K. S. & Turner, M.(1993). State units and convergence models: Needs Assessment revisited. *The Gerontologist, 33*(2), 190-199.

Herling, R. W.(1998). *Expertise: The development of an operational definition for human resource development*, in Torraco, R. J.(ed.),Academy of human resource development. Baton Rouge, LA: AHRD, 715-722.

Hollingshead, A. B.(1996). The rank-order effect in group decision making. *Organizational Behavior and Human Decision Processes, 68*(3), 181-193.

Kahn, A. J., & Kamerman, S. B.(1976). *Social services in international perspective: the emergence of the sixth system*. US Department of Health, Education, and Welfare, Social and Rehabilitation Service, Office of Planning, Research and Evaluation.

Kaplan, R. S., & Norton, D. p.(1993). The balanced scorecard-Measures that drive performance. *Harvard Business Review*(Sep./Oct.), 7134-7135.

Karau, S. J., & Williams, K. D.(1993). Social loafing: A meta-analytic review and theoretical integration. *Journal of Personality and Social Psychology, 65*(4), 681-706.

Larsen, D. L., Attkisson, C. C., Hargreaves, W. A., & Nguyen, T. D.(1979). Assessment of client/patient satisfaction: Development of a general scale. *Evaluation and Program Planning, 2*(3), 197-207.

Long, H. B.(1983). *Adult and continuing education: Responding to change*. New York: Teachers College Press.

McCubbin, H. I., & Thompson, A. I.(eds.)(1991). *Family assessment inventories for research and practice*. Madison, WI: University of Wisconsin.

McMurtry, S. L., & Hudson, W. W.(2000). The client satisfaction inventory: Results of an initial validation study. *Research on Social Work Practice, 10*(5), 644-663.

National Association of Social Workers(1999).

Osborn, A. F.(1953). A*pplied imagination, principles and procedures of creative thinking*. Charles Scribner's Sons.

Padilla, G. V., & Grant, M. M.(1985). Quality of life as a cancer nursing outcome variable. *Advances in Nursing Science, 8*(1), 45-60.

Poister, T. H.(2004). *Performance monitoring*, in Wholey, J. S., Hatry, H. P., & Newcomer, K. E.(eds.), Handbook of practical program evaluation. Jossey-bass, 99-125.

Pope, A. W., McChale, S. M., & Craighead, W. E.(1988). *Self-esteem enhancement with children and adolescents*, New York: Pergamon Press.

Prahalad, C. K., & Hamel, G.(1990). The core competence of the corporation. *Harvard Business Review, 90*(3), 79-91.

Rapp, C. A. & Poertner, J.(1992). *Social administration: A client-centered approach*. New York: Longman.

Royse, D., Thyer, B., & Padgett, D.(2009). *Program evaluation: An introduction*(5th Ed.). Wadsworth: Cengage Learning.

Schlein, G., & Guerney, B.(1977). Relationship change scale. *Relationship Enhancement*. San Francisco: Jossey-Bass.

Scriven, M.(1967). The methodology of evaluation. In R. Tyler, R. Gagne, & M. Scriven(eds.). *Perspective on curricular evaluation. Area monography series on curriculum evaluation*. No.1. Chicago, IL: Rand McNally.

Sherer, M., Maddox, J. E., Mercamdante, B., Prentice-Dunn, S., Jacobs, B., & Rogers, R. W.(1982), The self-efficacy scale: Construction and validation. *Psychological Report, 51*, 663-671.

Simons, R. L., & Chao, W.(1996). *Conduct problems*. In Simons & Associates, Understanding Difference Between Divorced and Intact Families. SAGE, 125-144.

Simons, R. L., Lorenz, F. O., Wu, C., & Conger, R. D.(1993). Marital and spouse support as mediator and moderator of the impact of economic strain upon parenting. *Developmental Psychology, 29*, 368-381.

Stufflebeam, D. L.(1974). Alternative approaches to educational evaluation. In W. J. Popham(ed.), *Evaluation in education: Current applications*. Berkeley, CA: McCutchan. 95-144.

Swanson, R. A.(2001). Human resource development and its underlying theory. *Human Resource Development International, 4*(3), 299-312.

Taber, M. & Finnigan, D.(1980). *A theory of accountability for social workers*. Urbana, IL: University of Illinois at Urbana-Champaign. Unpublished paper.

van der Heijden, B.(2003). The relationship between career mobility and occupational expertise: a retrospective study among higher-level Dutch professionals in three age groups. *Employee Relations, 25*(1), 81-109.

Voeltz, L. M.(1980). Children's attitudes toward handicapped peers. *American Journal of Mental Deficiency, 84*(5), 455-464.

Voeltz, L. M.(1982). Effects of structured interactions with severly handicapped peers on children's attitudes. *American Journal of Mental Deficiency, 86*(4), 380-390.

Weissman, M. M., & Bothwell, S.(1976). Assessment of social adjustment by patient self-report. *Archives of General Psychiatry, 33*(9), 1111-1115.

Winefield, H. R., Winefield, A. H., & Tiggemann, M.(1992). Social support and psychological well-being in young adults: The Multi-Dimensional Support Scale. *Journal of personality assessment, 58*(1), 198-210.

Yesavage, J. A., Brink, T. L., Rose, T. L., & Leirer, V. O.(1983). Development and validation of a geriatric depression screening scale: A preliminary report. *Journal of Psychiatric Research, 17*, 37-49.

저자소개

신덕상(Duck-Sang Shin, Ph.D.)

서울대학교 사회복지학과를 졸업하고, 중앙대학교 글로벌인적자원개발대학원에서 석사, 동대학교 대학원 인적자원개발정책학과에서 박사학위(Ph.D)를 받았다. 주요관심분야는 취약계층 인적자원개발, 사회복지사 역량개발 등 복지와 교육훈련의 연계에 중점을 두고 있다. 최근에는 수행개선에 기반을 둔 사회복지 프로그램의 개발과 평가에 노력을 기울이고 있다. 사회보장기관인 국민연금공단에서 근무했으며, 현재는 서정대학교 사회복지행정과 교수로 재직하고 있다.

서문진희(Jin-Hee Seomun, Ph.D.)

경희대학교 영어교육학과를 졸업하고, 침례신학대학교 사회복지대학원에서 석사, 강남대학교 사회복지전문대학원에서 사회복지학 박사학위(Ph.D)를 취득하였다. 송강사회복지관 노인복지담당 사회복지사로 출발하여(사)사나섬세 회장으로 가정봉사원파견시설, 노인요양원, 노인복지센터, 요양보호사교육원 등을 설립하여 운영하였다. 주요관심분야는 노인장기요양보험제도, 노인사례관리, 사회복지사 및 요양보호사 역량강화, 사회복지 프로그램 개발, 교회사회복지 등이며, 이론과 실무의 접목을 통한 사회복지의 전문성 향상에 노력하고 있다. 한국노년학회, 한국노인복지학회, 한국지역사회복지학회, 한국자치행정학회, 교회사회사업학회 등의 회원 및 임원으로 활동 중이며, 현재는 중부대학교 노인복지학과 교수로 재직 중이다.

권정언(Jung-Eon Kwon, Ph.D.)

이화여자대학교 교육심리학과를 졸업하고 동대학원 교육공학과에서 석사, 중앙대학교 대학원에서 인적자원개발정책학으로 박사학위(Ph.D)를 받았다. PSI컨설팅, 한국생산성본부에서 교수설계자로, CJ그룹 인재원에서 컨설팅팀, 글로벌역량팀 팀장으로, CJ건설과 CJ E&M에서는 인재개발파트장으로 역할을 수행하였다. 현재는 중부대학교 교양학과 교수(원격대학원 진로진학컨설팅학과 겸)로 재직 중이며, 한국기업교육학회, 한국성인교육학회, 한국비서학회, 한국리더십학회 이사와 환경부 자문위원, 근로복지공단 자문교수로 활동 중이다.

이수천(Soo-Cheon Yi, Ph.D.)

서울기독대학교 일반대학원에서 석사학위(M.A.)와 박사학위(Ph.D.)를 취득하였다. 연구방법분야에 대해서 관심이 깊어 사회복지통계연구소를 설립하여 양적연구와 질적연구 등 각종 연구에 대해 컨설팅, 지도, 교육을 하고 있으며, 아동청소년 분야에 대한 관심이 깊어 관련 기관에 대한 시설평가위원, 운영위원 등으로 활동하고 있다. 여러 대학에서 자료분석, 사회복지조사, 사회복지정책, 사회복지법제, 지역사회복지 등에 대해서 강의하고 있다. 저서로는 「자료분석실전: 논문작성을 위한 SPSS 코딩에서 분석까지」(동문사), 「사회복지조사론」(동문사), 「사회복지정책론」(나눔의집), 「지역사회복지론」(동문사) 등이 있으며, 대표적인 연구로는 '그룹홈 청소년이 맺는 대리양육자와의 애착관계가 심리사회적응에 미치는 영향: 낙관성의 매개효과를 중심으로' 등이 있다.

사회복지 프로그램 개발과 프로포절 작성의 실제

초판 1쇄 발행 / 2020년 8월 25일
초판 2쇄 발행 / 2021년 8월 15일
초판 3쇄 발행 / 2024년 3월 2일

●

공저자 / 신덕상 · 서문진희 · 권정언 · 이수천
발행인 / 이 중 수
발행처 / 동 문 사

●

서울특별시 서대문구 홍제원 1길 12
(홍제동 137-8)
Tel : 02)736-3718(대), 736-3710, 3720
Fax : 02)736-3719
등록번호 : 1974.04.27 제9-17호
가격 : 20,000원

●

ISBN : 979-11-6328-204-4(93330)
E-mail : dong736@naver.com
www.dongmunsa.com